全国标准化养蜂生产
全国蜂产品安全与标准化生产培训教材系列

21世纪蜂业政策法规标准

陈黎红　吴　杰　主编

中国农业大学出版社
·北京·

内容简介

《21世纪蜂业政策法规标准》一书，主要从国家标准、农业行业标准、出入境检验检疫行业标准、国家政策相关法规、国家公告五部分介绍我国现行养蜂业政策、法规、标准、蜂产品以及蜂产品在食品中的各项规范，内容丰富，为我国蜂业界人士必读之书。

图书在版编目(CIP)数据

21世纪蜂业政策法规标准/陈黎红，吴杰主编. —北京：中国农业大学出版社，2015.5
ISBN 978-7-5655-1258-2

Ⅰ.①2… Ⅱ.①陈…②吴… Ⅲ.①养蜂业-农业法-中国②养蜂业-标准-中国
Ⅳ.①D922.4②F326.3-65

中国版本图书馆CIP数据核字(2015)第104061号

书　　名 21世纪蜂业政策法规标准
作　　者 陈黎红　吴　杰　主编

策划编辑	赵　中	**责任编辑**	韩元凤
封面设计	郑　川	**责任校对**	王晓凤
出版发行	中国农业大学出版社		
社　　址	北京市海淀区圆明园西路2号	**邮政编码**	100193
电　　话	发行部 010-62818525,8625		读者服务部 010-62732336
	编辑部 010-62732617,2618		出　版　部 010-62733440
网　　址	http://www.cau.edu.cn/caup	**e-mail**	cbsszs@cau.edu.cn
经　　销	新华书店		
印　　刷	涿州市星河印刷有限公司		
版　　次	2015年11月第1版　2015年11月第1次印刷		
规　　格	787×1 092　16开本　28.75印张　710千字		
定　　价	60.00元		

图书如有质量问题本社发行部负责调换

主　编　陈黎红　吴　杰

副主编　徐　明

编　者　陈黎红　徐　明　吴　杰　王建梅
　　　　　柏　扬　胡玭玭　刘之光

序

中国是一个养蜂古国，也是世界养蜂大国，蜂群数量和蜂产品产量稳居世界首位。2015年，据FAO统计数据，全球蜂群存量约8 098万群，中国约902万群，占世界11.2%，居世界首位；世界蜂蜜总产量达1 663.8万t，中国蜂蜜产量46.6万t，占世界总量的35.7%，位居榜首；蜂王浆总产量约5 000 t，中国4 500 t，占世界的90%；蜂花粉、蜂胶、蜂蜡、雄蜂蛹等同样位居世界前列。全国养蜂业总产值达40多亿元，蜜蜂授粉促进农作物增产产值超过500亿元，养蜂业已成为现代农业不可或缺的重要组成部分。国家一直非常重视养蜂业，中央领导同志多次对发展养蜂业做出重要指示。新世纪以来，国家更加重视蜂业发展，特别是习近平主席亲自关注“蜜蜂授粉”，作了蜜蜂月下老人作用似应刮目相看的重要批示；农业部先后召开了5次“全国蜂业座谈会”，派出三个考察组下基层，对全国养蜂重点省的养蜂情况进行实地调研，同时，制定、颁布了一系列的政策、法规、规范及标准，特别是将“蜜蜂”列入了《畜牧法》，颁布了《全国养蜂管理办法（试行）》，出台了《全国养蜂业“十二五”发展规划》，开通了蜜蜂“绿色通道”，颁发了“关于加快蜜蜂授粉技术推广，促进养蜂业持续健康发展的意见”、《蜜蜂授粉规程（试行）》、《养蜂证》等等，这些不仅规范了全国养蜂生产，促进了蜜蜂授粉，提升了蜂产品质量安全，而且让全国蜂农朋友们有法可依。今天，作者又将这些法规、标准汇集成册，供全国蜂业人士备查备用，难能可贵，非常有价值和意义！这是中国养蜂史上与蜂相关的最多的政策法规标准汇编，值得出版，值得祝贺！习主席说：治理一个国家、一个社会，关键是要立规矩、讲规矩、守规矩。法律是治国理政最大最重要的规矩。希望蜂业战线上的战友们学习好、运用好有关政策法规，为发展蜂业事业作出我们的贡献！

亚洲蜂联副主席、中国养蜂学会前理事长、中国农业科学院蜜蜂研究所前所长

张复兴

2015年11月

目　录

国家标准

农业行业标准

出入境检验检疫行业标准

国家政策相关法规

公　　告

GB/T 20014.27—2013
良好农业规范 蜜蜂控制点与符合性规范

(2013-12-31 发布,2014-06-22 实施)

1 范围

GB/T 20014 标准的本部分规定了蜜蜂良好农业规范的要求,蜜蜂饲养和蜂产品生产的过程控制。

本部分适用于对蜜蜂生产良好农业规范的符合性判定。

2 规范性引用文件

下列文件对于本文件的应用是必不可少的。凡是注日期的引用文件,仅所注日期的版本适用于本文件。凡是不注日期的引用文件,其最新版本(包括所有的修改单)适用于本文件。

GB 3095 环境空气质量标准

GB/T 20014.1 良好农业规范 第1部分:术语

NY 5027 无公害食品 畜禽饮用水水质

NY/T 5139 无公害食品 蜜蜂饲养管理准则

3 术语和定义

GB/T 20014.1 和 GB/T 20573 界定的术语和定义适用于本文件。

4 要求

4.1 蜂场

4.1.1 场址

序号	控制点	符合性要求	等级
4.1.1.1	蜂场应建在适合蜂群繁殖和生产的地方。	感官评估。场址应选择远离粉尘、居民点、繁忙交通干道和化工厂,地势高燥,背风向阳,无有害气体、烟雾及其他污染物,排水良好,小气候适宜的地方。定地饲养的蜂场间的间隔应不小于 3 km;在离蜂场半径 5 km 的范围内应无农药厂、农药仓库和以蜜、糖为原料的食品厂。	1
4.1.1.2	蜂场(包括采蜜区)空气质量适于蜂群繁殖和蜜蜂产品生产。	空气中各种污染物的浓度限值应符合 GB 3095 中二类区(执行 2 级标准)的要求。	1
4.1.1.3	蜂场附近有便于蜜蜂采集的良好水源。	水质应符合 NY 5027 中幼畜饮用水标准。	1

续表

序号	控制点	符合性要求	等级
4.1.1.4	应有蜂场平面布局图。	布局图应包括以下信息： ——周围环境的描述，例如周边农药厂、化工厂、食品厂等，以及水源、蜜粉源植被分布； ——主要区域、入口位置； ——主要设施和设备位置； ——蜂群（箱）位置及其编号。	2

4.1.2 蜜粉源

序号	控制点	符合性要求	等级
4.1.2.1	应有满足蜂群繁殖和蜜蜂产品生产的蜜粉源植物。	感官评估。距蜂场 3 km 范围内应具备较丰富的蜜粉源植物。定地蜂场附近至少要有一种以上主要蜜粉源植物和种类较多、花期交错的辅助蜜粉源植物。	1
4.1.2.2	半径 5 km 范围内部分存在有毒蜜粉植物的地区，在有毒蜜粉源植物开花期不应放蜂。	列出蜂场半径 5 km 范围内有毒蜜粉植物名称及其开花期一览表，建立有毒蜜粉植物开花期不放蜂的记录。主要有毒蜜粉植物有雷公藤（昆明山海棠，*Tripterygium wilfordii* Hook. f.）、深山穗踯躅（*Tijpetaleia paniculata* Sieb et Zucc.）、马醉木（*Pieris japonica* Thunt.）、喜树（*Camptotheca acuminate* Decne）、博落回（*Bocconia cordata* Willd.）、藜芦（*Veratrum nigrum* L.）、苦皮藤（*Celastrus angulatusl*）、钩吻（*Herba gelsemii* Elegantis）、乌头（*Aconitum carmichaeli* Debx.）、马钱子（*Semen strychni*）等。	1
4.1.2.3	防止蜂群农药中毒。	——养蜂者到达蜜粉源植物种植区放蜂时，应当告知周边 3 km 以内的村级组织或管理单位，在放蜂区种植蜜粉源植物的单位和个人，应当避免在盛花期施用农药。确需施用农药时，应当选用对蜜蜂低毒的农药品种； ——了解主要流蜜期大宗农作物农药防治情况（包括用药时间、用药习惯等），避开农药使用期，以免发生农药中毒； ——养蜂者接到农药施用作业通知后应当相互告知，及时采取安全防范措施。	2

4.2 转地饲养

序号	控制点	符合性要求	等级
4.2.1	转地饲养蜂场场址符合控制点 4.1.1 要求。	按照 4.1.1 要求执行。	1
4.2.2	转地饲养蜜粉源植物满足控制点 4.1.2 要求。	按照 4.1.2 要求执行。	1

续表

序号	控制点	符合性要求	等级
4.2.3	运输途中的管理。	运输途中的管理应符合： ——做好运前调整群势、食料、包装等准备； ——在装运蜂群之前对运输线路、装运蜂群的车、船等交通工具的安全性和相关事项有评估预案； ——不能用被农兽药及有毒有害物质污染的车、船等运输工具，装运蜂群； ——蜂群不能与农兽药及有毒有害物质同运； ——采用有效措施确保蜂群在运输途中和到达新场地时的安全，并详细记录有关情况。	2

4.3 养蜂机具

序号	控制点	符合性要求	等级
4.3.1	蜂箱和巢框的用材。	蜂箱和巢框的用材应具备透气性好、无毒、无味等条件。蜂箱应定期消毒、换洗，避免滋生巢虫。南方地区应有防范白蚁危害等相关保证蜂群安全的措施。	2
4.3.2	养蜂和采收器具的用材。	养蜂和采收器具用无毒、无味、符合食品安全要求的材料制成。	2
4.3.3	蜂场应配置驱蜂、脱蜂和防蛰等工具。	蜂场应配置驱蜂、脱蜂和防蛰等必需的有关机具和设施。	2

4.4 员工及其健康、安全和福利

序号	控制点	符合性要求	等级
4.4.1	员工上岗前应接受养蜂必要的知识和野外生活的基本常识的培训，并持证上岗。	蜂场应证明员工具有以下方面知识： —— 掌握常用蜂药的安全使用知识； —— 蜂群的日常管理和蜂场突发事故处理知识； —— 对人、畜蜂蛰的应急处置和自我保护知识； —— 野外生病或工伤自我救助和应急处理知识； —— 突发灾害自救常识以及何时向何人寻求进一步帮助； —— 蜂群的健康和福利(包括对疾病和异常行为的识别)； —— 有内部或外部的培训记录； —— 有培训证书。	2
4.4.2	应制定书面的员工卫生标准，并进行培训。	提供卫生标准的有效文本和相关的培训记录。所有员工熟悉养殖场的员工卫生标准。	1
4.4.3	有专门的管理人员负责员工的健康、安全和福利工作，并确保符合相关法规规定。	提供书面的文件证明有专门的管理人员对员工的健康 、安全、福利负责，并与该管理人员面谈，以证明符合相关法规规定。	2
4.4.4	员工的工资应不低于当地政府规定的最低工资水平并按时发放。	提供工资发放相关证明。	3

4.5 可追溯性和养蜂记录

4.5.1 可追溯性

序号	控制点	符合性要求	等级
4.5.1.1	应建立文件化的可追溯体系。	建立一套包括引种、日常管理、防治用药、花期、采收等环节的可追溯体系，确保该体系能够使蜜蜂产品从蜂场追踪到加工厂；反过来从加工厂追溯到蜂场。	1

4.5.2 蜂场分布和转地路线

序号	控制点	符合性要求	等级
4.5.2.1	应有标明全部养蜂场所的蜂场分布图。	定地饲养的蜂场应有标着养蜂场所的地理位置示意图。出示年度更新的蜂场分布图，标明蜂场名称(或编号)所在的地理位置。制作与之相对应的年度更新的蜂场统计表，表明蜂场名称(或编号)、地点、蜜粉源植物、蜂群数量、蜜蜂产品名称及其预计数量、负责人等信息。	1
4.5.2.2	转地饲养蜂场应表明转地路线。	出示包含每个蜂场转地饲养的转地路线、转运方式、日期和蜜粉源植物花期、长势、流蜜状况等信息的书面材料。	1

4.5.3 引种

序号	控制点	符合性要求	等级
4.5.3.1	应对引进蜂群能实现追溯。	应对所有进入蜂场的种群追溯其来源，应有关于种群品系、引进目的、效果、进入蜂场的日期和运输人员的记录。	2
4.5.3.2	应引进健康、优势蜂种。	不应从疫区引进生产用种王、种群或输送卵虫育王。有供应商随附的检疫证、消毒症和非疫区证明。	2

4.5.4 记录管理

序号	控制点	符合性要求	等级
4.5.4.1	应建立文件化的记录管理程序。	记录管理程序应明确记录的范围、职责和工作程序等内容。	2
4.5.4.2	记录的范围应覆盖养蜂和蜂产品采收的全过程。	蜂场的记录应至少包括以下内容： —— 记录每天生产活动的养蜂日志(应包括蜂场育种、繁殖、病敌害防治、蜂产品采收等基本信息)； —— 蜂群用药记录； —— 药品采购、贮藏和保管记录； —— 蜜蜂产品采收记录、贮藏记录和运输记录。 —— 花期记录。	1

4.6 饲养管理

4.6.1 饲料

序号	控制点	符合性要求	等级
4.6.1.1	采购的饲料应来源于相关行政主管部门批准的生产企业。	提供饲料生产企业的符合性资质证明。	1
4.6.1.2	应保存所有饲料的采购记录或其他相关文件(如发票),并至少保存3年。	提供以往饲料购买记录或相关文件。记录内容包括:饲料类别、数量、饲料营养成分表、生产企业等内容。	1
4.6.1.3	提供蜂群的饲料应符合卫生安全要求,能提供蜂群持续健康生长、发展所需要的营养。	饲料应符合的要求如下: ——饲喂蜂群的蜂蜜、糖浆、花粉或花粉代用品应符合相关的卫生要求; ——花粉代用品不应添加未经国家有关部门批准使用的添加剂等; ——饲料中不得人为添加违禁兽药。	2
4.6.1.4	适时补充饲喂或奖励饲喂;留足越冬饲料,越冬后期注意补充饲料。	——补充饲喂:补饲蜂蜜或者糖浆,不宜用红糖; ——奖励饲喂:在蜂群繁殖期和蜜蜂生产期所进行的人工饲喂,时间在流蜜期前40 d至外界有大量蜜粉采人时为止,饲喂蜜液或者糖浆; ——越冬饲料应采用成熟封盖蜜脾或用水分不大于25%的成熟无病菌蜂蜜灌制,其中不应含有甘露蜜。早春繁殖蛋白饲料应以花粉为主,如用蛋白粉饲料应保证其蛋白和维生素能满足蜜蜂的生理需要; ——保证蜂巢内有充足的存蜜和花粉; ——应在糖浆中加0.1%的食盐; ——有相应记录。	2

4.6.2 饮水

序号	控制点	符合性要求	等级
4.6.2.1	应有充足的饮水器和清洁水,以满足蜂群用水需要。	饮水要求如下: ——饮水器内盛清洁水,并每天更换;在水面上搁放防溺水漂浮物,供蜜蜂自行采水,满足每群蜂每天200～1 000 mL的采水需求; ——早春外界气温不稳定,在巢门处设置固定供水装置,养成蜜蜂在巢门喂水习惯,减少采水伤亡; ——低温天气要给蜂群喂水; ——炎热中午注意向蜂箱和场地喷洒适量清水; ——设置供应适量盐水装置,满足蜂群对矿物质的要求。	2

4.6.3 光照、通风和温、湿度

序号	控制点	符合性要求	等级
4.6.3.1	应制定不同光照条件下，管理蜂箱和蜂群的措施。	措施应包括： ——蜂箱应离地摆放； ——炎热天气，蜂箱应摆放在庇荫处，或者搭建凉棚； ——北方高寒地区（或早春季节，外界气温低于10℃时），春季蜂群排泄以后，用硬纸板或木板斜立巢门前，用草帘遮光，以免蜜蜂受阳光影响飞出冻僵； ——早春应注意在阳光好、外界气温高于15℃时，刺激蜂群排泄； ——春天将蜂群置于阳光下，利于蜂群繁殖和生产活动。	2
4.6.3.2	应保持蜂箱的温度相对稳定并通风良好。	蜂箱温度： ——繁殖期，巢内蜂球中心区温度保持32～35℃； ——断子期，巢内蜂球中心温度在20～30℃； ——提供每天的温度记录。 蜂箱通风量： ——感官评估蜂箱设计及摆放能够保证箱内通风良好。	2
4.6.3.3	根据季节采取适当的控温措施。	——春季根据蜂场所在地气候特点对蜂箱内、外保温和巢门大小调整； ——夏季放大蜂路和巢门，加强通风和散热，同时做好防雨工作； ——室内越冬，温度保持在4℃左右； ——有每天的气温或室温记录。	2
4.6.3.4	蜂箱的湿度应适合蜜蜂对湿度的要求。	蜂巢内适宜的相对湿度为65％～88％。	2

4.7 用药管理

序号	控制点	符合性要求	等级
4.7.1	采取综合措施培养强群，提高蜂群自身的抗逆能力。	制定书面的培养强群的方案，包括选择抗病品种，预防盗蜂，选择良好的饲养环境，保证蜂群有充足、富含营养物质的饲料，重视消毒优于用药，保持养蜂场地和养蜂机具清洁卫生等，尽可能不用药或少用药，以防蜜蜂产品污染。	2
4.7.2	必要时采用药物治疗蜂群疾病。蜂药使用应符合相关法律、法规、规章及有关标准的要求。	制定书面的蜂药使用程序，应至少包括如下内容： ——常见蜜蜂疾病和有害生物清单； ——常用蜂药清单； ——禁止使用蜂药清单。	1
4.7.3	使用蜂药时，应由具有养殖或病害专业等相关资质人员开出处方。	提供相关的专业资质证明和处方。	1

续表

序号	控制点	符合性要求	等级
4.7.4	投喂或使用蜂药的员工应经过相关培训，并具备用药的相关能力和知识。	应提供培训记录。培训后员工应了解蜂药的使用，掌握其相关知识。	1
4.7.5	应记载并保持所有蜂群用药的记录。对于已接受药物治疗的蜂群，应规定适当的休药期。	应建立并保存全部用药记录，用药记录包括蜂场编号、蜂群编号及蜂群数、蜂病名称、发病时间及症状、治疗用药物名称及其有效成分、治疗效果、用药日期、用药方式、用药量、休药期、用药人、技术负责人等。	1
4.7.6	蜜蜂产品中蜂药残留不超过相关的规定。	安排年度蜜蜂产品检测，提供有效的检测报告，产品应符合国家安全卫生标准。出口产品应符合进口国相关标准的要求。	1
4.7.7	超过使用期的蜂药和用后的包装物应正确处理。	过期蜂药和用后包装应进行无害化处理，提供相关处理记录。	1

4.8　卫生管理

4.8.1　消毒剂

序号	控制点	符合性要求	等级
4.8.1.1	选用的消毒剂应对人和蜂安全、无残留毒性，对设备无破坏性，不会在蜜蜂产品中产生有害积累。	选用的消毒剂应符合 NY/T 5139 的规定。	1

4.8.2　蜂场环境的卫生管理

序号	控制点	符合性要求	等级
4.8.2.1	蜂场应保持整洁、卫生，防止滋生不利于蜂群生长的生物危害。	在蜂场醒目处张贴蜂场清理、消毒程序。每周至少清理一次蜂场死蜂和杂草，清理的死蜂应及时深埋。霉迹用5%的漂白粉乳剂喷洒消毒。	2
4.8.2.2	禁止猫、犬或其他动物进入养蜂区域。	感官评估。未见猫、犬或其他动物进入养蜂区域。	3
4.8.2.3	控制来访者、车辆和原材料等进入。	有书面的规章制度，控制来访者、车辆和原材料等进入。	3

4.8.3 养蜂机具的卫生管理

序号	控制点	符合性要求	等级
4.8.3.1	定期进行养蜂用具消毒,保持用具清洁卫生。	制定文件化的养蜂用具消毒程序: —— 蜂箱、隔王栅、饲喂器每年至少消毒一次; —— 经常清理蜂箱底部蜜蜂废弃物,保持底板干燥清洁; —— 更换下来的蜂箱要清洗干净,在阳光下曝晒干燥; 起刮刀、割蜜刀、蜂帚和工作服应定期消毒; —— 巢脾应定期消毒并妥善保管; 有相关的消毒记录。	2
4.8.3.2	计量或给药的器具应清洁卫生并维护良好。	有药品计量和给药器具的清洁、校准和维护记录。	2

4.9 蜜蜂产品的采收和保存

4.9.1 总则

序号	控制点	符合性要求	等级
4.9.1.1	蜜蜂产品采收期间,生产群不应使用任何蜂药;在休药期内不得采收任何蜜蜂产品。	制定书面的蜜蜂产品操作程序,规定如下原则: —— 蜜蜂产品采收期内,不得使用任何蜂药; —— 在休药期内,不得采收任何蜜蜂产品; —— 生产用具、盛具严格消毒; —— 不用手直接采集或接触蜜蜂产品; —— 所有蜜蜂产品的内外包装都必须清洁、无破损。	1
4.9.1.2	应制定蜂场采收计划。	有书面的蜂场年度采收计划,包括产品名称、采收期、预估产量等。	2
4.9.1.3	记载并保持各种蜜蜂产品采收的记录。	在蜜蜂产品采收现场提供蜜蜂产品采收记录,包括采收日期、产品种类、数量、采集人、用具和盛具清洗和消毒、贮存等。	1
4.9.1.4	产品标记。	在蜜蜂产品包装上应当用标签在醒目位置标记上所生产的蜜蜂产品品名、生产日期、重量、生产者姓名、蜂场名称所属省市县名和产地。	1
4.9.1.5	蜂场应执行卫生程序。	根据蜜蜂产品采收的风险分析,实施卫生程序,采取保护职业健康和安全的措施。采收区禁止其他人员任意出入,防止外界污染物随人员进入厂内。	2

4.9.2 蜜蜂产品采收和保存

序号	控制点	符合性要求	等级
4.9.2.1	蜂王浆采收和保存。	——移虫、采浆作业在对空气消毒过的室内或者帐篷内进行,消毒剂符合相关标准的规定; ——应采收移虫后48～72 h的蜂王浆,防止王浆老化; ——采收后的蜂王浆应冷冻保鲜或在4℃冷藏保鲜或及时交售; ——采浆机具[例如取浆笔(采浆机)、割蜜刀、盛浆容器等]用清水洗净后,用75%乙醇消毒,晾干后再使用。	1

续表

序号	控制点	符合性要求	等级
4.9.2.2	蜂蜜采收和保存。	——采收蜂蜜之前,应取出生产群中的饲料蜜。 ——用无毒塑料桶或内胆有安全涂料保护层的蜂蜜专用钢桶作盛蜜桶,盛蜜桶用清水洗净,用蒸汽或沸水冲洗消毒,晾干后再盛蜂蜜。 ——禁止用铁、铅、铝制桶和非食品级塑料桶等盛装蜂蜜。 ——采集用具包括分蜜机、滤蜜器、割蜜刀等应尽量使用不锈钢制品,非不锈钢制摇蜜机应在烘烤到100℃以上,将其所有表面镀上蜂蜡后再使用。滤蜜器、割蜜刀使用前均须经沸水浸泡消毒。 ——每个花期第一次生产的蜂蜜与后续生产的蜂蜜标识后分开存放。单花种蜂蜜与混合蜜要分桶存放。 ——盛放蜂蜜的钢桶应放在阴凉处,不能暴晒和雨淋。 ——杜绝掠夺式采蜜方式,不能取光蜂巢内的蜂蜜。 ——摇蜜时要给蜂群留足饲料,特别在蜜源快结束时。	1
4.9.2.3	蜂胶采收和保存。	——采胶过程中所使用的蜂箱、覆布、采胶器、起刮器及包装器材等用具应对蜂胶无污染; ——采胶过程中每隔15 d左右从蜂箱覆布、巢框上梁、采胶器、蜂箱中提取蜂胶; ——采集蜂胶,应避开蜜蜂增殖期,交尾群、新分群、换王群不宜立即生产蜂胶; ——采收的蜂胶采用无毒无味密封塑料袋及时包装,包装应牢固、防潮、整洁,产品按产地、规格分别包装; ——蜂胶应在阴凉、干燥、清洁卫生的地方存放。温度控制在0～30℃。严禁和有毒、有害、有异味的物品同处存放。	1
4.9.2.4	蜂花粉采收和保存。	——安装脱粉器(材质最好选用不锈钢或塑料,且使用前经过消毒)前,洗净生产群蜂箱和巢门板上的尘土; ——花粉粒收集过程中,随时清除混入花粉中的杂物; ——花粉干燥时尽可能采用风干的方式,避免日光暴晒; ——干燥后的花粉要密封遮光存放,避免污染。	1
4.9.2.5	雄蜂蛹、蜂王幼虫采收和保存。	——准确把握雄蜂蛹日龄,当雄蜂蛹尚呈乳白色、复眼已呈紫红色时即可采收; ——采集的雄蜂蛹立即置于－18℃以下冷藏,要求雄蜂蛹在尽短时间内降到－18℃以下; ——蜂王幼虫采集后及时封口冷藏,防止虫体发红、糊化; ——雄蜂蛹、蜂王幼虫采集过程中所使用的机具均应采用75%乙醇进行消毒; ——雄蜂蛹、蜂王幼虫产品中不得添加任何防腐剂、保鲜剂和其他用途的添加剂。	1

续表

序号	控制点	符合性要求	等级
4.9.2.6	蜂蜡采收和保存。	——旧巢脾和平时收集的零碎蜂蜡、蜡屑中,常混有茧衣、蜂胶、花粉、木屑等杂质,需要采取适当的提炼加工方法,从中提取纯净的蜂蜡。提炼蜂蜡的方法可根据蜂场的规模和生产条件,适当选择。记录提炼方法。 ——防止蜂蜡颜色变深,降低蜂蜡等级,在收集蜂蜡原料时应尽可能避免混入蜂胶等杂质。 ——旧脾、蜜盖等蜂蜡提炼原料应及时化蜡榨取,不宜久存,以防被巢虫毁坏。 ——新采收的赘脾和采蜡框上的蜂蜡比旧脾的蜂蜡质量好,应单独存放,分别提炼。 ——提炼后的成品蜂蜡应按质量标准分类,用麻袋包装,贮存于干燥通风处。因为蜂蜡具有香甜的气味,易遭受虫蛀和鼠害,所以平时应勤检查,妥善保管。	1
4.9.2.7	蜂毒采收和保存。	——取毒场地应选择人畜来往较少的蜂场,以免尘土影响蜂毒质量。 ——人员与取毒用具要注意清洁卫生,尤其是取毒板要用乙醇消毒,工作时要穿上防护服及防蜂面罩,不要吸烟和使用喷雾器。 ——取毒时切忌打开蜂箱观看,一群蜂取毒完毕,应让蜜蜂安静1～2 min后再撤走取毒器。 ——取毒时间应选在每个流蜜期结束时,因流蜜期取毒,工蜂在排毒的同时会吐蜜,而污染蜂毒。取毒要选在气温不低于15℃、风小的傍晚或晚上(但不要超过晚上11点钟)进行,潮湿、阴雨天气不得采毒。 ——取毒的蜂群应选择壮、老年蜂较多的蜂群,因为幼蜂在取毒时容易因电击而受到伤害,也会减少取毒量。 ——蜂毒有强烈的气味,对人体呼吸道有强烈的刺激性,刮毒时应戴口罩。 ——取毒后的蜂群应适当奖励饲喂,补充营养,以及时恢复电击后蜜蜂的体质。另外,取过毒的蜂群也不宜马上进行转地,至少要休息3～4 d,以在蜂群稳定后再转地为好。 ——取得的蜂毒要装入深色瓶密封,置低温处保存。	1

GB 14963—2011
食品安全国家标准　蜂蜜

（2011-04-20 发布，2011-10-20 实施）

1　范围

本标准适用于蜂蜜，不适用于蜂蜜制品。

2　术语和定义

蜂蜜

蜜蜂采集植物的花蜜、分泌物或蜜露，与自身分泌物混合后，经充分酿造而成的天然甜物质。

3　技术要求

3.1　蜜源要求

蜜蜂采集植物的花蜜、分泌物或蜜露应安全无毒，不得来源于雷公藤（*Tripterygium wilfordii* Hook. f.）、博落回[*Macleaya cordata*（Willd.）R. Br]、狼毒（*Stellera chamaejasme* L.）等有毒蜜源植物。

3.2　感官要求

感官要求应符合表 1 的规定。

表 1　感官要求

项目	要求	检验方法
色泽	依蜜源品种不同，从水白色（近无色）至深色（暗褐色）	按 SN/T 0852 的相应方法检验
滋味、气味	具有特有的滋味、气味，无异味	
状态	常温下呈黏稠流体状，或部分及全部结晶	在自然光下观察状态，检查其有无杂质
杂质	不得含有蜜蜂肢体、幼虫、蜡屑及正常视力可见杂质（含蜡屑巢蜜除外）	

3.3　理化指标

理化指标应符合表 2 的规定。

3.4　污染物限量

污染物限量应符合 GB 2762 的规定。

3.5　兽药残留限量和农药残留限量

3.5.1　兽药残留限量

兽药残留限量应符合相关标准的规定。

表2 理化指标

项目	指标	检验方法
果糖和葡萄糖/(g/100 g)	≥60	GB/T 18932.22
蔗糖/(g/100 g)		
桉树蜂蜜,柑橘蜂蜜,紫苜蓿蜂蜜,荔枝蜂蜜,野桂花蜜	≤10	
其他蜂蜜	≤5	
锌(Zn)/(mg/kg)	≤25	GB/T 5009.14

3.5.2 农药残留限量

农药残留限量应符合 GB 2763 及相关规定。

3.6 微生物限量

微生物限量应符合表3规定。

表3 微生物限量

项目	指标	检验方法[a]
菌落总数/(CFU/g)	≤1 000	GB 4789.2
大肠菌群/(MPN/g)	≤0.3	GB 4789.3
霉菌计数/(CFU/g)	≤200	GB 4789.15
嗜渗酵母计数/(CFU/g)	≤200	附录A
沙门氏菌	0/25 g	GB 4789.4
志贺氏菌	0/25 g	GB/T 4789.5
金黄色葡萄球菌	0/25 g	GB 4789.10

a 样品的分析及处理按 GB 4789.1 执行。

附录A
嗜渗酵母计数

A.1 设备和材料

除微生物实验室常规灭菌及培养设备外,其他设备和材料如下:

A.1.1 恒温培养箱:(25±1)℃。

A.1.2 冰箱:2~5℃。

A.1.3 均质器及无菌均质袋、均质杯或灭菌乳钵。

A.1.4 天平:感量0.1 g。

A.1.5 无菌试管:18 mm×180 mm。

A.1.6 无菌吸管:1 mL(具0.01 mL刻度),10 mL(具0.1 mL刻度),或微量移液器及吸头。

A.1.7 无菌锥形瓶:500 mL,250 mL。

A.1.8 无菌培养皿:直径 90 mm。

A.1.9 无菌L形涂布棒:玻璃、塑料或者不锈钢材料制成,棒体直径不应大于 2 mm。

A.1.10 显微镜:10×～100×。

A.2 培养基和试剂

A.2.1 30%葡萄糖溶液[pH (6.5±0.5)]

A.2.1.1 成分

无水葡萄糖	30.0 g
蒸馏水	100 mL

A.2.1.2 制法

称量适量葡萄糖,溶解在蒸馏水中,必要时调节 pH 为 6.4 左右。分装后,115℃高压灭菌 20 min。

A.2.2 氯硝胺 18%甘油(DG18)琼脂

A.2.2.1 成分

酪蛋白胨	5.0 g
无水葡萄糖	10.0 g
磷酸二氢钾	1.0 g
硫酸镁($MgSO_4 \cdot H_2O$)	0.5 g
氯硝胺	0.002 g
无水甘油	200 g
琼脂	15 g
氯霉素	0.1 g
蒸馏水	1 000 mL

A.2.2.2 制法

除氯霉素外,将全部成分加热煮沸至完全溶解,如有必要,调节 pH 为 6.4 左右。加入抗生素,121℃高压灭菌 15 min,最终的 pH 应为 5.6±0.2。灭菌后,立即在 44～47℃水浴冷却至 50℃以下,在每个灭菌平皿中倾注 15～20 mL 培养基,放置在水平的台面上冷却固化备用。如有必要,可以放在 36℃培养箱中过夜,使琼脂表面干燥无水珠。避光保存。

A.3 检验程序

A.4 操作步骤

A.4.1 样品采集和保存

样品采集后,应尽可能及时检验。若不能及时检验,普通样品应置 2～5℃冰箱保存,在 24 h 内检验。冷冻样品应在 45℃以下不超过 15 min 或在 2～5℃不超过 18 h 解冻。

A.4.2 样品稀释

A.4.2.1 取样

以无菌操作在天平上称取固体或液体检样 25 g,加入 30%葡萄糖稀释液 225 g,用旋转刀片式均质器以 8 000 r/min 均质 1 min,或拍击式均质器拍击 2 min,制备成 1∶10 的均匀稀释液。如无均质器,则将样品放入加有玻璃珠的无菌锥形瓶中,并充分振荡。

A.4.2.2 梯度稀释

用灭菌吸管吸取 1∶10 稀释液 1 mL,注入含有 9 mL 30%葡萄糖稀释液的试管内,置于

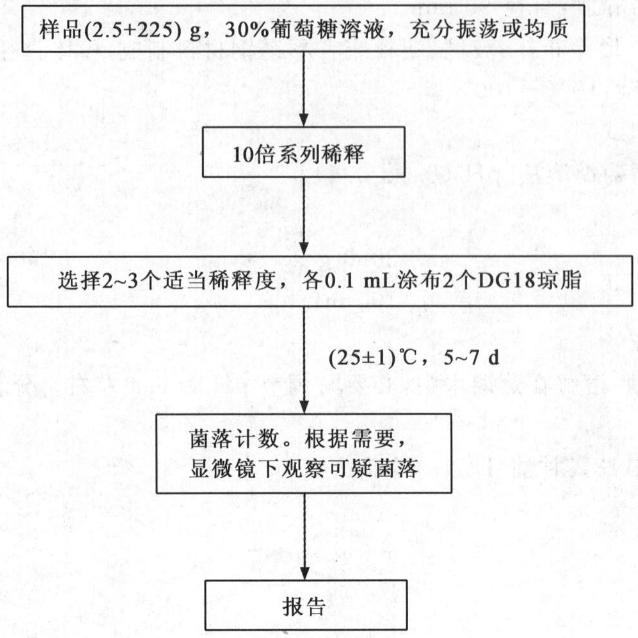

图 A.1　嗜渗酵母检验程序

漩涡混悬仪上混匀，制备 1∶100 的稀释液。另取 1 mL 灭菌吸管，按前操作依次制备 10 倍递增稀释液，每递增稀释一次，换用 1 支 1 mL 灭菌吸管。

A.4.3　涂布和培养

A.4.3.1　根据对检样污染情况的估计，选择 2～3 个连续的适宜稀释度，每个稀释度接种 2 个 DG18 琼脂平板。在充分混合稀释液之后，立即在每个平板表面接种 0.1 mL，接着用无菌的 L 形涂布棒进行充分的琼脂表面涂布。注意涂布棒下端不得触碰培养皿的侧缘。进行样品检验的同时，应同时在 2 个 DG18 琼脂平板表面接种 0.1 mL 的稀释液作为空白对照。

A.4.3.2　接种完成后，尽快将全部平板置(25±1)℃恒温箱内避光培养。培养时勿翻转培养皿。为防止出现霉菌的过度蔓延生长掩盖了目标菌落，在培养 48 h 后，即开始每日观察平板上面真菌生长情况。培养 7 d 结束。

A.4.4　菌落计数

A.4.4.1　选择菌落数量在 15～150 的平板，计数菌落数量。

A.4.4.2　典型的嗜渗酵母在 DG18 琼脂平板上呈现为圆形、中心隆起、不透明、边缘整齐的菌落，直径 1～2 mm。必要时，可利用低倍显微镜直接观察平板上生长的菌落是否为细菌菌落。如出现霉菌菌落干扰时，不应计数丝状菌落。

A.4.5　报告

参照 GB 4789.2 的报告方式，以 CFU/g 为单位报告样品中嗜渗酵母的数量。

GB/T 24283—2009
蜂胶

（2009-07-08 发布，2009-12-01 实施）

1　范围

本标准规定了蜂胶及蜂胶乙醇提取物的定义及其品质、检验方法、包装、标志、贮存、运输要求。

本标准适用于蜂胶及蜂胶乙醇提取物的加工、贸易。

2　规范性引用文件

下列文件中的条款通过本标准的引用而成为本标准的条款。凡是注日期的引用文件，其随后所有的修改单（不包括勘误的内容）或修订版均不适用于本标准，然而，鼓励根据本标准达成协议的各方研究是否可使用这些文件的最新版本。凡是不注日期的引用文件，其最新版本适用于本标准。

GB/T 191　包装储运图示标志

3　术语和定义

下列术语和定义适用于本标准。

3.1　蜂胶 propolis

工蜂采集植物树脂等分泌物与其上颚腺、蜡腺等分泌物混合形成的胶黏性物质。

3.2　蜂胶乙醇提取物 ethanol extracted propolis

乙醇萃取蜂胶后得到的物质。

3.3　总黄酮 total flavonoids

黄酮类物质含量的总和。

4　要求

4.1　感官要求

4.1.1　蜂胶的感官要求应符合表 1 的规定。

表 1　蜂胶的感官要求

项目	特征
色泽	棕黄色、棕红色、褐色、黄褐色、灰褐色、青绿色、灰黑色等，有光泽
状态	团块或碎渣状，不透明，约 30℃ 以上随温度升高逐渐变软，且有黏性
气味	有蜂胶所特有的芳香气味，燃烧时有树脂乳香气，无异味
滋味	微苦、略涩，有微麻感和辛辣感

4.1.2　蜂胶乙醇提取物的感官要求应符合表 2 的规定。

表2 蜂胶乙醇提取物的感官要求

项目	特征
结构	断面结构紧密
色泽	棕色、褐色、黑褐色,有光泽
状态	固体状,约30℃以上随温度升高逐渐变软,且有黏性
气味	有蜂胶所特有的芳香气味,燃烧时有树脂乳香气,无异味
滋味	微苦、略涩,有微麻感和辛辣感

4.2 理化要求

蜂胶及蜂胶乙醇提取物的理化要求应符合表3的规定。

表3 蜂胶及蜂胶乙醇提取物的理化要求

项目	蜂胶		蜂胶乙醇提取物	
	一级品	二级品	一级品	二级品
乙醇提取物含量/(g/100 g)	≥60	≥40	≥95	
总黄酮/(g/100 g)	≥15	≥8	≥20	≥17
氧化时间/s	≤22			

4.3 真实性要求

不应加入任何树脂和其他矿物、生物或其提取物质。

非蜜蜂采集,人工加工而成的任何树脂胶状物不应称之为“蜂胶”。

4.4 特殊限制要求

应采用符合卫生要求的采胶器等采集蜂胶,不应在蜂箱内用铁纱网采集蜂胶。

不应高温加热、暴晒。

5 试验方法

5.1 取样方法

从被检样品的不同部位均匀取样,每批取样总量不超过300 g。

5.2 感官要求的检验

5.2.1 蜂胶感官要求的检验

5.2.1.1 色泽、状态

在自然光线良好的条件下,观察样品外表色泽。取少许上述样品混匀后,加热至35℃左右,用手揉搓成条,再慢慢向两端拉伸。含胶量越大,黏性越大,拉伸长度越长。

5.2.1.2 气味、滋味

取少许样品,嗅其气味是否有蜂胶特有的明显芳香气味,再点燃,嗅其气味是否异常;口尝其滋味。

5.2.2 蜂胶乙醇提取物感官要求的检验

5.2.2.1 结构

将蜂胶乙醇提取物样品放在15℃以下2~3 h,用锤砸开,观察其断面。

5.2.2.2 色泽、状态

按 5.2.1.1 规定的方法检验。

5.2.2.3 气味、滋味

按 5.2.1.2 规定的方法检验。

5.3 理化要求的检验

5.3.1 样品制备

按 5.1 取样的样品放入 10℃以下的冰箱中 1 h 后，将其粉碎，从中取样 100 g 备检。

5.3.2 乙醇提取物含量

5.3.2.1 原理

称量乙醇不溶物质量，用减量法计算其占样品质量的百分比。

5.3.2.2 试剂和材料

a)乙醇：分析纯(≥95%)；

b)定量滤纸 ϕ12.5 cm。

5.3.2.3 仪器

a)天平(感量 0.001 g)；

b)100 mL 烧杯；

c)电热鼓风干燥箱；

d)超声波仪；

e)玻璃漏斗 ϕ60 mm；

f)玻璃棒；

g)250 mL 锥形瓶；

h)称量瓶 70 mm × 35 mm；

i)干燥皿。

5.3.2.4 步骤

称取经过粉碎处理的蜂胶样品 5 g(称准至 0.001 g)，置于 100 mL 烧杯中，加适量 95%乙醇，放入超声波仪中超声，使样品溶解，将上清液倒入事先干燥称重过的滤纸及玻璃漏斗过滤到锥形瓶中，反复数次，直至完全溶解，再用少量乙醇洗涤 100 mL 烧杯及滤纸两次。然后将残渣及滤纸与玻璃漏斗在 50℃下干燥至恒重。在相同条件下做平行实验。

5.3.2.5 计算

按式(1)计算：

$$X_1=\frac{m_1-m_2}{m_1}\times 100\% \quad \cdots\cdots (1)$$

式中：

X_1—样品中乙醇提取物含量(%)；

m_1—样品质量，单位为克(g)；

m_2—残渣质量，单位为克(g)。

平行实验允许误差不超过 1.5%，取 3 次测定的平均值。

5.3.3　总黄酮含量

5.3.3.1　试剂和材料

a)聚酰胺粉(≥100 目)；

b)芦丁标准溶液：取 5.0 mg 芦丁(≥99%)，加甲醇溶解并定容至 100 mL，即得 50 μg/mL；

c)乙醇：分析纯(≥95%)；

d)甲醇：分析纯(≥95%)。

5.3.3.2　仪器

a)紫外-可见分光光度计；

b)层析柱：350 mm(长)×15 mm(内径)，具活塞、砂芯、抽气嘴、圆底烧瓶，见图 1；

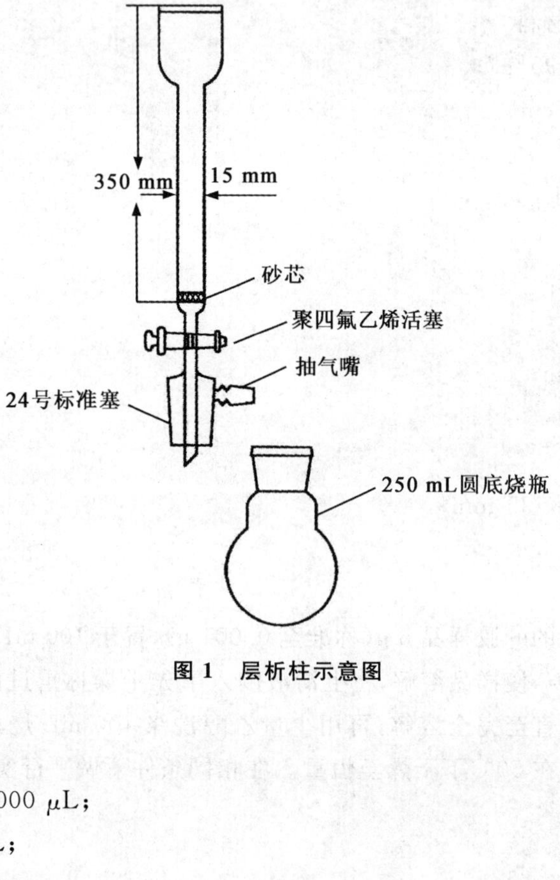

图 1　层析柱示意图

c)容量瓶：10 mL；

d)移液器：100～1 000 μL；

e)移液管：1～5 mL；

f)玻璃蒸发皿：90 mm。

5.3.3.3　步骤

a)试样处理：称取经过粉碎处理的蜂胶样品 1 g，或蜂胶乙醇提取物 0.5 g 于容量瓶中，用乙醇定容至 100 mL，摇匀后，超声提取 20 min，放置，用移液管吸取上清液 1 mL 于玻璃蒸发皿中，加入 5 mL 乙醇及 1 g 聚酰胺粉，用玻璃棒混匀吸附，于 60℃水浴上挥去乙醇，然后转入关闭活塞的层析柱中。量取 20 mL 苯液，清洗玻璃蒸发皿再将苯液转入层析柱中，分 3 次完成。15 min 后开启层析柱活塞，弃去苯液并关闭层析柱活塞，取下圆底烧瓶，将 25 mL 容量瓶装于层析柱下方。量取 20 mL 甲醇，分 3 次清洗玻璃蒸发皿，再将甲醇转入层析柱中，15 min

后开启层析柱活塞将黄酮洗脱于25 mL容量瓶中，用甲醇定容至25 mL。此液置1 cm比色皿中于波长360 nm测定吸收值。同时以芦丁为标准品，用标准曲线法定量。

b）芦丁标准曲线：分别吸取芦丁标准溶液0、1.0、2.0、3.0、4.0、5.0 mL于10 mL容量瓶中，加甲醇至刻度，摇匀，置1 cm比色皿中于波长360 nm测定吸收值，绘制标准工作曲线，计算回归方程。

5.3.3.4 计算和结果表示

按式（2）计算：

$$X_2=\frac{A\times V_2\times 1\,000}{V_1\times m_3\times 100} \qquad \cdots\cdots (2)$$

式中：

X_2—试样中总黄酮的含量，单位为毫克每百克（mg/100 g）；

A—由标准曲线算得被测液中黄酮量，单位为微克（μg）；

V_2—试样定容总体积，单位为毫升（mL）；

V_1—吸取的上清液体积，单位为毫升（mL）；

m_3—试样质量，单位为克（g）。

计算结果保留2位有效数字。

5.3.4 氧化时间

5.3.4.1 原理

通常用高锰酸钾紫红色溶液消退的时间来表示蜂胶中还原性物质的含量。

5.3.4.2 试剂和材料

a）乙醇：分析纯（95%以上）；

b）高锰酸钾标准溶液：精确称取1.580 g高锰酸钾（分析纯≥95%），用水稀释至1 000 mL，配制成0.01 mol/L的高锰酸钾溶液；

c）硫酸：分析纯（95%～98%），配制成20%硫酸液；

d）蒸馏水。

5.3.4.3 仪器

a）天平（感量0.001 g）；

b）振荡器；

c）秒表；

d）250 mL具塞磨口锥形瓶；

e）50 mL、100 mL、1 000 mL容量瓶；

f）50 mL锥形瓶；

g）0.2 mL、1.0 mL、2.0 mL、5.0 mL、10.0 mL移液管；

h）漏斗、定量滤纸；

i）250 μL微量移液器。

5.3.4.4 步骤

a）在室温下称取1 g（精确到0.001 g）样品，置于250 mL具塞锥形瓶中，加入25 mL乙醇，盖好瓶塞，于振荡器上低速振荡1 h，然后加入100 mL蒸馏水，充分摇匀后，过滤，收集滤液。

b)用移液管吸取0.5 mL上述滤液放入50 mL容量瓶中,用蒸馏水稀释至刻度并混匀。

c)用移液管吸取10 mL稀释液于50 mL锥形瓶中,加入2.0 mL 20%硫酸,振荡1 min,然后用200 μL微量移液器加入0.05 mL 0.01 mol/L高锰酸钾溶液,在加入高锰酸钾溶液的同时,开动秒表振荡,当溶液的紫红色完全消退时,停止秒表,记录溶液的紫红色完全消退所耗用的时间(以"s"计),即是该样品的氧化时间。每个样品平行测定3次,取算术平均值作为该样品的测定值。

6 包装

6.1 应采用符合国家食品安全卫生要求的材料包装。蜂胶乙醇提取物应定量包装。包装场地应符合食品安全卫生要求。包装应严密、牢固,便于装卸、贮存和运输。

6.2 应按等级分别包装。

7 标志

7.1 包装上应标明产品名称、等级、数量、生产者的名称、地址和生产日期。

7.2 图示标志应符合GB/T 191的规定。

8 贮存

8.1 贮存场所应清洁卫生、干燥、阴凉、通风,不应与有毒、有害、有异味、有腐蚀性、有放射性和可能发生污染的物品同场所贮存。

8.2 产品应按等级、规格分别存放。

9 运输

9.1 运输工具应清洁卫生。

9.2 不应与有毒、有害、有异味、易污染的物品混装运输。

9.3 防高温、暴晒、雨淋。

GB/T 30359—2013
蜂花粉

(2013-12-31 发布,2014-06-22 实施)

1 范围

本标准规定了蜂花粉的定义、要求、等级、试验方法、包装、标志、储存、运输要求。

本标准适用于工蜂采集形成的团粒(颗粒)状蜂花粉或碎蜂花粉,不适用于破壁蜂花粉及以蜂花粉为原料加工成的产品。

2 规范性引用文件

下列文件对于本文件的应用是必不可少的。凡是注日期的引用文件,仅所注日期的版本适用于本文件。凡是不注日期的引用文件,其最新版本(包括所有的修改单)适用于本文件。

GB/T 191 包装储运图标标志

GB 5009.3 食品安全国家标准 食品中水分的测定

GB 5009.4 食品安全国家标准 食品中灰分的测定

GB 5009.5 食品安全国家标准 食品中蛋白质的测定

GB/T 5009.6 食品中脂肪的测定

GB/T 5009.7 食品中还原糖的测定

GB/T 5009.8 食品中蔗糖的测定

GB/T 5009.37 食用植物油卫生标准的分析方法

GB 7718 食品安全国家标准 预包装食品标签通则

GB 16326 坚果食品卫生标准

3 术语和定义

下列术语和定义适用于本文件。

3.1 花粉 pollen

雄配子体 gametophyte

由 1 个营养细胞和 1～2 个生殖细胞组成的显花植物的雄性种质。

3.2 花粉壁 pollen wall

由纤维素和孢粉素构成的花粉(3.1)外壳。

3.3 蜂花粉 bee pollen

工蜂采集花粉(3.1),用唾液和花蜜混合后形成的物质。

3.4 单一品种蜂花粉 monofloral bee pollen

工蜂采集 1 种植物的花粉(3.1)形成的蜂花粉(3.3)。

3.5 杂花粉 multifloral bee pollen

工蜂采集 2 种以上植物的花粉(3.1)形成的蜂花粉(3.3),或 2 种以上单一品种蜂花粉的混合物。

3.6 破壁蜂花粉 bee pollen of breaking wall

经加工，花粉(3.1)壁被打破的蜂花粉(3.3)。

3.7 碎蜂花粉 bee pollen debris

蜂花粉(3.3)团粒破碎后形成的蜂花粉粉末。

3.8 工蜂 worker

在蜂群内担当采集、守卫、清理、哺育等内外勤工作的生殖器官发育不完全的雌性蜜蜂。

4 技术要求

4.1 感官要求

感官要求应符合表1的规定。

表1 蜂花粉的感官要求

项目	要求	
	团粒(颗粒)状蜂花粉	碎蜂花粉
色泽	呈各种蜂花粉各自固有的色泽，单一品种蜂花粉色泽见附录A	
状态	不规则的扁圆形团粒(颗粒)，无明显的砂粒、细土，无正常视力可见外来杂质，无虫蛀、无霉变	能全部通过20目筛的粉末，无明显的砂粒、细土，无正常视力可见外来杂质，无虫蛀、无霉变
气味	具有该品种蜂花粉特有的清香气，无异味	
滋味	具有该品种蜂花粉特有的滋味，无异味	

4.2 理化要求

产品等级和理化要求符合表2要求。

表2 蜂花粉的等级和理化指标

项目	指标	
	一等品	二等品
水分/(g/100 g)	≤8	≤10
碎蜂花粉率/(g/100 g)	≤3	≤5
单一品种蜂花粉的花粉率要求/(g/100 g)	≥90	≥85
蛋白质/(g/100 g)	≥15	
脂肪/(g/100 g)	1.5～10.0	
总糖(以还原糖计)/(g/100 g)	15～50	
黄酮类化合物(以无水芦丁计)/(mg/100 g)	≥400	
灰分/(g/100 g)	≤5	
酸度(以pH表示)	≥4.4	
过氧化值(以脂肪计)/(g/100 g)	≤0.08	

注：如果是碎蜂花粉，则碎蜂花粉率不作要求。

4.3 单一品种蜂花粉定性鉴别

单一品种蜂花粉定性鉴别应符合附录 A 的要求。

4.4 安全卫生要求

应符合国家相关法律、法规、规章、标准规定。

5 试验方法

5.1 感官指标检验

5.1.1 色泽、状态:将样品置于洁净的白瓷盘中,在自然光下用肉眼观察。

5.1.2 气味:鼻嗅。

5.1.3 滋味:口尝。

5.2 理化指标检验

5.2.1 水分测定

按 GB 5009.3 规定的第二法执行。

5.2.2 碎蜂花粉率测定

用天平称取试样约 50 g,精确到 0.1 g,用 20 目筛筛出碎粒及碎粉末并称重。按式(1)计算。

$$\text{碎蜂花粉率}=\frac{\text{筛出的碎蜂花粉粉末质量}}{\text{试样质量}}\times 100\% \quad \cdots\cdots\cdots\cdots\cdots\cdots (1)$$

5.2.3 蛋白质测定

按 GB 5009.5 规定的方法执行。

5.2.4 黄酮类化合物的测定

按附录 B 规定的方法执行。

5.2.5 灰分测定

按 GB 5009.4 规定的方法执行。

5.2.6 脂肪测定

按 GB/T 5009.6 规定的第二法执行。

5.2.7 总糖测定

样品按 GB/T 5009.8 中的盐酸水解处理后,再按 GB/T 5009.7 规定第一法执行。

5.2.8 单一品种蜂花粉的花粉率测定

5.2.8.1 第一法

按附录 A 中的 A.2 处理样品,在 100 倍或 400 倍光学显微镜下镜检,如发现涂片中花粉细胞重叠,则重新涂片,每视野中花粉细胞总数在 30～100 范围为宜,调节显微镜的光线和焦距,使花粉细胞清晰,选取 5 个视野区域并对视野内所有的花粉细胞进行计数,5 个视野中某一品种的花粉数的总数与 5 个 视野中所有的花粉数的总数之比即为单一品种的蜂花粉的花粉率。平行试验应重新涂片检测,两次平行试验的相对误差应不大于 10%。

5.2.8.2 第二法

称取试样 1～3 g,拣出其中该品种蜂花粉团粒,分别称量,按式(2)计算。

$$\text{单一品种蜂花粉率}=\frac{\text{该品种蜂花粉团粒数质量}}{\text{试样蜂花粉团粒总数重量}}\times 100\% \quad \cdots\cdots\cdots\cdots\cdots (2)$$

5.2.9　酸度的测定

取花粉 20 g,加入 5 倍量的纯化水,75℃水浴提取 1.5 h 待冷却,滤过,离心 20 min,取上清液,然后按仪器操作说明书进行测量,并记录其 pH,精确至 0.02,pH 的结果以两次测量的平均值表示。

5.2.10　过氧化值的测定

样品的前处理按照 GB 16326(坚果食品卫生标准)中的 9.1,然后按 GB/T 5009.37 中的 4.2 中的 第一法测定。

5.3　单一品种蜂花粉的定性鉴别

按附录 A。

6　包装、标志、贮存、运输

6.1　包装

用于食用的蜂花粉包装材料应符合食品安全要求,包装容器牢固、严密、整洁、无破损、无泄漏。

6.2　标志

6.2.1　包装物或者标识上应当按照规定标明产品的品名、净含量、产地、生产者(加工者或包装者)或经营单位、生产日期、保质期、产品质量等级、单一品种需注明粉源植物等内容。

6.2.2　预包装食品标签应符合 GB 7718 的要求,运输包装应符合 GB/T 191 的规定。

6.3　贮存

6.3.1　用真空充氮包装,在常温下保存。其他包装的应在－5℃以下保存。

6.3.2　短期临时存放,应经过干燥和密闭处理后存于阴凉干燥处。

6.3.3　不同产地、花种、等级或不同季节采集的产品应分别贮存。

6.3.4　贮存场所应清洁卫生,防高温、防风雨、远离污染源。

6.3.5　不得与有毒、有害、有腐蚀性、有异味、易挥发的物品同场所贮存。

6.4　运输

6.4.1　运输工具应清洁卫生。运输过程中,要避免高温,防风沙、防暴晒、防雨淋、防湿。

6.4.2　轻装轻卸,不得与有毒、有害、有异味、易污染的物品同装混运。

附　录　A
(规范性附录)
单一品种蜂花粉的定性鉴别和显微镜检验方法

A.1　单一品种蜂花粉色泽和细胞形态

A.1.1　油菜(*Brassica campestrie*)花粉

油菜花粉为黄色。

细胞呈近似长球形,按形态特征分为白菜型、甘蓝型、芥菜型。极面观为 3 列片状,3 道萌发沟明显;赤道面观为圆形或椭圆形。电子显微镜下观察外壁具网状雕纹。白菜型长径为 32～39 m,甘蓝型和芥菜型长径为 40～46 μm。见图 A.1。

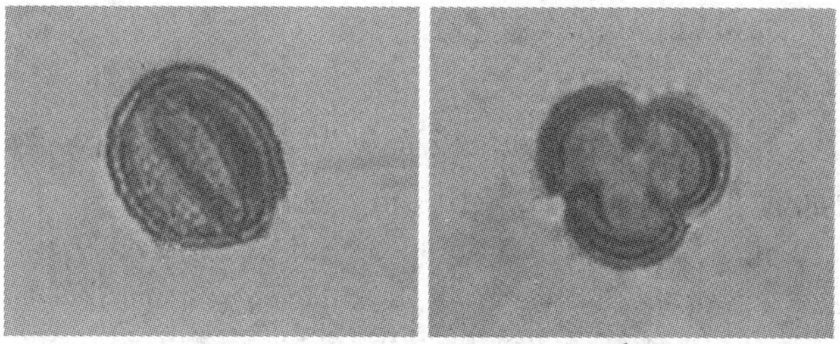

a b

图 A.1 油菜花粉细胞显微镜下的形态

a. 油菜花粉赤道面观形态(×400) b. 油菜花粉极面观形态(×400)

A.1.2 芝麻(*Sesamum indicum*)花粉

芝麻花粉为白色或咖啡色。

细胞呈扁球形(似扁南瓜),少数为球形。赤道面观为阔椭圆形,极面观为12裂圆形。表面有瘤状雕纹,从正面观察为负网状,35.3 μm×40.1 μm。具有10～13道萌发沟,间隙较宽。极面直径约65 μm,赤道面直径约45 μm。见图A.2。

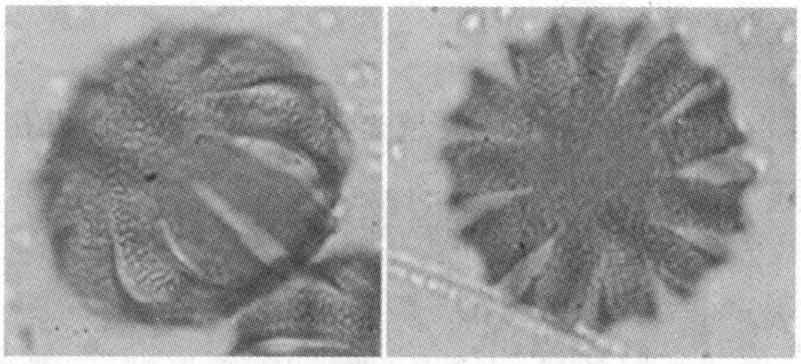

a b

图 A.2 芝麻花粉细胞显微镜下的形态

a. 芝麻花粉赤道面观形态(×100) b. 芝麻花粉极面观形态(×100)

A.1.3 荞麦(*Fagopyrum esculentum* Moench)花粉

荞麦花粉为暗黄色。

花粉细胞呈长球形,表面有细网状雕纹,赤道面观为椭圆形,极面观为3裂圆形。极面观察可见3道明显萌发沟。极面直径约44 μm。赤道面直径经约31 μm。见图A.3。

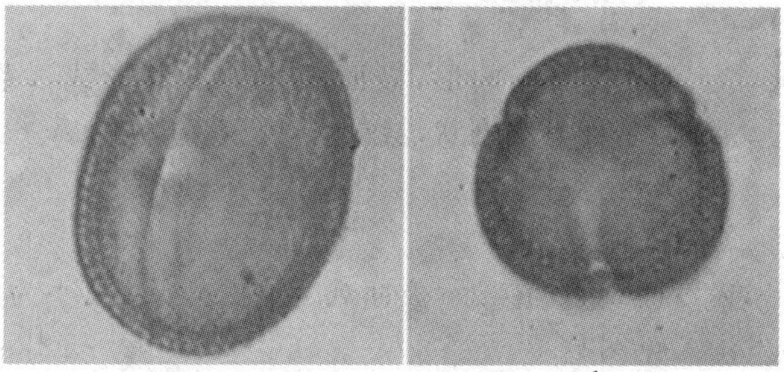

a b

图 A.3 荞麦花粉细胞显微镜下的形态

a. 荞麦花粉赤道面观形态(×100) b. 荞麦花粉极面观形态(×100)

A.1.4　向日葵（*Helianthus annuus*）花粉

向日葵花粉为橘黄色。

花粉细胞呈圆球形，赤道面观为椭圆形，极面观为3裂圆形，直径约为35 μm。外壁有尖刺，刺长3～5 μm。表面有3孔沟，间隔5～10 μm。见图A.4。

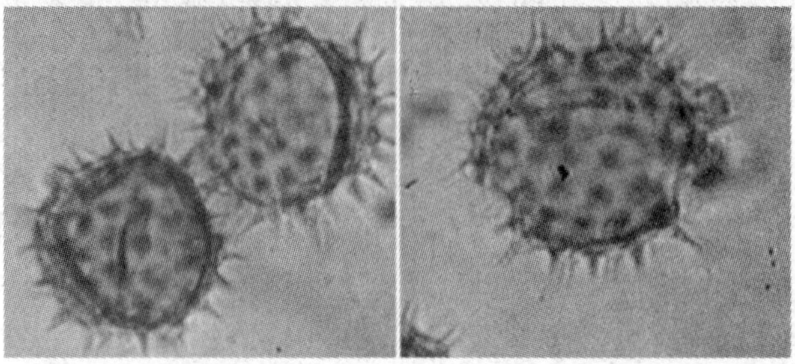

a　　　　b

图A.4　向日葵花粉细胞显微镜下的形态

a.向日葵花粉赤道面观形态（×100）　b.向日葵花粉面观形态（×100）

A.1.5　玉米（*Zea mays*）花粉

玉米花粉为淡黄色。

花粉细胞呈近似球形，直径约80 μm。外壁光滑，有一个圆的萌发孔。见图A.5。

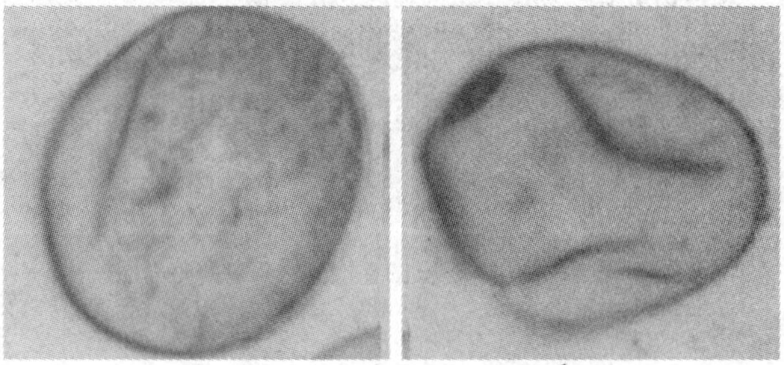

a　　　　b

图A.5　玉米花粉细胞显微镜下的形态

a.玉米花粉赤道面观形态（×100）　b.玉米花粉极面观形态（×100）

A.1.6　紫云英（*Astragalus sinicus*）花粉

紫云英花粉为橘红色。

花粉细胞呈长球形，赤道面观长椭圆形，极面观为钝三角形或3裂片状。极面直径约30 μm，赤道面直径约15 μm。表面具细网状雕纹，有3孔沟。见图A.6。

A.1.7　蚕豆（*Vicia faba*）花粉

蚕豆花粉为黑绿色。

花粉细胞呈长球形，赤道面观为椭圆形，极面观为钝三角形，大小为30～50 μm。表面具细颗粒雕纹，有3条萌发沟。见图A.7。

A.1.8　西瓜（*Citrullus lanatus*）花粉

西瓜花粉为紫黄色。

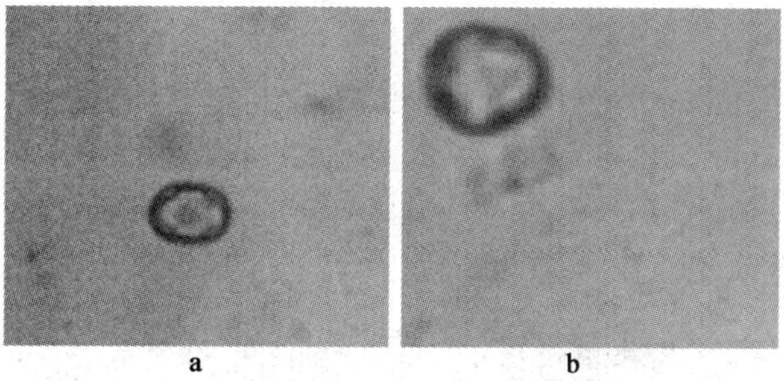

图 A.6 紫云英花粉细胞显微镜下的形态

a. 紫云英花粉赤道面观形态(×100) b. 紫云英花粉极面观形态(×100)

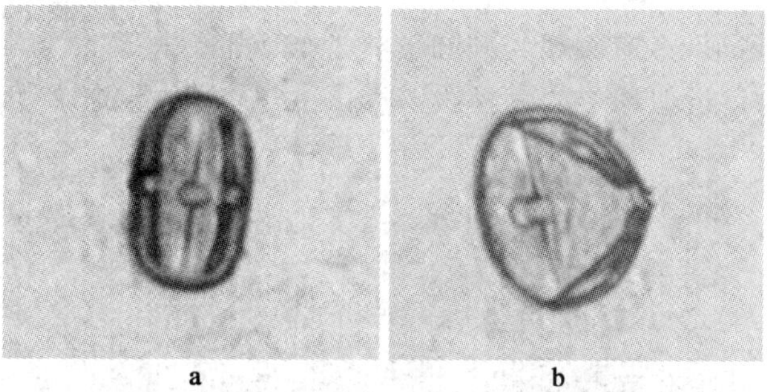

图 A.7 蚕豆花粉细胞显微镜下的形态

a. 蚕豆花粉赤道面观形态(×100) b. 蚕豆花粉极面观形态(×100)

花粉细胞呈近似球形,55～60 μm。外壁表面具有较大的网状雕纹,有 3 孔沟。极面观为 3 裂片状。见图 A.8。

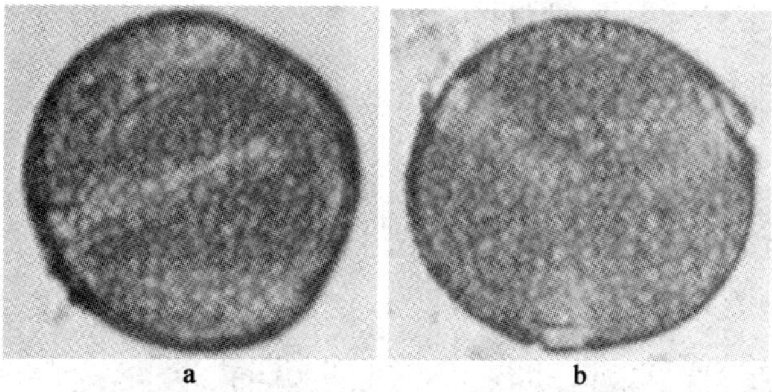

图 A.8 西瓜花粉细胞显微镜下的形态

a. 西瓜花粉赤道面观形态(×100) b. 西瓜花粉极面观形态(×100)

A.1.9 南瓜(*Cucurbita moschata*)花粉

南瓜花粉为深黄色。

花粉细胞呈圆球形,直径 150 μm。表面有尖刺,刺长 5～10 μm。见图 A.9。

A.1.10 柑橘(*Citrus reticulata* Banco)花粉

柑橘花粉为黄色。

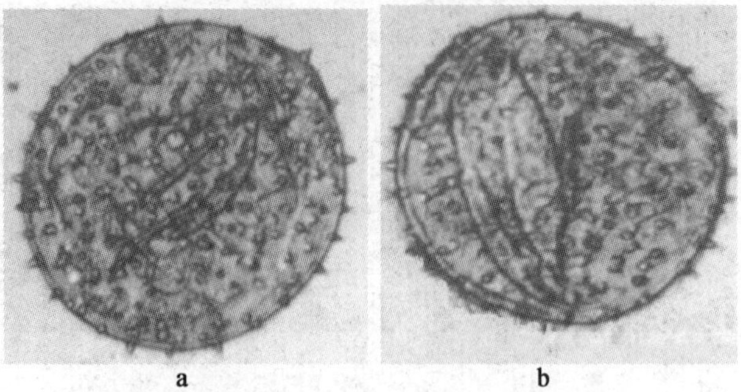

图 A.9 南瓜花粉细胞显微镜下的形态

a.南瓜花粉赤道面观形态(×100) b.南瓜花粉极面观形态(×100)

花粉细胞呈近似球形,赤道面观为椭圆形或近似矩形。极面观为4～5裂圆形。具4～5孔沟,表面具网状雕纹。近似球形的直径约30 μm。椭圆形的赤道直径为28 μm,极面直径为32 μm。见图A.10。

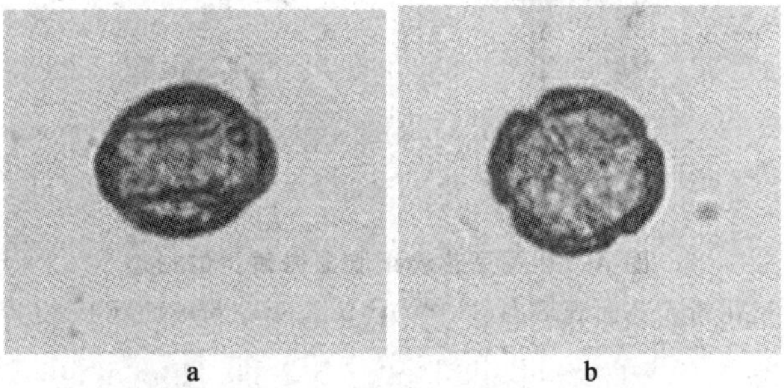

图 A.10 柑橘花粉细胞显微镜下的形态

a.柑橘花粉赤道面观形态(×100) b.柑橘花粉极面观形态(×100)

A.1.11 党参(*Codonopsis pilosula*)花粉

党参花粉为黄色。

花粉细胞呈近似球形,赤道面观近扁圆形,极面观为6裂圆形,表面有颗粒状雕纹,有6～7道细条状萌发沟。大小35～40 μm。见图A.11。

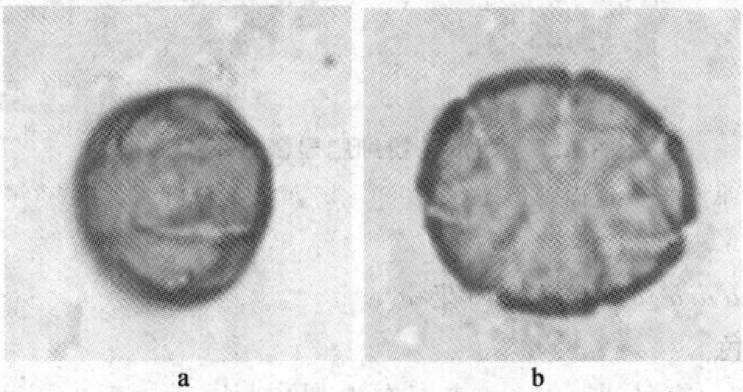

图 A.11 党参花粉细胞显微镜下的形态

a.党参花粉赤道面观形态(×100) b.党参花粉极面观形态(×100)

A.1.12　蒲公英(*Herba taraxaci*)花粉

蒲公英花粉为黄色。

花粉细胞呈近似球形,直径约 28.3 μm。表面有明显刺网状雕纹,有 3 孔沟。见图 A.12。

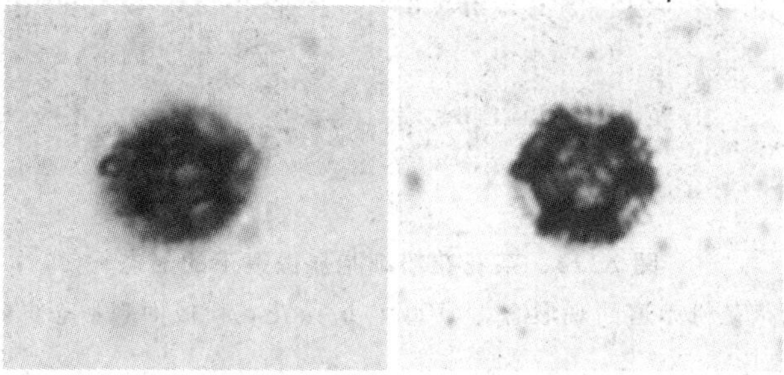

a　　b

图 A.12　蒲公英花粉细胞显微镜下的形态

a.蒲公英花粉赤道面观形态(×100)　b.蒲公英花粉极面观形态(×100)

A.1.13　荷花(*Nelumbo nucifera*)花粉

荷花花粉为黄色。

花粉细胞呈近似球形。赤道面观椭圆形,极面观为 3 裂圆形,直径 65～68 μm。具 3 沟,沟宽。壁厚 4.4～5.2 μm。表面有颗粒状纹。见图 A.13。

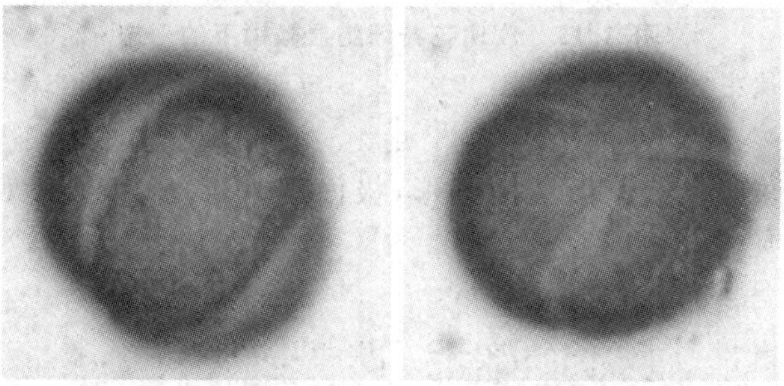

a　　b

图 A.13　荷花花粉细胞显微镜下的形态

a.荷花花粉赤道面观形态(×100)　b.荷花花粉极面观形态(×100)

A.1.14　茶花(*Camellia japonica*)花粉

茶花花粉为黄色。

花粉细胞呈近似球形。赤道面观椭圆形,极面观为钝三角形或 3 裂圆形,直径 34～52 μm。有 3 孔沟,内孔大,横长。表面有细网状纹。见图 A.14。

A.1.15　玫瑰(*Rosa rugosa*)花粉

玫瑰花粉为黄色。

花粉细胞呈近似球形。赤道面观椭圆形,极面观为 3 裂圆形,直径 17～22 μm。具 3 沟。表面有细网状或脑状雕纹。见图 A.15。

A.1.16　五味子(*Fructus schisandrae* Chinensis)花粉

五味子花粉为黄色。

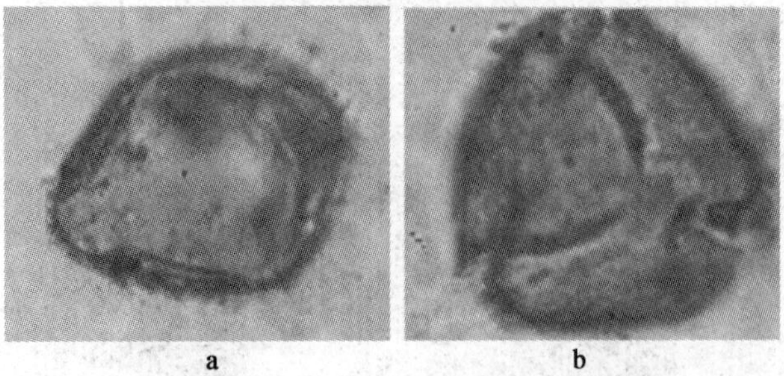

图 A.14 茶花花粉细胞显微镜下的形态

a.茶花花粉赤道面观形态(×100) b.茶花花粉极面观形态(×100)

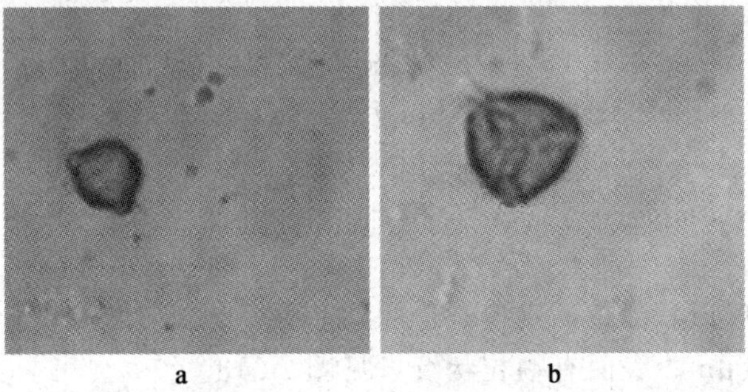

图 A.15 玫瑰花粉细胞显微镜下的形态

a.玫瑰花粉赤道面观形态(×100) b.玫瑰花粉极面观形态(×100)

花粉细胞呈近似球形。赤道面观椭圆形,极面观为近球形,极面观6裂圆形,花粉大小25~23 μm。见图A.16。

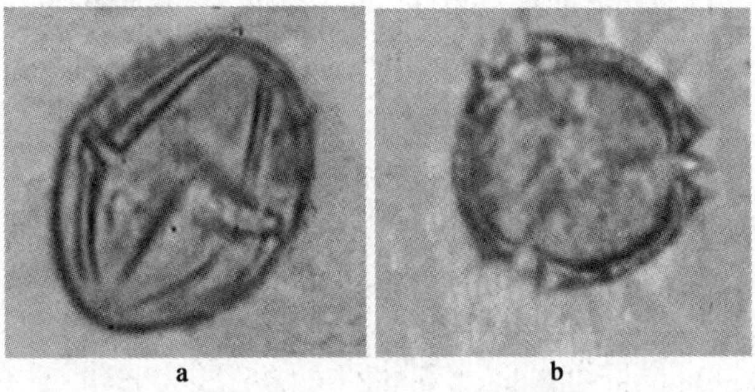

图 A.16 五味子花粉细胞显微镜下的形态

a.五味子花粉赤道面观形态(×100) b.五味子花粉极面观形态(×100)

A.2 蜂花粉品种的鉴别——显微镜镜析法

A.2.1 仪器

光学显微镜:10×10倍、10×40倍。

A.2.2 步骤

取蜂花粉10~15粒置于刻度指形管中,加入硫酸和冰乙酸的混合液(1∶9),浸没花粉粒。

用玻璃棒捣碎花粉后，加热至沸，保持 5 min。冷却后加蒸馏水转移至离心管中离心，离心后弃去上清液，再加蒸馏水摇匀离心，共离心 3 次。沉淀物加甘油数滴搅匀。用玻璃棒蘸取 1 滴涂在载玻片上，盖上盖玻片，在显微镜下检视。按本附录 A.1 的图谱对照鉴别。

附 录 B
（规范性附录）
花粉中黄酮类化合物的分析测定方法

B.1 试剂

除非另有说明，分析中至少使用分析纯试剂和蒸馏水或去离子水。

B.1.1 无水乙醇

B.1.2 70%（V/V）乙醇：纯化水 30 mL 加无水乙醇 70 mL，即得。

B.1.3 5%亚硝酸钠溶液：称取 5.0 g 亚硝酸钠，用纯化水定容至 100 mL。

B.1.4 10%硝酸铝溶液：称取 17.6 g 硝酸铝，用纯化水定容至 100 mL。

B.1.5 氢氧化钠试液：称取 4.3 g 氢氧化钠，用纯化水定容至 100 mL。

B.1.6 芦丁标准溶液

B.1.6.1 芦丁对照品贮备液：精密称取芦丁对照品 50 mg，置 50 mL 量瓶中，加 70%乙醇（B.1.2）适量，振摇使溶解，并稀释至刻度。

B.1.6.2 芦丁对照品使用溶液：精密吸取 10 mL 芦丁对照品贮备液（B.1.6.1），置 50 mL 量瓶中，加 70%乙醇（B.1.2）适量，振摇使溶解，并稀释至刻度。

B.2 仪器设备

B.2.1 紫外可见分光光度计

B.3 试样的制备

取花粉样品磨碎粉末 1.0～3.0 g，精密称定（精确至 0.000 1 g），加 70%乙醇 40 mL，加热回流 2 h，冷却，滤过，置 50 mL 量瓶中，以 70%乙醇洗涤残渣，洗液并入量瓶中，用 70%乙醇定容至刻度，摇匀。精密吸取 2 mL 置 10 mL 量瓶中，用 70%乙醇稀释至刻度，摇匀。

B.4 分析步骤

B.4.1 标准曲线的制备

精密量取对照品使用溶液（B.1.6.2）0、1、2、3、4、5、6 mL，分别置 25 mL 量瓶中，各加水至 6.0 mL，加 5%亚硝酸钠溶液和 10%硝酸铝溶液各 1 mL，摇匀，放置 6 min，加氢氧化钠试液 10 mL，加水至刻度，摇匀，放置 15 min。按照分光光度法测定，在 510 nm 波长处测定吸光度，以吸收度为纵坐标，浓度为横坐标，绘制标准曲线。

B.4.2 样品的测定

精密吸取 B.3 项下制备好的样品溶液 2 mL，置 25 mL 量瓶中，加水至 6.0 mL，加 5%亚硝酸钠溶液和 10% 硝酸铝溶液各 1 mL，摇匀，放置 6 min，加氢氧化钠试液 10 mL，加水至刻度，摇匀，放置 15 min。按照分光光度法测定，在 510 nm 波长处测定吸光度，将吸光值代入回归方程，计算，即得。

B.5 计算

B.5.1 黄酮含量按式(4)计算

$$X=\frac{m}{w\times d\times 1\ 000}\times 100\% \quad \cdots\cdots (4)$$

式中：

X—黄酮含量(%)；

m—由标准曲线上计算得到的样品比色液中芦丁质量，单位为毫克(mg)；

w—样品的质量，单位为克(g)；

d—稀释比例。

B.5.2 计算结果精确或保留到小数点后两位。

B.6 允许差

同一操作者两次平行测定结果允许的相对误差应不大于3%。

附 录 C
(资料性附录)
电子显微镜下蜂花粉的形态特征

C.1 电子显微镜下蜂花粉的形态特征

C.1.1 油菜花粉细胞电镜下的形态 见图C.1。

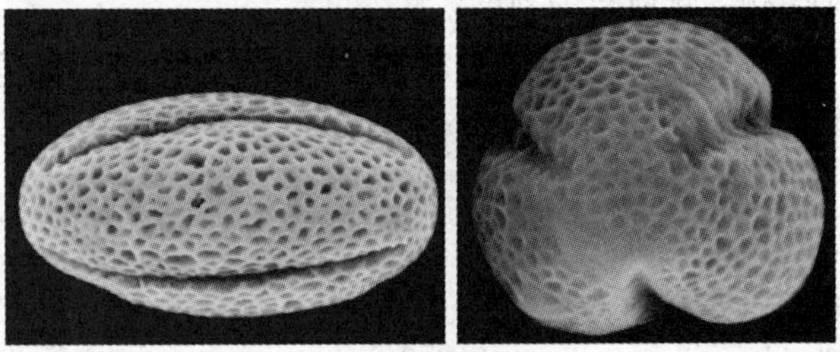

a b

图C.1 油菜花粉细胞电镜图

a.油菜花粉赤道面观形态(×4 000) b.油菜花粉极面观形态(×6 000)

C.1.2 芝麻花粉细胞电镜下的形态 见图C.2。

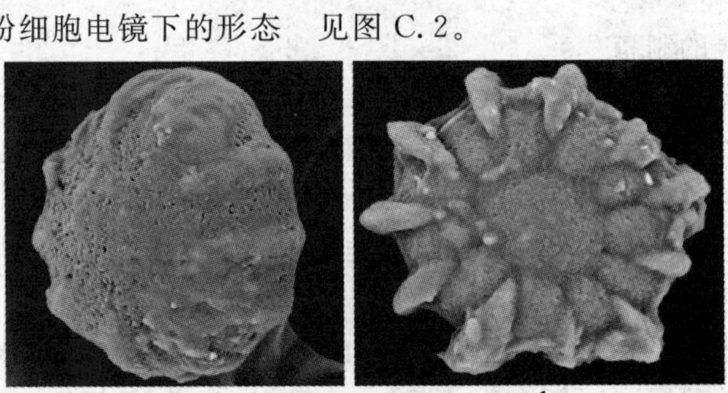

a b

图C.2 芝麻花粉细胞电镜下的形态

a.芝麻花粉赤道面观形态(×2 000) b.芝麻花粉极面观形态(×2 500)

C.1.3　荞麦花粉细胞电镜下的形态　见图 C.3。

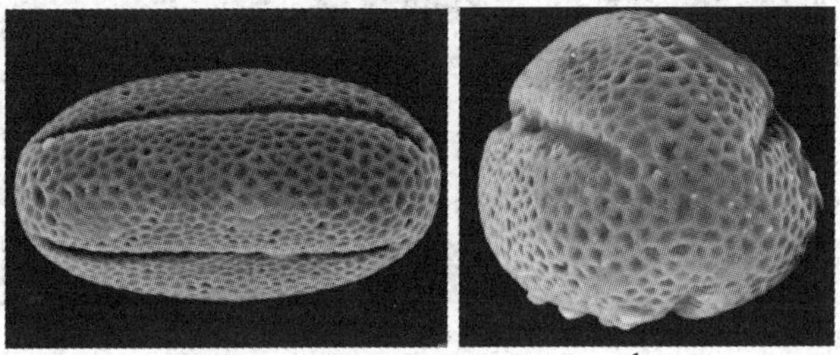

a　　b

图 C.3　荞麦花粉细胞电镜下的形态

a.荞麦花粉赤道面观形态(×2 500)　b.荞麦花粉极面观形态(×3 000)

C.1.4　向日葵花粉细胞电镜下的形态　见图 C.4。

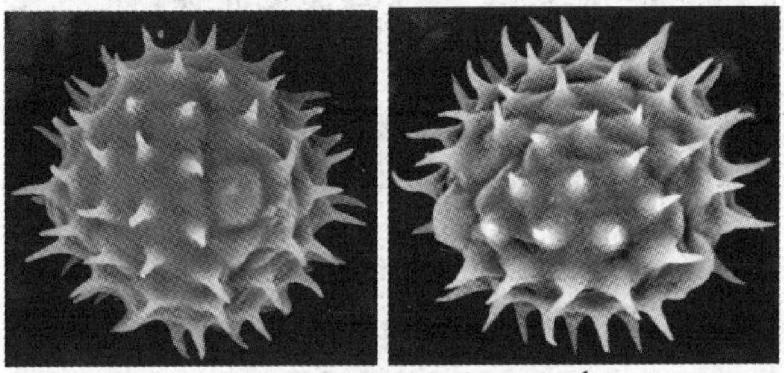

a　　b

图 C.4　向日葵花粉细胞电镜下的形态

a.向日葵花粉赤道面观形态(×3 000)　b.向日葵花粉极面观形态(×3 000)

C.1.5　玉米花粉细胞电镜下的形态　见图 C.5。

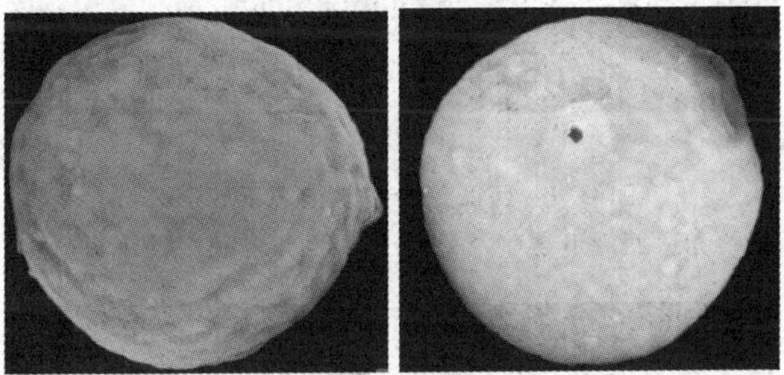

a　　b

图 C.5　玉米花粉细胞电镜下的形态

a.玉米花粉粒形态(×2 000)　b.玉米花粉外壁雕纹与萌发孔形态(×2 000)

C.1.6　紫云英花粉细胞电镜下的形态　见图 C.6。

C.1.7　蚕豆花粉细胞电镜下的形态　见图 C.7。

C.1.8　西瓜花粉细胞电镜下的形态　见图 C.8。

C.1.9　南瓜花粉细胞电镜下的形态　见图 C.9。

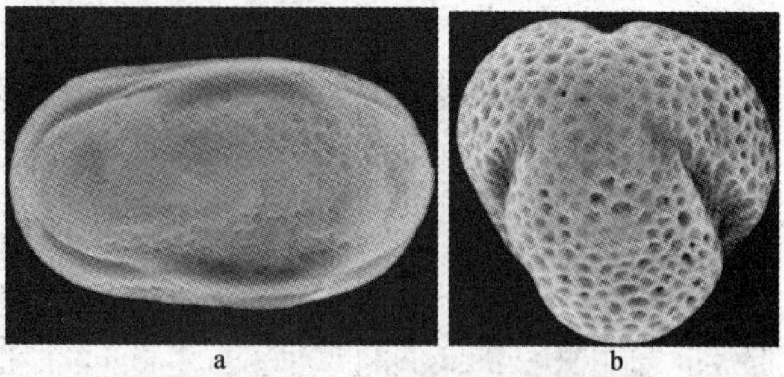

a b

图 C.6 紫云英花粉细胞电镜下的形态

a. 紫云英花粉赤道面观(视 2 孔沟)形态(×7 000) b. 紫云英花粉极面观形态(×6 000)

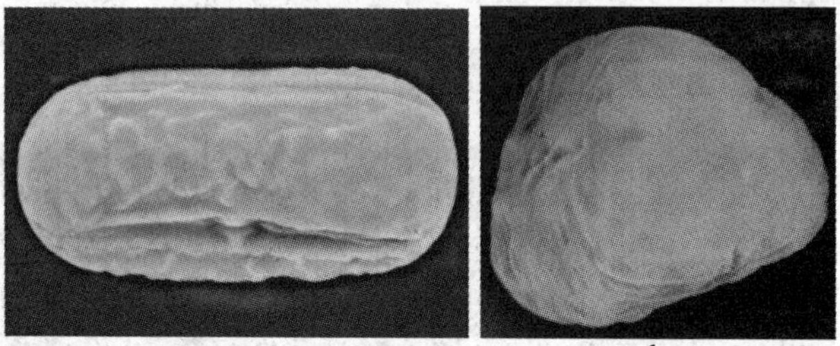

a b

图 C.7 蚕豆花粉细胞电镜下的形态

a. 蚕豆花粉赤道面观(视 2 孔沟)形态(×3 000) b. 蚕豆花粉极面观形态(×4 000)

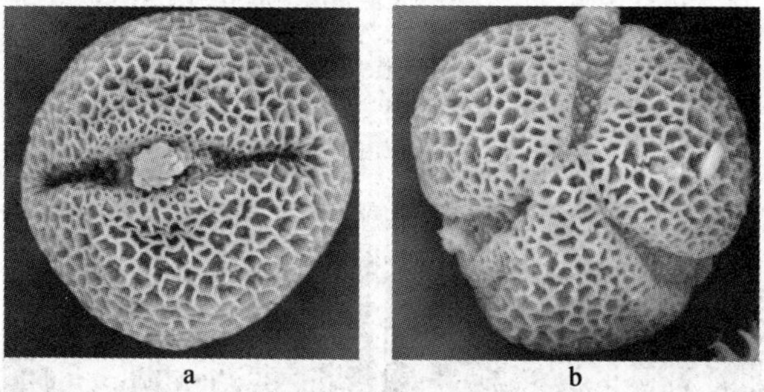

a b

图 C.8 西瓜花粉细胞电镜下的形态

a. 西瓜花粉赤道面观形态(×3 000) b. 西瓜花粉极面观形态(×3 000)

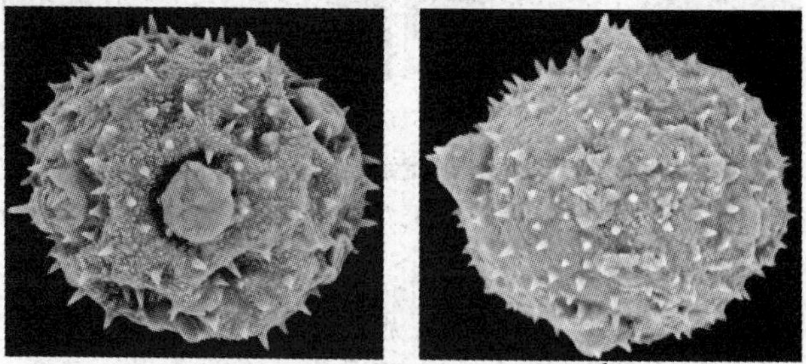

a b

图 C.9 南瓜花粉细胞电镜下的形态

a. 南瓜花粉表面雕纹形态(×1 000) b. 南瓜花粉粒形态(×1 000)

C.1.10　柑橘花粉细胞电镜下的形态　见图C.10。

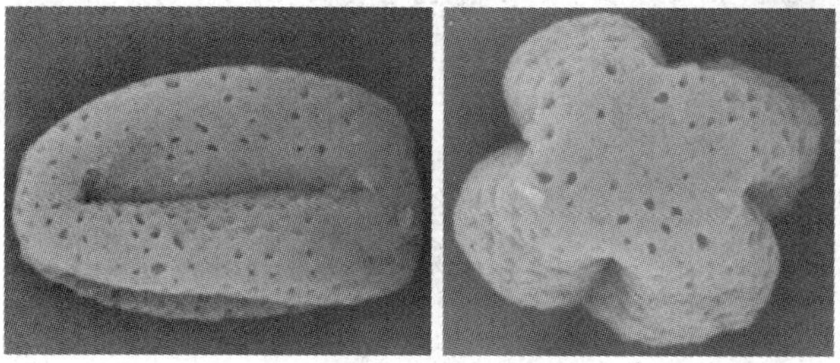

a　b

图C.10　柑橘花粉细胞电镜下的形态

a.柑橘花粉赤道面观形态(示2孔沟)(×7 000)　b.柑橘花粉极面观形态(×7 000)

C.1.11　党参花粉细胞电镜下的形态　见图C.11。

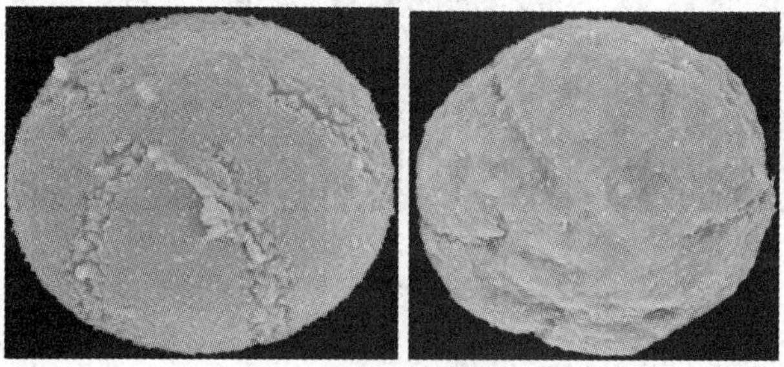

a　b

图C.11　党参花粉细胞电镜下的形态

a.党参花粉赤道面观形态(×4 000)　b.党参花粉极面观形态(×4 000)

C.1.12　蒲公英花粉细胞电镜下的形态　见图C.12。

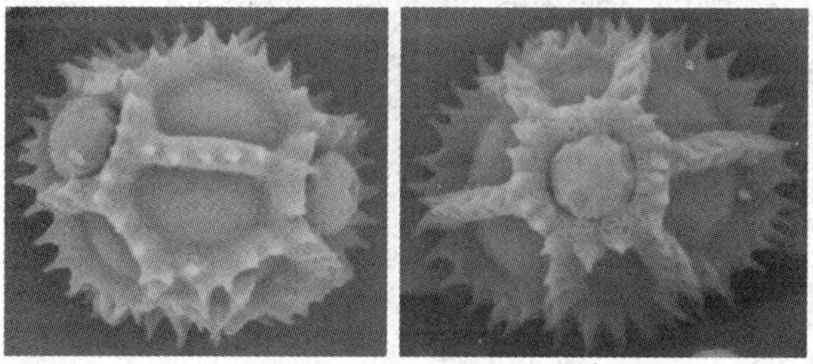

a　b

图C.12　蒲公英花粉细胞电镜下的形态

a.蒲公英花粉赤道面观形态(×7 000)　b.蒲公英花粉极面观形态(×7 000)

C.1.13　荷花花粉细胞电镜下的形态　见图C.13。

C.1.14　茶花花粉细胞电镜下的形态　见图C.14。

C.1.15　玫瑰花粉细胞电镜下的形态　见图C.15。

注:电子显微镜照片由浙江大学电镜室制作

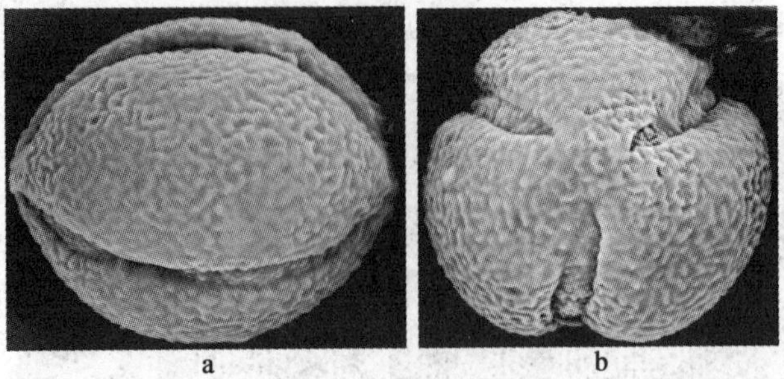

图 C.13 荷花花粉细胞电镜下的形态

a. 荷花花粉赤道面观形态(×2 000) b. 荷花花粉远极面观形态(×2 500)

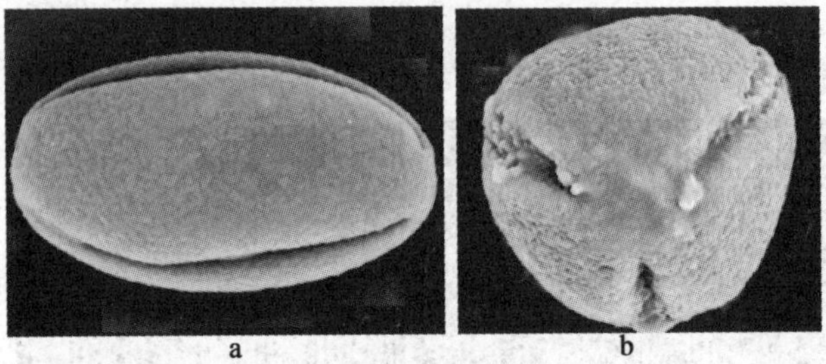

图 C.14 茶花花粉细胞电镜下的形态

a. 茶花花粉赤道面观形态(×3 000) b. 茶花花粉极面观形态(×4 000)

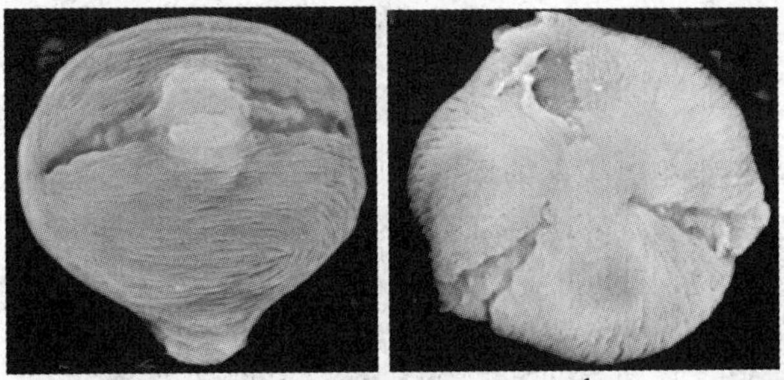

图 C.15 玫瑰花粉细胞电镜下的形态

a. 玫瑰花粉赤道面及表面雕纹形态(×8 000) b. 玫瑰花粉极面观形态(×7 000)

C.2 蜂花粉品种的鉴别——电子显微镜镜析法

C.2.1 仪器

扫描电镜:TM-1000 型(日本日立公司),放大倍数:20～10 000 倍;离子溅射仪:IB-5 型(日本日立公司)。

C.2.2 步骤

C.2.2.1 样品称取和净化:用四分法均匀选取花粉样品,在万分之一电子天平上称取 0.1 g 放入 2 mL 指形管中,加入纯净水(25℃)1.5 mL,置于超声波清洗器中超声 10 min,静止 3 min 后弃去上层清洗液,重复 2 次。同法再用丙酮(分析纯)和无水乙醇(分析纯)进行漂洗，然后将样品平摊在中性滤纸上自然风干。

C.2.2.2 样品贴台和镀膜：在粘有双面碳导电胶带的扫描电镜样品台上，用取样杆将样品均匀撒落在样品台上并轻轻展开，放入离子溅射仪(IB-5 型，日本日立公司)中，在真空度优于 0.1Torr，电源开关在 HV，电压旋钮为 5，电流表读数在 4～6 mA 时，进行溅射 5 min，取出后待电镜观察。

C.2.2.3 扫描电镜观察：将待观察的样品台放入扫描电镜(TM-1000 型，日本日立公司)内、在放大倍数：20～10 000 倍、加速电压：15 kV、室内温度：15～25℃、相对湿度：≤70%、电源：110 VA、频率 50/60 Hz 的条件下，调到最佳的清晰度、亮度、对比度和放大倍数，进行图像扫描拍摄。

GB 9697—2008
蜂王浆

（2008-06-27 发布，2009-01-01 实施）

1 范围

本标准规定了蜂王浆的定义、等级、品质、试验方法、包装、标志、贮存、运输要求。

本标准适用于蜂王浆的生产和贸易。

2 规范性引用文件

下列文件中的条款通过本标准的引用而成为本标准的条款。凡是注日期的引用文件，其随后所有的修改单（不包括勘误的内容）或修订版均不适用于本标准，然而，鼓励根据本标准达成协议的各方研究是否可使用这些文件的最新版本。凡是不注日期的引用文件，其最新版本适用于本标准。

GB/T 601 化学试剂 标准滴定溶液的制备

GB/T 5009.4—2003 食品中灰分的测定

GB 7718 预包装食品标签通则

3 术语和定义

下列术语和定义适用于本标准。

3.1 蜂王浆（蜂皇浆）royal jelly

工蜂咽下腺和上腭腺分泌的，主要用于饲喂蜂王和蜂幼虫的乳白色、淡黄色或浅橙色浆状物质。

4 要求

4.1 感官要求

4.1.1 色泽

无论是黏浆状态还是冰冻状态，都应是乳白色、淡黄色或浅橙色，有光泽。冰冻状态时还有冰晶的光泽。

4.1.2 气味

黏浆状态时，应有类似花蜜或花粉的香味和辛香味。气味纯正，不得有发酵、酸败气味。

4.1.3 滋味和口感

黏浆状态时，有明显的酸、涩、辛辣和甜味感，上腭和咽喉有刺激感。咽下或吐出后，咽喉刺激感仍会存留一些时间。冰冻状态时，初品尝有颗粒感，逐渐消失，并出现与黏浆状态同样的口感。

4.1.4 状态

常温下或解冻后呈黏浆状，具有流动性。不应有气泡和杂质（如蜡屑等）。

4.2 等级

根据理化品质，蜂王浆分为优等品和合格品两个等级。

4.3 理化要求

产品等级和理化要求见表1。

表1 产品等级和理化要求

指 标	优等品	合格品
水分/%	≤67.5	≤69.0
10-羟基-2-癸烯酸/%	≥1.8	≥1.4
蛋白质/%	11～16	
总糖(以葡萄糖计)/%	≤15	
灰分/%	≤1.5	
酸度(1 mol/L NaOH)/(mL/100 g)	30～53	
淀粉	不得检出	

4.4 安全卫生要求

应符合国家法律、法规和政府规章要求，符合国家有关标准规定的安全卫生要求。

4.5 真实性要求

不得添加或取出任何成分。

5 试验方法

如无特别说明，各方法所用试剂为分析纯试剂，水为蒸馏水。

5.1 样品制备

采用不锈钢棒、管或勺作为取样器。将样品装入样品瓶内，充分搅拌使混合均匀，作为待测样品。每件样品应不少于20 g。

取样后应立即试验。如不能及时试验，应在－18℃冰箱中冰冻保存。

5.2 水分

5.2.1 仪器

a)减压干燥箱。

b)称量瓶：高25 mm，直径35 mm。

c)分析天平：感量0.000 1 g。

5.2.2 试验步骤

取蜂王浆试样约0.5 g，置于已干燥至恒量的称量瓶中，精密称定，摊平，放入减压干燥箱，在温度75℃，压力－0.095～－0.10 MPa(－730～－760 mmHg)下干燥4 h后取出称量瓶，置干燥器中，冷却30 min后称量，反复干燥直至前后两次质量差不超过2 mg，为恒量。

5.2.3 计算

蜂王浆中水分含量按式(1)计算：

$$X_1=\frac{m_1-m_2}{m_1-m_3}\times 100\% \qquad (1)$$

式中：

X_1—蜂王浆中水分含量（%）；

m_1—称量瓶和试样的质量，单位为克(g)；

m_2—称量瓶和试样干燥至恒重后的质量，单位为克(g)；

m_3—称量瓶的质量，单位为克(g)。

5.2.4 平行试验相对偏差

平行试验相对偏差不得超过0.8%。

5.3 10-羟基-2-癸烯酸

5.3.1 试剂

本试验所用水为重蒸馏水。

a)甲醇：紫外光谱纯或在检测波长处透光率大于30%的分析纯。

b)无水乙醇：优级纯。

c)内标物：对羟基苯甲酸甲酯，含量99.0%。

d)10-HDA标准品：99.0%以上。使用前应在放有浓硫酸的减压干燥器内减压干燥24 h。

e)10-HDA标准溶液：取干燥后的10-HDA标准品约25 mg，精密称定，加无水乙醇溶解并移入25 mL容量瓶中，用无水乙醇稀释至刻度，摇匀。此溶液每毫升含10-HDA约1 mg。

f)内标溶液：取已干燥过的对羟基苯甲酸甲酯约650 mg，精密称定，加无水乙醇溶解并移入1 000 mL容量瓶中，用无水乙醇稀释至刻度，摇匀。此溶液每毫升含内标物约0.65 mg。

g)盐酸（c=0.03 mol/L）：量取0.1 mol/L盐酸100 mL，加入200 mL重蒸馏水中。

h)流动相 $\phi(CH_3OH + 0.03\ mol/L\ HCl + H_2O) = 55 + 10 + 35$。

5.3.2 仪器

a)高效液相色谱仪：配置紫外检测器，记录仪或微处理机；

b)色谱注：4.6 mm×250 mm不锈钢柱，填充无定形硅胶 C_{18} 键合相，5 μm或10 μm；

c)超声波清洗仪；

d)旋涡混匀器；

e)分析天平：感量0.000 1 g。

5.3.3 试验步骤

5.3.3.1 试样处理

样品解冻至室温后用玻璃棒搅匀，取约0.5 g，置于已称定的50 mL容量瓶中，精密称定，加0.03 mo/L盐酸1 mL和水2 mL，置旋涡混匀器上混合使试样溶解，加无水乙醇30 mL，边加入边轻轻摇动，再精密加入内标溶液10 mL，并用无水乙醇稀释至刻度，摇匀，立即置超声波浴中超声15 min，或置旋涡混匀器上振荡15 min，取出，在3 000 r/min下离心10 min后测定。如不能及时测定，应放置在冰箱中冷藏待测。

5.3.3.2 色谱条件

测定波长：210 nm；柱温度：35℃；流动相流速：1 mL/min。

5.3.3.3 校正因子测定

精密吸取10-HDA标准溶液0.5，1，2，3，4，5 mL至10 mL容量瓶中。精密加入内标溶液2 mL，用无水乙醇稀释至刻度，摇匀。分别吸取此溶液2 μL，注入色谱仪，用峰面积比值计算，应呈线性，求出校正因子 F。

5.3.3.4　试样测定

吸取试样溶液 4 μL，注入色谱仪，按“内标法”定量。

5.3.4　计算

蜂王浆中 10-羟基-2-癸烯酸含量按式(2)计算：

$$X_2 = F \times \frac{A_i}{A_s} \times \frac{m_s}{m_i} \times 100\% \quad \cdots\cdots (2)$$

式中：

X_2—蜂王浆中 10-羟基-2-癸烯酸含量(%)；

F—校正因子；

A_i—试样中被测组分峰面积；

A_s—试样中内标物峰面积；

m_s—内标物质量，单位为克(g)；

m_i—试样质量，单位为克(g)。

5.3.5　平行试验相对偏差

平行试验相对偏差不得超过 2.0%。

5.4　蛋白质

5.4.1　试剂

a)浓硫酸(ω=95%～98%)；

b)硫酸铜与硫酸钾混合试剂：称取硫酸铜 1 g、硫酸钾 10 g，置研钵中混合均匀，研细备用；

c)混合指示剂：量取甲基红乙醇溶液(ρ=1 g/L)2 份，溴甲酚绿乙醇溶液(ρ=2 g/L)3 份，混匀；

d)硼酸吸收液(ρ= 20 g/L)：称取硼酸 2.0 g，置于 100 mL 具塞量筒中，加乙醇 20 mL，并加蒸馏水稀释至刻度，振摇使硼酸溶解，备用；

e)氢氧化钠溶液(ρ=400 g/L)：称取氢氧化钠 40 g，加蒸馏水稀释至 100 mL；

f)稀硫酸：量取浓硫酸 5.7 mL，加蒸馏水稀释至 100 mL；

g)盐酸标准溶液(0.1 mol/L)：按 GB/T 601 配制和标定。使用前准确稀释 10 倍。

5.4.2　仪器

a)凯氏定氮法消化装置、50 mL 凯氏烧瓶(如使用远红外消解电炉则配用 50 mL 消解管加曲颈漏斗)；

b)10 mL 酸式滴定管；

c)分析天平：感量 0.000 1 g；

d)半微量法蒸馏装置(见附录 A)。

5.4.3　试验步骤

5.4.3.1　蒸馏装置的清洗

连接蒸馏装置，A 瓶中加适量蒸馏水与甲基红指示液数滴，加稀硫酸使成酸性，加玻璃珠或沸石数粒，从 D 漏斗加蒸馏水约 50 mL，关闭 G 夹，开放冷凝水，煮沸 A 瓶中蒸馏水。当蒸气从冷凝管尖端冷凝而出时，移去火源，关 H 夹，使 C 瓶中的蒸馏水反冲到 B 瓶中。开 G 夹，放出B瓶中的蒸馏水，关B瓶及G夹。将冷凝管尖端浸入约50 mL蒸馏水中，使蒸馏水自冷凝管尖端反冲至C瓶，再冲至B瓶，如上法放去蒸馏水。如此将仪器洗涤2～3次。

5.4.3.2 消化

取蜂王浆试样约1 g置已称定的滤纸上，精密称定后包好，放入凯氏烧瓶或消解管中。加入硫酸铜与硫酸钾混合试剂2 g，再沿瓶壁缓缓加入浓硫酸10 mL，充分混合，在瓶口放一小漏斗，使烧瓶呈45°斜置，开始用较低温度缓缓加热，使溶液温度保持在沸点以下，等泡沸停止后，逐步加大电力，待消化溶液沸腾，保持此状态但不使溶液溢出，待溶液成澄明的绿色后，继续加热30 min，冷却后转移至100 mL容量瓶中，用蒸馏水稀释至刻度，摇匀备用。

5.4.3.3 蒸馏

量取20 g/L硼酸溶液10 mL，置100 mL锥形瓶中，加混合指示剂5滴，将冷凝管尖端浸入液面下以后，精密吸取上述消化溶液5 mL，经由D漏斗移入反应管中，再加入400 g/L氢氧化钠溶液10 mL，用少量蒸馏水洗D漏斗数次，关G夹，加数毫升蒸馏水于D漏斗中以封闭管路。加热A瓶(瓶中的蒸馏水应滴加稀硫酸保持酸性)，进行水蒸气蒸馏，从硼酸溶液开始由酒红色变为蓝绿色时起，继续蒸馏10 min后，将冷凝管尖端提出液面，使蒸气继续冲洗1 min，用少量蒸馏水淋洗尖端后，停止蒸馏。

5.4.3.4 滴定

将吸收液用0.01 mol/L盐酸标准溶液滴定至由蓝绿色变为灰紫色为终点。

5.4.4 计算

蜂王浆中蛋白质含量按式(3)计算：

$$X_3=\frac{(V_1-V_0)\times c_1\times 0.014}{m_4\times\frac{5}{100}}\times 6.25\times 100\% \quad \cdots\cdots(3)$$

式中：

X_3—蜂王浆中蛋白质含量，以质量分数表示(%)；

V_1—滴定试样时0.01 mol/L盐酸标准溶液消耗的体积，单位为毫升(mL)；

V_0—滴定空白时0.01 mol/L盐酸标准溶液消耗的体积，单位为毫升(mL)；

c_1—盐酸标准溶液的浓度，单位为摩尔每升(mol/L)；

0.014—氮的毫摩尔质量，单位为克(g)；

m_4—样品的质量，单位为克(g)；

6.25—氮换算为蛋白质的系数。

5.4.5 平行试验的相对偏差

平行试验相对偏差不得超过3.0%。

5.5 总糖

5.5.1 试剂

a)葡萄糖标准溶液：精密称取经98～100℃干燥至恒重的纯葡萄糖(比旋光度+52.5～+53)1.00 g，加蒸馏水溶解后加入盐酸5 mL，并以蒸馏水稀释至1 000 mL，此溶液每毫升相当于1 mg葡萄糖。

b)碱性酒石酸铜甲液：称取硫酸铜($CuSO_4\cdot 5H_2O$)15 g及次甲基蓝0.05 g，加蒸馏水溶解并稀释至1 000 mL，贮存于密塞瓶内。

c)碱性酒石酸铜乙液:称取酒石酸钾钠 50 g 及氢氧化钠 75 g,加蒸馏水溶解,加入亚铁氰化钾 4 g,待其完全溶解后,用蒸馏水稀释至 1 000 mL,贮存于密塞聚乙烯塑料瓶内。

碱性酒石酸铜溶液的标定:精密吸取碱性酒石酸铜甲液和乙液各 5 mL,置于 150 mL 锥形瓶中,加蒸馏水 10 mL,自滴定管加葡萄糖标准溶液约 9 mL,控制在 2 min 内加热至沸,趁沸以每 2 s 一滴的速度继续滴加葡萄糖标准溶液,直到溶液蓝色刚好褪去为终点,记录消耗葡萄糖标准溶液的总体积,同时平行操作 3 份,取其平均值,计算每 10 mL(甲液、乙液各 5 mL)碱性酒石酸铜溶液相当于葡萄糖的质量(mg)。

d)乙酸锌溶液(ρ=219 g/L):称取乙酸锌 21.9 g,加冰乙酸 3 mL,加蒸馏水溶解并稀释至 100 mL。

e)亚铁氰化钾溶液(ρ=106 g/L)。

f)浓盐酸(ω=36%~38%)。

g)盐酸(c=6 mol/L):量取盐酸 50 mL,加蒸馏水稀释至 100 mL。

h)氢氧化钠溶液(ρ=200 g/L)。

i)甲基红指示液(ρ=1 g/L,乙醇溶液)。

5.5.2 仪器

a)电热恒温水浴锅:温度波动±1℃;

b)分析天平,感量 0.000 1 g,或电子天平,感量 0.001 g。

5.5.3 试验步骤

5.5.3.1 试样处理

精密称取蜂王浆试样约 4 g,置于 100 mL 容量瓶中,加蒸馏水 50 mL,振摇使试样溶解后缓缓加入乙酸锌溶液及亚铁氰化钾溶液各 5 mL,加蒸馏水稀释至刻度,摇匀。静置 30 min 后用干燥滤纸过滤,弃去初滤液数毫升,滤液备用。

精密吸取上款滤液 50 mL,置于 100 mL 容量瓶中,加入盐酸(c=6 mol/L)10 mL,摇匀,置于电热恒温水浴锅中,在 68~70℃下水解 10 min,流水冷却至室温,加甲基红指示液 2 滴,摇匀,用氢氧化钠溶液(ρ=200 g/L)中和至溶液呈黄色,加蒸馏水稀释至刻度,摇匀,作为试样溶液备用。

5.5.3.2 试样溶液滴定

精密吸取碱性酒石酸铜甲液和乙液各 5 mL,置于 150 mL 锥形瓶中,加蒸馏水 10 mL,控制在 2 min 加热至沸,以先快后慢的速度,从滴定管中滴加试样溶液,并保持溶液沸腾状态,待溶液颜色变浅时,以每 2 s 一滴的速度滴定,直至蓝色刚好褪去为终点,记录试样溶液消耗体积。

5.5.4 计算

蜂王浆中总糖含量按式(4)计算:

$$X_4=\frac{T}{m_5\times\frac{V_2}{100}\times\frac{1}{2}\times1\,000}\times100\% \qquad \cdots\cdots(4)$$

式中:

X_4—蜂王浆中总糖(以葡萄糖计)含量,以质量分数表示(%);

T—碱性酒石酸铜溶液滴定度,10 mL 碱性酒石酸铜溶液(甲液、乙液各 5 mL)相当于葡萄糖的质量,单位为毫克(mg);

m_5—试样质量，单位为克(g)；

V_2—滴定时试样溶液所消耗的体积，单位为毫升(mL)。

5.5.5　平行试验相对偏差

平行试验相对偏差不得超过3.0%。

5.6　灰分

5.6.1　试剂

浓硫酸(ω=95%～98%)。

5.6.2　仪器

a)分析天平：感量±0.000 1 g；

b)石英或瓷坩埚：30 mL；

c)干燥器：内置硅胶干燥剂；

d)高温炉。

5.6.3　试验步骤

5.6.3.1　按GB/T 5009.4—2003中4.1执行。

5.6.3.2　精密称量蜂王浆试样约1.5 g，置于已灼烧至恒量的坩埚中，先用小火加热使样品充分炭化至无烟。冷却至室温，加入浓硫酸0.5～1 mL，使样品湿润。低温加热除尽硫酸蒸汽。置高温炉中，在700～800℃下灼烧至无炭粒，即灰化完全。温度降至200℃以下后取出，放入干燥器中冷却至室温，称量。重复灼烧至前后两次称量相差不超过0.3 g为恒量。

5.6.4　计算

蜂王浆中灰分含量按式(5)计算：

$$X_5=\frac{m_6-m_7}{m_8-m_7}\times 100\% \qquad (5)$$

式中：

X_5—蜂王浆中灰分含量，以质量分数表示(%)；

m_6—坩埚和灰分的质量，单位为克(g)；

m_7—坩埚的质量，单位为克(g)；

m_8—坩埚和试样的质量，单位为克(g)。

5.6.5　平行试验相对偏差

平行试验相对偏差不得超过2.0%。

5.7　酸度

5.7.1　试剂

氢氧化钠溶液(c=0.1 mol/L)：按GB/T 601标准配制并标定。

5.7.2　仪器

a)酸度计：pH精度为0.1；

b)滴定管：10 mL；

c)分析天平：感量±0.000 1 g和感量±0.001 g。

5.7.3　试验步骤

称取蜂王浆试样1.00 g，置于100 mL烧杯中，加入新煮沸并已冷却的蒸馏水75 mL，用氢氧化钠标准溶液（c=0.1 mol/L）滴定，至酸度计指示 pH 8.3 为终点。

5.7.4 计算

滴定消耗的氢氧化钠标准溶液的毫升数与浓度值（mol/L）相乘，再乘以 100，即为试样的酸度。

5.7.5 平行试验相对偏差

平行试验相对偏差不得超过 5%。

5.8 淀粉

5.8.1 试剂

碘溶液（ρ=13 g/L）：称取碘 1.3 g、碘化钾 3.6 g，置于 200 mL 烧杯中，加蒸馏水 30 mL，再加浓盐酸 1 滴溶解后加蒸馏水至 100 mL，搅匀，置于棕色瓶中，密塞备用。

5.8.2 试验步骤

称取蜂王浆试样约 0.2 g，置于 50 mL 烧杯中，加入蒸馏水 10 mL，搅匀，加热至沸，冷却至室温后加入碘液（ρ=13 g/L）数滴，不得呈蓝色。

6 包装、标志、贮存、运输

6.1 包装

包装容器应符合安全卫生要求，包装严密、牢固。

6.2 标志

产品包装上应标明产品名称、产地、收购单位、检验员姓名、收购日期、净含量/毛重及皮重。

用作预包装食品时，其标签应符合 GB 7718 要求。

运输包装应标明产品名称、数量和运输图示标志。

6.3 贮存

贮存温度应在－18℃以下。

不同产地、不同时间生产的蜂王浆要分别存放（装瓶、装箱）。

不得与有异味、有毒、有腐蚀性和可能产生污染的物品同库存放。

6.4 运输

应低温运输，不得与有异味、有毒、有腐蚀性和可能产生污染的物品同装混运。

附 录 A
（规范性附录）
蛋白质含量试验的半微量法蒸馏装置

蜂王浆中蛋白质试验的半微量法蒸馏装置见图 A.1。

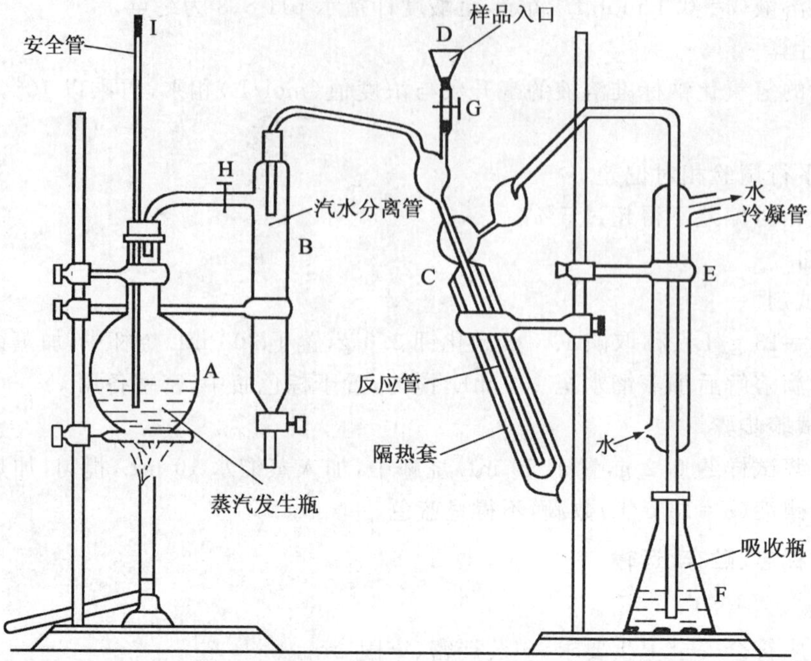

A—1 000 mL 圆底烧瓶；　　E—直形冷凝管；
B—安全瓶；　　F—100 mL 锥形瓶；
C—连有氮气球的蒸馏器；　　G、H—橡皮管夹；
D—漏斗；　　I—安全管。

图 A.1　半微量法蒸馏装置

GB/T 24314—2009
蜂蜡

（2009-09-30 发布，2009-12-01 实施）

1 范围

本标准规定了蜂蜡的等级、要求、试验方法、包装、标志、贮存、运输要求。

本标准适用于养蜂生产获得的以及经简单加工形成的产品。

2 规范性引用文件

下列文件中的条款通过本标准的引用而成为本标准的条款。凡是注日期的引用文件，其随后所有的修改单(不包括勘误的内容)或修订版均不适用于本标准，然而，鼓励根据本标准达成协议的各方研究是否可使用这些文件的最新版本。凡是不注日期的引用文件，其最新版本适用于本标准。

GB/T 601 化学试剂 标准滴定溶液的制备

SN/T 1107 出口蜂蜡检验规程

3 术语和定义

下列术语和定义适用于本标准。

3.1 蜡鳞 wax scale

工蜂蜡腺的分泌物。

3.2 蜂蜡 beeswax

蜡鳞和工蜂上颚腺分泌物的混合物。

注：俗称“蜜蜡”。

3.3 东方蜂蜡 beeswax of apis cerana

东方蜜蜂分泌的蜂蜡。

注：国内生产的东方蜂蜡俗称“中蜂蜡”。

3.4 西蜂蜡 beeswax of apis mellifera

西方蜜蜂分泌的蜂蜡。

4 要求

4.1 感官要求

熔化成型后的感官要求应符合表 1 规定。

表 1 熔化成型后的感官要求

项目	要求
颜色	乳白、浅黄、鲜黄、黄色、橘红色
气味	具有蜂蜡应有的香味，无异味
表面	无光泽，波纹状隆起
断面	砸开断面，结构紧密，细腻均匀，颜色均一，无斜纹

4.2 理化要求

理化要求应符合表2规定。

表2 理化要求

项目	一级品	二级品
杂质/%	≤0.3	≤1.0
熔点/℃	62.0～67.0	
折光率(75℃)	1.441 0～1.443 0	
酸值(以KOH计)/(mg/g)	东方蜂蜡 5.0～8.0 西蜂蜡 16.0～23.0	
皂化值(以KOH计)/(mg/g)	75.0～110.0	
酯值(以KOH计)/(mg/g)	东方蜂蜡 80.0～95.0 西蜂蜡 70.0～80.0	东方蜂蜡 70.0～79.0 西蜂蜡 60.0～69.0
碳氢化合物/%	≤16.5	≤18.0

4.3 真实性要求

不应添加或混入植物蜡、动物蜡、矿物蜡、动物油脂、脂肪酸、甘油酯、烃、脂肪醇物质。

5 试验方法

5.1 试样及其准备

5.1.1 仪器

样品瓶、小刀。

5.1.2 样品的制备

按SN/T 1107规定的方法制备。

5.2 杂质

5.2.1 仪器

烧杯、垂熔坩埚(3#-60 mL)、烘箱。

5.2.2 试剂

甲苯。

5.2.3 操作步骤

称取1 g蜡样(称准至0.001 g)置于烧杯中,加入甲苯30 mL,使其充分溶解(用水浴稍加热),用恒重的热垂熔坩埚过滤,再用热甲苯冲洗至干净为止(在通风柜中操作),将坩埚在105℃烘箱中干燥至恒重。

5.2.4 计算

样品中杂质含量的计算见式(1)。

$$X_1=\frac{m_1-m_0}{m}\times 100\% \quad \cdots\cdots\cdots\cdots (1)$$

式中:

X_1—样品中杂质含量(%);

m_1—坩埚及杂质质量,单位为克(g);

m_0—坩埚质量,单位为克(g);

m—蜡样质量,单位为克(g)。

5.2.5　平行试验允许误差不超过0.04%,取平均值确定结果。

5.3　熔点

按SN/T 1107规定的方法试验。

5.4　折光率

5.4.1　仪器

阿贝折光仪、超级恒温器。

5.4.2　操作步骤

将阿贝折光仪与超级恒温器连接好,调节恒温器中水的温度恰为75℃,校正好折光仪,用玻璃棒蘸取熔化的蜂蜡试样1～3滴,滴加在折射棱镜表面,迅速将进光棱镜盖上,用手轮锁紧。要求液层均匀,充满视场且无气泡。静置片刻,以待试样温度达75℃,打开遮光板。合上反光镜,调节目镜视度,使十字线成像清晰,此时旋转折射率刻度调节手轮并在目镜视场中找到明暗分界线的位置,再旋转色散调节手轮使分界线不带任何彩色,微调手轮使分界线位于十字线的中心,再适当转动聚光镜,读出目镜视场下方显示的示值即蜂蜡的折光率。

5.5　酸值

5.5.1　仪器

a)250 mL磨口具塞三角瓶;

b)25 mL碱式滴定管;

c)烧杯;

d)恒温水浴箱;

e)球形冷凝管:下口为磨口,其口径应与250 mL磨口具塞三角瓶的口径一致。

5.5.2　试剂

a)1∶2中性乙醇和乙醚混合液:试剂为分析纯。

b)1%酚酞指示剂:称取酚酞1 g,用95%乙醇定容至100 mL。

c)0.05 mol/L氢氧化钾标准溶液:称取3 g分析纯氢氧化钾,用蒸馏水溶至1 000 mL,过滤备用。按GB/T 601中要求标定和计算。

5.5.3　操作步骤

称取1 g蜡样(称准至0.001 g),置于250 mL三角瓶中,加25 mL中性乙醇和乙醚混合液,在80℃水浴上回流溶解样品至清澈透明。

加入1 mL酚酞指示剂,在80℃水浴上迅速用0.05 mol/L氢氧化钾溶液滴定至呈淡红色,1 min内不褪色为终点,记其用量。同时做空白试验。

5.5.4　计算

$$X_2=\frac{(V_1-V_2)\times c_1\times 56.11}{m_2} \qquad \cdots\cdots (2)$$

式中:

X_2—蜡样中的酸值,单位为毫克每克(mg/g);

V_1—氢氧化钾标准溶液用量,单位为毫升(mL);

V_2—空白试验氢氧化钾标准溶液用量,单位为毫升(mL);

c_1—氢氧化钾标准溶液物质的量浓度,单位为摩尔每升(mol/L);

56.11—1 mL 1 mol/L 氢氧化钾标准溶液相当的氢氧化钾的质量,单位为毫克(mg);

m_2—蜂蜡的质量,单位为克(g)。

5.5.5 平行试验允许误差不超过±0.2 mg/g,取平均值确定结果。

5.6 皂化值

5.6.1 仪器

a)250 mL 磨口具塞三角瓶;

b)球形冷凝管:下口为磨口,其口径应与 250 mL 磨口具塞三角瓶的口径一致;

c)恒温水浴箱;

d)25 mL 酸式滴定管;

e)25 mL 移液管。

5.6.2 试剂

a)0.5 mol/L 氢氧化钾-无水乙醇溶液:称取 30 g 分析纯氢氧化钾,用无水乙醇溶于 1 000 mL 容量瓶中至刻度。

b)0.5 mol/L 盐酸标准溶液:按 GB/T 601 配制、标定和计算。

c)1%酚酞指示剂:称取酚酞 1 g,用 95%乙醇定容至 100 mL。

5.6.3 操作步骤

称取 1 g 蜡样(称准至 0.001 g),置于 250 mL 三角瓶中,加入 0.5 mol/L 氢氧化钾-无水乙醇溶液 25 mL。

在具塞三角瓶口部装上球形冷凝管在 90℃水浴上恒温 30 min,并随时摇动三角瓶,促使皂化,待瓶内溶液澄清透明,证明已完全皂化。用少许中性乙醇洗涤冷凝管,取下三角瓶,趁热迅速加入酚酞指示剂 3 滴,用 0.5 mol/L 盐酸标准溶液滴定至呈粉红色消失为终点。同时做空白试验。

5.6.4 计算

$$X_3=\frac{(V_3-V_4)\times c_2\times 56.11}{m_3} \quad \cdots\cdots (3)$$

式中:

X_3—蜡样中的皂化值,单位为毫克每克(mg/g);

V_3—空白试验盐酸标准溶液用量,单位为毫升(mL);

V_4—盐酸标准溶液用量,单位为毫升(mL);

c_2—盐酸标准溶液物质的量浓度,单位为摩尔每升(mol/L);

56.11—1 mL 1 mol/L 氢氧化钾标准溶液相当的氢氧化钾的质量,单位为毫克(mg);

m_3—蜂蜡的质量,单位为克(g)。

5.6.5 平行试验允许误差不超过±2 mg/g,取平均值确定结果。

5.7 酯值

按 SN/T 1107 规定的方法试验。

5.8 碳氢化合物

按 SN/T 1107 规定的方法试验。

6 包装

包装材料应有效保护产品,防止污染环境。

7 标志

应符合国家有关标识的规定。

8 贮存

8.1 应按产品等级、规格分别堆放。

8.2 应在通风、干燥仓库中存放。严禁与有毒、有害和有异味的物品混存。

8.3 贮放环境应有防鼠防虫措施。

9 运输

不应曝晒、置于高温及与有毒、有害和有异味的物品混装同运。

GB/T 21532—2008
蜂王浆冻干粉

（2008-04-09 发布，2008-09-01 实施）

1 范围

本标准规定了蜂王浆冻干粉的等级、要求、试验方法、包装、标志、贮存与运输要求。

本标准适用于蜂王浆冻干粉的加工与销售。

2 规范性引用文件

下列文件中的条款通过本标准的引用而成为本标准的条款。凡是注日期的引用文件，其随后所有的修改单（不包括勘误的内容）或修订版均不适用于本标准，然而，鼓励根据本标准达成协议的各方研究是否可使用这些文件的最新版本。凡是不注日期的引用文件，其最新版本适用于本标准。

GB/T 191　包装储运图示标志

GB/T 5048　防潮包装

GB 7718　预包装食品标签通则

GB/T 969　蜂王浆

GB/T 12339　防护用内包装材料

GB/T 15171　软包装件密封性能试验方法

3 术语和定义

下列术语和定义适用于本标准

3.1　蜂王浆冻干粉（蜂皇浆冻干粉）　lyophilized royal jelly powder

通过真空冷冻干燥方法加工制成的脱水蜂王浆粉末。

4 要求

4.1　原料要求

应符合 GB/T 9697 的规定。

4.2　感官要求

感官要求见表 1。

表 1　感官要求

项目	要求
色泽	乳白色或淡黄色
状态	粉末状，无肉眼可见黑点
气味	有蜂王浆香气，气味纯正，不得有发酵、发臭等异味
滋味	有明显的酸、涩、辛辣味，回味略甜

4.3 等级和理化要求

等级和理化要求见表2。

表2 等级和理化要求

项目	一级品	二级品
10-羟基-2-癸烯酸/%	≥5.0	≥4.0
水分/%	≤3.0	≤5.0
蛋白质/%	≥33	
酸度(1 mol/L NaOH)/(mL/100 g)	90～159	
灰分/%	≤4.0	
总糖(以葡萄糖计)/%	≤45	
淀粉	不得检出	

4.4 安全卫生要求

应符合国家法律、法规和政府规章要求，符合国家有关标准规定的安全卫生要求。

5 试验方法

5.1 抽样

在同一批次产品中抽取不少于150 g样品，均分为3份，每份不少于50 g，置于铝塑复合薄膜袋中密封保存。供检验、复检与备查用。

5.2 试样保存

试样宜及时检验，在不能及时检验的情况下应将试样置于冰箱冷冻保存。

5.3 感官试验

5.3.1 颜色与状态

用0.2 mm厚15 cm×9 cm的密实透明塑料袋装约5 g的蜂王浆冻干粉，立即密封，在自然光充足处，观察其颜色和状态以及有无结块。然后，打开透明塑料袋，把蜂王浆冻干粉倒入一洁净器皿中，在白色背景下观察有无黑点。

5.3.2 气味

打开盛蜂王浆冻干粉的包装，距离试样约20 cm嗅其气味。

5.3.3 滋味

取出少量蜂王浆冻干粉，用口品尝其滋味。

5.4 理化试验

5.4.1 水分

按GB/T 9697规定的方法试验。

本项试验宜在其他试验之前进行。应在室温≤20℃条件下打开试样，且在2 min内称量完毕。

5.4.2 10-羟基-2-癸烯酸

按GB/T 9697规定的方法试验。

5.4.3　蛋白质

按GB/T 9697规定的方法试验。

5.4.4　酸度

按GB/T 9697规定的方法试验。

5.4.5　灰分

按GB/T 9697规定的方法试验。

5.4.6　总糖

按GB/T 9697规定的方法试验。

5.4.7　淀粉

按GB/T 9697规定的方法试验。

6　包装

6.1　包装的防潮等级不得低于GB/T 5048规定的2级，包装材料亦应符合GB/T 5048要求和相应的食品安全卫生要求。

6.2　防护用内包装材料应符合GB/T 12339要求，并符合相应的食品安全卫生要求。

6.3　包装容器内若放有干燥剂，应符合相应的食品安全卫生要求。

6.4　包装要牢固、密封、防潮、避光、整洁，便于贮存和运输。

6.5　应根据GB/T 17344验证包装的气密性能。对于防护性软包装，则应根据GB/T 15171验证包装的密封性能。

7　标志

食品标签应符合GB 7718的要求。

宜标示贮存和运输的温、湿度条件，或根据GB/T 191的规定标示怕晒、怕雨和温度极限标志。

其他图示标志亦应符合GB/T 191的规定。

若包装容器内放有干燥剂，应在标志中做出如下提示："内有干燥剂。干燥剂不可食用。"

8　运输

8.1　运输工具应清洁卫生、干燥、无异味、无污染，严禁与有毒、有害、有异味、易污染的物品混装混运。

8.2　运输途中严防日晒、雨淋，装卸时应轻装轻卸。

9　贮存

9.1　应按产品批次、等级、规格分别堆放。

9.2　应在阴凉(≤20℃)、干燥处保存。

9.3　不得与有毒、有害、有异味的物品同处贮存。

GB/T 21528—2008
蜜蜂产品生产管理规范

（2008-04-09 发布，2008-08-01 实施）

1　范围

本标准规定了保证蜜蜂产品的质量、安全并实现蜂产品的可追溯性的管理规范。

本标准适用于蜂农、蜂场、养蜂合作社、蜂业合作联社等各种类型、不同规模和提供不同蜜蜂产品生产的组织。

2　规范性引用文件

下列文件中的条款通过本标准的引用而成为本标准的条款。凡是注日期的引用文件，其随后所有的修改单(不包括勘误的内容)或修订版均不适用于本标准，然而，鼓励根据本标准达成协议的各方研究是否可使用这些文件的最新版本。凡是不注日期的引用文件，其最新版本适用于本标准。

GB/T 191　包装储运图示标志

GB 3095—1996　环境空气质量标准

GB 7718　预包装食品标签通则

GB/T 19168　蜜蜂病虫害综合防治规范

GH/T 1015　蜂蜜包装钢桶

NY/T 5139　无公害食品　蜜蜂饲养管理准则

3　术语和定义

下列术语和定义适用于本标准。

3.1　组织 organization

职责、权限和相互关系得到安排的一组人员及设施。

注：根据蜂产品生产组织的运作模式，包括蜂农、蜂场、养蜂合作社、蜂业合作联社等。

3.2　蜜源 nectar source

能给蜂群提供花蜜或花粉或树胶(树脂)的植物以及蜜露。

3.3　蜜蜂产品 bee products

直接来源于蜂群的产品。主要有蜂蜜、蜂王浆、蜂花粉、蜂胶、蜂蜡、蜂毒、蜂蛹、蜂幼虫等。

3.4　蜜蜂产品生产 production of bee products

饲养蜜蜂，获取蜜蜂产品的活动。

4　要求

4.1　体系

组织应根据本标准的要求建立、实施和保持蜜蜂产品的生产管理体系，确定如何实现这些要求，并形成文件。

4.2 组织建立与职责权限

4.2.1 组织的最高管理者应确定从事管理、执行和验证活动人员的职责权限，建立沟通渠道，以确保蜜蜂产品生产管理体系的有效运行。

4.2.2 组织的最高管理者应指派专职管理人员，承担保证蜜蜂产品生产管理体系运行、检查的职责。

4.2.3 组织应提供实施、控制和检查蜜蜂产品生产管理体系所需要的资源，资源可包括人力、技术、信息和财力等。

4.2.4 养蜂合作社及蜂业合作联社，应配备养蜂技术员，负责解决蜜蜂产品生产过程中的技术问题以及蜂病治疗。

4.3 人员能力和培训

4.3.1 蜜蜂产品生产从业人员应具备的资质如下：

a)培训师：经省级(含省级)以上的蜂业行业组织或有关部门认可，具有从事蜂产品生产相关教育培训资格，能及时掌握国内外的蜂业动态和相关的政策法规；

b)养蜂技术员：经省级(含省级)以上蜂业行业组织或有关部门的认可，全面掌握养蜂的专业技术、蜂病治疗等基本原则和法规要求，具备养蜂生产实践的能力；

c)蜂农：具有养蜂生产、安全用药、蜂箱及器具消毒与蜂病防治等基本知识和养蜂生产基本技能；

d)场长：具有全面的养蜂生产技术和养蜂生产经验，具备蜂场组织管理能力；

e)社长：具有养蜂生产及蜂产品流通管理能力，熟悉生产情况，理解掌握相关的法律法规要求和本标准的有关规定。

4.3.2 培训的内容与要求如下：

a)从事养蜂生产活动的人员应接受养蜂生产技术和法规、制度的培训。

b)组织应根据人员能力和管理体系的要求确定培训需求并提供培训。培训内容应包括：养蜂知识以及蜜蜂产品的安全与标准化生产技术、蜂病防治及用药知识、蜂箱消毒程序、养蜂日志的填写、蜂业市场信息、相关的政策和蜜蜂产品质量要求等。

c)由培训组织者选择经认可的培训师进行培训。

d)培训的结果应予以记录。

4.4 设施和机具

4.4.1 组织应确保所需的设施与机具能够使其蜜蜂产品满足顾客需求和适用的法律法规要求。

4.4.2 机具应选用符合蜂产品安全卫生要求的材料制成。

4.5 工作环境

4.5.1 放蜂场地的选址应达到蜂产品生产企业需求和适用的法律法规要求。

4.5.2 养蜂场周围空气质量应符合 GB 3095—1996 中环境空气质量功能区二类区要求。

4.5.3 地势高燥、背风向阳、排水良好、小气候适宜的场所。

4.5.4 应有便于蜜蜂采集的良好水源。

4.5.5 养蜂场周围3 km内无大型蜂场，无以蜜、糖为生产原料的食品厂、化工厂、农药厂及经常喷洒农药的果园。

4.6 生产过程控制

4.6.1 组织应根据以下原则和条件选择放蜂场地:

a)拟转入场地的环境现状符合4.5的要求;

b)根据当年各地区蜜源、气候变化情况及历年资料,确定转地放蜂的时间、地点;

c)转场使用的运输工具;

d)组织应及时跟踪蜜源变化,必要时变更放蜂场地。

4.6.2 组织在生产蜜蜂产品前应确认:

a)用于蜜蜂产品生产的蜂群无病;

b)严格执行休药期;

c)蜜源植物未施药或已过安全间隔期;

d)所使用设备及器具无毒无害,且已消毒。

4.6.3 蜜蜂饲养活动管理应按NY/T 5139的规定执行。

4.6.4 蜜蜂病敌害防治以加强饲养管理、综合防治为主。并符合:

a)GB/T 19168的规定;

b)国家相关法律、法规、规章及有关标准要求。

4.6.5 当蜂群发病时,应由技术人员出诊检查后开具处方,发放蜂药并指导蜂农正确使用。蜂药的购置应由组织出具购药证明,并指定专人至兽药店或蜂药生产企业统一购置;组织应指定专人保管蜂药,建立蜂药购买和发放台账,实行蜂药验收核销制度。

4.6.6 组织应按照规定的要求加强蜂群检查,一旦发现患病蜂群,应:

a)及时隔离病群,控制疾病传播;

b)进行症状诊断,确定传染途径以及发病程度和危害情况;

c)采取综合防治技术措施,并跟踪措施实施的有效性。

4.6.7 养蜂生产从业人员应每年至少进行一次健康检查。从事健康检查的医疗机构应具备相应的资格。传染病患者不能从事养蜂生产活动。

4.6.8 蜜蜂产品的采收应参照国家有关要求,确保其产品符合国家或行业标准及顾客相关要求。

4.7 记录和档案管理

4.7.1 组织应建立并保持记录。

4.7.1.1 蜂农应建立养蜂日志。养蜂日志格式参见表A.1,记录内容包括:养蜂生产情况、蜜蜂产品流向,蜜蜂病敌害防治、用药记录。

4.7.1.2 养蜂合作社或蜂业合作联社应保持收购记录。收购记录格式参见表A.2,记录内容包括:日期、时间、蜂农编号(或姓名)、品种、生产期间防治病敌害和用药情况、交货数(重)量等。

4.7.1.3 交货单。交货单格式参见表A.3,内容包括:交货单位、总的数(重)量、收购日期、品种、采收时间、检验人及生产期间防病、治病和用药情况等。

4.7.2 蜂农档案应包括:蜂农编号、蜂农姓名、联系方式、养蜂历史、蜂种及蜂群数、常年放蜂场地、蜂机具材质、参加培训情况等。

4.7.3 组织应确保3年内记录的可追溯性,使组织能够以此实施体系评价,使潜在不安全蜜蜂产品能够处置或召回。

4.7.4 记录和档案应真实、保持清晰、易于识别和检索。

4.8 标识和可追溯性

4.8.1 组织应建立可追溯性系统，确保能够从交付的蜜蜂产品追溯到蜂产品生产源头。

4.8.2 产品包装上应贴有明显的标识。标识格式参见表A.4。

4.8.3 标识内容包括：蜂农编号(或姓名)、品种、采收日期、产地、净含量、总重等。

4.8.4 养蜂合作社或蜂业合作联社在交付蜂产品的同时应提交交货单，以提供可追溯证据。

4.8.5 在蜜蜂产品生产、交付的全过程做好标识防护和管理，确保实现可追溯性。

4.9 蜜蜂产品包装、贮存、运输和交付

4.9.1 包装

4.9.1.1 蜂蜜包装钢桶应符合GH/T 1015的要求，其他包装容器应符合安全卫生、无毒的要求。

4.9.1.2 运输包装上的贮运标志应符合GB/T 191及GB 7718的规定。

4.9.2 贮存

4.9.2.1 应注意密封贮存，其场所应保持干燥、通风、阴凉、无阳光直射。

4.9.2.2 蜜蜂产品不应与有异味、有毒、有腐蚀性、放射性、挥发性和可能产生污染的物品同库存放。

4.9.2.3 养蜂合作社和蜂业合作联社应对不同蜂场的产品分批、分区码放，填写货位卡、标识到位，同时建立收购台账。

4.9.2.4 收购点应配备冷冻设施保存蜂王浆，确保在－18℃下贮存。

4.9.3 运输

4.9.3.1 运输工具应清洁卫生。

4.9.3.2 不应与有异味、有毒、有腐蚀性、放射性、挥发性和可能产生污染的物品同装混运。

4.9.3.3 发运前对包装进行检查，转运过程中应避免高温、日晒和雨淋。

4.9.3.4 蜂王浆应在低温状态运输。

4.9.4 交付

交付产品的同时应按合同要求提供相关记录资料，提交交货单、检验报告单等。无4.8.2规定标识的产品不得交付。

5 检查

5.1 蜂场自查

检查内容包括：

a)生产人员的能力、资格和健康状况；

b)生产记录、标识的真实性、完整性和准确性；

c)用药、停药和采收等生产活动是否按有关规定操作。

5.2 场长、技术人员抽查

抽查内容包括：

a)生产人员的能力、资格和健康状况；

b)生产记录、标识的真实性、完整性和准确性；

c)用药、停药和采收等生产活动是否按有关规定操作；

d)放蜂场地、蜜源、蜂群饲养管理、蜜蜂病敌害防治等是否符合规定要求。

5.3 养蜂合作社、蜂业合作联社管理人员巡查

巡查内容包括：

a)生产人员的能力、资格和健康状况；

b)生产记录、标识的真实性、完整性和准确性；

c)用药、停药和采收等生产活动是否按有关规定操作；

d)放蜂场地、蜜源、蜂群饲养管理、蜜蜂病敌害防治等是否符合规定要求；

e)对于不合格品的处置是否符合规定；

f)场长、技术员是否按规定实施了抽查并记录。

5.4 蜜蜂产品验收

5.4.1 在交付前，组织应核对蜜蜂产品标签和数量、检查外观质量。养蜂合作社、蜂业合作联社应对收购的蜜蜂产品每单位包装逐件检查，及时封样实施检验，合格后分组划批、编号。

5.4.2 特殊情况按供需双方合同规定，否则在完成蜜蜂产品验收之前，不能放行产品。

6 不合格品处置

6.1 发现不合格品时，组织应立即对其进行隔离、标识、记录并处理。

6.2 对已交付的不合格品，组织应及时、安全地召回、隔离，并进行产品危害性评估，根据评估结果做出相应处理。召回、隔离、销毁、改变预期用途等任何措施都应在监督下实施，并保持记录。

6.3 发现使用禁用兽药情况，应通报当地政府主管部门和行业组织。

附 录 A
(资料性附录)
记录和表格

A.1 养蜂日志

养蜂日志格式见表 A.1。

表 A.1

________年________月________日　　　　蜂农编号(或姓名)__________

<table>
<tr><td colspan="4">天气</td><td colspan="3">放蜂地点</td><td colspan="3"></td><td colspan="3">花种</td><td colspan="2"></td></tr>
<tr><td colspan="4">蜂群</td><td colspan="3">王种</td><td colspan="3"></td><td colspan="3">蜜源</td><td colspan="2"></td></tr>
<tr><td colspan="15">养蜂生产情况(清洁消毒、病敌害等)：</td></tr>
<tr><td colspan="2" rowspan="3">用(休)药情况</td><td colspan="2">药名</td><td colspan="2"></td><td colspan="3">当日用量</td><td colspan="2"></td><td colspan="3">累计用量</td><td></td></tr>
<tr><td colspan="2">药名</td><td colspan="2"></td><td colspan="3">当日用量</td><td colspan="2"></td><td colspan="3">累计用量</td><td></td></tr>
<tr><td colspan="2">药名</td><td colspan="2"></td><td colspan="3">当日用量</td><td colspan="2"></td><td colspan="3">累计用量</td><td></td></tr>
<tr><td colspan="2">蜂病诊断</td><td colspan="13"></td></tr>
<tr><td colspan="2">治疗效果</td><td colspan="13"></td></tr>
<tr><td rowspan="2">交付</td><td rowspan="2">产品名称</td><td></td><td colspan="2">数(重)量</td><td colspan="3"></td><td colspan="2">地点</td><td colspan="2"></td><td colspan="2">接受人</td><td></td></tr>
<tr><td></td><td colspan="2">数(重)量</td><td colspan="3"></td><td colspan="2">地点</td><td colspan="2"></td><td colspan="2">接受人</td><td></td></tr>
</table>

A.2　收购记录

收购记录格式见表 A.2。

表 A.2

________年________月________日　　　　　　　　　　　　　　　　接受人____________

时间		蜂农编号(或姓名)		品种		数(重)量		用药情况	
时间		蜂农编号(或姓名)		品种		数(重)量		用药情况	
时间		蜂农编号(或姓名)		品种		数(重)量		用药情况	

A.3　交货单

交货单格式见表 A.3。

表 A.3

交货单位		品种		数(重)量	
收购日期		采收时间		最终编号	
生产期间防病、治病和用药情况等:					
检验人			检验结果		

此单一式三联,分别提交交货人、接受者、检验人。

A.4　产品标识

产品标识格式见表 A.4。

表 A.4

蜂农编号(或姓名)		品种	
采收日期		产地	
净含量		总重	
用药情况			

GB/T 19168—2003
蜜蜂病虫害综合防治规范

（2003-06-02 发布，2003-11-01 实施）

1 范围

本标准规定了蜜蜂病虫害防治工作的基本原则和技术方法。

本标准适用于各种蜂场。

2 术语和定义

下列术语和定义适用于本标准。

2.1 病群 diseased colony

具有典型症状的发病蜂群。

2.2 疑似病群 suspicious diseased colony

没有症状但与病群有密切接触的蜂群，其病害可能处于潜伏期。

2.3 假定健康群 supposed health colony

与病群没有密切接触的，表面观察健康的蜂群。

2.4 消毒 disinfection

为防止传染病的发生和蔓延而采取的抑制或杀灭周围环境中病原微生物的方法。

2.4.1 预防性消毒 preventive disinfection

结合平时的饲养管理，对蜂场周围环境、蜂具、蜂箱、仓库等进行的定期消毒。

2.4.2 随时消毒 constant disinfection

在传染病发生时对被病群污染的蜂箱、蜂具和蜂场环境等进行的彻底消毒。

2.4.3 终末消毒 final disinfection

在病群解除隔离之前对隔离区的蜂箱、蜂具等各种用具及环境进行消毒。

2.4.4 机械性消毒 mechanical disinfection

用机械方法（如清扫铲刮、洗涤和通风等）抑制或杀灭周围环境中的病原微生物。

2.4.5 物理消毒 physical disinfection

用物理方法（如日晒、烘烤、灼烧、煮沸等）抑制或杀灭周围环境中的病原微生物。

2.4.6 化学消毒 chemical antisepsis

用化学药物抑制或杀灭周围环境中的病原微生物。

3 蜜蜂病虫害预防要求

3.1 蜂场场址的选择

3.1.1 蜂场要选择在地势高燥、背风向阳、温度适宜、远离噪声的地方；远离铁路、公路、大型公共场所。

3.1.2 定地蜂场周围要有丰富的蜜、粉源，并有良好的水源。

3.1.3　要避开有毒蜜、粉源植物。

3.1.4　蜂场应远离化工区、矿区、农药厂库、垃圾处理场及经常喷施农药的果园和菜地。

3.1.5　蜂场应远离糖厂和生产含糖量高食品的工厂。

3.1.6　蜂场正前方要避开路灯、诱虫灯等强光源。

3.2　蜂场管理要求和卫生制度

3.2.1　要保持蜂场清洁卫生。在蜜蜂传染病发病期间，及时清理蜂尸、杂物，将清扫物深埋或焚烧，并在蜂场地面撒生石灰消毒。

3.2.2　蜂箱、蜂具按规定进行消毒，及时淘汰霉变、被巢虫蛀咬和传染病发生后的巢脾。不用被蜜蜂病原体污染的饲料喂蜂。

3.2.3　蜂场库房墙壁、地面应易于消毒处理，蜂产品与蜂具在库房内要分类摆放。

3.2.4　不到疫病区购蜂或放蜂。

4　蜜蜂病虫害治疗原则

4.1　隔离

4.1.1　发现传染病，应立即将病群隔离，并报告当地动物检疫单位。同时对蜂群逐群进行检查，根据检查结果分别处理。

4.1.2　病群：选择远离蜂场，不易散播病原体，消毒处理方便的地方隔离治疗。病蜂的蜂产品、蜂具等不得带回健康蜂场。如果属烈性传染病或国内首次发现的传染性病害，应予以焚烧处理。

4.1.3　疑似病群：应另选地方远离健康蜂群进行隔离观察，也可预防性给药。

4.1.4　假定健康群：进行观察，必要时转移到其他地方。

4.1.5　隔离的病群在没有病蜂出现，又过了该传染病潜伏期2倍的时间后，经过金西消毒，可以解除隔离；如果经过传染病后蜂群十分衰弱，失去经济价值，又有带菌（毒）危险的应焚烧蜂群。

4.2　消毒

4.2.1　消毒方式

根据饲养管理及疫病发生情况选择消毒方法。

4.2.2　消毒方法

机械性消毒、物理消毒应配合化学消毒使用。化学消毒方法见附录A表A.1。

4.3　传染性病害的治疗原则

4.3.1　蜜蜂主要传染病、原虫病及常用药物，见附录B表B.1至表B.3。

4.3.2　使用国家规定的药物，按剂量给药。

4.3.3　大流蜜前一个月停止蜂群用药。

4.3.4　使用过药物的生产蜂群，到大流蜜初期应彻底清除巢内存蜜。

4.4　大、小蜂螨综合防治原则

4.4.1　大、小蜂螨寄生率和寄生密度测定按式（1）和式（2）。

$$寄生率=\frac{有螨蜂数（或有螨房数）}{检查蜂数（或检查蜂房数）}\times 100\% \quad \cdots\cdots (1)$$

$$寄生密度[螨/蜂（房）]=\frac{大蜂螨总数}{检查蜂数（或检查蜂房数）}\times 100\% \quad \cdots\cdots (2)$$

4.4.2 使用国家允许的杀螨剂。最好几种杀螨剂交替使用。

4.4.3 结合化学防治，同时采用扣王断子和割除雄蜂脾等生物学防治措施综合治螨。

4.4.4 为保证螨寄生率常年控制在为害水平以下，即大流蜜期前螨寄生率为3%（不超过5%），每年用药次数1～3次为宜。大流蜜期前1个月停止生产蜂群用药。

4.5 花粉、花蜜等中毒防治原则

4.5.1 引起蜜蜂花粉、花蜜中毒的成分见附录B表B.4。

4.5.2 正确选择蜜源场地，避开有毒蜜粉源植物。

4.5.3 发现中毒，应及时从蜂箱中取出有毒的蜜、粉脾，并予以销毁。

4.5.4 饲喂比例为50%的淡糖浆。

4.5.5 必要时，根据有毒成分的性质饲喂药物：甘露蜜中毒时可用复合维生素B、酵母片等；枣花中毒时，可用4%～5%食醋糖浆。

4.6 化学中毒防治原则

4.6.1 常见化学中毒种类：引起蜜蜂中毒的农药和有害物质有拟除虫菊酯类、有机氯类、有机磷类和氨基甲酸酯类农药，工业污染包括工业烟雾、粉尘、废水等。

4.6.2 经常了解蜂场所在地所施农药种类和施药时间，对蜂群毒性大时，应尽早撤离；毒性较小，暂闭巢门1～2 d，同时打开蜂箱通气窗。

4.6.3 发现中毒，应及时从蜂箱中取出污染的蜜、粉脾，并予以销毁。

4.6.4 有机磷、有机氯农药中毒时，可在20%糖浆中加0.1%食用碱喂蜂。

附 录 A
（资料性附录）
化学消毒药物及使用方法

表A.1 化学消毒药物及使用方法

名称	常用浓度及作用时间	配制	作用范围	使用方法	备注
84消毒液	0.4%作用10 min用于细菌污染物。5%作用90 min用于病毒污染物。	水溶液	细菌、芽孢、病毒、真菌	蜂箱、蜂具洗涤，巢脾浸泡，金属物品洗涤时间不宜过长。	日用百货店有售，避光贮存。
漂白粉	5%～10%作用30 min至2 h。	水溶液	细菌、芽孢、病毒、真菌	蜂箱洗涤，巢脾、蜂具浸泡1～2 h，金属物品洗涤时间不宜过长。水源消毒：1 m^3河水、井水加漂白粉6～10 g，30 min后可以饮用。	
食用碱（Na_2CO_3）	3%～5%水溶液作用30 min至2 h。	水溶液	细菌、病毒、真菌	蜂箱洗涤，巢脾（2 h）、蜂具、衣物浸泡30 min至1 h，越冬室、仓库墙壁、地面喷洒。	

续表 A.1

名称	常用浓度及作用时间	配制	作用范围	使用方法	备注
石灰乳	10%～20%水溶液。	1份生石灰加1份水制成消石灰，再加水配成10%～20%悬液。	细菌、芽孢、病毒、真菌	10%～20%水溶液粉刷越冬室、工作室、仓库墙壁、地面。现配消石灰粉，撒布蜂场地面。	现配现用
饱和食盐水	36%水溶液作用4 h以上。	水溶液	细菌、真菌、孢子虫、阿米巴、巢虫	蜂箱、巢脾、蜂具浸泡4 h以上。	
冰醋酸	80%～98%熏蒸1～5 d。	10～20 mL/箱	蜂螨、孢子虫、阿米巴、蜡螟的幼虫和卵	每只蜂箱用80%～98%冰醋酸10～20 mL，洒在布条上，每个欲消毒巢脾的继箱挂一片。将箱体摞好、糊好缝，盖好箱盖熏蒸24 h。气温低于18℃，应延长熏蒸时间至3～5 d。	
福尔马林	2%～4%福尔马林水溶液。	1份福尔马林加水9～18份。	细菌、芽孢、病毒、孢子虫、阿米巴	2%～4%福尔马林水溶液喷洒越冬室、工作室、仓库墙壁、地面。也可1～3 g/m^{3}加热熏蒸。4%福尔马林水溶液浸泡蜂箱、巢脾、蜂具12 h。	注意密闭
	原液熏蒸。	每只继箱用量：福尔马林10 mL，热水5 mL，高锰酸钾10 g。	细菌、芽孢、病毒、孢子虫、阿米巴	福尔马林和热水加入容器，放入摞好的箱体中，蜂箱间用纸糊好，再加入高锰酸钾立即盖好，密闭12 h。室内消毒（每立方米）：30 mL福尔马林、30 mL水、18 g高锰酸钾。	注意密闭
硫磺（燃烧时产生二氧化硫）	粉剂熏蒸24 h以上，2～5 g/蜂箱。		蜂螨、螟蛾、巢虫、真菌	5个蜂箱为一体，每个继箱8张巢脾，巢箱中放一瓷容器。使用时，将燃烧的木炭放入容器内，立即将硫黄撒在木炭上，密闭蜂箱，熏蒸12 h以上。	由于该药对卵、封盖幼虫及蛹无效，每隔7 d要重复一次。连续重复2～3次。

1. 根据消毒药的类型与本蜂场的常见病、多发病选择消毒药。

2. 无论使用何种化学消毒剂，以浸泡和洗涤形式处理的，消毒过后用清水将药品洗涤干净，巢脾用分蜜机摇出巢中水分；熏蒸消毒的蜂具等，应在流通空气中放置72 h以上。

3. 巢脾上如有花粉等存在，其消毒的浸泡时间，可视药品作用时间而适当延长，以达到消毒确实的目的。

附 录 B
(规划性附录)
蜜蜂传染性病害及其防治

B.1 蜜蜂细菌性传染病及其防治见表B.1。

表B.1 蜜蜂细菌性传染病及其防治

类别	病名	病原	危害	常用剂量(10框蜂每次用量)
幼虫病	美洲幼虫腐臭病	幼虫芽孢杆菌 G^+	封盖后幼虫死亡。	红霉素0.05 g喷雾或饲喂,隔日一次,连用5～7次为一疗程。
	欧洲幼虫腐臭病	蜂房蜜蜂球菌 G^+	2～3日龄幼虫死亡。	
成蜂病	蜜蜂败血病	蜜蜂败血杆菌 G^-	成蜂死亡解体。	氟哌酸0.025 g喷雾或饲喂,隔日一次,连用5～7次为一疗程。
	蜜蜂副伤寒	副伤寒杆菌 G^-	成蜂腹泻、死亡。	

B.2 蜜蜂螺原体病和病毒病及其防治见表B.2。

表B.2 蜜蜂螺原体病和病毒病及其防治

类别	病名	病原	危害	常用剂量(10框蜂每次用量)
成蜂螺原体病	蜜蜂螺原体病	蜜蜂螺原体	成蜂死亡。	红霉素0.05 g喷雾或饲喂,隔日一次,连用5～7次为一疗程。
幼虫病毒病	囊状幼虫病	囊状幼虫病毒	封盖后幼虫死亡。	盐酸金刚烷胺片0.05 g喷雾或饲喂,隔日一次,连用5～7次为一疗程,对病毒有一定抑制作用。
蛹病毒病	蜜蜂蛹病	蛹病毒	蛹死亡。	
成蜂病	慢性麻痹病 急性麻痹病 云翅病毒病 克什米尔病毒病等	慢性麻痹病病毒 急性麻痹病病毒 云翅病毒病病毒 克什米尔病毒病病毒	成蜂死亡。	盐酸金刚烷胺片0.05 g喷雾或饲喂,隔日一次,连用5～7次为一疗程,对病毒有一定抑制作用。

B.3 蜜蜂真菌病和原虫病及其防治见表B.3。

表B.3 蜜蜂真菌病和原虫病及其防治

类别	病名	病原	危害	常用剂量(10框蜂每次用量)
幼虫真菌病	白垩病	蜂囊球菌	幼虫死亡呈石灰质状。	制霉菌素10万IU喷雾或饲喂,隔日一次,连用5～7次为一疗程。
	黄曲霉病	黄曲霉菌	幼虫死亡呈石子状,成蜂死亡。	
蜂王真菌病	蜂王卵巢黑变病	黑色素沉积真菌	蜂王生殖系统变黑,停止产卵。	

续表 B.3

类别	病名	病原	危害	常用剂量（10 框蜂每次用量）
成蜂原虫病	孢子虫病	蜜蜂微孢子虫	成蜂下痢死亡。	1 000 mL 糖浆中加入 4 mL 食醋，250 mL/(次·10 框蜂)，2～3 d 一次，连用 4～5 次为一疗程。
	阿米巴原虫病	马氏管变形虫	成蜂下痢死亡。	

注：10 框蜂一次用药量加入 250 mL 1∶1 糖水中喂蜂，或加入淡糖水中喷洒。

B.4 引起蜜蜂花粉、花蜜中毒的植物及有毒成分见表 B.4。

表 B.4 引起蜜蜂花粉、花蜜中毒的植物及有毒成分

植物名称	有毒成分
藜芦、毛茛、乌头白头翁、杜鹃、苦皮藤、博落回、羊踯躅、曼陀罗、喜树	生物碱、糖苷、毒蛋白、多肽、胺类、草酸盐、多糖等
甘露蜜	糊精、无机盐
茶花	花蜜中的半乳糖
枣花	生物碱、钾含量过高
油茶	花蜜中的半乳糖

GB 28050—2011
食品安全国家标准预包装食品营养标签通则

（2011-10-12 发布，2013-01-01 实施）

1 范围

本标准适用于预包装食品营养标签上营养信息的描述和说明。

本标准不适用于保健食品及预包装特殊膳食用食品的营养标签标示。

2 术语和定义

2.1 营养标签

预包装食品标签上向消费者提供食品营养信息和特性的说明，包括营养成分表、营养声称和营养成分功能声称。营养标签是预包装食品标签的一部分。

2.2 营养素

食物中具有特定生理作用，能维持机体生长、发育、活动、繁殖以及正常代谢所需的物质，包括蛋白质、脂肪、碳水化合物、矿物质及维生素等。

2.3 营养成分

食品中的营养素和除营养素以外的具有营养和(或)生理功能的其他食物成分。各营养成分的定义可参照 GB/Z 21922《食品营养成分基本术语》。

2.4 核心营养素

营养标签中的核心营养素包括蛋白质、脂肪、碳水化合物和钠。

2.5 营养成分表

标有食品营养成分名称、含量和占营养素参考值(NRV)百分比的规范性表格。

2.6 营养素参考值(NRV)

专用于食品营养标签，用于比较食品营养成分含量的参考值。

2.7 营养声称

对食品营养特性的描述和声明，如能量水平、蛋白质含量水平。营养声称包括含量声称和比较声称。

2.7.1 含量声称

描述食品中能量或营养成分含量水平的声称。声称用语包括“含有”、“高”、“低”或“无”等。

2.7.2 比较声称

与消费者熟知的同类食品的营养成分含量或能量值进行比较以后的声称。声称用语包括“增加”或“减少”等。

2.8 营养成分功能声称

某营养成分可以维持人体正常生长、发育和正常生理功能等作用的声称。

2.9 修约间隔

修约值的最小数值单位。

2.10 食部

预包装食品净含量去除其中不可食用的部分后的剩余部分。

3 基本要求

3.1 预包装食品营养标签标示的任何营养信息，应真实、客观，不得标示虚假信息，不得夸大产品的营养作用或其他作用。

3.2 预包装食品营养标签应使用中文。如同时使用外文标示的，其内容应当与中文相对应，外文字号不得大于中文字号。

3.3 营养成分表应以一个"方框表"的形式表示（特殊情况除外），方框可为任意尺寸，并与包装的基线垂直，表题为"营养成分表"。

3.4 食品营养成分含量应以具体数值标示，数值可通过原料计算或产品检测获得。各营养成分的营养素参考值（NRV）见附录A。

3.5 营养标签的格式见附录B，食品企业可根据食品的营养特性、包装面积的大小和形状等因素选择使用其中的一种格式。

3.6 营养标签应标在向消费者提供的最小销售单元的包装上。

4 强制标示内容

4.1 所有预包装食品营养标签强制标示的内容包括能量、核心营养素的含量值及其占营养素参考值（NRV）的百分比。当标示其他成分时，应采取适当形式使能量和核心营养素的标示更加醒目。

4.2 对除能量和核心营养素外的其他营养成分进行营养声称或营养成分功能声称时，在营养成分表中还应标示出该营养成分的含量及其占营养素参考值（NRV）的百分比。

4.3 使用了营养强化剂的预包装食品，除4.1的要求外，在营养成分表中还应标示强化后食品中该营养成分的含量值及其占营养素参考值（NRV）的百分比。

4.4 食品配料含有或生产过程中使用了氢化和（或）部分氢化油脂时，在营养成分表中还应标示出反式脂肪（酸）的含量。

4.5 上述未规定营养素参考值（NRV）的营养成分仅需标示含量。

5 可选择标示内容

5.1 除上述强制标示内容外，营养成分表中还可选择标示表1中的其他成分。

5.2 当某营养成分含量标示值符合表C.1的含量要求和限制性条件时，可对该成分进行含量声称，声称方式见表C.1。当某营养成分含量满足表C.3的要求和条件时，可对该成分进行比较声称，声称方式见表C.3。当某营养成分同时符合含量声称和比较声称的要求时，可以同时使用两种声称方式，或仅使用含量声称。含量声称和比较声称的同义语见表C.2和表C.4。

5.3 当某营养成分的含量标示值符合含量声称或比较声称的要求和条件时，可使用附录D中相应的一条或多条营养成分功能声称标准用语。不应对功能声称用语进行任何形式的删改、添加和合并。

6 营养成分的表达方式

6.1 预包装食品中能量和营养成分的含量应以每100克(g)和(或)每100毫升(mL)和(或)每份食品可食部中的具体数值来标示。当用份标示时，应标明每份食品的量。份的大小可根据食品的特点或推荐量规定。

6.2 营养成分表中强制标示和可选择性标示的营养成分的名称和顺序、标示单位、修约间隔、“0”界限值应符合表1的规定。当不标示某一营养成分时，依序上移。

6.3 当标示GB 14880和卫生部公告中允许强化的除表1外的其他营养成分时，其排列顺序应位于表1所列营养素之后。

表1 能量和营养成分名称、顺序、表达单位、修约间隔和“0”界限值

能量和营养成分的名称和顺序	表达单位[a]	修约间隔	“0”界限值(每100 g或100 mL)[b]
能量	千焦(kJ)	1	≤17
蛋白质	克(g)	0.1	≤0.5
脂肪	克(g)	0.1	≤0.5
饱和脂肪(酸)	克(g)	0.1	≤0.1
反式脂肪(酸)	克(g)	0.1	≤0.3
单不饱和脂肪(酸)	克(g)	0.1	≤0.1
多不饱和脂肪(酸)	克(g)	0.1	≤0.1
胆固醇	毫克(mg)	1	≤5
碳水化合物	克(g)	0.1	≤0.5
糖(乳糖[c])	克(g)	0.1	≤0.5
膳食纤维(或单体成分，或可溶性、不可溶性膳食纤维)	克(g)	0.1	≤0.5
钠	毫克(mg)	1	≤5
维生素A	微克视黄醇当量(μg RE)	1	≤8
维生素D	微克(μg)	0.1	≤0.1
维生素E	毫克α-生育酚当量(mg α-TE)	0.01	≤0.28
维生素K	微克(μg)	0.1	≤1.6
维生素B_1(硫胺素)	毫克(mg)	0.01	≤0.03
维生素B_2(核黄素)	毫克(mg)	0.01	≤0.03
维生素B_6	毫克(mg)	0.01	≤0.03
维生素B_{12}	微克(μg)	0.01	≤0.05
维生素C(抗坏血酸)	毫克(mg)	0.1	≤2.0
烟酸(烟酰胺)	毫克(mg)	0.01	≤0.28

续表1

能量和营养成分的名称和顺序	表达单位[a]	修约间隔	“0”界限值（每100 g或100 mL）[b]
叶酸	微克(μg)或微克叶酸当量(μg DFE)	1	≤8
泛酸	毫克(mg)	0.01	≤0.10
生物素	微克(μg)	0.1	≤0.6
胆碱	毫克(mg)	0.1	≤9.0
磷	毫克(mg)	1	≤14
钾	毫克(mg)	1	≤20
镁	毫克(mg)	1	≤6
钙	毫克(mg)	1	≤8
铁	毫克(mg)	0.1	≤0.3
锌	毫克(mg)	0.01	≤0.30
碘	微克(μg)	0.1	≤3.0
硒	微克(μg)	0.1	≤1.0
铜	毫克(mg)	0.01	≤0.03
氟	毫克(mg)	0.01	≤0.02
锰	毫克(mg)	0.01	≤0.06

[a] 营养成分的表达单位可选择表格中的中文或英文，也可以两者都使用。

[b] 当某营养成分含量数值≤“0”界限值时，其含量应标示为“0”；使用“份”的计量单位时，也要同时符合每100 g或100 mL的“0”界限值的规定。

[c] 在乳及乳制品的营养标签中可直接标示乳糖。

6.4 在产品保质期内，能量和营养成分含量的允许误差范围应符合表2的规定。

表2 能量和营养成分含量的允许误差范围

能量和营养成分	允许误差范围
食品的蛋白质，多不饱和及单不饱和脂肪(酸)，碳水化合物、糖(仅限乳糖)，总的、可溶性或不溶性膳食纤维及其单体，维生素(不包括维生素D、维生素A)，矿物质(不包括钠)，强化的其他营养成分	≥80%标示值
食品中的能量以及脂肪、饱和脂肪(酸)、反式脂肪(酸)，胆固醇，钠，糖(除外乳糖)	≤120%标示值
食品中的维生素A和维生素D	80%～180%标示值

7 豁免强制标示营养标签的预包装食品

下列预包装食品豁免强制标示营养标签：

——生鲜食品，如包装的生肉、生鱼、生蔬菜和水果、禽蛋等；

——乙醇含量≥0.5%的饮料酒类；

——包装总表面积≤100 cm^2或最大表面面积≤20 cm^2的食品；

——现制现售的食品；

——包装的饮用水；

——每日食用量≤10 g 或 10 mL 的预包装食品；

——其他法律法规标准规定可以不标示营养标签的预包装食品。

豁免强制标示营养标签的预包装食品，如果在其包装上出现任何营养信息时，应按照本标准执行。

附 录 A
食品标签营养素参考值(NRV)及其使用方法

A.1 食品标签营养素参考值(NRV)

规定的能量和 32 种营养成分参考数值如表 A.1 所示。

表 A.1 营养素参考值(NRV)

营养成分	NRV	营养成分	NRV
能量[a]	8 400 kJ	叶酸	400 μg DFE
蛋白质	60 g	泛酸	5 mg
脂肪	≤60 g	生物素	30 μg
饱和脂肪酸	≤20 g	胆碱	450 mg
胆固醇	≤300 mg	钙	800 mg
碳水化合物	300 g	磷	700 mg
膳食纤维	25 g	钾	2 000 mg
维生素 A	800 μg RE	钠	2 000 mg
维生素 D	5 μg	镁	300 mg
维生素 E	14 mg α-TE	铁	15 mg
维生素 K	80 μg	锌	15 mg
维生素 B_1	1.4 mg	碘	150 μg
维生素 B_2	1.4 mg	硒	50 μg
维生素 B_6	1.4 mg	铜	1.5 mg
维生素 B_{12}	2.4 μg	氟	1 mg
维生素 C	100 mg	锰	3 mg
烟酸	14 mg		

[a]能量相当于 2 000 kcal；蛋白质、脂肪、碳水化合物供能分别占总能量的 13%、27%与 60%。

A.2 使用目的和方式

用于比较和描述能量或营养成分含量的多少，使用营养声称和零数值的标示时，用作标准参考值。使用方式为营养成分含量占营养素参考值(NRV)的百分数;指定NRV% 的修约间隔为1,如1% 、5% 、16% 等。

A.3 计算

营养成分含量占营养素参考值(NRV)的百分数计算公式见式(A.1):

$$NRV = \frac{X}{NRV} \times 100\% \quad \cdots\cdots\cdots\cdots (A.1)$$

式中:

X—食品中某营养素的含量;

NRV—该营养素的营养素参考值。

附 录 B
营养标签格式

B.1 本附录规定了预包装食品营养标签的格式。

B.2 应选择以下6种格式中的一种进行营养标签的标示。

B.2.1 仅标示能量和核心营养素的格式

仅标示能量和核心营养素的营养标签见示例1。

示例1:

营养成分表

项目	每100克(g)或100毫升(mL)或每份	营养素参考值(%)或NRV(%)
能量	千焦(kJ)	%
蛋白质	克(g)	%
脂肪	克(g)	%
碳水化合物	克(g)	%
钠	毫克(mg)	%

B.2.2 标注更多营养成分

标注更多营养成分的营养标签见示例2。

示例2:

营养成分表

项目	每100克(g)或100毫升(mL)或每份	营养素参考值(%)或NRV(%)
能量	千焦(kJ)	%
蛋白质	克(g)	%
脂肪	克(g)	%
——饱和脂肪	克(g)	
胆固醇	毫克(mg)	%

续表

项目	每 100 克(g)或 100 毫升(mL)或每份	营养素参考值(%)或 NRV(%)
碳水化合物	克(g)	%
——糖	克(g)	
膳食纤维	克(g)	%
钠	毫克(mg)	%
维生素 A	微克视黄醇当量(μg RE)	%
钙	毫克(mg)	%

注:核心营养素应采取适当形式使其醒目。

B.2.3 附有外文的格式

附有外文的营养标签见示例 3。

示例 3:

营养成分表 nutrition information

项目/Items	每 100 克(g)或 100 毫升(mL)或每份 per 100 g/100 mL or per serving	营养素参考值(%)/NRV(%)
能量/energy	千焦(kJ)	%
蛋白质/protein	克(g)	%
脂肪/fat	克(g)	%
碳水化合物/carbohydrate	克(g)	%
钠/sodium	毫克(mg)	%

B.2.4 横排格式

横排格式的营养标签见示例 4。

示例 4:

营养成分表

项目	每 100 克(g)/ 毫升(mL)或每份	营养素参考值(%) 或 NRV(%)	项目	每 100 克(g)/ 毫升(mL)或每份	营养素参考值(%) 或 NRV(%)
能量	千焦(kJ)	%	蛋白质	克(g)	%
碳水化合物	克(g)	%	脂肪	克(g)	%
钠	毫克(g)	%	—	—	%

注:根据包装特点,可将营养成分从左到右横向排开,分为两列或两列以上进行标示。

B.2.5 文字格式

包装的总面积小于 100 cm^2 的食品,如进行营养成分标示,允许用非表格的形式,并可省略营养素参考值(NRV)的标示。根据包装特点,营养成分从左到右横向排开,或者自上而下排开,如示例 5。

示例 5:

营养成分/100 g :能量××kJ,蛋白质××g,脂肪××g,碳水化合物××g,钠××mg。

B.2.6 附有营养声称和(或)营养成分功能声称的格式

附有营养声称和(或)营养成分功能声称的营养标签见示例6。

示例6：

营养成分表

项目	每100克(g)或100毫升(mL)或每份	营养素参考值(%)或NRV(%)
能量	千焦(kJ)	%
蛋白质	克(g)	%
脂肪	克(g)	%
碳水化合物	克(g)	%
钠	毫克(mg)	%

营养声称如：低脂肪××。

营养成分功能声称如：每日膳食中脂肪提供的能量比例不宜超过总能量的30%。营养声称、营养成分功能声称可以在标签的任意位置。但其字号不得大于食品名称和商标。

附　录　C

能量和营养成分含量声称和比较声称的要求、条件和同义语

C.1 表C.1规定了预包装食品能量和营养成分含量声称的要求和条件。

C.2 表C.2规定了预包装食品能量和营养成分含量声称的同义语。

C.3 表C.3规定了预包装食品能量和营养成分比较声称的要求和条件。

C.4 表C.4规定了预包装食品能量和营养成分比较声称的同义语。

表C.1 能量和营养成分含量声称的要求和条件

项目	含量声称方式	含量要求[a]	限制性条件
能量	无能量	≤17 kJ/100 g (固体)或100 mL (液体)	其中脂肪提供的能量≤总能量的50%。
	低能量	≤170 kJ/100 g 固体 ≤80 kJ/100 mL 液体	
蛋白质	低蛋白质	来自蛋白质的能量≤总能量的5%	总能量指每100 g/mL或每份
	蛋白质来源，或含有蛋白质	每100 g的含量≥10% NRV 每100 mL的含量≥5% NRV或者 每420 kJ的含量≥5% NRV	
	高，或富含蛋白质	每100 g的含量≥20% NRV 每100 mL的含量≥10% NRV或者 每420 kJ的含量≥10% NRV	

续表 C.1

项目	含量声称方式	含量要求[a]	限制性条件
脂肪	无或不含脂肪	≤0.5 g/100 g（固体）或 100 mL（液体）	
	低脂肪	≤3 g/100 g 固体；≤1.5 g/100 mL 液体	
	瘦	脂肪含量≤10%	仅指畜肉类和禽肉类
	脱脂	液态奶和酸奶：脂肪含量≤0.5%； 乳粉：脂肪含量≤1.5%	仅指乳品类
	无或不含饱和脂肪	≤0.1 g/100 g（固体）或 100 mL（液体）	指饱和脂肪及反式脂肪的总和
	低饱和脂肪	≤1.5 g/100 g 固体 ≤0.75 g/100 mL 液体	1. 指饱和脂肪及反式脂肪的总和； 2. 其提供的能量占食品总能量的10%以下
	无或不含反式脂肪酸	≤0.3 g/100 g（固体）或 100 mL（液体）	
胆固醇	无或不含胆固醇	≤5 mg/100 g（固体）或 100 mL（液体）	应同时符合低饱和脂肪的声称含量要求和限制性条件
	低胆固醇	≤20 m g/100 g 固体 ≤10 mg/100 mL 液体	
碳水化合物（糖）	无或不含糖	≤0.5 g/100 g（固体）或 100 mL（液体）	
	低糖	≤5 g/100 g（固体）或 100 mL（液体）	
	低乳糖	乳糖含量≤2 g/100 g（mL）	仅指乳品类
	无乳糖	乳糖含量≤0.5 g/100 g（mL）	
膳食纤维	膳食纤维来源或含有膳食纤维	≥3 g/100 g（固体） ≥1.5 g/100 mL（液体）或 ≥1.5 g/420 kJ	膳食纤维总量符合其含量要求；或者可溶性膳食纤维、不溶性膳食纤维或单体成分任一项符合含量要求
	高或富含膳食纤维或良好来源	≥6 g/100 g（固体） ≥3 g/100 mL（液体）或 ≥3 g/420 kJ	
钠	无或不含钠	≤5 mg/100 g 或 100 mL	符合“钠”声称的声称时，也可用“盐”字代替“钠”字，如“低盐”、“减少盐”等
	极低钠	≤40 mg/100 g 或 100 mL	
	低钠	≤120 mg/100 g 或 100 mL	
维生素	维生素× 来源或含有维生素×	每 100 g 中≥15% NRV 每 100 mL 中≥7.5% NRV 或 每 420 kJ 中≥5% NRV	含有“多种维生素”指 3 种和（或）3 种以上维生素含量符合“含有”的声称要求
	高或富含维生素×	每 100 g 中≥30% NRV 每 100 mL 中≥15% NRV 或 每 420 kJ 中≥10% NRV	富含“多种维生素”指 3 种和（或）3 种以上维生素含量符合“富含”的声称要求

续表 C.1

项目	含量声称方式	含量要求[a]	限制性条件
矿物质（不包括钠）	×来源，或含有×	每100 g中≥15% NRV 每100 mL中≥7.5% NRV或 每420 kJ中≥5% NRV	含有“多种矿物质”指3种和（或）3种以上矿物质含量符合“含有”的声称要求
	高，或富含×	每100 g中≥30% NRV 每100 mL中≥15% NRV或 每420 kJ中≥10% NRV	富含“多种矿物质”指3种和（或）3种以上矿物质含量符合“富含”的声称要求

[a]用“份”作为食品计量单位时，也应符合100 g(mL)的含量要求才可以进行声称。

表C.2 含量声称的同义语

标准语	同义语	标准语	同义语
不含，无	零(0)，没有，100%不含，无，0%	含有，来源	提供，含，有
极低	极少	富含，高	良好来源，含丰富××、丰富(的)××，提供高(含量)××
低	少、少油[a]		

[a]“少油”仅用于低脂肪的声称。

表C.3 能量和营养成分比较声称的要求和条件

比较声称方式	要求	条件
减少能量	与参考食品比较，能量值减少25%以上	参考食品（基准食品）应为消费者熟知、容易理解的同类或同一属类食品
增加或减少蛋白质	与参考食品比较，蛋白质含量增加或减少25%以上	
减少脂肪	与参考食品比较，脂肪含量减少25%以上	
减少胆固醇	与参考食品比较，胆固醇含量减少25%以上	
增加或减少碳水化合物	与参考食品比较，碳水化合物含量增加或减少25%以上	
减少糖	与参考食品比较，糖含量减少25%以上	
增加或减少膳食纤维	与参考食品比较，膳食纤维含量增加或减少25%以上	
减少钠	与参考食品比较，钠含量减少25%以上	
增加或减少矿物质(不包括钠)	与参考食品比较，矿物质含量增加或减少25%以上	
增加或减少维生素	与参考食品比较，维生素含量增加或减少25%以上	

表C.4 比较声称的同义语

标准语	同义语	标准语	同义语
增加	增加×%(×倍)	减少	减少×%(×倍)
	增、增×%(×倍)		减、减×%(×倍)
	加、加×%(×倍)		少、少×%(×倍)
	增高、增高(了)×%(×倍)		减低、减低×%(×倍)
	添加(了)×%(×倍)		降×%(×倍)
	多×%，提高×倍等		降低×%(×倍)等

附　录　D

能量和营养成分功能声称标准用语

D.1　本附录规定了能量和营养成分功能声称标准用语。

D.2　能量

人体需要能量来维持生命活动。

机体的生长发育和一切活动都需要能量。

适当的能量可以保持良好的健康状况。

能量摄入过高、缺少运动与超重和肥胖有关。

D.3　蛋白质

蛋白质是人体的主要构成物质并提供多种氨基酸。

蛋白质是人体生命活动中必需的重要物质，有助于组织的形成和生长。

蛋白质有助于构成或修复人体组织。

蛋白质有助于组织的形成和生长。

蛋白质是组织形成和生长的主要营养素。

D.4　脂肪

脂肪提供高能量。

每日膳食中脂肪提供的能量比例不宜超过总能量的30%。

脂肪是人体的重要组成成分。

脂肪可辅助脂溶性维生素的吸收。

脂肪提供人体必需脂肪酸。

D.4.1　饱和脂肪

饱和脂肪可促进食品中胆固醇的吸收。

饱和脂肪摄入过多有害健康。

过多摄入饱和脂肪可使胆固醇增高，摄入量应少于每日总能量的10%。

D.4.2　反式脂肪酸

每天摄入反式脂肪酸不应超过2.2 g，过多摄入有害健康。

反式脂肪酸摄入量应少于每日总能量的1%，过多摄入有害健康。

过多摄入反式脂肪酸可使血液胆固醇增高，从而增加心血管疾病发生的风险。

D.5　胆固醇

成人一日膳食中胆固醇摄入总量不宜超过300 mg。

D.6　碳水化合物

碳水化合物是人类生存的基本物质和能量主要来源。

碳水化合物是人类能量的主要来源。

碳水化合物是血糖生成的主要来源。

膳食中碳水化合物应占能量的60% 左右。

D.7 膳食纤维

膳食纤维有助于维持正常的肠道功能。

膳食纤维是低能量物质。

D.8 钠

钠能调节机体水分,维持酸碱平衡。

成人每日食盐的摄入量不超过6 g。

钠摄入过高有害健康。

D.9 维生素A

维生素A有助于维持暗视力。

维生素A有助于维持皮肤和黏膜健康。

D.10 维生素D

维生素D可促进钙的吸收。

维生素D有助于骨骼和牙齿的健康。

维生素D有助于骨骼形成。

D.11 维生素E

维生素E有抗氧化作用。

D.12 维生素 B_1

维生素 B_1 是能量代谢中不可缺少的成分。

维生素 B_1 有助于维持神经系统的正常生理功能。

D.13 维生素 B_2

维生素 B_2 有助于维持皮肤和黏膜健康。

维生素 B_2 是能量代谢中不可缺少的成分。

D.14 维生素 B_6

维生素 B_6 有助于蛋白质的代谢和利用。

D.15 维生素 B_{12}

维生素 B_{12} 有助于红细胞形成。

D.16 维生素C

维生素C有助于维持皮肤和黏膜健康。

维生素C有助于维持骨骼、牙龈的健康。

维生素C可以促进铁的吸收。

维生素C有抗氧化作用。

D.17 烟酸

烟酸有助于维持皮肤和黏膜健康。

烟酸是能量代谢中不可缺少的成分。

烟酸有助于维持神经系统的健康。

D.18 叶酸

叶酸有助于胎儿大脑和神经系统的正常发育。

叶酸有助于红细胞形成。

叶酸有助于胎儿正常发育。

D.19 泛酸

泛酸是能量代谢和组织形成的重要成分。

D.20 钙

钙是人体骨骼和牙齿的主要组成成分,许多生理功能也需要钙的参与。

钙是骨骼和牙齿的主要成分,并维持骨密度。

钙有助于骨骼和牙齿的发育。

钙有助于骨骼和牙齿更坚固。

D.21 镁

镁是能量代谢、组织形成和骨骼发育的重要成分。

D.22 铁

铁是血红细胞形成的重要成分。

铁是血红细胞形成的必需元素。

铁对血红蛋白的产生是必需的。

D.23 锌

锌是儿童生长发育的必需元素。

锌有助于改善食欲。

锌有助于皮肤健康。

D.24 碘

碘是甲状腺发挥正常功能的元素。

GB/T 19330—2008

地理标志产品　饶河(东北黑蜂)蜂蜜、蜂王浆、蜂胶、蜂花粉

(2008-08-28 发布,2008-12-01 实施)

1　范围

本标准规定了饶河(东北黑蜂)蜂蜜、蜂王浆、蜂胶、蜂花粉的术语和定义、地理标志产品保护范围、要求、试验方法、检验规则及标签、标志、包装、运输和贮存。

本标准适用于国家质量监督检验检疫行政主管部门根据《地理标志产品保护规定》批准保护的饶河东北黑蜂所采集、酿造、分泌的蜂蜜、蜂王浆、蜂胶、蜂花粉。

2　规范性引用文件

下列文件中的条款通过本标准的引用而成为本标准的条款。凡是注日期的引用文件,其随后所有的修改单(不包括勘误的内容)或修订版均不适用于本标准,然而,鼓励根据本标准达成协议的各方研究是否可使用这些文件的最新版本。凡是不注日期的引用文件,其最新版本适用于本标准。

GB/T 191　包装储运图示标志

GB 3095　环境空气质量标准

GB 3838　地表水环境质量标准

GB 7718　预包装食品标签通则

GB 9697　蜂王浆

GB 18796　蜂蜜

NY 5134　无公害食品蜂蜜

NY 5135　无公害食品蜂王浆与蜂王浆冻干粉

NY 5136　无公害食品蜂胶

NY 5137　无公害食品蜂花粉

3　术语和定义

下列术语和定义适用于本标准。

3.1　东北黑蜂 northeast-China black bee

在黑龙江省饶河地区特定的生态环境中,经过上百年的自然和人工选择而形成,具有典型的形态特征和生物学特性的我国优良地方蜂种。具有蜂王产卵力强、节省饲料、维持大群、性情温顺、采集力强、抗病抗逆性强等特点。

3.2　饶河东北黑蜂 Raohenortheast-China black bee

黑龙江省饶河县行政区域内所饲养的纯种东北黑蜂。

3.3　饶河(东北黑蜂)蜂蜜、蜂王浆、蜂胶、蜂花粉 Raohe (northeast-China black bee)

honey、royal jelly、propolis、bee pollen

在地理标志产品保护范围内，按本标准进行管理、生产所取得，其质量符合本标准要求的蜂蜜、蜂王浆、蜂胶、蜂花粉。

4 地理标志产品保护范围

饶河(东北黑蜂)蜂蜜、蜂王浆、蜂胶、蜂花粉产地保护范围限于国家质量监督检验检疫行政主管部门根据《地理标志产品保护规定》批准的范围，见附录A。

5 要求

5.1 自然环境

5.1.1 空气质量应符合GB 3095中环境空气质量一类要求。

5.1.2 水质应符合GB 3838中地表水环境质量一类标准要求。

5.2 蜂场

5.2.1 生产季节与村屯、垃圾场、普通农田和其他污染源的距离应达3 km以上。

5.2.2 场地应设有遮阴设施，应放置饲水器。

5.2.3 蜂场附近应有清洁水源。

5.3 蜜粉源植物

5.3.1 蜜粉源植物应以野生植物为主。

5.3.2 距蜂场3 km范围内应具备丰富的蜜粉源植物。

5.4 养蜂机具

5.4.1 所有养蜂机具、设备应采用无毒、无异味材料制成。

5.4.2 蜂箱不应涂刷油漆和其他容易产生污染的防腐剂。

5.5 蜂群饲养和一般管理要求

5.5.1 饲养技术 根据饶河东北黑蜂特性，以饶河传统养蜂法和现代养蜂技术相结合，进行饲养管理。饶河传统养蜂法为：8～25框卧式蜂箱，大盖起脊，方形巢脾，暖式布巢，实行自然王台，单王繁殖，适度分蜂，定地饲养，强群采蜜。越冬饲料以自然蜜脾为主，定时采集蜂王浆、蜂胶、蜂花粉，窖内越冬。

5.5.2 人员

对蜂场工作人员每年至少进行一次健康检查。传染病患者不应从事蜜蜂饲养和蜂产品生产工作。

5.5.3 饲喂

应用蜂蜜和蜂花粉对蜂群进行饲喂。

5.5.4 蜂群

蜂群应健壮、无病，采蜜群的足框数应达到4万只以上。

5.5.5 蜂场记录

蜂场应备蜂群记录卡(蜂场日记)。包括蜂群数、活动日期、蜂王的更新、运输、蜂产品的收获量、气候变化、蜜源花期等。

5.6 春季管理

5.6.1 每年清明节前后，选择晴暖(8℃以上)无风的天气，将蜂群直接置于蜂场，对蜂群做全面检查，清除箱底死蜂、蜡渣、霉变物，保持箱体清洁。

5.6.2 防治蜂螨。

5.6.3 密集群势，保持强群繁殖。

5.6.4 根据气候特点进行箱内或箱外保温。

5.6.5 适时补饲或奖饲。

5.6.6 适时扩大蜂巢，加速蜂群繁殖。

5.7 夏季管理

5.7.1 定期全面检查，调整蜂群内卵、虫、蛹比例，加强通风，防止自然分蜂。

5.7.2 采取遮阴、洒水等措施为蜂群生产和繁殖创造适宜温湿度条件。

5.8 秋季管理

5.8.1 采取适当措施促进蜂群繁殖。

5.8.2 适时断子防治蜂螨。

5.8.3 留足越冬饲料。

5.9 越冬管理

5.9.1 室外越冬场所应清洁卫生、干燥、安静，越冬保温材料应无毒、无污染。

5.9.2 越冬室应清洁卫生，保持温度4℃左右、相对湿度70%～80%。

5.10 蜂场、蜂机具的卫生消毒

5.10.1 消毒剂

应选用下列消毒剂：钾皂和钠皂、石灰水、石灰、生石灰、次氯酸钠、苛性钠、苛性钾、双氧水、植物中的天然组分、柠檬酸、过氧乙酸、甲酸（蚁酸）、乳酸、草酸和醋酸、酒精、硫酸钠。

5.10.2 蜂场环境的卫生消毒

5.10.2.1 蜂场每周清理一次，蜂尸应及时焚烧。

5.10.2.2 蜂场每季度至少用石灰水喷洒消毒一次。

5.10.3 养蜂用具的卫生消毒

5.10.3.1 蜂箱、隔板、隔王栅、饲喂器、脱粉器

越冬后蜂箱应用酒精喷灯火焰灼烧消毒，以竹木为原材料的蜂具也可用此方法消毒，以塑料为原材料的蜂具应用0.2%的过氧乙酸消毒。

5.10.3.2 起刮刀、割蜜刀

起刮刀、割蜜刀应选用火焰灼烧或75%的酒精进行经常消毒。

5.10.3.3 蜂帚、工作服

经常用4%的碳酸钠水溶液清洗和日光曝晒。

5.10.4 巢脾的消毒与保管

5.10.4.1 巢脾的消毒

选用0.1%的次氯酸钠或0.2%的过氧乙酸水溶液浸泡12 h以上对巢脾进行消毒。消毒后的巢脾要用清水漂洗晾干。

5.10.4.2 巢脾保管

储存前应用96%～98%的冰醋酸按每箱体20～30 mL密闭熏蒸，保存巢脾的仓库应清洁卫生、阴凉、干燥、通风、防鼠。

5.11 蜜蜂病敌害的防治

5.11.1 常年饲养强群和保持蜂机具卫生。

5.11.2 及时隔离治疗患病的蜂群。

5.11.3 应采用无毒中草药和生物防治。治螨在春秋两季，应选用甲酸、醋酸、草酸、麝香草酚、桉油精、樟脑、硫黄。产品生产期前两个月停止一切用药。

5.12 生产要求

5.12.1 蜂蜜生产

5.12.1.1 取蜜场所应清洁卫生。

5.12.1.2 商品蜜生产前，应取出生产群中的饲料蜜。

5.12.2 蜂王浆生产

按照 GB 9697 的要求执行。

5.12.3 蜂胶生产

蜂群治螨用药前应取出蜂胶集胶器，取集蜂箱内的存胶。

5.12.4 蜂花粉生产

5.12.4.1 安装脱粉器前，应洗净生产群蜂箱前壁和巢门板上的尘土。

5.12.4.2 刚采收的鲜花粉不应过多翻动。

5.12.4.3 脱出的花粉应采用适宜方法及时干燥处理，密封保存。

5.13 质量等级

蜂蜜质量等级分为一级品、二级品。

5.14 感官指标

5.14.1 蜂蜜感官指标见表 1。

表 1 蜂蜜感官指标

项目	要求
色泽	依品种不同，由水白色(几乎无色)至深色(暗褐色)
状态	常温下，呈透明或半透明的黏稠流体状；不含死蜂、幼虫、蜡屑及其他肉眼可见杂质，无发酵征状；允许结晶存在。
气味	有花的香气，单花种蜂蜜有该种蜜源植物花的香气。无酸味、酒味、异味
滋味	依品种不同，甜、甜润或甜腻，无异味。某些品种具有刺激味

5.14.2 蜂王浆感官指标见表 2。

表 2 蜂王浆感官指标

项目	要求
色泽	乳白、淡黄以及少量蜜源植物花粉色
状态	乳浆状，微黏有光泽感；无蜡屑等杂质；无气泡
气味	有本品特有香气，气味纯正，不得有发酵、发臭等异味
滋味	有酸涩带辛辣味，回味略甜，不得有异味
杂物	无幼虫、蜡屑等杂物，不得有外来异物

5.14.3 蜂胶感官指标见表3。

表3 蜂胶感官指标

项目	要求
状态	不透明的团块或碎片,在35℃以上逐渐变软,有黏性和可塑性
气味	有明显的芳香味
色泽	褐色、灰褐、暗绿、灰黑色等,有光泽
滋味	有明显的辛辣味

5.14.4 蜂花粉感官指标见表4。

表4 蜂花粉感官指标

项目	要求
色泽	橙黄、淡黄或黄绿色
状态	不规则的扁圆形颗粒,具有蜂花粉自然品质特征,无虫蛀,无霉变,不添加任何其他物质,杂质含量在1%以内
气味	具有花粉固有的香味,无异味
特殊要求	单一品种蜂花粉率≥85%

5.15 理化指标

5.15.1 蜂蜜的理化指标见表5。

表5 蜂蜜理化指标

项目	指标	
	一级品	二级品
水分/%	≤20	≤23
蔗糖/%	≤5	≤5
灰分/%	≤0.4	≤0.4
羟甲基糠醛/(mg/kg)	≤20	≤40
酸度(1 mol/L 氢氧化钠)/(mL/100 g)	≤4	≤4
淀粉酶值(1%淀粉溶液)/[mL/(g·h)]	≥8.3	≥8.0
果糖和葡萄糖含量/%	≥70	≥65

5.15.2 蜂王浆的理化指示见表6。

5.15.3 蜂胶的理化指标见表7。

5.15.4 蜂花粉的理化指标见表8。

5.16 卫生指标

5.16.1 蜂蜜的卫生指标见表9。

5.16.2 蜂王浆的卫生指标见表10。

表 6　蜂王浆理化指标

项目	指标
水分/(g/100 g)	65.0～69.0
蛋白质/(g/100 g)	≥11
酸度(1 mol/mL 氢氧化钠)/(mL/100 g)	30～53
灰分/(g/100 g)	≤1.5
总糖(以葡萄糖计)/(g/100 g)	≤15
淀粉	不得检出
10-羟基-2-癸烯酸/(g/100 g)	≥1.6

表 7　蜂胶的理化指标

项目	指标
总黄酮含量/(g/100 g)	≥8
氧化时间/s	≤22
75％乙醇提取物含量/(g/100 g)	≥55
蜂蜡和 75％乙醇不溶物含量/(g/10 g)	≤45

表 8　蜂花粉的理化指标

项目	指标
水分/(g/100 g)	≤10
蛋白质/(g/100 g)	≥15
灰分/(g/100 g)	≤4
杂质/(g/100 g)	≤1.0

表 9　蜂蜜卫生指标

项目	指标
菌落总数/(CFU/g)	≤1 000
大肠菌群/(MPN/100 g)	≤30
霉菌和酵母/(CFU/g)	≤200
致病菌	不得检出
铁(以 Fe 计)/(mg/kg)	≤20
锌(以 Zn 计)/(mg/kg)	≤25
铅(以 Pb 计)/(mg/kg)	≤1.0
四环素族/(mg/kg)	≤0.05
氟胺氰菊酯/(mg/kg)	≤0.05

表10　蜂王浆卫生指标

项目	指标
菌落总数/(CFU/g)	≤1 000
大肠菌群/(MPN/100 g)	≤90
霉菌(CFU/g)	≤50
酵母/(CFU/g)	≤50
致病菌(指肠道致病菌和致病性球菌)	不得检出
砷(以As计)/(mg/kg)	≤0.3
铅(以Pb计)/(mg/kg)	≤0.5

5.16.3　蜂胶的卫生指标见表11。

表11　蜂胶卫生指标

项目	指标
菌落总数/(CFU/g)	≤1 000
大肠菌群/(MPN/100 g)	≤30
霉菌和酵母菌/(CFU/g)	≤200
致病菌	不得检出
铅(以Pb计)/(mg/kg)	≤1.0
砷(以As计)/(mg/kg)	≤0.3
汞(以Hg计)/(mg/kg)	≤0.3
氟胺氰菊酯/(mg/kg)	≤0.05

5.16.4　蜂花粉的卫生指标见表12。

表12　蜂花粉卫生指标

项目	指标
菌落总数/(CFU/g)	≤1 000
大肠菌群/(MPN/100 g)	≤30
致病菌(指肠道致病菌和致病性球菌)	不得检出
霉菌总数/(CFU/g)	≤200
铅(以Pb计)/(mg/kg)	≤1.0

6　试验方法

6.1　感官指标

6.1.1　蜂蜜感官

按GB 18796规定执行。

6.1.2 蜂王浆感官指标

按 NY 5135 规定执行。

6.1.3 蜂胶感官指标

按 NY 5136 规定执行。

6.1.4 蜂花粉感官指标

按 NY 5137 规定执行。

6.2 理化指标

6.2.1 蜂蜜理化指标

水分、灰分、羟甲基糠醛、酸度、淀粉酶值、果糖和葡萄糖、蔗糖按 GB 18796 规定执行。

6.2.2 蜂王浆理化指标

水分、蛋白质、酸度、灰分、总糖、淀粉、10-羟基-2-癸烯酸按 NY 5135 规定执行。

6.2.3 蜂胶理化指标

总黄酮含量、氧化时间、75%乙醇提取物含量、蜂蜡和 75%乙醇不溶物含量按 NY 5136 规定执行。

6.2.4 蜂花粉理化指标

水分、蛋白质、灰分、杂质按 NY 5137 规定执行。

6.3 卫生指标

6.3.1 蜂蜜卫生指标

按 GB 18796 规定执行。

6.3.2 蜂王浆卫生指标

按 NY 5135 规定执行。

6.3.3 蜂胶卫生指标

按 NY 5136 规定执行。

6.3.4 蜂花粉卫生指标

按 NY 5137 规定执行。

7 检验规则

7.1 交收检验

产品交收前应经厂质检部门检验合格，并签发合格证后方可出厂。交收检验项目至少为感官指标、菌落总数、大肠菌群。

7.2 抽样方法

7.2.1 蜂蜜

按 NY 5134 规定执行。

7.2.2 蜂王浆

按 NY 5135 规定执行。

7.2.3 蜂胶

按 NY 5136 规定执行。

7.2.4 蜂花粉

按 NY 5137 规定执行。

7.3 判定规则

检验时出现不合格项，允许加倍抽样复检，如仍有不合格项即判该批产品为不合格。但微生物指标不得复检。

8 标签、标志、包装、运输和贮存

8.1 标签、标志

应符合 GB 7718、GB/T 191、GB 18796 的要求。

8.2 包装

8.2.1 蜂蜜应符合 GB 18796 的要求。

8.2.2 蜂王浆应符合 NY 5135 的要求。

8.2.3 蜂胶应符合 NY 5136 的要求。

8.2.4 蜂花粉应符合 NY 5137 的要求。

8.3 运输、贮存

8.3.1 蜂蜜应符合 GB 18796 的要求。

8.3.2 蜂王浆应符合 NY 5135 的要求。

8.3.3 蜂胶应符合 NY 5136 的要求。

8.3.4 蜂花粉应符合 NY 5137 的要求。

8.4 保质期

在规定贮存条件下，蜂蜜、蜂胶、蜂花粉保质期为 24 个月；蜂王浆应在 −18℃ 以下低温保存，保质期为 18 个月。

附 录 A
（规范性附录）

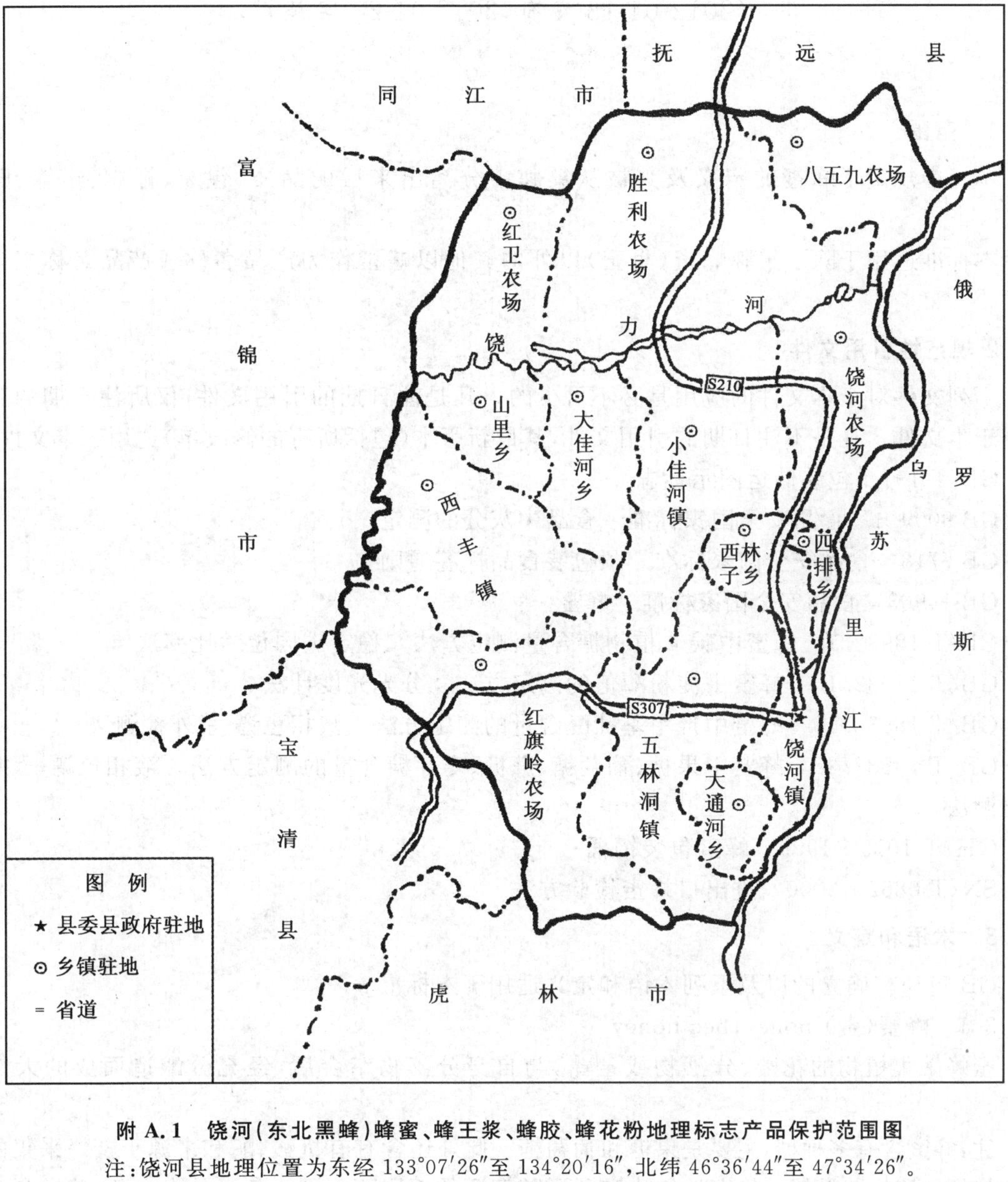

附 A.1 饶河（东北黑蜂）蜂蜜、蜂王浆、蜂胶、蜂花粉地理标志产品保护范围图

注：饶河县地理位置为东经 133°07′26″至 134°20′16″，北纬 46°36′44″至 47°34′26″。

GH/T 18796—2012
蜂蜜

（2012-04-18 发布，2012-04-20 实施）

1　范围

本标准规定了蜂蜜的定义及其被从巢脾中分离出来后的品质、包装、标志、运输、贮存要求。

本标准适用于除了巢脾蜂蜜（巢蜜）以外的其他以蜂蜜作为产品名称或产品名称主词的产品。

2 规范性引用文件

下列文件对于本文件的应用是必不可少的。凡是注日期的引用文件，仅所注日期的版本适用于本文件。凡是不注日期的引用文件，其最新版本（包括所有的修改单）适用于本文件。

GB/T 191　包装储运图示标志

GB 5009.4　食品安全国家标准　食品中灰分的测定

GB 7718　食品安全国家标准　预包装食品标签通则

GB 14963　食品安全国家标准　蜂蜜

GB/T 18932.1　蜂蜜中碳-4 植物糖含量测定方法　稳定碳同位素比率法

GB/T 18932.16　蜂蜜中淀粉酶值的测定方法　分光光度计法

GB/T 18932.18　蜂蜜中羟甲基糠醛含量的测定方法　液相色谱-紫外检测法

GB/T 18932.22　蜂蜜中果糖、葡萄糖、蔗糖、麦芽糖含量的测定方法　液相色谱-示差折光检测法

GH/T 1015—1999　蜂蜜包装钢桶

SN/T 0852—2000　进出口蜂蜜检验方法

3　术语和定义

GB 7718　确立的以及下列术语和定义适用于本标准。

3.1　蜂蜜（蜜） honey；bee honey

蜜蜂采集植物的花蜜、分泌物或蜜露，与自身分泌物结合后，经充分酿造而成的天然甜物质。

注：蜂蜜含有多种糖，主要是果糖和葡萄糖。此外还含有有机酸、酶和来源于蜜蜂采集的固体颗粒物如植物花粉等。蜂蜜的气味和色泽随蜜源的不同而不同。色泽是水白色、琥珀色或深色。蜂蜜在通常情况下呈黏稠流体状，贮存时间较长或温度较低时可形成部分或全部结晶。

3.2　（蜂蜜）酿造 make

（与蜜蜂分泌物结合后的）花蜜、植物分泌物或蜜露在巢脾内转化、脱水、贮存至成熟的过程。

3.3 单一花种蜂蜜(单一植物蜂蜜,单花种蜂蜜) unifloral honey,monofloral honey

蜜蜂主要采集一种蜜源植物的花蜜或分泌物酿造的蜂蜜。

3.4 多花种(混合)蜂蜜(多种植物(混合)蜂蜜,杂花蜂蜜,杂花蜜) multifloral honey

蜜蜂采集两种或两种以上蜜源植物的花蜜或分泌物酿造的蜂蜜,以及两种或两种以上单一植物蜂蜜的混合物。

3.5 蜜露(甘露) honeydew

吮吸植物汁液的昆虫排出的甜物质。

3.6 蜜露蜂蜜(甘露蜂蜜,蜜露蜜,甘露蜜) honeydew honey

蜜蜂采集蜜露,与自身分泌物结合后,经充分酿造而成的天然甜物质。

注:蜂蜜的一个品种。

4 要求

4.1 感官要求

4.1.1 色泽

依蜜源品种不同,由水白色(几乎无色)、白色、特浅琥珀色、浅琥珀色、琥珀色至深色(暗褐色)。常见单一花种蜂蜜的色泽见附录A。

4.1.2 气味

有蜜源植物的花的气味。单一花种蜂蜜有该种蜜源植物的花的气味。没有酸或酒的挥发性气味和其他异味。

4.1.3 滋味

依蜜源品种不同,甜、甜润或甜腻。某些品种有微苦、涩等刺激味道。常见单一花种蜂蜜的滋味见附录A。

注:甜润指感觉舒适的甜味感,甜腻指感觉过于甜的甜味感。

4.1.4 状态

a)常温下呈黏稠流体状,或部分及全部结晶;

b)不含蜜蜂肢体、幼虫、蜡屑及其他肉眼可见杂物;

c)没有发酵征状。

4.2 等级

依理化品质不同,分为一级品和二级品两个等级。

在合同条件下,可以对不符合一级品要求、但符合二级品要求的蜂蜜依据理化品质、感官特征差别细分出若干级差。但本条款仅限于在合同双方之间采用。

4.3 理化要求

理化要求见表1。

4.4 安全卫生要求

应符合GB 14963的规定。

4.5 真实性要求

4.5.1 蜂蜜中不得添加任何当前明确或不明确的添加物。

4.5.2 如果在蜂蜜中添加其他物质,不应以“蜂蜜”或“蜜”作为产品名称或名称主词。

4.5.3 碳-4植物糖含量采用GB/T 18932.1的方法试验时,试验结果X(蜂蜜中碳-4植物糖的百分含量)不得大于7。

表1 理化要求

项目	一级品	二级品
水分/% 荔枝蜂蜜、龙眼蜂蜜、柑橘蜂蜜、鹅掌柴蜂蜜、乌桕蜂蜜 其他	 ≤23 ≤20	 ≤26 ≤24
果糖和葡萄糖含量/%	≥60	
蔗糖/% 桉树蜂蜜、柑橘蜂蜜、紫花苜蓿蜂蜜、荔枝蜂蜜、野桂花蜂蜜 其他	 ≤10 ≤5	
酸度(1 mol/L 氢氧化钠)/(mL/kg)	≤40	
羟甲基糠醛/(mg/kg)	≤40	
淀粉酶活性(1%淀粉溶液)/[mL/(g·h)] 荔枝蜂蜜、龙眼蜂蜜、柑橘蜂蜜、鹅掌柴蜂蜜 其他	 ≥2 ≥4	
灰分/%	≤0.4	

4.6 产品名称要求

应选用下列名称之一：

a)符合本标准定义的产品方可称为“蜂蜜”或简称为“蜜”。

b)采用过滤工艺除去了花粉的蜂蜜应称为“过滤蜂蜜”。

c)可以在“蜂蜜”前加上表示色泽的形容词。

示例：白色蜂蜜。

d)如果蜂蜜主要产自一种植物或花，并具有此种蜂蜜的物理、化学和微观特性，可以在“蜂蜜”前加上这种植物或花的名称。

注：常见单一花种蜂蜜的产品名称见附录A。

示例：刺槐蜂蜜。

e)可以采用“液态蜂蜜”、“结晶蜂蜜”名称，表明物理状态。

f)按前款b)、c)、d)、e)组合方式命名。

g)如果蜂蜜是一种蜜蜂酿造，可以在产品名称前加上这种蜜蜂的名称，写在括号内。

示例：(东北黑蜂)蜂蜜。

h)本标准第3.1、3.3、3.4和3.6条术语可以作为产品名称。

4.7 特殊限制要求

不应使用化学或生化处理方法改变蜂蜜的结晶变化。

加热处理时温度不能过高，防止蜂蜜基本成分发生变化，造成质量损害。

5 试验方法

5.1 总则

本章规定的试验方法是仲裁采用的方法。本标准5.9规定了两个等效的方法。

5.2　试样制备

试验方法标准有规定的，按标准规定制备。没有规定的，按 SN/T 0852—2000 中 3.1 制备。

5.3　水分

采用 SN/T 0852—2000 中 3.4 规定的方法。

5.4　果糖和葡萄糖、蔗糖

采用 GB/T 18932.22 规定的方法。

5.5　灰分

采用 GB 5009.4 规定的方法。

5.6　真实性要求

采用 GB/T 18932.1 规定的方法。

5.7　酸度

采用 SN/T 0852—2000 中 3.5 规定的方法。试验结果换算成以（1 mol/L 氢氧化钠）mL/kg 为单位。

5.8　羟甲基糠醛

采用 GB/T 18932.18 规定的方法。

5.9　淀粉酶活性

采用 GB/T 18932.16 规定的方法。

也可采用 SN/T 0852—2000 中 3.6 规定的方法。该方法中 3.6.2.1.5“准确称取适量淀粉（相当于干态 1 g）于 250 mL 高型烧杯中……”改为“准确称取适量淀粉（相当于干态 2 g）于 250 mL 高型烧杯中”，其他规定不变。

5.10　色泽

采用 SN/T 0852—2000 中 3.2 规定的方法。

6　包装

6.1　非零售包装

6.1.1　非零售包装的包装钢桶应符合 GH/T 1015—1999 要求。投入使用的这种包装钢桶其桶龄自出厂日期起，不得超过 5 年。

也可使用其他带盖的食品包装容器。

不应使用镀锌桶或盛装过药品、燃料油、食用油或其他化工产品的包装容器。

6.1.2　包装容器在使用前应清洗干净，并吹干或晾干。

6.1.3　包装场地应清洁卫生，并远离污染源。

6.1.4　灌装人员在操作前应洗手消毒，并穿戴洁净的工作衣帽。

6.1.5　容器内应保留适当空隙，防止蜂蜜受热溢出。灌装后应立即盖好桶盖。

6.2　预包装

6.2.1　接触蜂蜜的包装容器和材料应符合国家食品安全卫生要求。

6.2.2　包装应严密。应采取可靠的方式，使其他人员能够识别该容器在包装后是否曾被开启。

7　标志

7.1　非零售包装的标志

在包装上应标明产品名称、生产日期或批号、生产者(加工者或包装者)的名称和地址。

7.2　预包装的标签

7.2.1　应符合 GB 7718 要求。

7.2.2　产品名称应符合本标准 4.6 的要求。

7.2.3　非零售包装产品的标签应按照 GB 7718 中 4.1 项下的相应要求标示产品名称、规格、净含量、生产日期、保质期和贮存条件，其他内容如未在标签上标注，则应在说明书或合同中注明。图示标志应符合 GB/T 191 标准规定。

8　贮存

8.1　贮存场所应清洁卫生，防高温，防风雨，远离污染源。

8.2　不得与有毒、有害、有腐蚀性、有异味、易挥发的物品同场所贮存。

9　运输

9.1　运输工具应清洁卫生。

9.2　不得与有毒、有害、有腐蚀性、有异味、易挥发的货物混装运输。

9.3　防暴晒、防风雨。

附　录　A
(规范性附录)
常见单一花种蜂蜜的感官特性

表 A.1

产品名称	蜜源植物	色泽	气味/滋味	结晶状态
桉树蜂蜜	桃金娘科桉属大叶桉 *Eucalyptus robusta* Smith	琥珀色、深色	有桉醇味，甜，微涩	易结晶，结晶暗黄色，粒粗
	桃金娘科桉属隆缘桉 *Eucalyptus exserta* F. V. Muell.	琥珀色、深色	有桉醇味，甜，微酸	易结晶，结晶暗黄色，粒粗
	桃金娘科桉属柠檬桉 *Eucalyptus citriodora* Hook. f.	琥珀色、深色	有柠檬香味，甜，微涩	易结晶，结晶暗黄色，粒粗
白刺花蜂蜜	豆科白刺花 *Sophora viciifolia* Hance	浅琥珀色	清香，甜润	结晶乳白，细腻
草木樨蜂蜜	豆科黄香草木樨 *Melilotus officinalis* (L.) Desr.	浅琥珀色	清香，甜润	结晶乳白，细腻
	豆科白香草木樨 *Melilotus albus* Desr.	水白色、白色	清香，甜润	结晶乳白，细腻
刺槐蜂蜜 (洋槐蜂蜜)	豆科刺槐 *Robinia pseudoacacia* L.	水白色、白色	清香，甜润	不易结晶，偶有结晶乳白细腻
椴树蜂蜜	椴树科紫椴 *Tilia amurensis* Rupr.	特浅琥珀色	香味浓，甜润	易结晶，结晶乳白，细腻
	椴树科糠椴 *Titia mandschurica* Rupr. et Maxim.	特浅琥珀色	甜润	易结晶，结晶乳白，细腻

续表 A.1

产品名称	蜜源植物	色泽	气味/滋味	结晶状态
鹅掌柴蜂蜜(鸭脚木蜂蜜)	五加科鹅掌柴 *Schefflera octophylla* Harms.	浅琥珀色、琥珀色	甜,微苦	易结晶,结晶乳白,细腻
柑橘蜂蜜(柑桔蜂蜜)	芸香科柑橘 *Citrus reticulata* Blanco	浅琥珀色	香味浓,甜润	易结晶,结晶乳白细腻
胡枝子蜂蜜	豆科胡枝子 *Lespedeza bicolor* Turcz.	浅琥珀色	略香,甜润	易结晶,结晶乳白,细腻
荆条蜂蜜(荆花蜂蜜)	马鞭草科荆条 *Vitex negundo* var. *heterophylla* (Franch.) Rehd.	浅琥珀色	略香,甜润	易结晶,结晶乳白,细腻
老瓜头蜂蜜	萝摩科老瓜头 *Cynanchum romarovii* Al. Iljinski	浅琥珀色	有香味,甜腻	结晶乳白色
荔枝蜂蜜	无患子科荔枝 *Litchi chinensis* Sonn.	浅琥珀色	香味浓,甜润	易结晶,结晶乳白,粒细
柃属蜂蜜(野桂花蜂蜜)	山茶科柃属 *Eurya*	水白色、白色	清香,甜润	不易结晶,偶有结晶乳白细腻
龙眼蜂蜜	无患子科龙眼 *Dimocarpus longan* Lour.	琥珀色	有香味,甜润	不易结晶,偶有结晶琥珀色,颗粒略粗
密花香薷蜂蜜(野藿香蜂蜜)	唇形科密花香薷 *Elsholtzia densa* Benth.	浅琥珀色	有香味、甜	结晶粒细
棉花蜂蜜	锦葵科陆地棉 *Gossypium hirsutum* L.	浅琥珀色、琥珀色	无香味,甜	易结晶,结晶乳白,粒细、硬
	锦葵科海岛棉 *Gossypium barbadense* L.	浅琥珀色、琥珀色	无香味,甜	易结晶,结晶乳白,粒细、硬
枇杷蜂蜜	蔷薇科枇杷 *Friobotrya japonica* (Thunb.) Lindl.	浅琥珀色	有香味,甜润	结晶乳白,颗粒略粗
荞麦蜂蜜	蓼科荞麦 *Fagopyrum esculentum* Moench.	深琥珀色	有刺激味,甜腻	易结晶,结晶琥珀色,粒粗
乌桕蜂蜜	大戟科乌桕 *Sapium sebiferum* (L.) Roxb.	琥珀色	甜味略淡,微酸	易结晶,结晶暗黄,粒粗
	大戟科山乌桕 *Sapium discolor* (Champ.) Muell. Arg.	琥珀色	甜味略淡	易结晶,结晶微黄,粒粗
向日葵蜂蜜(葵花蜂蜜)	菊科向日葵 *Helianthus annuus* L.	浅琥珀色、琥珀色	有香味,甜润	易结晶,结晶微黄
野坝子蜂蜜	唇形科野坝子 *Elsholtzia rugulosa* Hemsl.	浅琥珀色,略带绿色	有香味,甜	极易结晶,结晶分粗细两种,细腻的质硬
野豌豆蜂蜜(苕子蜂蜜)	豆科广布野豌豆 *Vicia sativa* L.	浅琥珀色	清香,甜润	结晶细腻
	豆科长柔毛野豌豆 *Vicia villosa* Roth.	特浅琥珀色	清香,甜润	结晶细腻

续表 A.1

产品名称	蜜源植物	色泽	气味/滋味	结晶状态
油菜蜂蜜	十字花科油菜 *Brassica campestris* L.	琥珀色	甜,略有辛辣或草青味	极易结晶,结晶乳白、细腻
枣树蜂蜜 (枣花蜂蜜)	鼠李科枣 *Zizyphus jujuba* Mill. var. *inermis* (Bunge.) Rehd.	浅琥珀色、琥珀色、深色	甜腻	不易结晶
芝麻蜂蜜	胡麻科芝麻 *Sesamum orientale* L.	浅琥珀色、琥珀色	有香味,甜,略酸	结晶乳白色
紫花苜蓿蜂蜜	豆科紫花苜蓿 *Medicago sativa* L.	浅琥珀色	有香味,甜	易结晶,结晶乳白,粒粗
紫云英蜂蜜	豆科紫云英 *Astragalus sinius* L.	白色、特浅琥珀色	清香,甜腻	不易结晶,偶有结晶乳白、细腻

注:色泽的描述采用SN/T 0852—2000中3.2用词。依水分含量不同,色泽、气味和滋味略有差异。

GB/T 30764—2014
雄蜂蛹

（2014-06-09 发布，2014-10-27 实施）

1 范围

本标准规定了雄蜂蛹的术语和定义、要求、试验方法、包装、标志、贮存、运输。

本标准适用于西方蜜蜂（*Apis mellifera*）雄蜂蛹的生产和贸易。

2 规范性引用文件

下列文件对于本文件的应用是必不可少的。凡是注日期的引用文件，仅注日期的版本适用于本文件。凡是不注日期的引用文件，其最新版本（包括所有的修改单）适用于本文件。

GB/T 191 包装储运图示标志

GB 5009.3 食品安全国家标准 食品中水分的测定

GB 5009.4 食品安全国家标准 食品中灰分的测定

GB 5009.5 食品安全国家标准 食品中蛋白质的测定

GB/T 5009.6 食品中脂肪的测定

GB/T 5009.171 保健食品中超氧化物歧化酶（SOD）活性的测定

中华人民共和国药典（2010 年版）

3 术语和定义

下列术语和定义适用于本文件。

3.1 雄蜂蛹 drone pupae

蜂王在雄蜂房产下的未受精卵，经工蜂孵化哺育而生长发育成的蛹体。

3.2 雄蜂蛹生产 production of drone pupae

诱导蜂王在雄蜂房产下未受精卵，经工蜂孵化哺育而生长发育成为蛹体，并适时采收的过程。

4 要求

4.1 基本要求

应采集 19～21 日龄（自产卵之日算起）的蛹体，－18℃以下冷冻保存。

4.2 感官要求

雄蜂蛹的感官要求应符合表 1 的规定。

4.3 理化要求

雄蜂蛹的理化要求应符合表 2 的规定。

4.4 安全卫生要求

雄蜂蛹的安全卫生指标应符合相关标准要求。

表1 雄蜂蛹的感官要求

项目	要求
状态	蛹体饱满完整，头部正面呈圆形，参见附录A
色泽	蛹体呈乳白色至淡黄色，有光泽，眼部为浅红色至紫红色，无褐变，参见附录A
气味	有雄蜂蛹特有的气味，无异味
滋味	微腥，味甘，无异味
杂质	不应有肉眼可见的杂质

表2 雄蜂蛹的理化要求

项目	指标
水分/(g/100 g)	≤80
蛋白质/(g/100 g)	≥9
粗脂肪/(g/100 g)	3～7
超氧化物歧化酶(SOD)活性/(U/g)	≥1 000
灰分/(g/100 g)	≤1
pH	6～7

5 试验方法

5.1 取样方法

每批产品随机取样，取样过程应在洁净的环境下进行，取样总量不少于300 g，做微生物检验的样品单独留取100 g。制备好的样品应及时检验，留样应置于－18℃以下保存。

5.2 感官要求的检验

5.2.1 色泽、状态

在自然光线良好的条件下观察样品色泽、状态。

5.2.2 气味、滋味

取少量样品，嗅其气味是否有雄蜂蛹特有的气味；品尝其滋味。

5.3 理化要求的检验

5.3.1 水分

按GB 5009.3中第二法规定进行。

5.3.2 蛋白质

按GB 5009.5中第一法规定进行。

5.3.3 粗脂肪

按GB/T 5009.6中第一法规定进行。

5.3.4 超氧化物歧化酶(SOD)活性

按GB/T 5009.171中规定进行。

5.3.5 灰分

按GB 5009.4中规定进行。

5.3.6　pH

称取样品 1 g 研细，立刻加蒸馏水(新煮沸后放冷使用)9 mL 搅拌均匀，按此比例制成 10%乳液，余按《中华人民共和国药典》(2010 年版)pH 测定法规定进行。

6　包装、标志、贮存和运输

6.1　包装

内包装容器材料应符合食品安全卫生要求，封口严、牢固；外包装箱采用无毒无害的保温材料。

6.2　标志

产品包装上应标注或者附加标识标明品名、产地、重量、生产者或者销售者名称、生产日期等内容。

包装储运图示标志应符合 GB/T 191 的规定。

6.3　贮存

采收后应立即在－18℃以下贮存。

不得与有异味、有毒、有腐蚀性和可能产生污染的物品一起存放。

7　运输

应在 0℃以下运输，不得与有异味、有毒、有腐蚀性和可能产生污染的物品同装混运。

附　录　A
(资料性附录)

表 A.1　不同日龄雄蜂蛹外观图片及特征描述

日龄	头顶图片 (像素:610×640)	全身图片 (像素:1 630×1 780，放大倍数:1)	特征描述
17	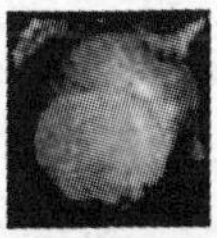	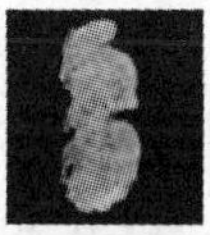	复眼呈乳白色，胸、腹部呈乳白色，触角呈乳白色，单眼不明显，身长约 1.7 cm，体重约 0.34 g。不适宜采收
18	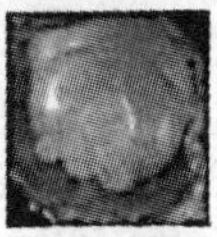		复眼呈极浅红色，胸、腹部呈乳白色，触角呈乳白色，单眼可见，身长约 1.7 cm，体重约 0.34 g。不适宜采收
19	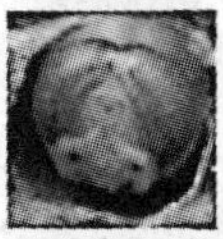		复眼呈浅红色或浅紫红色，胸、腹部呈乳白色，触角呈乳白色，单眼明显可见，身长约 1.7 cm，体重约 0.34 g。适宜采收
20			复眼呈紫红色，胸、腹部乳白色，触角呈乳白色，单眼呈紫红色，身长约 1.7 cm，体重约 0.34 g。适宜采收

续表 A.1

日龄	头顶图片 (像素:610×640)	全身图片 (像素:1 630×1 780, 放大倍数:1)	特征描述
21			复眼呈紫红色,胸、腹部淡黄色,触角呈淡黄色,单眼呈紫色,身长约 1.7 cm,体重约 0.34 g。适宜采收
22	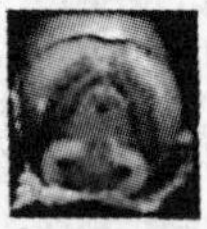		复眼呈紫蓝色,胸部呈黄色,腹部淡黄色,触角呈黄色,单眼呈紫蓝色,身长约 1.7 cm,体重约 0.34 g。不适宜采收
23	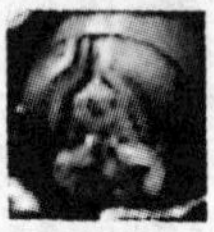		复眼呈蓝紫色,胸、腹部呈黄色,触角呈黄色,单眼呈蓝紫色,身长约 1.7 cm,体重约 0.33 g。不适宜采收
24	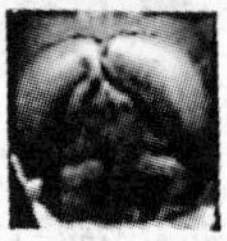	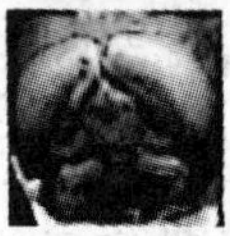	复眼呈蓝紫色,胸、腹部呈黄色,触角呈黄色,单眼呈蓝紫色,身长约 1.7 cm.体重约 0.32 g。不适宜采收

GB 16740—2014
食品安全国家标准　保健食品

（2014-12-24 发布，2015-05-24 实施）

1　范围

本标准适用于各类保健食品。

2　术语和定义

2.1　保健食品

声称并具有特定保健功能或者以补充维生素、矿物质为目的的食品。即适用于特定人群食用，具有调节机体功能，不以治疗疾病为目的，并且对人体不产生任何急性、亚急性或慢性危害的食品。

3　技术要求

3.1　原料和辅料

原料和辅料应符合相应食品标准和有关规定。

3.2　感官要求

感官要求应符合表 1 的规定。

表 1　感官要求

项目	要求	检验方法
色泽	内容物、包衣或囊皮具有该产品应有的色泽	取适量试样置于 50 mL 烧杯或白色瓷盘中，在自然光下观察色泽和状态。嗅其气味，用温开水漱口，品其滋味
滋味、气味	具有产品应有的滋味和气味，无异味	
状态	内容物具有产品应有的状态，无正常视力可见外来异物	

3.3　理化指标

理化指标应符合相应类属食品的食品安全国家标准的规定。

3.4　污染物限量

污染物限量应符合 GB 2762 中相应类属食品的规定，无相应类属食品的应符合表 2 的规定。

3.5　真菌毒素限量

真菌毒素限量应符合 GB 2761 中相应类属食品的规定和（或）有关规定。

3.6　微生物限量

微生物限量应符合 GB 29921 中相应类属食品和相应类属食品的食品安全国家标准的规定，无相应类属食品规定的应符合表 3 的规定。

表2 污染物限量

项目	指标	检验方法
铅[a](Pb)/(mg/kg)	2.0	GB 5009.12
总砷[b](As)/(mg/kg)	1.0	GB/T 5009.11
总汞[c](Hg)/(mg/kg)	0.3	GB/T 5009.17

[a] 袋泡茶剂的铅≤5.0mg/kg;液态产品的铅≤0.5 mg/kg;婴幼儿固态或半固态保健食品的铅≤0.3 mg/kg;婴幼儿液态保健食品的铅≤0.02 mg/kg。

[b] 液态产品的总砷≤0.3 mg/kg;婴幼儿保健食品的总砷≤0.3 mg/kg。

[c] 液态产品(婴幼儿保健食品除外)不测总汞;婴幼儿保健食品的总汞≤0.02 mg/kg。

表3 微生物限量

项目		采样方案[a]及限量		检验方法
		液态产品	固态或半固态产品	
菌落总数[b]/(CFU/g或mL)	≤	10^3	3×10^4	GB 4789.2
大肠菌群/(MPN/g或mL)	≤	0.43	0.92	GB 4789.3 MPN计数法
霉菌和酵母/(CFU/g或mL)	≤	50		GB 4789.15
金黄色葡萄球菌	≤	0/25g		GB 4789.10
沙门氏菌	≤	0/25 g		GB 4789.4

[a] 样品的采样及处理按GB 4789.1执行。

[b] 不适用于终产品含有活性菌种(好氧和兼性厌氧益生菌)的产品。

3.7 食品添加剂和营养强化剂

3.7.1 食品添加剂的使用应符合GB 2760的规定。

3.7.2 营养强化剂的使用应符合GB 14880和(或)有关规定。

4 其他

标签标识应符合有关规定。

农业行业标准

NY/T 1159—2013
中华蜜蜂种蜂王

（2013-05-20 发布，2013-08-01 实施）

1 范围

本标准规定了中华蜜蜂种蜂王的鉴定、分级和销售。

本标准适用于中华蜜蜂种蜂王。

2 术语和定义

下列术语和定义适用于本文件。

2.1 中华蜜蜂 *Apis cerana* in China

我国境内东方蜜蜂（*Apis cerana*）的通称。目前已知分布在除新疆以外的广大地区，主要分布在山区和半山区。

2.2 种蜂王 bred queen

优良性状能够稳定遗传，由受精卵发育而成的生殖器官发育完全的雌性蜜蜂。

2.3 囊状幼虫病 sacbrood

由蜜蜂囊状幼虫病毒（sacbrood virus）引起的蜜蜂幼虫病。

2.4 欧洲幼虫腐臭病 european foulbrood

由蜂房蜜蜂球菌（*Mmelissococcus pluton*）引起的蜜蜂幼虫病。

3 种蜂王鉴定

3.1 体长的测定

将初始产卵的种蜂王诱入指形管中，通入二氧化碳气体，待种蜂王麻醉后，用直尺测量体长。

3.2 初生体重的测定

将刚羽化出房的种蜂王用二氧化碳气体麻醉后，用扭力天平或电子天平称量体重。

3.3 产卵力的测定

用 4.4 cm×4.4 cm 的方格网进行测量，每一方格中约含 100 个巢房。统计种蜂王 24 h 产卵总和。

3.4 维持群势能力的测定

在蜂群群势最强时，用台秤称量单群成年蜜蜂的重量。

3.5 疫病的诊断

3.5.1 囊状幼虫病

3.5.1.1 囊状幼虫病的典型症状是蜜蜂幼虫在封盖后 3～4 d 不能化蛹，死亡，封盖被工蜂咬开，死亡幼虫头部上翘呈“尖头”状、无臭味，用镊子很容易从巢房中拉出，拉出的死亡幼虫体液下坠而呈囊状。

此时，可见虫体表皮完整，体内充满乳状液体。虫体失去光泽，开始呈灰白色，以后逐渐变黄灰色。

3.5.1.2　在蜂场，主要根据典型症状来诊断囊状幼虫病，最后确诊需对病理材料进行病毒学和血清学试验。蜂群诊断时，先观察蜂群活动情况，发现工蜂从箱内拖出病死幼虫或在巢门前地上看到病死幼虫，就要进一步开箱检查。打开箱盖，发现有插花子脾，并有囊状幼虫病的典型症状，就可以初步确诊。

3.5.2　欧洲幼虫腐臭病

3.5.2.1　欧洲幼虫腐臭病的典型症状是2～4日龄幼虫染病后，初呈苍白色、扁平，失去正常的饱满和光泽，后渐变成黄色乃至黑褐色，也有的未变色即腐烂，幼虫尸体呈溶解腐败，有酸臭气味，挑取腐烂虫体时不成丝状，无黏性。染病幼虫多在封盖前死亡。幼虫干枯后，贴于房底，易被清除。有时蜂群染病后，子脾上可出现空巢房和不同日龄子房相间的"插花子脾"。

3.5.2.2　微生物学检验：将疑似病虫置于干净的载玻片上，加一滴无菌水后用玻璃棒研成悬浮液，再加一滴10％苯胺黑染色液混匀，用另一载玻片的边缘将悬浮液推抹成薄涂片，干燥后置于显微镜下放大1 000倍以上观察，只要见到披针型、单个、短链状或成簇状排列的蜂房蜜蜂球菌，即可确诊为欧洲幼虫腐臭病。

4　种蜂王分级标准

4.1　健康的种蜂王评定用百分制记分，按得分总和确定等级。见表1、表2。

表1　长江以北地区中华蜜蜂种蜂王分级标准

项目	满分	范围	评分
体长	10	20 mm以上	10
		18～20 mm	5
体色	10	黑色或棕红色	10
		杂色	5
初生重	25	180 mg以上	25
		170～180 mg	20
		160～170 mg(不含)	10
产卵力（日产卵量）	25	900粒以上	25
		800～900粒	20
		700～800粒(不含)	15
		600～700粒(不含)	10
		600粒以下	0
维持群势能力	30	2 kg以上	30
		1.6～2.0 kg	20
		1.3～1.6 kg(不含)	10

表 2　长江以南地区中华蜜蜂种蜂王分级标准

项目	满分	子项目	评分
体长	10	18 mm 以上	10
		16～18 mm	5
体色	10	黑色或棕红色	10
		杂色	5
初生重	25	170 mg 以上	25
		160～170 mg	20
		150～160 mg(不含)	10
产卵力 (日产卵量)	25	800 粒以上	25
		700～800 粒	20
		600～700 粒(不含)	15
		500～600 粒(不含)	10
		500 粒以下	0
维持群势能力	30	1.5 kg 以上	30
		1.2～1.5 kg	20
		1.0～1.2 kg(不含)	10

4.2　得分 85～100 分为一级种蜂王;70～80 分为二级种蜂王;60～65 分为三级种蜂王;60 分以下不为种蜂王。

5　种蜂王销售

种蜂王在出售前应进行囊状幼虫病和欧洲幼虫腐臭病的检测,不得使用患病蜂群培育种蜂王,不得将患病蜂场的种蜂王出售。

NY/T 2364—2013
蜜蜂种质资源评价规范

(2013-05-20 发布,2013-08-01 实施)

1 范围

本标准规定了蜜蜂种质资源的评价指标和要求。

本标准适用于蜜蜂遗传资源的鉴定和培育的蜜蜂新品种、新品系、配套系的审定。

2 术语和定义

下列术语和定义适用于本文件。

2.1 蜜蜂种质资源 honeybee genetic resources

蜜蜂的品种、品系、配套系和遗传资源的统称。

2.2 蜜蜂新品种 honeybee new varieties

具有一定群体规模,由 2 个或 2 个以上地理亚种作育种素材,杂交、横交固定后,至少经过15 个世代的连续选育,育出的某些性状不同于育种素材,工蜂形态特征相对一致,遗传性比较一致和稳定,主要性状无明显差异,有适当命名的新类型蜜蜂。

2.3 蜜蜂新品系 honeybee new strains

具有一定群体规模,由 1 个地理亚种作育种素材,至少经过 10 个世代的连续选育,育出的某些性状不同于该育种素材的新类型,能够稳定遗传。

2.4 蜜蜂配套系 honeybee bred lines

近交系数在 0.5 以上并经配合力测定筛选出固定杂交模式的 2 个或 2 个以上的近交系。

2.5 蜜蜂遗传资源 honeybee genetic diversities

具有一定群体规模,初始蜂种来源及血统构成基本清楚,分布于某一特定的生态条件下。分布区域相对连续,与所在地自然生态环境、文化及历史渊源有较密切的联系,未与其他品种、品系杂交,形态特征相对一致,主要性状稳定。

3 评价指标

3.1 生物学特性

产育力、群势增长率、分蜂性、抗病力和抗逆性。

3.2 经济性状

采蜜力、采粉力、产浆力、采胶力、产蜡力和产毒力。

3.3 形态特征

3.3.1 工蜂

吻长、前翅长、前翅宽、肘脉指数、翅脉角角度、后翅钩数、第三背板长、第四背板长,后足股节长、后足胫节长、后足基跗节长、后足基跗节宽、第三腹板长、第三腹板蜡镜长、第三腹板蜡镜斜长、第三腹板蜡镜间距离、第四背板绒毛带宽度、第四背板绒毛带至背板后缘的宽度、第五背板覆毛长度、第六腹板长、第六腹板宽、第二背板色度、第三背板色度、第四背板色度、小盾片色度、上唇色度及唇基色度。

3.3.2 蜂王

体色、体长和初生重。

4 评价要求

4.1 生物学特性

与本蜜蜂品种、品系、配套系和遗传资源相关的生物学特性评价应至少连续开展 2 年，每年不少于 20 群。

4.2 经济性状

与本蜜蜂品种、品系和遗传资源相关的经济性状评价应至少连续开展 2 年，每年不少于 20 群；蜜蜂配套系在进行配合力测定时，各个杂交组合的蜂群数量应不少于 20 群。

4.3 形态特征

4.3.1 蜜蜂新品种、蜜蜂新品系

应至少测定本蜜蜂品种、蜜蜂品系的 2 个世代，每世代 20 群，每群不少于 15 只工蜂个体。

4.3.2 蜜蜂配套系

应至少测定各近交系的 2 个世代，每世代各 5 群，杂交一代 20 群，每群不少于 15 只工蜂个体。

4.3.3 蜜蜂遗传资源

应至少测定本遗传资源的 2 个世代，每世代 100 群，每群不少于 15 只工蜂个体。

5 蜜蜂新品种、新品系、配套系审定条件

5.1 基本条件

5.1.1 蜜蜂新品种、新品系、配套系和其他蜜蜂品种、品系和配套系相比有明显差异。

5.1.2 育种素材来源及血统构成基本清楚，有明确的育种方案，种蜂王档案、系谱、育王记录、形态特征、生物学特性和经济性状数据等技术资料齐全。

5.1.3 种蜂王交配应采用人工授精或者在隔离区内进行自然交尾，其隔离半径：山区至少 12 km，其他地区至少 16 km。

5.1.4 经中间试验，蜂产品产量或品质有明显提高，产育力和抗病力等方面有一项或者多项性状突出。

5.1.5 提供由具有法定资质的蜜蜂及其产品质量检测机构近 2 年出具的检测结果。

5.1.6 健康水平符合有关规定。

5.2 数量条件

5.2.1 蜜蜂新品种、新品系的种蜂群应有 100 群以上，中试种蜂王 3 000 只以上。

5.2.2 蜜蜂配套系至少由 2 个近交系组成，每个近交系应保持 10 群以上，中试杂交配套蜂群 3 000 群以上。

6 蜜蜂遗传资源鉴定条件

6.1 基本要求

提供遗传资源分布区示意图;分布区的经纬度、地形特征、海拔、气候特点、蜜源植物及其花期、主要敌害等生态环境资料。

6.2 数量要求

种群数量5 000群以上。

NY/T 752—2012
绿色食品　蜂产品

（2012-12-7 发布，2013-03-01 实施）

1　范围

本标准规定了绿色食品蜂产品的术语和定义、要求、检验规则、标志和标签、包装、运输和贮存。

本标准适用于绿色食品蜂蜜、蜂王浆（包括蜂王浆冻干粉）、蜂花粉；不适用于蜂胶、蜂蜡及其制品。

2　规范性引用文件

下列文件对于本文件的应用是必不可少的。凡是注日期的引用文件，仅注日期的版本适用于本文件。凡是不注日期的引用文件，其最新版本（包括所有的修改单）适用于本文件。

GB/T 191　包装储运图示标志

GB 4789.1　食品安全国家标准　食品微生物学检验　总则

GB 4789.2　食品安全国家标准　食品微生物学检验　菌落总数测定

GB 4789.3　食品安全国家标准　食品微生物学检验　大肠菌群计数

GB 4789.4　食品安全国家标准　食品微生物学检验　沙门氏菌检验

GB/T 4789.5　食品卫生微生物学检验　志贺氏菌检验

GB 4789.10　食品安全国家标准　食品微生物学检验　金黄色葡萄球菌检验

GB 4789.15　食品安全国家标准　食品微生物学检验　霉菌和酵母计数

GB 5009.3　食品安全国家标准　食品中水分的测定

GB 5009.4　食品安全国家标准　食品中灰分的测定

GB 5009.5　食品安全国家标准　食品中蛋白质的测定

GB/T 5009.11　食品中总砷及无机砷的测定

GB 5009.12　食品安全国家标准　食品中铅的测定

GB/T 5009.14　食品中锌的测定

GB/T 5009.15　食品中镉的测定

GB/T 5009.19　食品中有机氯农药多组分残留量的测定

GB 7718　食品安全国家标准　预包装食品标签通则

GB 9697　蜂王浆

GB 14963—2011　食品安全国家标准　蜂蜜

GB/T 18932.1　蜂蜜中碳-4 植物糖含量测定方法　稳定碳同位素比率法

GB/T 18932.3　蜂蜜中链霉素残留量的测定方法　液相色谱法

GB/T 18932.4　蜂蜜中土霉素、四环素、金霉素、强力霉素残留量的测定方法　液相色

谱-紫外检测法

GB/T 18932.5 蜂蜜中磺胺醋酰、磺胺吡啶、磺胺甲基嘧啶、磺胺甲氧哒嗪、磺胺对甲氧嘧啶、磺胺氯哒嗪、磺胺甲基异噁唑、磺胺二甲氧嘧啶残留量的测定方法 液相色谱法

GB/T 18932.10 蜂蜜中溴螨酯、4,4-二溴二苯甲酮残留量的测定方法 气相色谱/质谱法

GB/T 18932.16 蜂蜜中淀粉酶值的测定方法 分光光度法

GB/T 18932.18 蜂蜜中羟甲基糠醛含量的测定方法 液相色谱-紫外检测法

GB/T 18932.22 蜂蜜中果糖、葡萄糖、蔗糖、麦芽糖含量的测定方法 液相色谱-示差折光检测法

GB/T 18932.24 蜂蜜中呋喃它酮、呋喃西林、呋喃妥因和呋喃唑酮代谢物残留量的测定方法 液相色谱-串联质谱法

GB/T 21164 蜂王浆中链霉素、双氢链霉素残留量测定 液相色谱法

GB/T 21167 蜂王浆中硝基呋喃类代谢物残留量的测定 液相色谱-串联质谱法

GB/T 21169 蜂蜜中双甲脒及其代谢物残留量测定 液相色谱法

GB/T 21528 蜜蜂产品生产管理规范

GB/T 21532 蜂王浆冻干粉

GB/T 22947 蜂王浆中十八种磺胺类药物残留量的测定 液相色谱-串联质谱法

GB/T 23409 蜂王浆中土霉素、四环素、金霉素、强力霉素残留量的测定 液相色谱-质谱/质谱法

GB/T 23410 蜂蜜中硝基咪唑类药物及其代谢物残留量的测定 液相色谱-质谱/质谱法

GB/T 23869 花粉中总汞的测定方法

GH/T 1014 蜂花粉

JJF 1070 定量包装商品净含量计量检验规则

NY/T 391 绿色食品 产地环境技术条件

NY/T 393 绿色食品 农药使用准则

NY/T 472 绿色食品 兽药使用准则

NY/T 658 绿色食品 包装通用准则

NY/T 1055 绿色食品 产品检验规则

NY/T 1056 绿色食品 贮藏运输准则

SN/T 0852 进出口蜂蜜检验方法

SN/T 2063 进出口蜂王浆中氯霉素残留量的检测方法 液相色谱-串联质谱法

SN/T 2575 进出口蜂王浆中多种菊酯类农药残留量检测方法

农业部781号公告-7-2006 蜂蜜中氟氯苯氰菊酯残留量的测定 气相色谱法

农业部781号公告-9-2006 蜂蜜中氟胺氰菊酯残留量的测定 气相色谱法

农业部781号公告-10-2006 蜂蜜中氯霉素残留量的测定 气相色谱-质谱法(负化学源)

国家质量监督检验检疫总局令2005年第75号定量包装商品计量监督管理办法

中国绿色食品商标标志设计使用规范手册

3 术语和定义

GB 9697、GB/T 21532 和 GH/T 1014 界定的以及下列术语和定义适用于本文件。

3.1 蜂蜜 honey; bee honey

蜂蜜是由蜜蜂采集植物花蜜、植物生长部分的分泌物或在植物生长部分上抽吸植物的昆虫排泄物,将其收集、转化,并结合自身的特殊物质,贮藏并留在巢脾中直至成熟的甜味物质。

4 要求

4.1 原料产地环境

应符合 NY/T 391 的要求。

4.2 原料生产

应符合 NY/T 393、NY/T 472 的要求。

4.3 生产过程

应符合 GB/T 21528 的要求。

4.4 感官要求

4.4.1 蜂蜜

应符合表 1 的规定。

表 1 蜂蜜感官要求

项目	指标	检验方法
色泽	依蜜源品种不同,从水白色(近无色)至深琥珀色或深色	SN/T 0852
气味、滋味	具有蜜源植物的花的气味。单花种蜂蜜有该种蜜源植物的花的气味。无酸味、酒味等其他异味;口感甜润或甜腻。某些品种略有微苦、涩等刺激味	
状态	常温下呈黏稠流体状,或部分及全部结晶。无气泡	
杂质	不得含有蜜蜂肢体、幼虫、蜡屑及可见杂质(含蜡屑巢蜜除外)	

4.4.2 蜂王浆

应符合表 2 的规定。

表 2 蜂王浆感官要求

项目	指标	检验方法
色泽	乳白色、淡黄色或浅橙色,有光泽;冰冻状态有冰晶的光泽	GB 9697
气味、滋味	黏浆状态时,应有类似花蜜或花粉的香味和辛香味;气味纯正,不得有发酵、酸败气味;有明显的酸、涩、辛辣和甜味感,上颚和咽喉有刺激感;咽下或吐出后,咽喉刺激感仍会存留一些时间;冰冻状态时,初品尝有颗粒感,逐渐消失,并出现与黏浆状态同样的口感	
状态	常温或解冻后呈黏浆状,具有流动性	
杂质	不应有气泡及可见杂质	

4.4.3　蜂王浆冻干粉

应符合表3的规定。

表3　蜂王浆冻干粉感官要求

项目	指标	检验方法
色泽	乳白色或淡黄色	GB/T 21532
气味、滋味	有蜂王浆香气，气味纯正，不得有发酵、发臭等异味。有明显的酸、涩、辛辣味，回味略甜	
状态	粉末状	
杂质	无肉眼可见杂质	

4.4.4　蜂花粉

应符合表4的规定。

表4　蜂花粉感官要求

项目	指标	检验方法
色泽	单一品种蜂花粉应具有该品种蜂花粉特有的色泽	GH/T 1014
状态	不规则的扁圆形，无虫蛀，无霉变	
杂质	无肉眼可见杂质	

4.5　理化指标

4.5.1　蜂蜜

应符合表5的规定。

表5　蜂蜜理化指标

项 目	指 标	检验方法
水分/(g/100 g)		
荔枝蜂蜜、龙眼蜂蜜、柑橘蜂蜜、鹅掌柴蜂蜜、乌桕蜂蜜	≤23	SN/T 0852
其他蜂蜜	≤20	
果糖和葡萄糖/(g/100 g)	≥60	GB/T 18932.22
蔗糖/(g/100 g)		GB/T 18932.22
桉树蜜、柑橘蜜、枇杷蜜和紫苜蓿蜜	≤10	
其他蜂蜜	≤5	
酸度/(mL/100 g)	≤40	SN/T 0852
羟甲基糠醛(HMF)/(mg/kg)	≤40	GB/T 18932.18
淀粉酶活性/(mL/(g·h))		GB/T 18932.16
荔枝蜜、龙眼蜜、柑橘蜜、鹅掌柴蜜	≥2	
其他蜂蜜	≥4	
碳-4植物糖/(g/100 g)	≤7	GB/T 18932.1

4.5.2 蜂王浆及其冻干粉

应符合表 6 的规定。

表 6 蜂王浆及其冻干粉理化指标

项目	指标		检验方法
	蜂王浆	蜂王浆冻干粉	
10-羟基 2-癸烯酸/(g/100 g)	≥1.6	≥4.6	GB 9697
水分/(g/100 g)	≤67.5	≤3.0	
蛋白质/(g/100 g)	11～16	≥33	
总糖(以葡萄糖计)/(g/100 g)	≤15	≤45	
灰分/(g/100 g)	≤1.5	≤4.0	
酸度/(mL/100 g)	30～53	90～159	
淀粉	不得检出	不得检出	

4.5.3 蜂花粉

应符合表 7 的规定。

表 7 蜂花粉理化指标 g/100 g

项目	指标	检验方法
水分	≤6	GB 5009.3
蛋白质	≥15	GB 5009.5
灰分	≤4	GB 5009.4
杂质	≤0.4	GH/T 1014
单一品种蜂花粉率	≥85	GH/T 1014

4.6 污染物限量、农药残留限量和兽药残留限量

4.6.1 蜂蜜

污染物、农药残留和兽药残留限量应符合相关食品安全国家标准的规定，同时符合表 8 的规定。

表 8 蜂蜜中污染物、农药残留及兽药残留限量 μg/kg

项目	指标	检验方法
总砷(以 As 计)	≤200	GB/T 5009.11
铅(以 Pb 计)	≤200	GB 5009.12
镉(以 Cd 计)	≤100	GB/T 5009.15
氟胺氰菊酯(Fluvalinate)	≤50	农业部 781 号公告-9
氟氯苯氰菊酯(Flumetherine)	≤5	农业部 781 号公告-7

续表 8

项目	指标	检验方法
溴螨酯(Bromopropylate)	≤100	GB/T 18932.10
双甲脒(Amitraz)	不得检出[a]	GB/T 21169
硝基呋喃类(Nitrofurans)[以 3-氨基-2-噁唑烷基酮(AOZ),或 5-吗啉甲基-3-氨基-2-噁唑烷基酮(AMOZ),或 1-氨基-2-内酰脲(AHD),或氨基脲(SEM)计]	不得检出[b]	GB/T 18932.24
氯霉素(Chloramphenicol)	不得检出(<0.3)	农业部 781 号公告-10
硝基咪唑类(Nitroimidazoles)	不得检出[c]	GB/T 23410
磺胺类(Sulfonamides)	不得检出[d]	GB/T 18932.5
土霉素/金霉素/四环素(总量)(Oxytetracycline/Chlor-tetracycline/Tetracycline)	≤300	GB/T 18932.4
链霉素(Streptomycin)	≤20	GB/T 18932.3

[a] 双甲脒检出限为 10 μg/kg,双甲脒代谢物(2,4-二甲基苯胺)检出限为 20 μg/kg;

[b] 3-氨基-2-噁唑烷基酮(AOZ)、5-吗啉甲基-3-氨基-2-噁唑烷基酮(AMOZ)、1-氨基-2-内酰脲(AHD)和氨基脲(SEM)的检出限分别为 0.2 μg/kg、0.2 μg/kg、0.5 μg/kg、0.5 μg/kg;

[c] 甲硝唑(MNZ)及其代谢物 1-(2-羟乙基)-2-羟甲基-5-硝基咪唑(MNZOH)、二甲硝咪唑(DMZ)及其代谢物 2-羟甲基-1-甲基-5-硝基咪唑(HMMNI)、异丙硝唑(IPZ)及其代谢物 2-(2-羟异丙基)-1-甲基-5-硝基咪唑(IPZOH)、洛硝哒唑(RNZ)的检出限分别为 1.0 μg/kg、2.0 μg/kg、1.0 μg/kg、2.0 μg/kg、1.0 μg/kg、2.0 μg/kg、1.0 μg/kg;

[d] 磺胺醋酰、磺胺吡啶、磺胺甲基嘧啶、磺胺甲氧哒嗪、磺胺对甲氧嘧啶、磺胺氯哒嗪、磺胺甲基异噁唑、磺胺二甲氧嘧啶的检出限均为 10 μg/kg。

4.6.2 蜂王浆及蜂王浆冻干粉

污染物、农药残留和兽药残留限量应符合相关食品安全国家标准的规定,同时符合表 9 的规定。

表 9 蜂王浆及蜂王浆冻干粉中污染物、农药残留及兽药残留限量 μg/kg

项目	指标	检验方法
总砷(以 As 计)	≤200	GB/T 5009.11
铅(以 Pb 计)	≤200	GB 5009.12
氟胺氰菊酯(Fluvalinate)	≤20	SN/T 2575
硝基呋喃类(Nitrofurans)[以 3-氨基-2-噁唑烷基酮(AOZ),或 5-甲基吗啉-3-氨基-2-H 噁唑烷基酮(AMOZ),或 1-氨基-2-内酰脲(AHD),或氨基脲(SEM)计]	不得检出(<0.5)	GB/T 21167
氯霉素(Chloramphenicol)	不得检出(<0.3)	SN/T 2063
土霉素/金霉素/四环素(总量)(Oxytetracycline/Chlortetra-cycline/Tetracycline)	≤300	GB/T 23409
链霉素(Streptomycin)	≤20	GB/T 21164
磺胺类(Sulfonamides)	不得检出(<5.0)	GB/T 22947

4.6.3 蜂花粉

污染物、农药残留限量应符合相关食品安全国家标准的规定，同时符合表10的规定。

表10 蜂花粉中污染物和农药残留限量

μg/kg

项目	指标	检验方法
总砷(以As计)	≤200	GB/T 5009.11
铅(以Pb计)	≤500	GB 5009.12
汞(以Hg计)	≤15	GB/T 23869
六六六(HCH)	≤20	GB/T 5009.19
滴滴涕(DDT)	≤20	GB/T 5009.19

4.7 微生物限量

应符合表11至表14的规定。

表11 蜂蜜中微生物限量

项目	指标	检验方法
菌落总数/(CFU/g)	≤1 000	GB 4789.2
大肠菌群/(MPN/g)	≤0.3	GB 4789.3
霉菌计数/(CFU/g)	≤200	GB 4789.15
嗜渗酵母计数/(CFU/g)	≤200	GB 14963—2011 附录 A
沙门氏菌	0/25 g	GB 4789.4
志贺氏菌	0/25 g	GB/T 4789.5
金黄色葡萄球菌	0/25 g	GB 4789.10
样品的分析及处理按GB 4789.1的规定执行。		

表12 蜂王浆中微生物限量

项目	指标	检验方法
菌落总数/(CFU/g)	≤200	GB 4789.2
大肠菌群/(MPN/g)	≤0.3	GB 4789.3
霉菌和酵母计数/(CFU/g)	≤50	GB 4789.15
沙门氏菌	0/25 g	GB 4789.4
志贺氏菌	0/25 g	GB/T 4789.5
金黄色葡萄球菌	0/25 g	GB 4789.10
样品的分析及处理按GB 4789.1的规定执行。		

表 13 蜂王浆冻干粉中微生物限量

项目	指标	检验方法
菌落总数/(CFU/g)	≤1 000	GB 4789.2
大肠菌群/(MPN/g)	≤0.3	GB 4789.3
霉菌和酵母计数/(CFU/g)	≤50	GB 4789.15
沙门氏菌	0/25 g	GB 4789.4
志贺氏菌	0/25 g	GB/T 4789.5
金黄色葡萄球菌	0/25 g	GB 4789.10
样品的分析及处理按 GB 4789.1 的规定执行。		

表 14 蜂花粉中微生物限量

项目	指标	检验方法
菌落总数/(CFU/g)	≤1 000	GB 4789.2
大肠菌群/(MPN/g)	≤0.3	GB 4789.3
霉菌和酵母计数/(CFU/g)	≤50	GB 4789.15
沙门氏菌	0/25 g	GB 4789.4
志贺氏菌	0/25 g	GB/T 4789.5
金黄色葡萄球菌	0/25 g	GB 4789.10
样品的分析及处理按 GB 4789.1 的规定执行。		

4.8 净含量

应符合国家质量监督检验检疫总局令 2005 年第 75 号的规定，检验方法按 JJF 1070 的规定执行。

5 检验规则

申请绿色食品认证的产品应按照本标准 4.4～4.8 以及表 A.1 所确定的项目进行检验，其他要求应符合 NY/T 1055 的规定。

6 标志和标签

6.1 标志使用应符合《中国绿色食品商标标志设计使用规范手册》的规定。储运图示按 GB/T 191 的规定执行。

6.2 标签应符合 GB 7718 的规定。

7 包装、运输和贮存

7.1 包装应符合 NY/T 658 的规定。

7.2 运输和贮存应符合 NY/T 1056 的规定。

附　录 A
(规范性附录)
绿色食品蜂产品认证检验规定

A.1　表 A.1 规定了除 4.4～4.8 所列项目外,依据食品安全国家标准和绿色食品生产实际情况,绿色食品申报检验还应检验的项目。

表 A.1　依据食品安全国家标准绿色食品蜂产品认证检验必检项目

项目	指标	检验方法
锌(以 Zn 计)/(mg/kg)	≤25	GB/T 5009.14
仅适用于蜂蜜		

A.2　如蜂产品的食品安全国家标准及相关国家规定中上述项目和指标有调整,且严于本标准规定,则按最新国家标准及规定执行。

NY/T 1951—2010
蜜蜂幼虫腐臭病诊断技术规范

（2010-09-21 发布，2010-12-01 实施）

1 范围

本标准规定了蜜蜂美洲幼虫腐臭病及蜜蜂欧洲幼虫腐臭病的诊断方法。

本标准适用于蜜蜂美洲幼虫腐臭病及蜜蜂欧洲幼虫腐臭病的诊断和检疫。

2 蜜蜂美洲幼虫腐臭病诊断方法

2.1 原理

蜜蜂美洲幼虫腐臭病（Amcrican foulbrood disease）是由幼虫芽孢杆菌（*Paenibacillus larvae* Larvae White）引起蜜蜂幼虫和蛹的急性和毁灭性细菌性病害，主要侵害西方蜜蜂。

2.2 试剂、设备和材料

2.2.1 材料和试剂

2.2.1.1 无菌平皿。

2.2.1.2 载玻片。

2.2.1.3 试管（10 mL）。

2.2.1.4 微量移液器。

2.2.1.5 小离心管（1.5 mL）。

2.2.1.6 PCR 管（200 μL）。

2.2.1.7 胡萝卜酵母培养基。

2.2.1.8 马铃薯培养基。

2.2.1.9 酵母浸膏培养基。

2.2.1.10 牛肉膏琼脂平板。

2.2.1.11 5%孔雀绿水溶液。

2.2.1.12 0.5%沙黄水溶液。

2.2.1.13 碱性美蓝（又称骆氏美蓝）染色液。

2.2.1.14 2%石炭酸复红染液。

2.2.1.15 5%的醋酸。

2.2.1.16 无菌生理盐水。

2.2.1.17 无菌蒸馏水。

2.2.1.18 PCR 引物。

2.2.1.19 10×PCR 缓冲液。

2.2.1.20 dNTP。

2.2.1.21 0.8%琼脂糖凝胶。

2.2.1.22 TAE 电泳缓冲液(表 1)。

表 1 TAE 电泳缓冲液参数

缓冲液	使用液	浓贮存液(每升)
Tris-乙酸(TAE)	1×0.04 mol/L Tris-乙酸	50×242 g Tris 碱
	0.001 mol/L EDTA	57.1 mL 冰乙酸
		100 mL 0.5 mol/L EDTA(pH 8.0)

2.2.1.23 琼脂糖凝胶和凝胶加样缓冲液。

0.8%琼脂糖凝胶配置:2.4 g 琼脂糖,加入 200 mL TAE 电泳缓冲液,加热溶解后,用 TAE 电泳缓冲液定容至 300 mL,略冷后加入 15 μL 溴化乙锭(EB)溶液,混匀。

加样缓冲液配制见表 2。

表 2 加样缓冲液配置

0.25%溴酚蓝
40%(*W*/*V*)蔗糖水溶液

2.2.2 设备

2.2.2.1 普通光学显微镜。

2.2.2.2 恒温培养箱。

2.2.2.3 恒温水浴箱。

2.2.2.4 高速离心机。

2.2.2.5 PCR 仪(热循环仪)。

2.2.2.6 琼脂糖凝胶电泳仪。

2.2.2.7 紫外凝胶成像系统。

2.3 方法及判定

2.3.1 症状诊断法

幼虫的巢房盖变潮湿、下陷,颜色发暗并显油光,大部分穿孔;封盖幼虫死亡,死亡的蛹的喙常从腐烂虫尸前端穿出,形如伸出的舌状;若揭开房盖,用一根火柴杆插入虫体再拉出来,可拉出 2~3 cm 长的胶体状细丝。病死幼虫的尸体大约一个月后干枯成一片难以剥落的痂皮,贴在房壁上。

2.3.2 微生物学诊断法

2.3.2.1 取备检幼虫样品 1~2 只置于组织研磨器内,加 1~2 mL 灭菌生理盐水制成悬浮液。

2.3.2.2 将上述悬浮液(也可将悬浮液在 80℃水浴中 10 min,以杀死不形成芽孢的细菌再接种)接种于胡萝卜酵母琼脂(参见 A.1)平板培养基或马铃薯培养基(参见 A.2)、酵母浸膏(参见 A.3)培养基上。

置于恒温培养箱中,在 30~32℃条件下培养 24~48 h。

2.3.2.3 挑取单个可疑菌落，于上述培养条件下培养24～48 h。挑取纯培养后的菌落做涂片，进行孔雀绿、沙黄芽孢染色或石炭酸复红和碱性美蓝染色。

2.3.2.4 孔雀绿、沙黄芽孢染色法。将2.3.2.3制备的涂片经火焰固定后，加5%孔雀绿水溶液(参见B.1)于载玻片上，加热沸腾3～5 min，用蒸馏水冲洗后，加0.5%沙黄水溶液(参见B.2)复染1 min，蒸馏水冲洗，用滤纸吸干，在普通光学显微镜(1 000×)下检查。

结果判定：如发现镜下观察到的菌体呈蓝色，芽孢呈红色，即可初步判定非欧洲幼虫腐臭病病原引起的感染。但进一步诊断还需进行生化诊断法。

2.3.2.5 石炭酸复红和碱性美蓝染色法。将上述制备的涂片经火焰固定后，加稀释石炭酸复红液(参见B.3)于载玻片上，加热沸腾2～5 min，用蒸馏水冲洗后，用5%醋酸褪色，至淡红色为止(约10 s)，以骆氏美蓝液(参见B.4)复染0.5 min，用蒸馏水冲洗，吸干或烘干，在普通光学显微镜(1 000×)下检查。

结果判定：如发现镜下观察到的菌体呈蓝色，芽孢呈红色，即可初步判定非欧洲幼虫腐臭病病原引起的感染。但进一步诊断还需进行生化诊断法。

2.3.3 生化诊断法

美洲幼虫腐臭病芽孢杆菌能分解葡萄糖、半乳糖、果糖，产酸不产气，不分解乳糖、蔗糖、甘露醇、卫矛醇；不水解淀粉；不产生靛基质，缓慢液化明胶，还原硝酸盐为亚硝酸盐。

2.3.4 牛乳诊断法

取新鲜牛奶2～3 mL置试管中，同时加入被检的样品或经纯化的菌落少许，充分混匀；置于恒温培养箱中，在30～32℃条件下培养1～2 h。

结果判定：若发现牛奶发生凝集，随后又发生水解的现象，为牛乳实验阳性。再结合症状和微生物学诊断，结果即可判定被检幼虫样品为美洲幼虫腐臭病。为进一步确诊，可参考PCR诊断法。

2.3.5 PCR诊断法

2.3.5.1 DNA模版制备

取两只被检的幼虫，置于小离心管中，加入1 mL无菌蒸馏水后充分混匀，制成悬浮液。取上述悬浮液100 μL，加入900 μL无菌蒸馏水稀释。混匀后，再取100 μL稀释的悬浮液，95℃水浴15 min，在5 000 r/min条件下离心5 min，即成为DNA模板，用于PCR反应。

也可先将被检幼虫制成悬浮液用胡萝卜酵母培养基进行分离培养，再将可疑菌落在上述培养基上进行纯培养，培养条件：37℃，3～4 d；利用显微镜1 500倍进行镜检。当观察到大量杆状细菌时，用1 mL灭菌水将菌苔悬浮，悬浮液浓度约为1.0×10^{7} CFU/mL，将菌液在1 000 g，离心5 min，将收集的菌液用灭菌纯水洗涤一次，再用100 μL灭菌纯水悬浮；将上述菌液进行水浴处理，95℃，15 min，在10 000 g，离心2 min，取10 μL上清液作为PCR反应的模板DNA。

2.3.5.2 PCR反应条件

50 μL PCR反应体系：50 pmol正向和反向引物(引物序列见表3)，4 μL脱氧核苷三磷酸混合物(各2.5 mmol/L)、5 μL的10×PCR Buffer(Mg^{2+} Plus)及1.5 U的Taq聚合酶。PCR反应条件见表4。

表 3 引物序列的信息

方向	序列	PCR 产物大小
正向	5′- CTT GTG TTT CTTT CGG GAG ACG CCA- 3′	1 106 bp
反向	5′- TCT TAG AGT GCC CAC CTC TGCG- 3′	

表 4 检测美洲幼虫腐臭病 PCR 反应条件

预变性	95℃	5 min
30 个循环	93℃	1 min
	55℃	30 s
	72℃	1 min
延伸	72℃	5 min

2.3.5.3 用 0.7%琼脂糖凝胶电泳及溴化乙锭染色初步测定 PCR 产物片段的大小取 PCR 反应后的样本 10 μL，浓度 0.8%的琼脂糖凝胶，见 2.2.1.23 和 2.2.1.24。电压 100 V，TAE 电泳缓冲液进行电泳检验，用紫外凝胶成像系统进行观察。

结果判定：在阴性对照无条带，阳性对照在 1 106 bp 有清晰条带时，如被测样品在 1 106 bp 有清晰条带(图 1)，则可判定样品为 PCR 阳性。

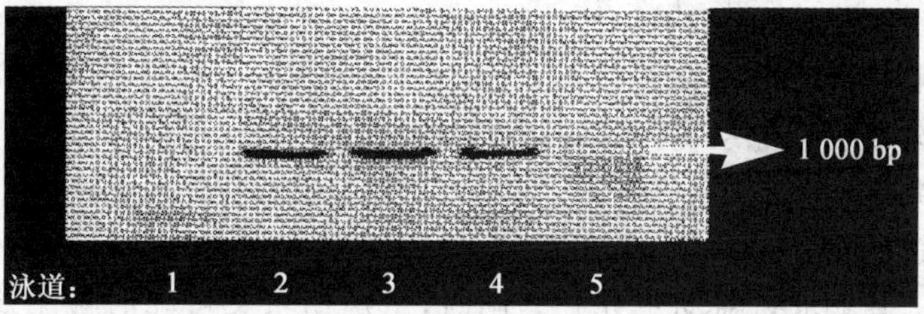

图 1 检测样品 PCR 产物电泳结果

泳道 1：空白对照 泳道 2：检测样品 1 泳道 3：检测样品 2

泳道 4：阳性对照 泳道 5：100 bp ladder Marker

3 欧洲幼虫腐臭病诊断方法

3.1 原理

蜜蜂欧洲幼虫腐臭病(European foulbrood disease)是由蜂房蜜蜂球菌(*Melissococcus pluton*)引起的蜜蜂幼虫的一种细菌性传染病，主要侵害东方蜜蜂。

3.2 试剂、设备和材料

3.2.1 试剂和材料

3.2.1.1 无菌平皿。

3.2.1.2 载玻片。

3.2.1.3 试管(10 mL)。

3.2.1.4 微量移液器。

3.2.1.5 小离心管(1.5 mL)。

3.2.1.6 PCR管(200 μL)。

3.2.1.7 2%石炭酸复红溶液。碱性复红4 g,溶于95%乙醇100 mL中,再取此液10 mL,加入5%石炭酸水溶液90 mL,混匀即成。

3.2.1.8 无菌生理盐水。

3.2.1.9 牛肉膏琼脂平板。

3.2.1.10 无菌蒸馏水。

3.2.1.11 PCR引物。

3.2.1.12 Taq聚合酶。

3.2.1.13 10×PCR缓冲液。

3.2.1.14 dNTP。

3.2.1.15 0.8%琼脂糖凝胶。

3.2.1.16 TAE电泳缓冲液,见2.2.1.23。

3.2.1.17 凝胶加样缓冲液,见2.2.1.24。

3.2.2 设备

3.2.2.1 普通光学显微镜。

3.2.2.2 CO_2培养箱。

3.2.2.3 恒温水浴箱。

3.2.2.4 高速离心机。

3.2.2.5 PCR仪(热循环仪)。

3.2.2.6 琼脂糖凝胶电泳仪。

3.2.2.7 紫外凝胶成像系统。

3.3 方法与判定

3.3.1 症状诊断

该病通常使2~4 d未封盖幼虫死亡。同时,患病幼虫又可随时被工蜂清除,形成卵、幼虫、空房相间的"插花子脾"。临床上,发现死亡幼虫呈黄白或暗褐色,并有酸臭气味,无黏性,未腐烂幼虫可透过表皮清晰见到皮下气管系统,即可疑为欧洲幼虫腐臭病。

3.3.2 微生物学诊断法

3.3.2.1 取备检幼虫样品1~2只置于组织研磨器内,加1~2 mL灭菌生理盐水涮成悬浮液。

3.3.2.2 用接种环取上述悬浮液,以划线法接种于牛肉膏琼脂平板(参见A.4),置于5% CO_2培养箱中,在35~37℃条件下24~48 h。

3.3.2.3 挑取单个可疑菌落,接种于牛肉膏琼脂平板,置于5% CO_2培养箱中,在35~37℃条件下纯培养24~48 h。

3.3.2.4 经过分离纯化的菌落,即可用接种环挑取菌落,放在干净的载玻片上,加1~2滴生理盐水,涂匀后风干或干燥。

3.3.2.5 用2%石炭酸复红溶液染色1.5~2 min,水洗,用滤纸吸干。在普通光学显微镜下(1 000×~1 500×)检查。

结果判定:发现0.5 μm×10 μm大小成单个或成串或头尾相接成对或成短链状或成簇状排列的短披针形球菌时,可初步判定样品受蜜蜂欧洲幼虫腐臭病病原感染。

3.3.3 PCR诊断法

3.3.3.1 DNA模板制备

取两只被检的幼虫，置于小离心管中，加入1 mL无菌蒸馏水后充分混匀，制成悬浮液。取上述悬浮液100 μL，加入900 μL无菌蒸馏水稀释。混匀后，再取100 μL稀释的悬浮液，95℃水浴15 min，在5 000 r/min条件下离心5 min，即成为DNA模版，用于PCR反应。

3.3.3.2 PCR反应条件

PCR反应引物根据蜂房蜜蜂球菌16 S rRNA基因片段设计，灵敏度高，特异性强。其序列如下：

MP16SF 5′- GAAGAGGAGTTAAAAGGCGC-3′

MP18SR 5′-TTATCTCAAGGCGTTCAAAGG-3′

50 μL PCR反应体系：5 μL 10×PCR缓冲液、1.25 U Taq聚合酶、两引物各50 pmol、200 μmol/L dNTP及1 μL制备的DNA模板（1 μL无菌蒸馏水做阴性对照，1 μL已知患病幼虫提取物为阳性对照）。PCR反应条件见表5。

表5 检测欧洲幼虫腐臭病PCR反应条件

预变性	95℃	5 min
30循环	94℃	30 s
	50℃	30 s
	72℃	2 min
延伸	72℃	5 min

3.3.3.3 取PCR反应后的样本10 μL，浓度0.8%的琼脂糖凝胶，电压100 V，TAE电泳缓冲液，进行检验，用紫外凝胶成像系统进行观察。

结果判定：在阴性对照无条带，阳性对照在829 bp有清晰条带时，则可判定为欧洲幼虫腐臭病PCR阳性。

附 录 A
（资料性附录）
培养基的制备

A.1 胡萝卜酵母琼脂培养基

胰蛋白胨10 g，无水磷酸氢二钾0.5 g，琼脂3 g，胡萝卜浸出液200 mL（将100 g洗净的胡萝卜磨碎，加入250 mL水，静置30 min，过滤而成），酵母浸出液3 g，蒸馏水1 000 mL，pH 6.8。将上述多种成分加热溶解（胡萝卜浸出液在溶解后加入混匀），在0.105 MPa的压力下，高温灭菌20 min。

A.2 马铃薯培养基

将去皮马铃薯200 g切成片，加水1 000 mL，煮沸30～40 min，过滤，将20 g右旋葡萄糖和20 g琼脂趁热加入溶化，调节pH至7.0，在0.105 MPa的压力下，高温灭菌15 min。

A.3　酵母浸膏培养基

酵母浸出液1 g,葡萄糖1 g,无水磷酸氢二钾1.36 g,琼脂2 g,蒸馏水100 mL,pH 6.6,将以上各种成分混合溶解,在0.068 MPa的压力下,高温灭菌20 min。

A.4　牛肉膏琼脂平板

牛肉膏1 g,蛋白胨1 g,氯化钠0.5 g,琼脂2 g,蒸馏水100 mL,pH 7.0,将上述各种成分混合,加热溶解,在0.105 MPa的压力下,灭菌15 min。

附　录　B
(资料性附录)
染色液的制备

B.1　5%孔雀绿水溶液

取5 g孔雀绿,先将孔雀绿研细,加适量95%酒精溶液溶解,再加蒸馏水定容至100 mL。

B.2　0.5%沙黄水溶液

取0.5 g沙黄,先将沙黄研细,加适量95%酒精溶液溶解,再加蒸馏水定容至100 mL。

B.3　2%石炭酸复红染液

取3%复红酒精溶液10 mL,加入5%石炭酸水溶液90 mL,融合过滤,然后再用蒸馏水作10倍稀释。

B.4　碱性美蓝(又称骆氏美蓝)染色液

取美蓝饱和酒精溶液30 mL,加入0.01%氢氧化钾水溶液100 mL,混合即成。

NY/T 1954—2010
蜜蜂螨病病原检查技术规范

（2010-09-21 发布，2010-12-01 实施）

1 范围

本标准规定了蜜蜂狄斯瓦螨病及亮热历螨病的病原检查方法。

本标准适用于蜜蜂狄斯瓦螨病及亮热历螨病的诊断和检疫。

2 试剂和材料

2.1 试剂

乙醚、氟胺氰菊酯条、双甲脒喷雾剂、凡士林。

2.2 材料

铁网（3 mm 孔径）、白纸（1 m^2）、广口瓶（500 mL）、薄铁皮（厚 0.5 mm）、棉球、白糖粉、砂糖、普通解剖显微镜。

3 蜜蜂螨病病原检查技术

3.1 原理

狄斯瓦螨（*Varroa destructor*）俗称大蜂螨，发育过程中有卵、前期若虫、后期若虫、成虫四种虫态。

雄螨完全不进食，它在封盖的幼虫巢房中与雌螨交配后立即死亡。受孕的雌螨寄生在已经封盖作茧的蜜蜂幼虫体上产 1～7 粒的卵，卵的发育需要 2 d。雄性前期若虫期 3 d，雌性为 4 d；后期若虫为 1～2 d。这样雌螨的发育期是 8～9 d，雄螨是 6～7 d。雌螨比较喜欢在未封盖的雄蜂房中产卵。

亮热历螨（*Tropilaelaps clareae*）俗称小蜂螨，能在东方蜜蜂和西方蜜蜂的雄蜂房和工蜂房中繁殖并寄生在幼虫或蛹体上，但不能寄生于成年蜜蜂体上。由于其繁殖周期短、繁殖率高，因此对西方蜜蜂的危害比狄斯瓦螨更烈。但它不能在冬季断子的蜂群中越冬，因此分布范围受到局限。在中国 1960 年前后首先在广东省的西方蜜蜂上发现亮热历螨危害。之后，该螨每年在南方冬季不断子的西方蜜蜂群中继续繁衍，翌年春夏随着转地蜂群传播到全国各地，对养蜂生产危害很大。

由于这两种螨类个体较大，肉眼即可辨认，且于蜜蜂体表寄生，因此可以通过形态学检查手段结合蜂群症状观察做出诊断。

3.2 检查方法和病原鉴定

3.2.1 蜂群检查

3.2.1.1 狄斯瓦螨

若在巢门前发现有许多翅、足残缺的幼蜂爬行和死蛹被工蜂拖出，有时还可见死蛹体上附着白色的若螨，即可初步判定有狄斯瓦螨；确诊需对所获螨虫进行详细的形态学鉴定。

3.2.1.2 亮热厉螨

若在巢门前发现有许多翅、足残缺的幼蜂爬行和死蛹被工蜂拖出；同时提出子脾，若发现巢脾上有小螨迅速爬行，即可初步诊断确定有亮热厉螨；确诊需对所获螨虫进行详细的形态学鉴定。

3.2.2 寄生率检查

3.2.2.1 成蜂体寄生率检查

用手或柔软的镊子随机夹取300只巢脾上的成年工蜂，观察其腹部节间及胸部是否寄生有蜂螨，最终得出寄生于蜂体的蜂螨寄生率。寄生率的高低可反映出蜂螨对蜂群危害程度的大小。

$$寄生率=\frac{有螨寄生的蜜蜂数}{被检查的总蜜蜂数}\times 100\%$$

注：该方法可应用于蜂巢中封盖子脾不多，蜂螨多集中于成年工蜂体上的时期；如蜂巢中有多张封盖子脾，则由于大多数寄生螨都进入了封盖子内，将导致该方法得出的结果较蜂群实际寄生率偏低。此法适用于养蜂生产的螨害防治。

3.2.2.2 巢房寄生率检查

随机提取三张封盖子占总巢脾1/2以上面积的子脾，每张子脾采用大五点的方法随机挑开50个封盖的蜂房（主要是雄蜂房），用镊子拉出幼虫或蜂蛹，观察虫体、蛹体和巢房内有无蜂螨，共挑取150个封盖蜂房，最终得出寄生于封盖子内的蜂螨寄生率。

$$寄生率=\frac{有螨寄生的封盖子数}{检查的总封盖子数}\times 100\%$$

注：该方法可应用于蜂巢中有较多子脾，蜂螨多集中于封盖子脾内的时期。如蜂巢中封盖子数量不多，则由于大多数蜂螨寄生于成年工蜂体上，将导致该方法得出的结果较蜂群实际寄生率偏低。

此方法可用于狄斯瓦螨及亮热厉螨的诊断及寄生率检查。

3.2.3 其他获得螨的方法

3.2.3.1 乙醚麻醉法

从蜂箱随机提出三张带蜂的巢脾，将蜜蜂全部抖落至反转过来底部朝上的蜂箱盖上，取一只500 mL容量的广口瓶由蜂箱盖上装入约300只蜜蜂（约占广口瓶容量的1/3），将蘸有2 mL乙醚的约1 cm^3见方的棉球投入瓶中，迅速将瓶盖盖严，并上下、正反振荡广口瓶约60 s。将瓶内的蜜蜂倒在一张1 m^2见方的白纸上，用镊子将蜜蜂剔除。

注：此法适用于对蜂螨的科学研究。

3.2.3.2 糖粉法

从蜂箱随机提出三张带蜂的巢脾，将蜜蜂全部抖落至反转过来底部朝上的蜂箱盖上。取一只500 mL容量的广口瓶，由蜂箱盖上装入约300只蜜蜂（约占广口瓶容量的1/3）。

将白糖粉或砂糖用研钵研成细粉，取10 g细糖粉倒入装有蜜蜂的广口瓶中，瓶口用3 mm孔径的铁网封严；将广口瓶横置并来回转动3～5 min，使糖粉均匀覆盖至每只蜜蜂的蜂体上。将广口瓶回正静置5 min，瓶口朝下剧烈振荡，将糖粉及螨振落于1 m^2见方的白纸上。

注：此法适用于对蜂螨的科学研究，可以获得存活的蜂螨。

3.2.3.3 杀螨剂法

采用氟胺氰菊酯条或双甲脒喷雾剂，按照使用说明将药剂施于蜂群中(其中，双甲脒应隔天喷雾一次)。同时，在蜂箱底部垫一张 0.5 mm 厚的薄铁皮，铁皮朝上一面均匀涂以一层凡士林，取出铁皮获得螨。

注：此法适用于蜜蜂螨病的治疗性诊断。

3.2.4 病原种类鉴定、鉴别及判定

在按上述几种检查方法获得不同发育期的蜜蜂螨虫后，在解剖显微镜下，根据如下形态特征对蜜蜂螨虫进行种类鉴定并区分为狄斯瓦螨或亮热厉螨，可判定为蜜蜂螨虫感染。

狄斯瓦螨的形态示意图参见图 A.1。雌成螨呈深褐色、椭圆形，体扁宽。背板长 1.104 mm、宽 1.576 mm。体背由一整块几丁质化背板所覆盖，背板具有网状花纹，有些雄螨背板上具有黑色斑。两侧生有 21～23 根粗大的刚毛。腹面有胸板、生殖腹板、肛板、腹侧板等结构。口器位于身体的下方，由螯肢和脚须组成刺吸式口器。螯肢角质化，不动指退化、短小；动指长，其上有两个齿。足四对，第一对足短粗，第 2～4 对足稍长于第一对，所有跗节的末端均有钟形爪垫。气门在第三及第四对足基节间外侧。

雄成螨体色较雌螨淡，体形近似梨形，背板长 0.715 mm、宽 0.69 mm。腹面各板除肛板明显外，其余各板界限不清。腹面前肛区多刚毛，体后部刚毛较粗。生殖孔位于第一基节间，凸出于板的前缘，有明显的导精管。螯肢较短，不动指退化、短小，动指长。

若螨分前期若螨和后期若螨。前期若螨呈卵圆形，白色透明，具有 4 对足，大小为 0.7 mm×0.8 mm，腹面具有肛板，气管未成熟。足为角状，跗节有小吸盘。雄性前期若螨大小为(0.62～0.74) mm×(0.58～0.69) mm，肛板外形较硬，气管及足与雌螨相同。雌性后期若螨为卵形，大小为(0.9～1.1) mm×(1.14～1.6) mm，背板骨质化明显。雄性后期若螨为圆形，大小为(0.74～0.88) mm×(0.7～0.8) mm，4 对足。根据刚毛的分布可以区分出雌雄性螨，雌螨多刚毛，而雄性的刚毛只分布在肛区。

亮热厉螨的形态示意图参见图 A.2。亮热厉螨雌成螨呈椭圆形，浅棕色，体长 0.983～1.064 mm，宽 0.538～0.585 mm；胸板呈弓形，前侧角伸达基节Ⅰ、Ⅱ之间，上有 2 对刚毛；生殖腹板狭长，中间有一长条骨化带，具刚毛 1 对；肛板钟形；气门沟向上伸至基节Ⅰ、Ⅱ之间，向后延伸至基节Ⅳ后缘；腹面于基节Ⅳ之后密布刚毛，毛基骨板呈棱形；螯肢钳状，较短；螯肢动趾特化为卷曲细长的导精趾；足细长。雄成螨呈浅棕色，长 0.193～0.198 mm，宽 0.153～0.158 mm；全腹板两侧缘在基节Ⅳ之后狭尖，上具 5 对刚毛；肛板梨形。

附　录　A
(资料性附录)
狄斯瓦螨及亮热厉螨的形态示意图

A.1 狄斯瓦螨形态示意见图 A.1。

A.2 亮热厉螨形态示意见图 A.2。

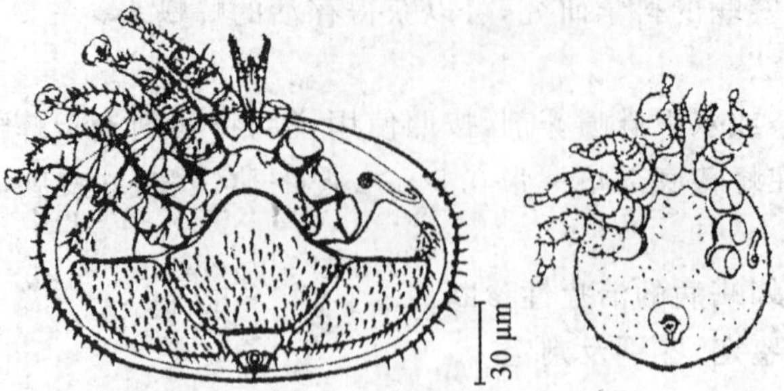

图 A.1　狄斯瓦螨(左:雌成螨;右:雄成螨)

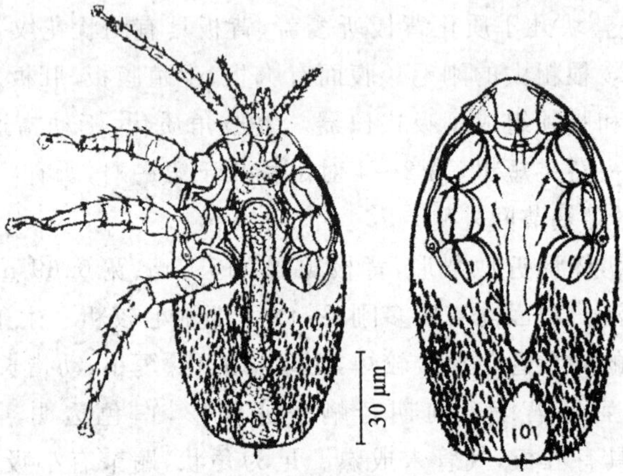

图 A.2　亮热厉螨(左:雌成螨;右:雄成螨)

NY/T 1243—2006
蜂蜜中农药残留限量(一)

(2006-12-06 公布,2007-02-01 实施)

1 主题内容与适用范围

本标准规定了氟胺氰菊酯、氟氯苯氰菊酯、溴螨酯在蜂蜜中的最高残留限量。

本标准适用于蜂蜜。

2 规范性引用文件

下列文件中的条款通过本标准的引用而成为本标准的条款。凡是注日期的引用文件,其随后所有的修改(不包括勘误的内容)或修订版不适用于本标准,然而,鼓励根据本标准达成协议的各方研究是否可使用这些文件的最新版本。凡是不注日期的引用文件,其最新版本适用于本标准。

SN 0691 出口蜂产品中氟胺氰菊酯残留量的测定方法

GB/T 18932.10 蜂蜜中溴螨酯 4,4-二溴二苯甲酮残留量的测定方法 气相色谱/质谱法

3 最高残留限量标准

最高残留限量标准见下表:

项目	最高残留限量(MRL)/(μg/kg)		
	氟胺氰菊酯 (fluvalinate)	氟氯苯氰菊酯 (flumethrin)	溴螨酯 (bromopropylate)
蜂蜜	50	10	100

4 检验方法

出口蜂蜜中氟胺氰菊酯残留量检测方法按 SN 0691 执行。

蜂蜜中溴螨酯测定按 GB/T 18932.10 执行。

蜂蜜中氟氯苯氰菊酯测定在无相应标准检测方法可遵循情况下,可由认证实验室参照相关检测方法制定蜂蜜检测细则,并由三家以上认证实验室复核后,参照实施。

NY/T 1241—2006
蜂产品加工技术管理规范

（2006-12-06 发布，2007-02-01 实施）

1 范围

本标准规定了蜂产品中蜂蜜和蜂王浆加工技术的术语、定义、关键控制点、技术要求、检验规则。

本标准适用于加工蜂蜜和蜂王浆的企业。

2 规范性引用文件

下列文件中的条款通过本标准的引用而成为本标准的条款。凡标注日期的引用文件，其随后所有的修改单（不包括勘误的内容）或修订版均不适用于本标准，然而，鼓励根据本标准达成协议的各方研究是否可使用这些文件的最新版本。凡是不注日期的引用文件，其最新版本适用于本标准。

GB 191 包装储运图示标志

GB 7718 食品标签通用标准

GB/T 9697 蜂王浆

GB 14881 食品企业通用卫生规范

GB 14963 蜂蜜卫生标准

GB 17405 保健食品良好生产规范

GB 18796 蜂蜜

GH/T 1001 预包装食用蜂蜜

NY 5134 无公害食品 蜂蜜

NY 5135 无公害食品 蜂王浆和蜂王浆冻干粉

NY 5138 无公害食品 蜜蜂饲养兽药使用准则

NY 5139 无公害食品 蜜蜂饲养管理准则

NY/T 729 绿色食品 蜂产品

3 术语和定义

下列术语和定义适用于本标准。

3.1 蜂蜜 honey

工蜂采集花蜜、蜜露或甘露，经酿造储存在巢房里，含多种成分的甜物质。

3.2 蜂王浆 royal jelly

哺育蜂咽下腺和上颚腺分泌的用来饲喂蜂王幼虫、蜂王以及工蜂和雄蜂低日龄幼虫的浆状物，俗称蜂皇浆、王浆、蜂乳、王乳等。

3.3 蜂蜜加工 honey processing

指原料验收、预热、低温解晶、粗滤、中滤、精滤、杀菌、成品检验、分装、包装等整个连续操作过程。

3.4 蜂王浆加工 royal jelly processing

指原料验收、冷冻储存、解冻、过滤、搅拌、灌装、贴标、包装、入库等整个连续操作过程。

3.5 CCP(critical control point)

关键控制点，是指有必要且能够采取控制措施以防止或消除一种食品安全危害，或降低危害到一个可接受水平的步骤。

4 技术要求

4.1 蜂蜜加工技术要求

4.1.1 加工原料验收及其他卫生要求。

4.1.1.1 应执行严格的原料验收检验程序，原料应符合验收标准，不符合要求者拒绝入库，其中药物残留检验为 CCP-1。

4.1.1.2 提供原料蜂场的管理应符合 NY 5139 规定，蜂场用药应符合 NY 5138 规定。

4.1.1.3 应有相关生产人员的健康证明。

4.1.1.4 生产加工器材应符合国家相关安全卫生要求并适宜蜂蜜特征要求。

4.1.2 过滤

4.1.2.1 选料配置

根据原料检验结果和产品标准要求，将不同批次的原料在储蜜池或储蜜罐中混合。

4.1.2.2 预热

将配置好的蜂蜜加热，温度控制在 40～45℃，不得超过 60℃；不断搅拌，加快热交换，使蜂蜜中的结晶体完全融化。

4.1.2.3 过滤

4.1.2.3.1 蜂蜜融化后，依次用不同的滤网进行过滤，滤网的目数为 40～120 目，其中最后一次过滤的目数不得小于 100 目。

4.1.2.3.2 过滤的次数视需要而定，但不得少于 2 次。

4.1.2.3.3 在不锈钢容器中进行。

4.1.2.3.4 温度不得超过 60℃。

4.1.2.3.5 最后一次过滤步骤中滤网的检查为 CCP-2。

4.1.3 灭菌

4.1.3.1 蜂蜜应进行巴氏灭菌，在灭菌的过程中应充分搅拌，温度不应超过 70℃，达到温度后时间不应超过 30 min。

4.1.3.2 该操作步骤为 CCP-3。

4.1.4 成品检验

将蜂蜜直接用泵输送到成品蜜储罐搅拌混合，然后抽样进行检验。

4.1.5 分装

4.1.5.1 检验合格的成品蜜，由成品蜜储罐通过管道输送至分装车间，准备灌装。

4.1.5.2 盛装蜂蜜用容器应符合食品包装材料的要求。

4.1.5.3 盛装蜂蜜用容器的储存、清洗、干燥、灭菌应符合安全卫生要求，该步骤容器的灭菌为 CCP-4。

4.1.5.4 分装时应严格检查,防止碎玻璃等异物进入蜂蜜。

4.1.6 包装

4.1.6.1 包装材料应来自经过安全认证的企业。

4.1.6.2 包装材料不得对蜂蜜造成污染。

4.1.6.3 标签应符合 GB 7718 要求,外包装标志应符合 GB 191 要求。

4.1.7 储存

蜂蜜应在常温下保存。

4.2 蜂王浆加工技术要求

4.2.1 原料验收

4.2.1.1 执行严格的原料验收检验程序,原料应符合验收标准,不符合要求者拒绝入库。药物残留的检测为 CCP-1。

4.2.1.2 提供原料蜂场的管理应符合 NY 5139 规定,蜂场用药应符合 NY 5138 规定。

4.2.1.3 应有相关生产人员的健康证明。

4.2.1.4 生产加工器材应符合国家相关卫生要求,并符合蜂王浆特征要求。

4.2.1.5 蜂王浆原料在收获后短期(48 h 内)储存和运输过程中的温度应控制在－5℃以下;长期应在－18℃下进行。

4.2.2 储存

4.2.2.1 将合格原料送入冷冻库储存,控制温度不高于－18℃,该步骤操作为 CCP-2。

4.2.2.2 冷冻库需安装自动温度控制仪。

4.2.3 解冻

原料从冷冻库取出后进行解冻,环境温度不超过 30℃,时间不超过 12 h。

4.2.4 过滤

4.2.4.1 解冻后的蜂王浆应先用 30～32 目的滤网进行粗滤。

4.2.4.2 将粗滤后的蜂王浆倒入王浆过滤器进行过滤,滤渣经研磨后再次过滤,过滤网要求在 80～100 目之间并定期检查滤网的完整性,该步骤操作为 CCP-3。

4.2.5 均质

将蜂王浆倒入搅拌缸中进行搅拌,使样品达到均质。

4.2.6 检验

对经过充分搅拌后的样品进行抽样检测,符合要求后方可进入下一个加工环节。

4.2.7 罐装、贴标

4.2.7.1 包装容器应来自经过安全认证的企业。

4.2.7.2 包装容器不得对蜂王浆造成污染。

4.2.7.3 包装容器和材料应符合食品卫生要求,包装容器和材料的验收规定为 CCP-4。

4.2.7.4 标签应明显标示产品的适宜储存温度和不适宜人群。

4.2.8 入库

成品必须及时入库储存,控制温度不高于－18℃。

5 检验

5.1 蜂蜜的检验按 GB 18796、GH/T 1001、GB 14963、NY 5134、NY/T 729 有关规定

执行。

5.2 蜂王浆的检验按 GB/T 9697、NY 5135、NY/T 729 有关规定执行。

6 运输

按 GB 14881 规定执行。

7 品质管理

按 GB 17405 规定执行。

8 卫生管理

按 GB 14881 规定执行。

NY/T 2792—2015
蜂产品感官评价方法

（2015-05-21 发布，2015-08-01 实施）

1 范围

本标准规定了蜂产品感官评价的术语和定义、评价条件、对比样品的制备与保存、评价方法和依据以及结果计算与判定。

本标准适用于蜂蜜、蜂王浆、蜂花粉和蜂胶 4 种蜂产品的感官评价。

2 规范性引用文件

下列文件对于本文件的应用是必不可少的。凡是注日期的引用文件，仅注日期的版本适用于本文件。凡是不注日期的引用文件，其最新版本（包括所有的修改单）适用于本文件。

GB 5749 生活饮用水卫生标准

GB 9697—2008 蜂王浆

GB/T 10220—2012 感官分析 方法学 总论

GB/T 13868—2009 感官分析 建立感官分析实验室的一般导则

GB/T 24283—2009 蜂胶

GB/T 25006—2010 感官分析 包装材料引起食品风味改变的评价方法

GB/T 30359—2013 蜂花粉

GH/T 18796—2012 蜂蜜

NY/T 637—2002 蜂花粉生产技术规范

NY/T 638 蜂王浆生产技术规范

NY/T 639 蜂蜜生产技术规范

3 术语和定义

下列术语和定义适用于本文件。

3.1 流蜜期 period of secreting-honey

外界有一种或多种主要蜜源植物开花，蜂群能生产大量蜂蜜的时期。

3.2 参比样品 control sample

选择用做参照值的被检样品。所有其他样品都与其做比较。

4 评价条件

4.1 评审人员

按照 GB/T 10220—2012 中 4.4 的规定执行。

4.2 环境

按照 GB/T 13868—2009 中 6.1 的规定执行。

4.3 用水

用水按照 GB 5749 的规定执行。同一批蜂产品评价用水的水质应一致。

4.4 仪器和设备

4.4.1 容器

按照 GB/T 25006—2010 中 B.2 的规定执行。

4.4.2 称量用具

天平,感量 0.1 g。

4.4.3 其他

4.4.3.1 玻璃棒:直径 4 mm,长度 30 cm。

4.4.3.2 不锈钢药匙:容量为 10 mL。

5 参比样品的制备与保存

5.1 蜂蜜参比样品的制备与保存

5.1.1 制备

在流蜜期到来之前一天,将巢脾及时清底,花期较长的蜂蜜,在第二次摇蜜时制备参比样品。参比样品应选用 1/3 的储蜜巢房封盖的蜜脾摇蜜。其他生产要求按照 NY/T 639 的规定执行。

5.1.2 保存

蜂蜜的参比样品应储放在-18℃的条件下保存。蜂蜜的参比样品应标注品名、产地、蜜源种类、制作时间、制作人、数量。蜂蜜的参比样品有效时间为 12 个月。

5.2 蜂王浆参比样品的制备与保存

5.2.1 制备

要求群势达到 8 框蜂的健康蜂群生产蜂王浆。其他生产要求按照 NY/T 638 的规定执行。蜂王浆采收后,应在不超过 2 h 内-18℃储存。

5.2.2 保存

蜂王浆参比样品应储放在-18℃的条件下保存。蜂王浆的参比样品应标注品名、产地、制作时间、制作人、数量。蜂王浆的参比样品有效时间为 12 个月。

5.3 蜂花粉参比样品的制备与保存

5.3.1 制备

按照 NY/T 637—2002 的规定执行。蜂花粉的干燥方法按照 NY/T 637—2002 的 7.4 的规定执行,采用热风干燥法。

5.3.2 保存

蜂花粉的参比样品应储放在-18℃的条件下保存。蜂花粉的参比样品应标注品名、产地、粉源种类、制作时间、制作人、数量。蜂花粉的参比样品有效时间为 12 个月。

5.4 蜂胶参比样品的制备与保存

5.4.1 制备

应收集健康蜂群的蜂胶。蜂胶从采胶器、巢框上梁中刮取,去除杂质后,放入食品级带封口的塑料袋中密封。

5.4.2 保存

蜂胶的参比样品应储放在－18℃的条件下保存。蜂胶的参比样品应标注品名、产地、制作时间、制作人、数量。蜂胶的参比样品有效时间为12个月。

6 评价方法和依据

6.1 评价因子

以色泽、气味、滋味、状态4个指标作为蜂产品感官的评价因子。

6.2 评价方法

以蜂产品参比样品相应的色泽、气味、滋味、状态的品质要求为水平依据，按规定的评价因子，将蜂产品参比样品对比待测样品进行评价，按"七档制"（见表1）方法进行评分。

6.2.1 蜂蜜的评价方法

6.2.1.1 色泽

在24～26℃条件下，取50 g蜂蜜样品到100 mL透明玻璃烧杯中，从不同角度目测蜂蜜颜色。对照参比样品，按照GH/T 18796—2012中4.1和GH/T 18796—2012附录A中规定的内容评价蜂蜜色泽。

6.2.1.2 气味

在24～26℃条件下，取50 g蜂蜜样品到100 mL透明玻璃烧杯中，将杯口靠近鼻孔，吸入从杯中散发出来的香气，由口腔呼出。每次持续2～3 s，可反复3次。对照参比样品，按照GH/T 18796—2012中4.1和GH/T 18796—2012附录A中规定的内容评价蜂蜜气味。

6.2.1.3 滋味

在24～26℃条件下，取50 g蜂蜜样品到100 mL透明玻璃烧杯中。取一不锈钢药匙的蜂蜜于口内，用舌头让蜂蜜在口腔内循环打转，使蜂蜜与舌头各部位充分接触，并感受蜂蜜对味觉的刺激。随后将蜂蜜咽下，再缓缓向外呼气，仔细品蜂蜜对喉咙和口腔的香味与甜味刺激。对照参比样品，按照GH/T 18796—2012中4.1和GH/T 18796—2012附录A中规定的内容评价蜂蜜滋味。如有必要，可重复2～3次，每次滋味评价后及时用清凉水漱口3次。

6.2.1.4 状态

在24～26℃条件下，取50 g蜂蜜样品到100 mL透明玻璃烧杯中。在背光下观察烧杯中蜂蜜样品的透明度、混浊度、黏稠度或结晶状况、气泡。对照参比样品，按照GH/T 18796—2012中4.1和GH/T 18796—2012附录A中规定的内容评价蜂蜜状态。

6.2.2 蜂王浆的评价方法

6.2.2.1 色泽

在24～26℃条件下，取50 g蜂王浆样品到100 mL透明玻璃烧杯中，从不同角度目测蜂王浆的颜色、光泽和亮度。对照参比样品，按照GB 9697—2008中4.1规定的内容评价蜂王浆的色泽。

6.2.2.2 气味

在24～26℃条件下，取50 g蜂王浆样品到100 mL透明玻璃烧杯中，将杯口靠近鼻孔，吸入从杯中散发出来的香气，由口腔呼出。每次持续2～3 s。对照参比样品，按照GB 9697—2008中4.1的规定的内容评价蜂王浆的气味。

6.2.2.3 滋味

在 24～26℃条件下，取 50 g 蜂王浆样品到 100 mL 透明玻璃烧杯中。取一不锈钢药匙的蜂王浆于口内，用舌头让蜂王浆在口腔内循环打转，使蜂王浆与舌头各部位充分接触。随后将蜂王浆咽下，并感受刺激。对照参比样品，按照 GB 9697—2008 中 4.1 规定的内容评价蜂王浆的滋味。

6.2.2.4 状态

在 24～26℃条件下，取 50 g 蜂王浆样品到 100 mL 透明玻璃烧杯中。观察蜂王浆样品的流动性、黏度和稠度状况。可取少许样品用中指和拇指轻轻搓动，感觉黏度和稠度以及与质量相关的各种性状。参照参比样品，按照 GB 9697—2008 中 4.1 中规定的内容评价蜂王浆的状态。

6.2.3 蜂花粉的评价方法

6.2.3.1 色泽

在 24～26℃条件下，取 50 g 蜂花粉样品到 100 mL 透明玻璃烧杯中，从不同角度目测蜂花粉的颜色、光泽和亮度，应注意光线对蜂花粉评价结果的影响。对照参比样品，按照 GB/T 30359—2013 中 4.1 和 5.1 中规定的内容评价蜂花粉的色泽。

6.2.3.2 气味

在 24～26℃条件下，取 50 g 蜂花粉样品到 100 mL 透明玻璃烧杯中。评价气味时，端起烧杯，将蜂花粉靠近鼻孔，嗅评蜂花粉散发出来的气味，每次持续 5～8 s，对照参比样品，按照 GB/T 30359—2013 中 4.1 和 5.1 中规定的内容评价蜂花粉的气味。

6.2.3.3 滋味

在 24～26℃条件下，取 50 g 蜂花粉样品到 100 mL 透明玻璃烧杯中。评价滋味时，取一不锈钢药匙的蜂花粉于口内，充分咀嚼，用舌头让蜂花粉在口腔内循环打转，使蜂花粉与舌头各部位充分接触、随后将蜂花粉吐出，并感受刺激。对照参比样品，按照 GB/T 30359—2013 中 4.1 和 5.1 中规定的内容评价蜂花粉的滋味。

6.2.3.4 状态

在 24～26℃条件下，取 50 g 蜂花粉样品到 100 mL 透明玻璃烧杯中。评价状态时，应注意蜂花粉团的形状、新鲜度和含水量。先观察蜂花粉形状和大小，再取少许蜂花粉用中指和拇指轻轻搓动，感觉蜂花粉含水量等与质量相关的各种性状。对照参比样品，按照 GB/T 30359—2013 中 4.1 和 5.1 中规定的内容评价蜂花粉的状态。

6.2.4 蜂胶的评价方法

6.2.4.1 色泽

在 24～26℃条件下，取 50 g 蜂胶样品到 100 mL 透明玻璃烧杯中，从不同角度目测蜂胶的颜色、光泽和亮度。对照参比样品，按照 GB/T 24283—2009 中表 1 和 5.2.1 中规定的内容评价蜂胶的色泽。

6.2 4 2 气味

在 24～26℃条件下，取 50 g 蜂胶样品到 100 mL 透明玻璃烧杯中。端起烧杯，靠近鼻孔，嗅评蜂胶中散发出来的气味，每次持续 2～3 s。可反复 1～3 次。参照参比样品，按照 GB/T 24283—2009 中表 1 和 5.2.1 中规定的内容评价蜂胶的气味。

6.2.4.3 滋味

在 24～26℃条件下，取 50 g 蜂胶样品到 100 mL 透明玻璃烧杯中。评价滋味时，取一不锈钢药匙的蜂胶于口内，充分咀嚼，随后将蜂胶吐出，并感受刺激。对照参比样品，按照 GB/T 24283—2009 中表 1 和 5.2.1 中规定的内容评价蜂胶的滋味。

6.2.4.4 状态

在 24～26℃条件下，取 50 g 蜂胶样品到 100 mL 透明玻璃烧杯中。取一不锈钢药匙的蜂胶于手中，握蜂胶块 5 min，观察蜂胶样品随着温度的提高，其软硬程度和黏度的变化情况。对照参比样品，按照 GB/T 24283—2009 中表 1 和 5.2.1 中舰定的内容评价蜂胶的状态。

6.3 七档制评价方法

见表 1。

表 1 七档制评价方法

七档制	评分	说明
高	+3	差异大，明显好于参比样品
较高	+2	差异较大，好于参比样品
稍高	+1	仔细辨别才能区分，稍好于参比样品
相当	0	参比样品的水平
稍低	−1	仔细辨别才能区分，稍差于参比样品
较低	−2	差异较大，差于参比样品
低	−3	差异大，明显差于参比样品

7 结果计算与判定

7.1 结果计算

蜂产品评价结果按式(1)计算：

$$Y=A+B+C+D \quad \cdots\cdots (1)$$

式中：

Y—蜂产品评价总得分；

A—色泽评价因子的得分；

B—气味评价因子的得分；

C—滋味评价因子的得分；

D—状态评价因子的得分。

7.2 结果判定

根据计算结果评价的名次按表 1 评分，分数从高到低的次序排列。如遇到分数相同者，则按色泽、气味、滋味、状态的次序比较单一因子得分的高低，高者居前。

NY/T 1160—2015
蜜蜂饲养技术规范

（2015-05-21 发布，2015-08-01 实施）

1 范围

本标准规定了蜜蜂饲养的养蜂场地、蜂场卫生保洁和消毒、蜂种、饲料、蜂机具及卫生消毒、蜂群饲养管理的常用技术、增长阶段管理、蜂产品生产阶段管理、越夏阶段管理、越冬准备阶段管理、越冬阶段管理、蜜蜂病敌害防治、记录等技术方法。

本标准适用于西方蜜蜂（*Apis mellifera*）的活框饲养。

2 规范性引用文件

下列文件对于本文件的应用是必不可少的。凡是注日期的引用文件，仅注日期的版本适用于本文件。凡是不注日期的引用文件，其最新版本（包括所有的修改单）适用于本文件。

GB 3095　环境空气质量标准

GB/T 19168　蜜蜂病虫害综合防治规范

NY/T 637　蜂花粉生产技术规范

NY/T 638　蜂王浆生产技术规范

NY/T 639　蜂蜜生产技术规范

NY 5027　无公害食品　畜禽饮用水水质

农业部农医发[2010]　41 号蜜蜂检疫规程

农业部公告第 193 号　食品动物禁用的兽药及其他化合物清单

中华人民共和国国务院令第 404 号　兽药管理条例

3 术语和定义

下列术语和定义适用于本文件。

3.1　蜂群 colony

蜜蜂的社会性群体。是蜜蜂自然生存和人工饲养管理的基本单位。一个自然蜂群通常由 1 只蜂王、数千至数万只工蜂和数百至上千只雄蜂（季节性出现）组成。

3.2　巢脾 comb

蜂巢的组成部分，是由蜜蜂筑造的、双面布满六角形巢房的蜡质结构，是蜜蜂生活、繁殖、发育和储存食物的场所。

3.3　群势 power of colony

衡量蜂群强弱的主要指标，通常用强、中、弱表示。

3.4　蜂路 bee space

蜂箱内巢脾与巢脾、巢脾与箱壁之间蜜蜂活动的空间。

3.5　蜂脾关系 bee density

蜜蜂在巢脾上附着的密集程度。常用蜂少于脾、蜂脾相称或蜂多于脾来表述。

3.6 蜂脾相称 proportionality between bees and comb

每个巢脾两面均匀又不重叠地附着约 2 500 只工蜂，其间没有空隙。

3.7 主要蜜粉源植物 main nectar plant，main pollen plant

数量多、分布广、面积大、花期长、蜜粉丰富，能生产商品蜂蜜或蜂花粉的植物。

3.8 辅助蜜粉源植物 subordinate nectar plant，subordinate pollen plant

能分泌花蜜或产生花粉，并被蜜蜂采集利用，对维持蜜蜂生活和蜂群发展起作用的植物。

3.9 有毒蜜粉源植物 poisonous nectar plant，poisonous pollen plant

产生的花蜜或花粉会造成蜜蜂或人畜中毒的蜜粉源植物。主要有雷公藤（*Tripter ygium wild ford*）、博落回（*Macleaya cordata*）、狼毒（*Stellera chamaejasme*）、羊踯躅（*Rhododendron molle*）、藜芦（*Veratrum nigrum*）、紫金藤（*Tripterygium hypoglaucum*）、苦皮藤（*Celastrus angulatus*）、乌头（*Aconitumcarmic haeli*）、断肠草（*Gelsemium elegans*）等。

4 养蜂场地

4.1 蜜粉源植物

4.1.1 距蜂场半径 3 km 范围内应具备丰富的蜜粉源植物。定地蜂场附近至少要有 1 种以上主要蜜粉源植物和种类较多、花期不一的辅助蜜粉源植物。

4.1.2 距蜂场半径 5 km 范围内有毒蜜粉源植物分布数量多的地区，有毒蜜粉源开花期，不能放蜂。

4.2 蜂场环境和用水

4.2.1 蜂场周围空气质量符合 GB 3095 中环境空气质量功能区二类区要求。

4.2.2 蜂场附近有便于蜜蜂采集的良好水源，水质符合 NY 5027 中幼畜禽的饮用水标准。

4.2.3 蜂场场址选择符合 GB/T 19168 3.1 的要求。

5 蜂场卫生保洁和消毒

按照 GB/T 19168—2003 3.2 和 4.2 的要求执行。

6 蜂种

6.1 选用适合当地环境条件和蜂场生产要求的蜂种。

6.2 不应从疫区引进蜂群、生产用蜂王或输送育王卵虫。

7 饲料

7.1 用蜜脾、分离蜜或优质白砂糖作为蜜蜂的糖饲料；用蜂花粉或花粉代用品作为蜜蜂蛋白质饲料。

不明来源的蜂蜜、蜂花粉或未经消毒的蜂花粉不能喂蜂。

7.2 重金属污染、发酵变质的蜂蜜，陈旧、污染、发霉变质的蜂花粉或花粉代用品不能喂蜂。

7.3 不从疫区购买蜂蜜、蜂花粉或其他蜜蜂饲料。

8 蜂机具及卫生消毒

8.1 蜂机具

8.1.1 饲养西方蜜蜂选用郎氏标准蜂箱或符合当地饲养习惯的各式蜂箱。

8.1.2 蜂箱、隔王板、饲喂器、脱粉器、集胶器、取毒器、台基条、移虫针、取浆器具、起刮刀、蜂扫、幽闭蜂王和脱蜂器具等应无毒、无异味。

8.1.3 割蜜刀和分蜜机应使用不锈钢或无毒塑料制成。

8.1.4 蜂产品储存器具应无毒、无害、无污染、无异味。

8.2 蜂机具的卫生消毒

按 GB/T 19168 中蜂机具的卫生消毒要求执行。

9 蜂群饲养管理的常用技术

9.1 蜂群排列

9.1.1 蜂箱排列应根据场地的大小和地形地势摆放。蜂箱排列可采用单箱排列、双箱排列、一字形排列、环形排列。

9.1.2 蜂箱放置稳定,左右平衡,后部略高于前部。

9.1.3 交尾箱巢门互相错开,并使相邻交尾箱前部颜色不同。

9.2 蜂群检查

9.2.1 箱外观察

观察蜜蜂飞翔、巢门前活动、死蜂及蜜粉采集情况,判断蜂群是否中毒,是否有盗蜂、螨害、白垩病、爬蜂综合征、分蜂热,是否失王等。

9.2.2 箱内检查

9.2.2.1 局部检查

选择部分巢脾进行检查。重点检查边脾储蜜情况,中心巢脾卵、虫和病害情况,是否失王和蜂脾关系等。

9.2.2.2 全面检查

逐脾检查。重点了解蜂群群势、蜂王产卵、子脾、蜜粉储存量、蜂脾关系、健康状况等。

9.3 蜂群饲喂

9.3.1 糖饲料饲喂

9.3.1.1 奖励饲喂

配制蜜水(蜜∶水=2∶1)或糖水(糖∶水=1∶1),于傍晚饲喂蜂群,视蜂群强弱每次饲喂量 100～500 g,以促进蜂王产卵和调动工蜂工作积极性。

9.3.1.2 补助饲喂

蜂群储蜜不足时,可把蜜脾添加到边脾与隔板间或隔板外,或用蜜水(蜜∶水=4∶1),或糖水(糖∶水=2∶1),傍晚饲喂蜂群,直至喂足。

9.3.2 蛋白质饲料饲喂

9.3.2.1 加粉脾

直接将花粉脾加在边脾与隔板间。

9.3.2.2 灌脾

用蜜水或糖水拌和蜂花粉或花粉代用品,抹入空巢房内,放入蜂群的隔板内饲喂。

9.3.2.3 框梁饲喂

用蜜水或糖水将蜂花粉或花粉代用品调制成花粉饼,视蜂群强弱每次取 50～100 g 放于上框梁供蜜蜂取食,花粉饼上部用塑料薄膜或蜡纸覆盖。

9.3.3 喂水

可采用巢门、巢内、蜂场饲水器喂水等。在水中添加少许食盐，浓度不超过0.05%。

9.4 蜂群合并

9.4.1 直接合并

9.4.1.1 早春、晚秋气温较低，蜜蜂活动性较弱或大流蜜期蜜蜂对群味不太敏感时，可直接合并蜂群。

9.4.1.2 蜂群直接合并就近进行，弱群并入强群，无王群并入有王群。

9.4.1.3 被并群若有蜂王，合并前1 d将蜂王去除。合并前，彻底检查无王群，并清除王台。对失王已久的蜂群，合并前补给失王群1～2张幼虫脾，1～2 d后再并入它群。

9.4.2 间接合并

非流蜜期或失王较久，老蜂多、子脾少的蜂群进行合并时，应间接合并蜂群，并对蜂王采取保护措施。

9.5 分蜂热控制和自然分蜂处理

9.5.1 分蜂热控制

9.5.1.1 及时用优良新蜂王更换老蜂王。

9.5.1.2 蜂群增长阶段，适时加空脾或巢础，及时加继箱，扩大蜂巢。

9.5.1.3 生产蜂王浆。

9.5.1.4 及时取蜜，避免蜜压子脾。

9.5.1.5 抽调有分蜂热蜂群的封盖子脾给弱群或替换弱群中的卵虫脾。

9.5.1.6 每隔5～7 d检查一次蜂群，毁净自然王台。

9.5.1.7 外界蜜粉源充足时，及时加巢础造脾。

9.5.2 自然分蜂处理

9.5.2.1 自然分蜂刚开始，蜂王尚未飞离蜂巢时，立即关闭巢门，打开蜂箱大盖，从纱盖上向巢内适当喷水。待蜂群安静后，开箱检查，囚闭蜂王，毁净群内自然王台。

9.5.2.2 蜂王已飞出蜂巢，在附近树枝或建筑物上结团时，用收蜂笼或带有少量储蜜的巢脾接近蜂团，招引蜜蜂爬入蜂笼或巢脾上。待收到蜂王，将收回的蜜蜂和蜂王置于有巢础框、粉蜜脾的空箱中组成新蜂群；或者临时放在原群边，彻底检查原群，清除王台后并入原群。

9.6 人工分群

9.6.1 单群平分

9.6.1.1 将原群向一侧移动0.5～1 m，在原位一侧放置一个空蜂箱。

9.6.1.2 从原群中抽出约一半的带蜂幼虫脾、封盖子脾、蜜粉脾，放入空蜂箱中，不要将蜂王带出。子脾放置在蜂巢中心，边脾外加隔板，并将原群剩下的巢脾布置整齐。

9.6.1.3 次日，给新分群诱人一只产卵蜂王。

9.6.2 混合分群

9.6.2.1 从多个蜂群中各抽出1～2框带蜂的成熟封盖子脾或蜜粉脾，放置在一空蜂箱中，并抖入一些幼蜂，组成一个新分蜂群。

9.6.2.2 次日，诱人1只产卵蜂王。

9.7 蜂王诱入

9.7.1 直接诱王

9.7.1.1 当外界蜜源条件较好，蜂群失王不久或新组织蜂群，各龄幼虫正常，幼蜂多、老蜂少，诱入的蜂王产卵能力强，可直接将蜂王诱入无王群。

9.7.1.2 诱入蜂王前，毁净无王群中的王台。

9.7.2 间接诱王

9.7.2.1 在外界蜜源不足或蜂群失王已久，用间接诱入法给无王群诱王。

9.7.2.2 间接诱入法包括诱入器、纸筒、扣脾等诱入法。

9.8 被围蜂王解救

9.8.1 向围王球上喷以蜜水、清水或烟雾；也可将围王球投入清水中，驱散围住蜂王的工蜂。

9.8.2 利用间接诱入法将被解救出的蜂王诱入蜂群。

9.8.3 如被解救蜂王已伤残，应及时淘汰。

9.9 巢脾修造和保存

9.9.1 巢脾修造

9.9.1.1 使用24～26号铁线，拉直拉紧，每个巢框拉3～4道，并保持在一个平面上。

9.9.1.2 将巢础的一边插入巢框上梁内侧的槽沟内，同时将巢础放入拉好线的巢框内，安装牢固、平整。

9.9.1.3 使用埋线器等工具将巢础框上的拉线埋入巢础，保证巢础平整并不破损。

9.9.1.4 巢础框多加在蜜粉脾与子脾之间。在群强蜜足、气温较高时，也可将巢础框加在子脾之间。

巢础框的数量应根据蜂群群势大小和蜜粉源情况而定。

9.9.2 巢脾保存

9.9.2.1 按蜜脾、粉脾、空脾分类装箱。巢脾须保存在干燥的房间内，堵严蜂箱裂缝。

9.9.2.2 密闭熏杀防治巢虫，熏杀方法参照GB/T 19168的规定执行。

9.9.2.3 有条件的蜂场可采用冷冻保存。

9.10 防止盗蜂

9.10.1 盗蜂预防

9.10.1.1 流蜜期结束前，调整或合并弱群，使蜂场内蜂群群势保持平衡。

9.10.1.2 堵严箱缝，缩小巢门。

9.10.1.3 蜂场周围不暴露白糖、蜂蜜、蜂蜡和巢脾等。

9.10.1.4 饲喂蜂群时，不要把糖液滴到箱外。滴到箱外的糖液，要及时用水冲洗或用土掩埋。

9.10.1.5 在蜜源缺乏时，一般不做开箱检查。必要时，在早、晚进行。

9.10.1.6 长年保持箱内有充足的蜜粉饲料。

9.10.1.7 放蜂场地蜂群密度较大时，蜜源开始流蜜后进场，花期结束后及时退场。

9.10.2 制止盗蜂

9.10.2.1 当少数蜂群被盗时，将其巢门缩小到只能容1～2只蜜蜂出入，虚掩被盗群巢门。

9.10.2.2 将被盗群搬离原位，放到阴凉处隐藏，原址放一个空蜂箱，内放2～3张空脾。巢门内插一根内径约1 cm、长约20 cm的细管，外口与巢门平齐，堵严巢门缝隙。

9.10.2.3 2 d后将该蜂箱搬走，打开箱盖让蜜蜂飞走，同时将原群搬回原处。

9.10.2.4 全场互盗，立即将整个蜂场迁移到离原场地 5 km 之外的地方。

9.11 蜂群移动

蜂群进行数米内的移动。每天清晨或傍晚移动一次，每次前后移位不超过 1 m，左右移位不超过 0.5 m。

9.12 转地放蜂

9.12.1 调查放蜂目的地的蜜源面积、花期、长势、载蜂量、泌蜜情况和花期的天气情况，确定摆放蜂群的位置等，规划好运输路线。

9.12.2 出省放蜂的蜂场，蜜蜂检疫按照农业部农医发[2010]40 号的规定执行。

9.12.3 在转地前 1～2 d 做好蜂群的包装，调整强、弱群间的子脾、蜜脾及群势，并进行巢脾固定和蜂箱装钉。

9.12.4 汽车运蜂装车，先装蜜蜂，后装用具；强群放车两侧，弱群放中间，绑扎固定。

9.12.5 火车运蜂，要留好通道，空箱、生活用品、蜂机具装在车厢前部，强群装在通风好的地方，巢门朝向通道。

9.12.6 转运途中，保持蜂群安静，注意遮阳、通风、喂水、洒水降温。骚动严重的蜂群，打开巢门放走部分老蜂。

9.12.7 到达目的地后，尽快把蜂群搬到放蜂场地排列好，待蜂群安静后打开巢门。傍晚或翌日早晨调节巢门，拆除包装，检查、处理死蜂、无王群和缺蜜群。

10 增长阶段管理

10.1 促进蜜蜂排泄

10.1.1 在当地最早的蜜粉源植物开花前 20 d 左右，选择气温 8℃以上、晴暖微风的天气，促进蜜蜂出巢飞翔、排泄。

10.1.2 室内越冬的蜂群，搬出越冬室排泄时，放在高燥背风向阳处，单箱排列或双箱排列，预防蜜蜂偏集。排泄后，一般不再搬回室内，直接包装保温。

10.1.3 在蜜蜂飞翔排泄时进行箱外观察，及时发现蜂群存在的问题，对不正常的蜂群及时开箱检查处理。

10.2 整理蜂巢

10.2.1 在排泄飞翔后，结合第一次蜂群全面检查进行。

10.2.2 清除蜂箱底部的蜂尸、蜡屑等物。若蜂箱、巢脾被毁坏或受潮霉变，则更换蜂箱、巢脾。

10.2.3 抽出多余巢脾，加入花粉脾，对缺蜜群补充蜜脾，保证蜂多于脾。

10.2.4 对于无王群，视其群势大小，或诱入储备蜂王，或并入有王群。

10.2.5 对于弱群则并入他群，或双群同箱饲养。

10.3 调节巢温

10.3.1 进行箱外保温和箱内保温。箱内保温物随着加脾扩巢逐步撤出。当外界气温稳定在 12℃以上时，逐步撤去包装物。

10.3.2 晴天中午气温高时，将巢门放大；早晚和温度低温时缩小巢门。

10.4 治螨防病

10.4.1 在蜂群内无封盖子时治螨。若有少量封盖子，先切开封盖子房盖。

10.4.2 患病蜂群进行隔离治疗或销毁。

10.5 饲喂

10.5.1 保证巢内储蜜充足。对储蜜不足的蜂群进行补助饲喂。

10.5.2 为了促进蜂群恢复和快速增长、造脾等,无论巢内是否有储蜜,均需奖励饲喂。

10.5.3 蜜蜂在外界采水困难时,需给蜂群喂水。

10.5.4 巢内缺粉时,应及时加入花粉脾或补饲蜂花粉或花粉代用品。

10.6 扩大蜂巢

10.6.1 扩大产卵圈

每12 d检查一次。当蜂王产卵受到存蜜的限制时,割开蜜房盖。

10.6.2 加脾扩巢

蜂巢内巢脾上的子圈扩大到巢脾下沿时,适当增加巢脾。

10.6.3 加继箱

10.6.3.1 巢箱子脾满箱后加继箱,从巢箱提取3～4张封盖子脾或大幼虫脾及1张蜜粉脾放在继箱一侧,外加隔板,其余子脾和蜜粉脾保留在巢箱,并补加1～2张空巢脾,在巢箱和继箱之间加隔王板。

10.6.3.2 每10～12 d调整一次蜂巢,将空脾和正在出房的封盖子脾调到巢箱中供蜂王产卵,将刚封盖的子脾和大幼虫脾调整到继箱中。根据蜂脾关系,适当增减巢脾数量。

10.7 双王同箱

10.7.1 将巢箱用闸板隔成两区,每区各开一巢门,每区各有一只蜂王,形成双王同箱。

10.7.2 两区加满巢脾,蜂量达8成以上,子脾大都封盖时可以加继箱。从每区各提1～2张封盖子脾放入继箱中部,子脾两侧各加1张蜜脾或灌满糖浆的巢脾,并给巢箱两区分别补入1～2张空脾。

巢、继箱之间加上隔王板,限制蜂王在巢箱各区中产卵,继箱为生产区。

10.7.3 每5～7 d调整一次蜂巢,把巢箱各区的封盖子脾或大幼虫脾调入继箱,继箱中已经或正在出房的巢脾调入巢箱或给巢箱添加空脾。

10.7.4 大流蜜期前2周停止调整蜂群,限制蜂王产卵,集中采蜜。

11 蜂产品生产阶段管理

11.1 蜂蜜采收阶段管理

按NY/T 639的规定执行。

11.2 蜂王浆采收阶段管理

按NY/T 638的规定执行。

11.3 蜂花粉采收阶段管理

按NY/T 637的规定执行。

12 越夏阶段管理

12.1 越夏前,应大量培育适龄越夏蜂。

12.2 将蜂群摆放在树荫下,或在蜂箱上架设凉棚,覆盖草帘,打开通气孔、窗,扩大蜂路、巢门,加脾扩巢,以利于蜂群降温。气温超过35℃时,给蜂群箱内饲水和箱外洒水,为蜂群降温。

12.3 非常炎热的地区,如有条件可把蜂群转移到山区凉爽地带度夏。

12.4　就地越夏蜂群,进入越夏期前,给蜂群留足饲料蜜。没有自然蜜源,要以优质白砂糖提前喂足。

12.5　防止胡蜂、蟾蜍、大蜡螟、小蜡螟等蜜蜂敌害为害蜂群。

13　越冬准备阶段管理

13.1　最后一个蜜源流蜜期,留足越冬饲料。

13.2　用新蜂王更换老劣蜂王。

13.3　在最后一个蜜源将结束时,调整群势,用强群的蜂和封盖子脾补充弱群,撤出多余巢脾,保持蜂脾相称或蜂略多于脾。

13.4　保持巢内充足的产卵空间和蜜粉饲料,并进行奖励饲喂。若出现严重的粉压子脾现象,要用脱粉器脱粉。

13.5　注意防止盗蜂,及时捕杀胡蜂等蜜蜂敌害。

13.6　适龄越冬蜂培育前和全部越冬蜂出房后均需要彻底治螨。

13.7　停卵日期的确定,要确保最后一批出房的工蜂在入冬前能充分排泄。

13.8　补足越冬饲料。

14　越冬阶段管理

14.1　室外越冬

14.1.1　南方室外越冬的蜂场,选择无蜜粉源、地势高燥、避风、安静、阴冷、避免阳光直射的地方摆放蜂群,避免阳光直射巢门,控制蜜蜂出巢。越冬初期,只需在副盖上加保温物。越冬中、后期,进行巢内保温。

14.1.2　北方室外越冬蜂场,选择地势高燥、背风向阳、安静的场所摆放蜂群。华北地区,用保温物将蜂箱包裹严实,留出巢门即可;东北、西北严寒地区,包装时,蜂箱上下、前后、左右分别填充保温物。巢门前放凹型板桥,作为蜜蜂出入巢门。

14.1.3　越冬前期,根据气温变化情况及时调节巢门大小,清理杂物、死蜂等,保持巢门畅通。

14.2　室内越冬

14.2.1　保持越冬室内安静、黑暗、洁净、通风、地面干燥,室内温湿度适宜并相对稳定。

14.2.2　当外界气温基本稳定,白天最高气温下降到0℃以下时,将蜂群搬入越冬室。

14.2.3　越冬蜂群摆放在高40～50 cm的架子上,可选择2排多层或4排多层方式摆放蜂群。

14.2.4　2排摆放时,蜂箱巢门相对,中间留出通道。4排蜂箱摆放时,边排蜂箱背靠墙壁,中间蜂箱背靠背,所有蜂箱巢门均朝向通道,每排叠放3～4层,强群放在下层,弱群放在中、上层。放蜂密度每立方米不超过1箱。待蜂群安静后,打开巢门和气窗。

14.2.5　室内越冬,保证室内黑暗;将温度控制在0℃左右,短时间高温不超过6℃,最低不低于－5℃;保持室内相对湿度在75％～85％之间。

14.2.6　越冬期间,不宜过度保温。

14.3　越冬蜂群管理

14.3.1　每10～15 d进行一次箱外观察,及时发现和处理越冬蜂群的异常状况。

14.3.2　越冬后期,注意每隔2～3周清理一次箱底死蜂。

15 蜜蜂病敌害防治

15.1 蜜蜂病敌害防治以预防为主，主要通过蜂群饲养管理手段和蜂群、蜂场的卫生消毒措施，提高蜂群本身的抵抗力来实现。

15.2 必要时可以用药物进行治疗和消毒，所用的药物在符合 GB/T 19168 要求的条件下，同时符合农业部公告第 193 号等的相关规定。所用药物的标签应符合中华人民共和国国务院令第 404 号的规定。

严格执行停药期的规定。

16 花粉、花蜜、化学物质中毒防治

按 GB/T 19168 的规定执行。

17 蜂场记录与建档

17.1 建立并保持记录。

17.2 记录包括以下内容：蜂场基本情况、蜂场场地环境、蜂群养殖基本情况、病虫害防治基本情况、蜂产品采收和贮运情况等。参见附录 A。

17.3 记录应真实、清晰。

17.4 养蜂者可以自愿向县级人民政府养蜂主管部门登记备案，免费领取《养蜂证》。养蜂证格式参见附录 B。

附 录 A
（资料性附录）
蜂 场 记 录

A.1 蜂场基本情况表

见表 A.1。

表 A.1 蜂场基本情况表

<table>
<tr><td>蜂场名称</td><td colspan="2"></td><td rowspan="2">蜂场所属地</td><td colspan="2" rowspan="2">省　　市　　县（区）</td></tr>
<tr><td>蜂场编号</td><td colspan="2"></td></tr>
<tr><td>负责人</td><td></td><td rowspan="3">蜂场规模
（群）</td><td rowspan="3">＜50□　50～80□
80～120□　120□</td><td rowspan="3">养蜂员数量</td><td rowspan="3"></td></tr>
<tr><td>身份证号</td><td></td></tr>
<tr><td>联系电话</td><td></td></tr>
<tr><td colspan="6">饲养蜂种：意大利蜂□　卡尼鄂拉蜂□　高加索蜂□　黑蜂□　本地意蜂□　浙江浆蜂□
其他蜂种□（请注明：　　　　）</td></tr>
<tr><td colspan="6">蜂种来源：购自种蜂场□　来自邻近蜂场□　自己繁育□　其他□（请注明：　　　　）</td></tr>
<tr><td>蜂场是否
转地</td><td colspan="2">定地□　转地□
小转地□</td><td>蜂场生产
产品类型</td><td colspan="2">蜂蜜□　王浆□　花粉□
蜂胶□　其他□</td></tr>
</table>

续表 A.1

蜂场是否参加合作社或为企业的生产基地(请填写合作社或企业名称)	是□(　　　) 否□
是否签证相关购货合同	是□　　否□
近一年是否参加相关业务培训,参加时间和地点	是□(时间:　　地点: 组织者:　　) 否□
蜂场工作人员是否有健康证	是□　　否□

填表人　　　　　　　　　　　　　　　　　　填表日期

A.2　蜂场场地环境情况表

见表 A.2。

表 A.2　蜂场场地环境情况表

蜂场地址	市(县、区)　　乡　　村				
主要蜜源植物		与交通主干道距离	<100 m □ 100～500 m □ >500 m □		
蜜源地是否施用农药,何时施用	开花前 7 d 以上 □ 开花前 7 d 以内 □ 开花期内 □ 不施用 □	施用农药名称			
蜂场附近水源清洁状况	干净 □ 一般 □ 较差 □ 很差 □	附近是否有化肥厂、农药厂、糖厂	是 □ 否 □	附近是否有垃圾填埋场等污染源	是 □ 否 □
其他					

填表人　　　　　　　　　　　　　　　　　　填表日期

A.3　蜂群养殖基本情况表(一)

见表 A.3。

表 A.3　蜂群养殖基本情况表(一)

天气		气温(℃)		地点	
蜜源					
蜂场基本活动记录					

填表人　　　　　　　　　　　　　　　　　　填表日期

A.4　蜂群养殖基本情况表(二)

见表 A.4。

表 A.4　蜂群养殖基本情况表(二)

蜂群和用具消毒日期		常用消毒剂名称、厂家	
蜂群饲喂糖饲料	白砂糖□ 蜂蜜□(是否发酵:是□　否□) 其他□(请注明:　　　　)	来源 (请注明厂家名称)	
蜂群饲喂蛋白饲料	花粉□(是否生虫、霉变:是□　否□) 花粉代用品□ (请注明:　　　　)	来源 (代用品请注明厂家名称)	
糖饲料储存环境	低温干燥□　常温干燥□ 常温潮湿□　低温潮湿□	蛋白饲料储存环境	干燥□ 潮湿□
是否使用添加剂,名称及来源		巢础来源	
		巢础厂家	

填表人　　　　　　　　　　　　　　　　填表日期

A.5　病虫敌害防治基本情况表

见表 A.5。

表 A.5　病虫敌害防治基本情况表

防治日期			
蜂群是否有蜂螨危害	是□　否□	防治措施	生物防治(断子治螨□　雄蜂蛹诱集□　割雄蜂蛹□) 药物防治(喷杀螨剂□　挂螨扑□ 主要成分:　　　　)
螨扑名称、成分及生产厂家		施用于蜂群时间	流蜜期前 4～6 周之前 □ 流蜜期前 4～6 周 □ 流蜜期内 □
杀螨剂名称、成分及生产厂家		最后一次喷洒时间	流蜜前 1 个月 □　流蜜前 15～30 d □ 流蜜前 7～15 d □ 流蜜前 0～7 d □　流蜜期内 □
蜂群发生过或正在发生何种疾病	白垩病□　微孢子虫病□　美洲幼虫腐臭病□　欧洲幼虫腐臭病□ 囊状幼虫病□　麻痹病□ 其他疾病□(请注明:　　　　)		
防治措施	隔离□ 销毁□ 用药□	药物名称、成分及生产厂家	
施用方式	混入饲料□　喷洒□　饲喂器□　其他□(请注明:　　　　)		
蜂场如何预防病虫敌害,请简要说明			

填表人　　　　　　　　　　　　　　　　填表日期

A.6　蜂产品采收和贮运情况表

见表A.6。

表A.6　蜂产品采收和贮运情况表

采蜜日期			
摇蜜机、割蜜刀等工具使用前是否消毒	是□　否□	消毒剂类型及厂家	
大流蜜前是否先摇出含有饲料糖的蜜	是□　否□	含糖蜂蜜和用药蜂群所产蜂蜜是否单独存放	是□　否□
摇蜜机材质	不锈钢□　塑料□ 镀锌板□ 其他□（请注明：　）	清洗摇蜜机频度	每次□　每天□ 三天□　每周□ 每个花期□
摇蜜地点	室内□　室外□ 帐篷内□	场所是否预先消毒	是□　否□
贮蜜桶	塑料□　不锈钢□ 钢桶□　其他□（　）	钢桶内附材料	食品级涂料□　塑料袋□ 其他□　无□
原料蜜含水量	波美度		
蜂蜜采集后多长时间提交		提交日期	
蜂蜜运输方式	蜂场雇车□　企业来车□　其他□		
其他产品采收和贮存情况			

填表人　　　　　　　　　　　　　　填表日期

附　录　B
(资料性附录)
养　蜂　证

养蜂证格式见表B.1。

表B.1　养蜂证格式

养蜂证

照片（一寸）

发证单位	
编　　号	
发证日期	年　月　日
有 效 期	至　年　月　日

场主姓名		性别	
年　　龄		民族	
身份证号			
通讯地址			
联系电话			
蜂场名称			
蜂群数量			
辅助人员	姓名	性别	年龄

NY/T 1161—2006
西蜂蜡质巢础

(2006-07-01 发布,2006-10-01 实施)

1 范围

本标准规定了西方蜜蜂蜡质巢础的生产、质量要求、检验方法、检验规则、标志、包装、运输、储存等的要求。

本标准适用于西方蜜蜂蜡质巢础的生产、销售和使用。

2 规范性引用文件

下列文件中的条款通过本标准的引用而成为本标准的条款。凡是注日期的引用文件,其随后所有的修改单(不包括勘误的内容)或修订版均不适用于本标准,然而,鼓励根据本标准达成协议的各方研究是否可使用这些文件的最新版本。凡是不注日期的引用文件,其最新版本适用于本标准。

GB 191 包装储运图示标志

GB 601 化学试剂 滴定分析(容量分析)用标准溶液的制备

SB/T 10190 蜂蜡

3 术语和定义

3.1 蜂蜡 beeswax

又叫蜜蜡、黄蜡,是工蜂蜡腺分泌的一种类脂质物质。

3.2 西方蜜蜂 apis mellifera

简称西蜂,是蜜蜂属的一种,包括若干地理亚种(或地理品种)。我国目前饲养的西方蜜蜂有意大利蜂、卡尼鄂拉蜂、高加索蜂、安纳托利亚蜂、东北黑蜂和新疆黑蜂等。

3.3 巢础 comb foundation

是人工制造的供蜜蜂筑造巢脾的基础,是用蜂蜡制成的蜡片,经巢础机压印成两面具有凹凸的正六角形巢房基础和巢房壁的开始部分(图 1)。按蜜蜂性型分为工蜂巢础和雄蜂巢础。

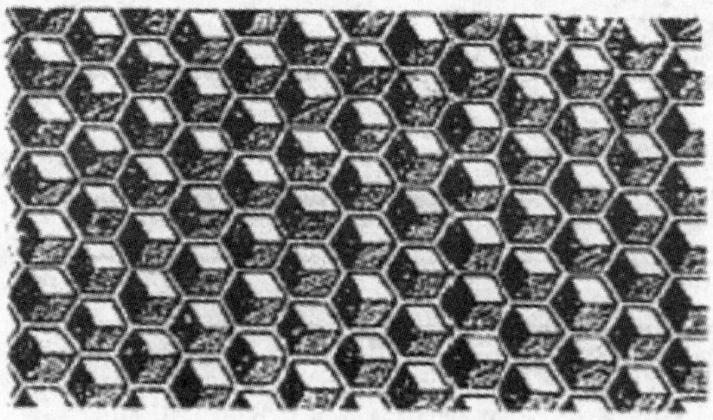

图 1 巢础的一角

4 质量要求

4.1 巢础结构应符合 NY/T 1161—2006 的要求。

巢础两面系由数千个排列整齐、相互衔接的六角形浅房底组成,每个浅房底都由 3 个面积、角度相等的菱形面组成,每一菱形面既是正面的房底部分,又是反面另外 3 个巢房各个房底的 1/3(图 2)。

每个菱形平面的锐角为 70°32′,钝角为 109°28′,两个菱形面的夹角为 120°。

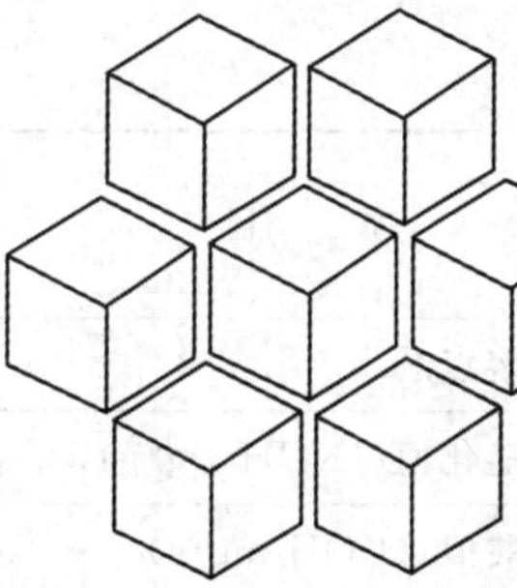

图 2 巢础的房底结构

4.2 蜡质巢础的种类、规格及相关指标应符合表 1 的规定。

表 1 蜡质巢础类型及相关指标

巢础类型	指标						
	长度/mm	宽度/mm	房底内径/mm	房底厚/mm	房基宽/mm	房基高/mm	片数/kg
工蜂巢础	425	200	5.20～5.40	0.80～0.90	0.50	1.15～1.25	14～16
雄蜂巢础	425	200	6.30～7.00	0.80～0.90	0.50	1.15～1.25	14～16

4.3 感官指标应符合表 2 的要求。

表 2 蜡质巢础的感官指标

项目	等级		
	一等品	二等品	合格品
巢础房眼	规则的正六角形几何形状,尺寸准确,房底的几何角度,房基壁的大小、房底透明度等均匀一致	规则的正六角形几何形状,尺寸准确,房底的几何角度,房基壁的大小、房底透明度等基本一致	较规则的正六角形几何形状,尺寸基本准确,房底的几何角度、房基壁的大小、房底透明度等较为一致
表面状态	平整,无可见凸起或裂缝	平整,无明显可见凸起或裂缝	略有变形,有可见凸起或裂缝
状态	巢础长宽尺寸准确、一致,薄厚均匀,韧性好,不易断裂和延伸变形	巢础长宽尺寸一致,薄厚无明显差异,韧性较好,不易断裂和延伸变形	巢础长宽尺寸基本一致,薄厚有一定差异,有韧性,不易断裂和延伸变形
气味	有较浓的蜂蜡、蜂蜜的芳香气味	有明显的蜂蜡、蜂蜜的芳香气味	有微弱的蜂蜡、蜂蜜的芳香味
色泽	具较重的天然纯蜂蜡的颜色,光泽感好	呈天然纯蜂蜡的黄色,有一定的光泽	呈棕黄、灰黄、黄褐,光泽感差

4.4 理化指标应符合表3的规定。

表3 蜡质巢础的理化指标

项目	等级		
	一等品	二等品	合格品
熔点/℃	65～67	63～65	62～63
皂化值/(KOH mg/g)	100.0～110.0	90.0～100.0	80.0～90.0
酸值/(KOH mg/g)	20.0～23.0	18.0～20.0	16.0～18.0
碘值/(碘 g/100 g)	11.0～13.0	10.0～13.0	9.0～13.0
矿蜡、地蜡、虫蜡等	不得检出		

5 检验方法

5.1 抽样与取样

5.1.1 抽样方法

每批20件以下者，抽样件数不少于50%；20件以上者，每增加10件，增抽样品一件。

5.1.2 取样方法

随机从每件中抽取1～2张巢础，然后将其分为两半，一半进行感官检验和理化指标检验。另一半加贴标签，备查。

5.2 感官与性状检验

将巢础试样置于光线充足的试验台上，进行各项感官指标检验，并取少许试样置于一洁净的玻璃板上，点燃，嗅其气味。

5.3 理化特性检验

5.3.1 西蜂蜡质巢础的熔点测定(按照SB/T 10190执行)

5.3.2 西蜂蜡质巢础的皂化值测定(按照SB/T 10190执行)

5.3.3 西蜂蜡质巢础的酸值测定(按照SB/T 10190执行)

5.3.4 西蜂蜡质巢础的碘值测定(按照SB/T 10190执行)

6 检验规则

6.1 组批规则

6.1.1 产品均应以批为单位，同批产品的品质、规格、包装应整齐一致。

6.1.2 同一班次，用同一原料、按同一过程所生产的同规格产品为一个货批。

6.2 检验类型

6.2.1 交收检验

每批产品出厂前，生产单位都要进行感官、标志或包装等的检验，检验合格后并附合格证的产品方可出厂。

6.2.2 型式检验

型式检验是对产品质量进行全面考核，即对本标准规定的全部要求(指标)进行检验。有下列情形之一者应对产品质量进行型式检验。

a)产品出口、评优或国家质量监督机构、行业主管部门提出型式检验要求；

b)前后两次抽样检验结果差异较大;

c)因人为或自然因素使生产环境发生较大变化。

6.2.3 包装检验

应按本标准8.1的规定进行。

7 标志

7.1 包装储运图示标志

应符合GB 191的要求。

8 包装、运输、贮存

8.1 包装

8.1.1 在外包装上明显的位置标明:商品名称、质量等级、净重、皮重、生产日期、产地和生产者等内容。并附有质量验收人员的签单。

8.1.2 包装应按同质、同类、同规格的原则分别包装。

8.1.3 包装应牢固、防潮、整洁,便于装卸、仓储和运输。

8.2 运输

8.2.1 运输时应做到运输工具清洁卫生、干燥、无异味、无污染,严禁与有毒、有害、有异味、易污染的物品混装混运。

8.2.2 运输过程中,严禁重物压损,严防日晒、雨淋。装卸时应轻放轻卸。

8.3 贮存

8.3.1 临时或短期贮存,应以阴凉干燥、清洁卫生的场所为宜,严禁日晒、雨淋及有毒、有害物质的污染。

8.3.2 长时间存放,应按产品等级、规格分别堆放,保持贮存场所阴凉干燥。

8.3.3 产品不得与有毒、有害、有异味的物品同处贮存。同时,要防止鼠、虫等的蛀食。

NY/T 5139—2002
无公害食品　蜜蜂饲养管理准则

（2002-07-25 发布，2002-09-01 实施）

1　范围

本准则规定了无公害蜂产品生产过程中蜂场环境、蜜源、蜂机具、引种、蜂群管理、蜂场与机具消毒、蜜蜂病敌害防治、蜂产品生产、储存各环节的控制。

本准则适用于活框饲养的东方蜜蜂和西方蜜蜂蜂场。

2　规范性引用文件

下列文件中的条款通过本准则的引用而成为本准则的条款。凡是注日期的引用文件，其随后所有的修改单(不包括勘误的内容)或修订版均不适用于本准则，然而，鼓励根据本准则达成协议的各方研究是否可使用这些文件的最新版本。凡是不注日期的引用文件，其最新版本适用于本准则。

GB 3095　环境空气质量标准

NY 5027　无公害食品　畜禽饮用水水质

NY 5134　无公害食品　蜂蜜

NY 5135　无公害食品　蜂王浆与蜂王浆冻干粉

NY 5136　无公害食品　蜂胶

NY 5137　无公害食品　蜂花粉

NY 5138　无公害食品　蜜蜂饲养兽药使用准则

3　术语和定义

下列术语和定义适用于本准则。

3.1　主要蜜粉源植物 main nectar and pollen plant

数量多、面积大、花期长、蜜粉丰富，能生产商品蜜或花粉的植物。

3.2　辅助蜜粉源植物 subordinate nectar and pollen plant

能分泌花蜜、产生花粉，对维持蜜蜂生活和繁殖起作用的植物。

3.3　有毒蜜粉植物 poison nectar and pollen plant

产生的花蜜和花粉会造成蜜蜂或人畜中毒的蜜粉源植物。

3.4　全面检查 general inspection

对蜂巢内巢脾逐一检查，全面了解蜂群内的蜂王、幼虫发育、蜜粉储存和病虫害等情况。

3.5　补饲 feeding

为补充蜂巢内饲料不足对蜂群进行的一种饲喂方式。

3.6　奖饲 stimulative feeding

为刺激蜂群繁殖和采集所采取的一种饲喂方式。

4 蜂场环境

4.1 蜂场周围空气质量符合 GB 3095 中空气质量功能区二类区要求。

4.2 蜂场场址应选择地势高燥、向阳背风、排水良好、小气候适宜的场所。

4.3 蜂场附近应有便于蜜蜂采集的良好水源,水质符合 NY 5027 中幼畜的饮用水标准。

4.4 蜂场周围 3 km 内无大型蜂场、以蜜、糖为生产原料的食品厂、化工厂、农药厂及经常喷洒农药的果园。

5 蜜粉源

5.1 距蜂场 3 km 范围内应具备丰富的蜜源植物。定地蜂场附近至少要有两种以上主要蜜粉源植物和种类较多花期不一的辅助蜜粉源植物。

5.2 半径 5 km 范围内存在有毒蜜粉植物的地区,有毒植物开花期,不应放蜂。主要有毒植物为雷公藤、博落回、藜芦、紫金藤、苦皮藤、钩吻、乌头等。

6 养蜂机具

6.1 蜂箱、隔王板、饲喂器,脱粉器、集胶器、王台条应选用无毒、无味材料制成。

6.2 分蜜机应选用不锈钢或全塑无污染分蜜机。

6.3 割蜜刀应选用不锈钢割蜜刀。

7 引种

不应从疫区引进生产用种王、种群或输送卵虫养王。

8 蜂群管理

8.1 人员

蜂场工作人员至少每年进行一次健康检查。传染病患者不应从事蜜蜂饲养和蜂产品生产工作。

8.2 饲料

8.2.1 饲喂蜂群的蜂蜜、糖浆、花粉或花粉代用品应经灭菌处理。

8.2.2 重金属污染、发酵的蜂蜜,生虫、霉变的花粉或花粉代用品不应用做蜂群饲料。

8.2.3 花粉代用品不应添加未经国家有关部门批准使用的抗氧化剂、防霉剂、激素等。

8.3 春季管理

8.3.1 蜂场设置喂水器并定期清洗消毒。

8.3.2 对蜂群做全面检查,清除箱底死蜂、蜡渣、霉变物,保持箱体清洁。

8.3.3 密集群势,保持强群繁殖。

8.3.4 蜂群治螨,用药应符合 NY 5138 的规定。

8.3.5 根据蜂场所在地气候特点进行箱内或箱外保温。

8.3.6 适时补饲或奖饲,低温阴雨天气要给蜂群巢门喂水。

8.3.7 适时扩大蜂巢,加速蜂群群势增长。

8.4 夏季管理

8.4.1 定期全面检查,毁净自然王台、加强通风,防止自然分蜂。

8.4.2 采用遮阴、洒水等措施为蜂群生产和繁殖创造适宜温、湿度条件。

8.4.3 采取转场等措施防止蜜蜂农药中毒和农药污染蜂产品。

8.5 秋季管理

8.5.1 适时停止蜂王浆生产，采取适当措施促进蜂群繁殖。

8.5.2 适时断子，防治蜂螨，治螨用药应符合 NY 5138 规定。

8.5.3 留足越冬饲料，越冬饲料中不应含有甘露蜜。

8.6 越冬管理

8.6.1 室外越冬场所应清洁卫生、干燥、安静。越冬保温材料应无毒、无污染。

8.6.2 越冬室应清洁卫生，保持温度－4～4℃、湿度75％～85％。越冬后期注意补充饲料和预防蜂群下痢。

8.7 转地饲养

执行农业部有关养蜂管理暂行规定中的相关条款。

9 蜂场、蜂机具的卫生消毒

9.1 消毒剂

应对人和蜂安全、无残留毒性，对设备无破坏性，不会在蜂产品中产生有害积累。

9.2 蜂场环境的卫生消毒

9.2.1 每周要清理一次蜂场死蜂和杂草，清理的死蜂应及时深埋。

9.2.2 蜂场每季应用5％的漂白粉乳剂喷洒消毒一次。

9.3 养蜂用具的卫生消毒

9.3.1 木制蜂箱、竹制隔王板、隔王栅、饲喂器

可用酒精喷灯火焰灼烧消毒，每年至少一次。塑料隔王板、塑料饲喂器、塑料脱粉器可用0.2％的过氧乙酸、0.1％新洁尔灭水溶液洗刷消毒。

9.3.2 起刮刀、割蜜刀

经常消毒，可用火焰灼烧法或75％的酒精消毒。

9.3.3 蜂帚、工作服

经常用4％的碳酸钠水溶液清洗和日光曝晒。

9.3.4 巢脾的消毒与保管

9.3.4.1 巢脾的消毒

选用0.1％的次氯酸钠、0.2％的过氧乙酸或0.1％的新洁尔灭水溶液中的一种浸泡12 h以上对巢脾进行消毒，消毒后的巢脾要用清水漂洗晾干。

9.3.4.2 巢脾保管

储存前用96％～98％的冰乙酸，按每箱体20～30 min密闭熏蒸，以防止大、小蜡螟对巢脾的危害。保存巢脾的仓库应清洁卫生、阴凉、干燥、通风，以避免巢脾霉变。

10 蜜蜂病敌害的防治

10.1 坚持常年饲养强群和保持蜂机具清洁卫生，减少蜜蜂疾病的发生。

10.2 及时治疗患病蜂群。

10.3 蜜蜂病敌害防治药物使用应符合 NY 5138 的规定。

11 生产管理

11.1 总则

11.1.1 患病蜂群不应用于蜂产品生产。

11.1.2 所有用于蜂产品生产的设备及用具应对人蜂无毒,无害。

11.1.3 蜂产品生产前后,应对所有与蜂产品直接接触的用具进行清洗消毒。

11.1.4 蜂产品生产期,生产群不应使用任何蜂药。

11.1.5 农作物及其他栽培作物蜜源施药期间,不应进行蜂产品生产。

11.2 蜂王浆生产

11.2.1 移虫、采浆操作间应保持洁净卫生。

11.2.2 蜂王浆生产群应有充足的优质饲料。

11.3 蜂蜜生产

11.3.1 取蜜场所应清洁卫生。

11.3.2 商品蜜生产前,应取出生产群中的饲料蜜。

11.4 蜂胶生产

蜂群治螨用药前应取出蜂胶集胶器,刮集蜂箱内的存胶。

11.5 蜂花粉生产

11.5.1 安装脱粉器前,应洗净生产群蜂箱前壁和巢门板上的尘土,防止污染花粉。

11.5.2 刚采收的鲜花粉质地松软,容易散团,不应过多翻动。

11.5.3 脱出的花粉应采用适宜方法及时干燥处理,密封保存。

12 蜂产品储藏

蜂产品储藏应符合 NY 5134、NY 5135、NY 5136、NY 5137 的规定。

NY 5138—2002
无公害食品　蜜蜂饲养兽药使用准则

(2002-07-25 发布,2002-09-01 实施)

1　范围

本标准规定了在生产无公害食品的蜜蜂饲养过程中允许使用的兽药种类及其使用准则。

本标准适用于无公害食品的蜜蜂饲养过程的生产、管理和认证。

2　规范性引用文件

下列文件中的条款通过本标准的引用而成为本标准的条款。凡是注日期的引用文件,其随后所有的修改单(不包括勘误的内容)或修订版均不适用于本标准,然而,鼓励根据本标准达成协议的各方研究是否可使用这些文件的最新版本。凡是不注日期的引用文件,其最新版本适用于本标准。

NY/T 5139　无公害食品　蜜蜂饲养管理准则

中华人民共和国兽药典(2000 年版)

中华人民共和国兽药规范(1992)

兽药管理条例

进口兽药质量标准(1999)

食品动物禁用的兽药及其他化合物清单(中华人民共和国农业部公告第 193 号)

3　术语和定义

下列术语和定义适用于本标准。

3.1　蜜蜂 honeybee

能泌蜡筑巢,供人类饲养,生产蜂蜜等蜜蜂产品的经济昆虫。

3.2　兽药 veterinary drug

用于预防、治疗和诊断畜禽等动物的疾病,有目的地调节其生理机能并规定作用、用途、用法、用量的物质(含饲料药物添加剂)。包括兽用生物制品、兽用药品(化学药品,中药、抗生素、生化药品,放射性药品)。

3.2.1　抗菌药 antibacterial drug

能够抑制或杀灭病原菌的药物,其中包括中药材、中成药、化学药品、抗生素及其制剂。

3.2.2　抗寄生虫药 antiparasitic drug

能够杀灭或驱除体内、体外寄生虫的药物,其中包括中药材、中成药、化学药品、抗生素及其制剂。

3.2.3　消毒药 disinfectant

用于杀灭环境中的病原微生物、防止疾病发生和传染的药物。

3.3　休药期 withdrawal period

蜜蜂从停止给药到其产品收获的间隔时间。

4　使用准则

蜜蜂饲养者对蜜蜂的饲养应从加强管理入手，保证蜜蜂群有充足、富含营养物质的饲料，选择抗病的品种，采取各种措施以减少疾病，增强自身的抗病能力。养蜂场地应符合 NY/T 5139 的规定。蜜蜂疾病以综合防治为主，必要时用药物进行治疗和消毒，所用的药物必须符合《中华人民共和国兽药典》、《中华人民共和国兽药规范》、《进口兽药质量标准》等的相关规定，并必须来自具有《兽药生产许可证》和产品批准文号的生产企业，或者具有《进口兽药许可证》的供应商。所用药物的标签必须符合《兽药管理条例》的规定。

4.1　优先选用借日光、烘烤、灼烧，洗涤和铲除等机械的或物理的消毒方法，必要时使用消毒药物对饲养环境、蜂箱、巢脾和器具等进行消毒，但应符合 NY/T 5139 的规定。

4.2　允许使用《中华人民共和国兽药典》二部及《中华人民共和国兽药规范》二部收载的中药材，中药成方制剂，以防治蜜蜂的各种疾病。

4.3　允许使用附录 A 中的药物，应注意以下几点：

4.3.1　对蜜蜂疾病经诊断后，选择合适的一种药物，避免重复用药；同时考虑交替用药，尽可能降低耐药性的产生；使用时要严格遵守规定的用法与用量。

4.3.2　休药期应遵守附录 A 中的规定。

4.4　建立并保存全部用药的记录，治疗用药记录包括蜂群的编号、发病时间及症状、治疗用药物名称（商品名及有效成分）、用药方式、用药量、疗程、治疗时间等。

4.5　禁止使用未经国家畜牧兽医行政管理部门批准的兽药或已经淘汰的兽药。

4.6　严禁使用《食品动物禁用的兽药及其他化合物清单》中的药物及化合物。

附　录　A
（规范性附录）

表 A.1　无公害食品蜜蜂饲养允许使用的药物及使用规定

名称	作用与用途	用法与用量	休药期
双甲脒条（500 mg）(amitraz strip)	用于防治蜂螨	悬挂于蜂群空隙处，每群 1 条，点燃密闭熏烟 15 min，每周 1 次，3 周为 1 个疗程	7 d
氟氧苯氰菊酯条 (flumethrin strip)	用于防治蜂螨	悬挂于蜂群内，每群 2 条，6 周为 1 个疗程	采蜜期禁用
氟胺氰菊酯条 (fluvalinate strip)	用于防治蜂螨	悬挂于蜂群内，每群 2 条，3 周为 1 个疗程	采蜜期禁用
甲酸溶液（甲酸 7 mL 与乙醇 3 mL）(formic acid solution)	用于治疗蜂螨，无蜂使用	熏蒸：临用前将二者混合，在 22℃ 以上气温下，密闭熏蒸 5～6 h，每 10 mL 在标准箱内熏蒸 7～8 张无蜂封盖子脾	

续表 A.1

名称	作用与用途	用法与用量	休药期
甲硝唑片 (metronidazole tablets)	用于防治蜂孢子虫病	饲喂：每升50%糖水加本品500 mg，隔3 d 1次，连用7次	采蜜期禁用
盐酸金刚烷胺粉(13%) (amantadine hydrochloride powder)	用于防治蜂囊状幼虫病	饲喂：每升50%糖水加本品2 g，每群250 mL，3 d 1次，连用6次	采蜜期停止使用
酞丁胺粉(4%) (etibamzone powder)	用于蜂麻痹病	饲喂：每升50%糖水加本品12 g，每群250 mL，隔日1次，连用5次	采蜜期停止使用
盐酸土霉素可溶性粉 (oxytetracycline hydrochloride soluble powder)	用于防治细菌性疾病	饲喂：每群200 mg(按有效成分计)，与1∶1糖浆适量混匀，隔4～5 d 1次，连用3次	采蜜前6周停止给药
制霉菌素 (nystatin)	用于防治真菌性疾病	饲喂：每升50%糖水加本品200 mg，隔3 d 1次，连用5次	采蜜期停止使用

NY/T 639—2002
蜂蜜生产技术规范

（2002-12-30 发布，2003-03-01 实施）

1 范围

本标准规定了蜜蜂采蜜群的组织管理、蜂蜜生产技术要求，以及蜂蜜标志、贮存等。

本标准适用于蜜蜂所采集酿造的天然蜂蜜。

2 规范性引用文件

下列文件中的条款通过本标准的引用而成为本标准的条款。凡是注日期的引用文件，其随后所有的修改单（不包括勘误的内容）或修订版均不适用于本标准。然而，鼓励根据本标准达成协议的各方研究是否可使用这些文件的最新版本。凡是不注日期的引用文件，其最新版本适用于本标准。

GB/T 191　包装储运图示标志

3 术语和定义

下列术语和定义适用于本标准。

3.1　蜂蜜 honey

蜜蜂采集植物的花蜜或分泌物，经自身充分酿造而贮存在巢脾中带有芳香味的甜物质。

3.2　主副群饲养 management of principal and subordinate bee colonies

群势强弱不同的蜂群并列放置，主群即生产群，副群即辅助繁殖群。

3.3　双王群 two-queen colony

将两只蜂王分隔在同一蜂巢两个产卵区内的蜂群。

3.4　采蜜群 colonies for honey-getting

生产商品蜜的蜂群，又叫生产群。

3.5　适龄采集蜂 forager of proper age

器官及功能适合出巢采集的工蜂。

3.6　流蜜期 period of secreting-honey

外界有一种或多种主要蜜源植物开花，蜂群能生产大量蜂蜜的时期。

3.7　群势 power of colony，population of a colony

蜂群中工蜂及子脾的数量状况。

4 蜂蜜生产技术要求

4.1　生产蜂蜜的工具和设备

4.1.1　割蜜刀：采用不锈钢制品。

4.1.2　分蜜机：采用不锈钢或无毒塑料制造。

4.1.3　巢础：使用纯净蜂蜡巢础或塑料巢础。

4.2 蜂蜜生产蜂群的组织与管理

4.2.1 培育适龄采集蜂

在当地主要蜜源流蜜期前40天开始培育，蜜源不充足时奖励饲喂，培育适龄采集蜂。

4.2.2 准备巢脾

在主要流蜜期前准备大量的贮蜜用的巢脾。

4.2.3 组织采蜜群

在流蜜期15天前，从辅助群提出封盖子脾，调入生产群。

4.2.4 调整蜂群

在流蜜期开始前调整蜂群，将未封盖子脾放入巢箱，适当加入空巢脾、卵虫脾、粉脾和巢础框。其余封盖子脾放入继箱，补加空脾。

4.3 采蜜群的管理

4.3.1 流蜜初期，在每天拂晓前用该蜜源的蜜水饲喂，每群100～200 g，以引导蜜蜂提前上花采蜜。

4.3.2 当主要蜜源流蜜期在12天左右，且以后没有主要蜜源时，要在流蜜期前10天开始限制蜂王产卵，直至蜜源结束为止，以便工蜂集中力量采蜜和酿蜜，夺取蜂蜜高产；当主要流蜜期在30天以上仍有主要蜜源流蜜时，适当限制蜂王产卵，采取采蜜繁殖并举的饲养方式。

4.4 蜂蜜采收要求

采收的蜜脾应有1/3以上的蜜房封盖。

4.5 保证蜂蜜优质高产的主要技术措施

4.5.1 选用符合生产需要的优良高产蜂种和健康蜂群。

4.5.2 饲养强群，生产成熟蜂蜜。

4.5.3 选择无污染的蜜源地区放蜂。

4.5.4 使用国家允许的无污染的高效低毒蜂药防治蜜蜂病虫害，严格遵循休药期的管理。

4.5.5 使用符合食品卫生要求的装蜜容器。

4.5.6 采收蜂蜜时要保持环境卫生。

5 贮存、标志

5.1 贮存

贮存场地应清洁卫生，远离污染源，不得与有毒、有害、有异味物质同库、同处贮存。防潮湿，防暴晒，防风沙，防止温度急剧升降。

5.2 标志

5.2.1 产品标志

产品标志应采用铭牌、标签、涂刷等不易损坏的方式固定在包装容器上。产品标志的内容应包括产品名称、蜜源种类、等级、生产日期或批号、编号、生产者或经销者的名称。

5.2.2 包装储运标志

包装储运标志应符合GB/T 191的规定。

NY/T 638—2002
蜂王浆生产技术规范

（2002-12-30 发布，2003-03-01 实施）

1 范围

本标准规定了蜂王浆生产的技术要求、操作方法、标志、包装、储存、运输等。

本标准适用于蜂王浆的生产。

2 术语和定义

下列术语和定义适用于本标准。

蜂王浆 royal jelly

是哺育蜂舌腺和上颚腺的混合分泌物，是蜂王生命活动中的主要食物。又称蜂皇浆、王浆、蜂乳、王乳等。

3 蜂王浆生产的技术要求

3.1 生产蜂群

无传染性疾病的健康蜂群，群势达 6 框蜂以上，蜜粉饲料充足。

3.2 工具和设备

3.2.1 采浆框

外围尺寸与巢框一致，为长 448 mm，高 232 mm。上梁长 480 mm，宽 13 mm，厚 20 mm；边条宽 13 mm，厚 10 mm；台基板条宽 13 mm，厚 8 mm。每框安装 3～5 条台基条。台基板条可自由拆装。

3.2.2 台基条

用无毒塑料制造，每条可放 25～33 个杯形台基。

3.2.3 台基

用无毒塑料制造，台基高 12 mm，台口内径为 9～12 mm。

3.2.4 移虫针

采用牛角或无毒塑料舌片制成。

3.2.5 取浆器具

用无毒、不污染蜂产品的材料制作，也可采用小型真空吸浆器。

3.2.6 其他用具及设备

镊子、刀片、盛浆瓶、冰箱或冰柜、纱布、毛巾、消毒酒精、浆框盛放箱、巢脾承托盘等。

3.3 生产蜂群的组织

3.3.1 原群组织法

用隔王板将蜂群隔成繁殖区和生产区，生产区内放 1～2 张蜜粉脾，1～2 张幼虫脾，其余为封盖子脾，采浆框插在幼虫脾与蜜粉脾或封盖子脾之间，繁殖区放卵虫脾、空脾、即将或开始出房的蛹脾、蜜粉脾,使生产群蜂脾相称或蜂略多于脾。

3.3.2 多群拼组法

如外界气候、蜜源条件良好,而蜂群群势尚不足,可采用多群拼组法,提前生产蜂王浆。即于生产蜂王浆前1周,将数群非生产群中的正在出房的老熟子脾及刚出房的幼蜂提入预定的生产群。1周后,生产蜂群群势达8框以上。在巢、继箱之间加隔王板,使继箱为无王生产区,巢脾摆放同原群组织法。

3.4 蜂王浆生产蜂群的管理

3.4.1 刚开始生产蜂王浆,蜂群群势较弱,王台基数量要适当,做到量群定台。群势密集,蜂略多于脾。

炎热季节,注意给蜂群遮阴或将蜂群放在树荫下,扩大巢门,打开箱底纱窗。高温干旱时,要在每天上午11时和下午2时,用打湿的覆布或毛巾盖在铁纱副盖上,或在巢内加饲喂器喂水,便于蜜蜂吸水降温和保持巢内湿度。

3.4.2 检查调整群势

每隔5～7天检查调整一次蜂群。检查调整时,将繁殖区的新封盖子脾和1～2张幼虫脾调到生产区,将生产区内的正在出房子脾调到繁殖区。检查时,注意清除自然王台,以免影响王台接受率和蜂群发生自然分蜂。

3.5 生产蜂王浆的工序

3.5.1 安装台基

将台基条固定在采浆框上。

3.5.2 清扫台基

生产蜂王浆前,将新组装好的采浆框插入生产群内,让工蜂清理12 h左右。

3.5.3 点浆

新台基经过工蜂清扫后,临移虫时往其底部点少许新鲜蜂王浆,以提高蜂群对移入幼虫的接受率。

3.5.4 移虫

用移虫针把1日龄左右的幼虫从巢脾的蜂房中移出,放在台基底部的中央,每个台基一只。

3.5.5 补虫

将采浆框插入蜂群后,过3～5 h提出,对未接受的台基补移一次幼虫。

3.5.6 提框

移虫后48～72 h,将采浆框从蜂群中提出,轻轻抖落框上蜜蜂,然后用蜂刷把框上的余下蜜蜂扫落到原巢箱门口。把采浆框放于浆框盛放箱,及时运回取浆室。

3.5.7 割台

用锋利削刀将台基加高的部分割去。割台时,要使台口平整,不要将幼虫割破。

3.5.8 捡虫

用镊子将幼虫捡出,不慎割破或夹破的幼虫,要把台内的王浆取出另装。

3.5.9 取浆

用取浆器具取浆。尽可能取净王浆,取出的王浆暂存于盛浆容器中。

3.5.10 清台

未被接受的台基内往往有赘蜡，及时清理台基。

3.5.11 保存

王浆采收完成后立即密封，标明重量、日期、产地，并尽快将其放到冰箱或冰柜中冷冻保存。

3.6 技术措施

3.6.1 蜂种：从育种单位引进蜂王浆优质高产种蜂王，培育生产王浆用王，杂交王只使用一代。

3.6.2 保持巢内有充足的饲料，并适当奖励饲喂。

3.6.3 根据群势和蜜源条件决定用台数量。

3.6.4 掌握移虫和取浆时间，72 h 取浆。

3.6.5 取浆人员及用具卫生：蜂王浆采收人员要健康，穿工作服，戴工作帽、口罩，保持手和工作服清洁，一切接触蜂王浆的用具，取浆前要用75%的酒精消毒。取浆房间要保持清洁，定期消毒。

4 标志

产品包装上应注明下述内容：产品名称，花种，蜂种，产地，净含量，毛重，皮重，生产日期，收购日期，送货单位，检验人等。

5 包装

包装应采用符合食品卫生要求的带盖塑料瓶或桶。用前要清洗干净，并用75%的食用酒精消毒，晾干再用。

6 储存、运输

6.1 储存

6.1.1 蜂王浆采收后，应及时储存在－18℃的条件下。产品应按生产日期、花种、产地分别码放。

6.1.2 产品不得与有异味、有毒、有腐蚀性和可能产生污染的物品同库存放。

6.2 运输

6.2.1 运输工具应清洁干净，产品应低温运输，不得与有异味、有毒、有腐蚀性、放射性和可能发生污染的物品同装混运。

6.2.2 发运前对包装箱进行检查，转运过程中要避免高温、日晒、雨淋。

NY/T 637—2002
蜂花粉生产技术规范

（2002-12-30 发布，2003-03-01 实施）

1 范围

本标准规定了蜂花粉采收蜂群、采收器具、采收技术、干燥方法、包装、贮存和运输要求。

本标准适用于活框蜂箱饲养的蜂群生产蜂花粉。

2 规范性引用文件

下列文件中的条款通过本标准的引用而成为本标准的条款。凡是注日期的引用文件，其随后所有的修改单（不包括勘误的内容）或修订版均不适用于本标准，然而，鼓励根据本标准达成协议的各方研究是否可使用这些文件的最新版本。凡是不注日期的引用文件，其最新版本适用于本标准。

GB/T 191 包装储运图示标志

3 术语和定义

下列术语和定义适用于本标准。

3.1 蜂花粉 bee pollen

蜜蜂采集被子植物雄蕊花药或裸子植物小孢子囊内的花粉细胞，形成的团粒状物。

3.2 碎蜂花粉 bee pollen debris

团粒状蜂花粉的破碎物。

3.3 蜂花粉采收蜂群 colonies for pollen-getting

用于采收蜂花粉的蜂群称为蜂花粉采收蜂群，简称“采粉群”。

3.4 脱粉器具 pollen trap

截留归巢蜜蜂后足携带蜂花粉的器具。

3.5 蜜粉脾 honey and pollen comb

大多数巢房内是蜂蜜、蜂花粉或蜂粮的巢脾。

3.6 主要粉源植物 main pollen plant

数量多、分布广、花粉丰富，可供蜂群生产蜂花粉的植物。

4 蜂花粉采收蜂群管理

4.1 蜂花粉采收前的准备

采收蜂花粉前约 45 天，开始培育适龄采集蜂并淘汰老劣蜂王，适当调整群势，使其成为具有较强群势的采粉群。

4.2 采粉群的管理

抽出部分蜜粉脾，以刺激蜜蜂采集花粉的积极性。

外界缺乏蜜源时，要酌情进行奖励饲喂。蜂群失王时，应及时诱入产卵蜂王；要适时调整蜂巢,为蜂王产卵创造条件。

4.3 采粉群的陈列

采粉蜂场位置需阳光充足,干燥避风,箱门背朝常年主导风向,远离污染源(农药、粉尘、传染病疫区、废渣、废气等)。采收蜂花粉前,应将蜂箱前壁和巢门板清理干净,并保持蜂箱及周围环境的清洁。

摆放成排的蜂群,应当全部同时脱粉,如不同时脱粉,应用隔离物将脱粉群与不脱粉群隔开,以避免脱粉群的采集蜂偏集到未安装脱粉器的蜂群。

5 脱粉器具的安装

5.1 应选择结构简单,脱粉孔径合适,不伤蜂体,能很好保持蜂花粉团粒完整、清洁、不易混入杂质的脱粉器具。

5.2 安放脱粉器具时,要保持脱粉器具与蜂箱箱体间的紧密结合,保证工蜂只能通过脱粉器具出入蜂箱。

5.3 使用无集粉装置的巢门脱粉器具时,应事先将蜂箱后部垫高 10 cm,清扫干净巢门板及箱前地面,并铺设两张重叠的干净白纸或牛皮纸,下面一张比上面一张大一些,收集蜂花粉时,只拿起上面的一张,以免带入纸底所粘尘土。严禁使用油毛毡或有毒塑料等制作脱粉器具或其衬垫。

6 蜂花粉的采收细则

6.1 主要粉源植物开花吐粉,蜜蜂能采到大量花粉时,可按本规范要求组织蜂群采收蜂花粉。

6.2 脱粉应在每天蜂群采粉高峰期进行,脱粉时间长短应以不影响蜂群的正常需要为原则。

6.3 每天脱粉结束时,要及时收取脱下的蜂花粉,在脱粉器内置放的时间不得超过 8 h。闷热天气,用带集粉盒的巢门脱粉器采收蜂花粉时,应每 2 h 收取一次盒内的蜂花粉。

6.4 收取蜂花粉时,动作要轻,以免蜂花粉团破碎。每天脱下的蜂花粉收取完后,要将脱粉器具清洗干净,以便下次使用。

7 蜂花粉的干燥

用脱粉器具采收的新鲜蜂花粉除立即置－5℃以下冻存外,均需用适当方法干燥至含水量8％以下,以防发酵和霉变。

7.1 阳光晒干

将采收到的新鲜蜂花粉均匀地摊在干净的纸或布上,厚度 1～2 cm,罩上防蝇防尘纱网,置阳光下照晒,日晒过程中应勤翻动,翻动时动作轻缓,避免团粒破碎。

蜂花粉晾晒地点应远离公路、铁路和有扬尘的地方。

7.2 自然风干

将采收到的新鲜蜂花粉摊在干净的细纱网上,厚度不超过 2 cm,放在干燥通风处自然风干。该法系阴、雨天的应急措施,难以使蜂花粉含水量降至 8％以下,还需采用其他方法继续干燥。

7.3 日晒通风干燥

将采收的新鲜蜂花粉摊放在用架撑起(离地面 80～100 cm)的细纱网上,在阳光充足的地方晾晒通风干燥。

7.4 热风干燥

将新鲜蜂花粉均匀地摊在干净细纱网上，厚度约2 cm，在特制的干燥箱中或干燥室内用热风机吹干，干燥温度保持不超过48℃。

7.5 变色硅胶干燥

将蜂花粉和变色硅胶按15：1(质量比)的比例交替堆叠在密封干燥箱中干燥，使蜂花粉的含水量降至8%以下。变色硅胶需用4～5层纱布包好。吸水后变为红色的变色硅胶于150℃烘烤，恢复蓝色后可再次使用。

7.6 远红外线干燥

将采收到的新鲜蜂花粉放入远红外花粉干燥箱中加热干燥。箱内温度不超过48℃。

7.7 冷冻干燥

将采收的新鲜蜂花粉放在冻干机中冷冻干燥。

8 包装、运输、贮存

8.1 包装

8.1.1 包装材料应干燥、清洁、无异味，不影响蜂花粉品质，符合食品卫生标准。

8.1.2 包装要牢固、防潮、整洁，便于装卸、仓储和运输。

8.1.3 包装储运图示标志应符合GB/T 191规定。

8.2 运输

所使用的运输工具应保持清洁、干燥、无异味；运输时应防潮、防雨、防暴晒、防风沙；装卸时轻放轻卸，严禁与有毒、有害、有异味、易污染的物品混装混运。

8.3 贮存

8.3.1 产品应贮于清洁、干燥、阴凉、无异味的专用仓库(温度在－5℃以下)中，冷库周围应无异味。或者用真空充氮贮存。

8.3.2 短期临时存放，应经过干燥和密封处理后存于阴凉干燥处。

8.3.3 不同产地、花种、等级或不同季节采集的产品应分别贮存。

8.3.4 贮存场所应清洁卫生，不得与有毒、有害、有异味的物品同处贮存。

NY/T 629—2002
蜂胶

（2002-12-30 发布，2003-03-01 实施）

1 范围

本标准规定了蜂胶的定义、质量要求、检验方法、检验规则、标志、包装、贮运要求。

本标准适用于蜂胶的生产、加工和销售。

2 规范性引用文件

下列文件中的条款通过本标准的引用而成为本标准的条款。凡是注日期的引用文件，其随后所有的修改单（不包括勘误的内容）或修订版不适用于本标准，然而，鼓励根据本标准达成协议的各方研究是否可使用这些文件的最新版本。凡是不注日期的引用文件，其最新版本适用于本标准。

GB/T 191 包装储运图示标志

GB/T 601 化学试剂滴定分析（容量分析）用标准溶液的制备

GB 1631 食品包装材料用尼龙树脂卫生标准

GB 1632 食品包装材料用尼龙成型品卫生标准

GB/T 5009.12 食品中铅的测定方法

GB 15204 食品容器、包装材料用偏氯乙烯-氯乙烯共聚树脂卫生标准

3 术语和定义

下列术语和定义适用于本标准。

3.1 蜂胶 propolis

蜜蜂将采自植物的枝条、叶芽及愈伤组织等的分泌物与上腭腺、蜡腺等的分泌物同少量花粉混合后所形成的黏性物质。

3.2 总黄酮 total flavonoids

蜂胶中黄酮及类黄酮类物质的含量总和。本标准是以蜂胶中常见的高良姜素（galangin），槲皮素（quercetin），芦丁（rutin），杨梅酮（myricetin），莰菲醇（kaempferol），芹菜素（apigenin），松属素（pinocembrin），柯因（chrysine）等 8 种黄酮含量之和表示。

3.3 氧化时间 oxidation time

蜂胶的综合氧化能力（即综合还原能力），通常指一定量的蜂胶使一定体积的浓度为 0.01 mol/L 的高锰酸钾液的紫红色完全消退所需时间，用秒（s）来计量。

4 质量要求

4.1 感官

蜂胶的感官指标应符合表 1 的规定。

表1 感官指标

项目	等级			
	优等品	一等品	二等品	等外品
状态	不透明的非晶状团块或碎片，10℃以下为固体，20～40℃逐渐变软，有黏性和可塑性，60℃以上逐渐熔化为黏稠性液体			
气味	有浓烈的芳香味	有较浓的芳香味	有明显的芳香味	芳香味较淡
色泽	暗绿、灰褐、灰黑或褐色等，有较亮丽的光泽	暗绿、灰褐、灰黑或褐色等，有亮丽的光泽	暗绿、灰褐、灰黑或褐色等，有光泽	暗绿、灰褐、灰黑或褐色等，色泽灰暗
滋味	用口尝辛辣感极强	用口尝辛辣感较强	有明显的辛辣感	辛辣感较淡

4.2 理化指标

蜂胶的理化指标应符合表2的规定。

表2 理化指标

项目	等级			
	优等品	一等品	二等品	等外品
75%乙醇提取物含量/%	≥70	55～70	40～55	≤40
蜂蜡和75%乙醇不溶物含量/%	≤30	30～45	45～60	≥60
氧化时间/s	≤5	5～10	10～22	≥22
总黄酮含量/%	≥15	10～15	5～10	≤5
铅含量(以Pb计)/(mg/kg)	≤1	1～3	3～8	≥8

5 检验方法

5.1 抽样与取样

5.1.1 抽样方法

每批20件以下者，抽样件数不少于50%；20件以上者，每增加10件，增抽样品一件。

5.1.2 取样方法

随机从包装中取出蜂胶若干。对于块状蜂胶，分别从不同胶块或同一胶块的不同部位取样5～10 g，使每一批的取样总量不少于300 g。然后将采得的样品放入3～10℃的冰箱中冷冻1 h后，再取出将其砸成或粉碎成粉末状。

5.2 感官检验

5.2.1 色泽

将蜂胶块冷冻后，用锤砸开，在自然光的环境中观察外表及断面的光泽度。

5.2.2 黏性

将蜂胶块(沫)加热至35℃以上，用手揉搓成条，再慢慢向两端拉伸。含胶量越大，黏性越大，拉伸长度亦越大。

5.2.3 气味、滋味

取少许试样置于一特定的玻璃板上，先口尝蜂胶的滋味，再点燃，嗅其气味是否异常。

5.3 理化检验

5.3.1 蜂胶总黄酮含量的测定见附录 A.1。

5.3.2 蜂胶抗氧化时间的测定见附录 A.2。

5.3.3 蜂胶中乙醇可溶物的含量测定见附录 A.3。

5.3.4 蜂蜡和不溶物的含量测定见附录 A.4。

6 检验规则

6.1 组批规则

6.1.1 产品均应以批为单位,同批产品的品质、规格、包装应整齐一致。

6.1.2 同一地区、按同一过程所生产的同规格产品为一个货批。

6.2 检验

6.2.1 型式检验

型式检验是对产品质量进行全面考核,即对本标准规定的全部要求(指标)进行检验。有下列情形之一者应对产品质量进行型式检验。

a)对产品进行年度抽查检验;

b)产品出口、评优或国家质量监督机构、行业主管部门提出型式检验要求;

c)前后两次抽样检验结果差异较大;

d)因人为或自然因素使生产环境发生较大变化。

6.2.2 交收检验

每批产品交收(出厂)前,生产单位都要进行感官、标志和包装等的检验,检验合格后并附合格证的产品方可交收(出厂)。

6.2.3 包装检验

应按 8 的规定进行。

6.3 抽样方法

抽样应按本标准 5.1.1 的规定,从每一批货中随机抽取样品。一半样品作为检测用,另一半作为备用样品暂存。

6.4 判定规则

6.4.1 检验结果全部符合本标准规定的产品为合格。

6.4.2 主要理化指标、有毒有害指标中有一项不合格,则判定该批次受检产品为不合格。

6.4.3 该批次样本标志、包装、净含量不合格者,允许生产单位进行整改后申请复检一次。若检验结果中出现不符合本标准规定的指标,允许复检一次,复检应取同一批产品中副样进行,以复检结果为准。但感官指标检测不合格不得复检。

7 标志

7.1 食品标签

应符合 GB 7718 的要求。运输包装上的标志应与食品标签一致。

7.2 图示标志

应符合 GB/T 191 的要求。

8 包装、运输、贮存

8.1 包装

8.1.1 包装材料应符合食品卫生安全标准要求。

8.1.2 包装要牢固、防潮、整洁,便于装卸、仓储和运输。

8.1.3 产品应按同产地、同规格分别包装。

8.2 运输

8.2.1 运输时做到运输工具清洁卫生、干燥、无异味、无污染,严禁与有毒、有害、有异味、易污染的物品混装混运。

8.2.2 运输途中严防日晒、雨淋,装卸时应轻放轻卸。

8.3 贮存

8.3.1 临时或短期贮存,应以阴凉干燥、清洁卫生的场所为宜,严禁日晒、雨淋及有毒有害物质的污染。

8.3.2 长时间存放,应按产品等级、规格分别堆放,保持贮存场所阴凉干燥。

8.3.3 产品不得与有毒、有害、有异味的物品同处贮存。

附 录 A
(规范性附录)
蜂胶的理化指标检测方法

A.1 蜂胶总黄酮含量的测定

A.1.1 原理

母核上羟基、甲氧基、糖甙元的个数不同,而形成一系列黄酮和黄酮甙。蜂胶中常见的黄酮是以下8种:高良姜素、槲皮素、芦丁、杨梅酮、莰菲醇、芹菜素、松属素、柯因,在紫外波长270 nm处均有吸收。

这8种黄酮的分子中因含有羟基的数量不同而极性不同,在反向C_{18}柱上的保留时间不同,随着羟基个数的减少其保留时间增加。因此以下八种黄酮出峰的顺序应是芦丁→杨梅酮→槲皮素→莰菲醇→芹菜素→松属素→柯因→高良姜素。用反向高效液相色谱法测定蜂胶中的黄酮含量,快速、准确、精密度高。

A.1.2 试剂

a)高良姜素,槲皮素,芦丁,杨梅酮,莰菲醇,芹菜素,松属素,柯因(色谱纯);

b)甲醇(优级纯,并经0.5 μm滤膜过滤)、乙醇、磷酸(优级纯)、蒸馏水(重蒸,并经0.45 μm滤膜过滤)。

A.1.3 设备和仪器

a)超声波水浴;

b)振荡器;

c)高压液相色谱仪(紫外检测器);

d)天平。

A.1.4 色谱条件

色谱柱：Kromasil-C_{18}(0.4 cm×25 cm)；

流动相：65%甲醇-35%水(用磷酸调 pH 至 3)；

流速：0.7 mL/min；

检测器：UV270 nm×0.1AUFS；

定量方法：外标法(峰面积)。

A.1.5 步骤

A.1.5.1 配制标准溶液

精密称取高良姜素、槲皮素、芦丁、杨梅酮、莰菲醇、芹菜素、松属素、柯因标样各 2.0 mg 于 50 mL 的容量瓶中，用甲醇溶解并定容，摇匀备用。

A.1.5.2 样品溶液的制备

称取蜂胶样品 0.1 g(精确到 0.001 g)，放入 50 mL 的容量瓶中，加入 40 mL 甲醇，在超声波水浴中加热至 60℃，振荡 30 min，待样品溶解后，用甲醇定容，用 0.5 μm 的滤膜过滤，滤液用做上机分析。

A.1.5.3 测定

在上述色谱条件下，取 10 μL 标准溶液进行分析，得到色谱图，重复进样 6 次，计算峰面积的平均值；在同一色谱条件下，取 10 μL 样品溶液进行分析，外标法计算样品中各种黄酮的含量。

A.1.5.4 计算

见式(A.1)：

$$C=\frac{M\times A_2\times V_2\times 100}{W\times A_1\times V_1} \qquad \text{(A.1)}$$

式中：

C—每 100 g 样品中各种黄酮的含量，单位为毫克(mg)；

M—10 μL 标准样品中各种黄酮的含量，单位为微克(μg)；

A_2—10 μL 样品溶液中各种相应黄酮的峰面积平均值；

V_2—样品定容的体积，单位为微升(μL)；

W—样品的称取量，单位为克(g)；

A_1—10 μL 标准溶液中各种黄酮的峰面积平均值；

V_1—样品的进样体积，单位为微升(μL)。

A.2 蜂胶氧化时间的测定

A.2.1 测定原理

高锰酸钾是一种强氧化剂，在强酸性条件下其氧化性能最强，MnO_4^- 在溶液中呈紫红色，被还原后因获得 5 个电子生成 Mn^{2+}，溶液的色泽消失，其反应式如下：

$$\underset{\text{(紫红色)}}{MnO_4^-}+8H^++5e \rightleftharpoons \underset{\text{(无色)}}{Mn^{2+}}+4H_2O$$

蜂胶的化学组成极为复杂，现已从中成功地分离并鉴定出 300 多种物质，其中具有还原性能的不饱和醇、醛、酮、酸、黄酮、萜烯类等化合物就有 100 多种，这些化合物与高锰酸钾发生氧化-还原反应后，高锰酸钾被还原，从而使溶液的颜色由紫红色变成无色。利用这一特性，每次测定同等质量的蜂胶使浓度体积都固定的紫红色高锰酸钾液的颜色完全消退所需时间（用秒(s)计），我们将其称为该样品的氧化时间。氧化时间短的蜂胶具有较强的抗氧化能力，比较所测定的蜂胶的抗氧化时即可对它们的质量品质做出相应的判断。

A.2.2　试剂

a)乙醇(95%)：分析纯。

b)高锰酸钾：分析纯。配制成0.01 mol/L的高锰酸钾液，即精确称取3.160 g的高锰酸钾，用水稀释至1 L。

c)硫酸95%～98%：分析纯。配制成20%的硫酸液。

d)蒸馏水。

A.2.3　设备和仪器

a)天平(感量0.001 g)；

b)电动粉碎机；

c)振荡器；

d)秒表；

e)250 mL具塞磨口锥形瓶若干；

f)50 mL、100 mL、1 000 mL容量瓶若干；

g)50 mL锥形瓶若干；

h)0.2 mL、1.0 mL、2.0 mL、5.0 mL、10.0 mL移液管若干；

i)漏斗、定量滤纸若干。

A.2.4　步骤

a)在室温下，称取1 g(精确到0.001 g)新鲜样品，放入250 mL的具塞锥形瓶中，加入25 mL乙醇，盖好瓶塞，置于振荡器上低速振荡1 h，然后加入100 mL蒸馏水，充分摇匀后，过滤，收集滤液。

b)移液管吸取0.5 mL上述滤液，放入50 mL的容量瓶中，用蒸馏水稀释至刻度。

c)用移液管吸取10 mL稀释液，放入50 mL的锥形瓶中，加入2.0 mL20%的硫酸液，振荡1 min，然后，用0.2 mL的吸量管加入0.05 mL 0.01 mol/L的高锰酸钾液，在加入高锰酸钾液的同时，开动秒表，当溶液的紫红色完全消退时，停止秒表，记录溶液的紫红色完全消退所耗用的时间（以秒(s)计），即是该样品的抗氧化时间。每一个样品同时平行测定两次，取算术平均值作为该样品的测定值。

A.3　蜂胶中乙醇可溶物的含量测定

A.3.1　测定原理

蜂胶原料中含有的主要生物活性和药理作用成分能溶于75%的乙醇液，以此作为评定蜂胶原料质量的一个指标。测定时称量试样中不溶于75%乙醇部分的质量，用减量法可得到溶于75%乙醇液的质量，即是75%的乙醇提取物的质量，计算其在试样中的百分含量。

A.3.2　试剂

a)乙醇(95%)：分析纯；

b)蒸馏水；

c)定量滤纸。

A.3.3 仪器与设备

a)天平(感量 0.001 g);

b)电动粉碎机;

c)鼓风干燥箱;

d)自动振荡器;

e)具塞磨口锥形瓶(250 mL);

f)容量瓶(100 mL、500 mL);

g)烧杯(100 mL、500 mL);

h)瓷研钵;

i)波纹漏斗(ϕ12 cm)。

A.3.4 方法和步骤

a)配制 75%乙醇液;

b)称取 10 g(精确到 0.001 g)蜂胶试样放入研钵内,加入 50 mL 75%的乙醇液,研磨成糊状,将糊状物移入锥形瓶内,用少量乙醇液分 3 次冲洗研钵,冲洗液合并于锥形瓶内,使乙醇液的体积达到 150 mL,盖好瓶塞,将此瓶置于振荡器上,室温条件下每隔 1h 振荡 30 min,浸提时间不得少于 24 h;

c)取一张预先称重的滤纸置于漏斗内,将上述提取液过滤于另一个锥形瓶中,再用少量乙醇分 3 次冲洗原锥形瓶及滤纸,不溶物及滤纸室温晾干后,放入鼓风干燥箱内,50℃干燥至恒重,称重,计算乙醇提取物的质量。在相同条件下做 3 次平行试验。

A.3.5 计算

见式 A.2。

$$X_1=\frac{(W-W_1)\times 100}{W} \quad \cdots\cdots\cdots\cdots (A.2)$$

式中:

X_1—样品中乙醇提取物的含量(%);

W—样品质量,单位为克(g);

W_1—不溶物质量,单位为克(g)。

平行试验允许的误差不超过 1.5%,取 3 次测定的平均值。

A.4 蜂蜡和不溶物的含量测定

利用式(A.2)求得 X_1,再运用减量法,求得蜂蜡和不溶物的含量,具体计算公式见(A.3):

$$X_2=100\%-X_1 \quad \cdots\cdots\cdots\cdots (A.3)$$

式中:

X_2—蜂蜡和不溶物含量(%);

X_1—乙醇提取物含量(%)。

NY/T 1430—2007
农产品产地编码规则

（2007-09-14 发布，2007-12-01 实施）

1 范围

本标准规定了农产品产地编码的术语和定义、产地单元划分原则、产地编码规则、产地单元数据要求。

本标准适用于农产品产地代码编制，也适用于农产品质量安全追溯系统及农业资源环境信息系统的信息采集、存储、检索、分析、输出及交换。

2 规范性引用文件

下列文件中的条款通过本标准的引用而成为本标准的条款。凡是注日期的引用文件，其随后所有的修改单（不包括勘误的内容）或修订版均不适用于本标准，然而，鼓励根据本标准达成协议的各方研究是否可使用这些文件的最新版本。凡是不注日期的引用文件，其最新版本适用于本标准。

GB/T 2260　中华人民共和国行政区划代码

GB/T 7027　信息分类和编码的基本原则与方法

GB/T 7929　1∶500，1∶1 000，1∶2 000 地形图图式

GB/T 10113　分类与编码通用术语

GB/T 10114　县以下行政区划代码编制规则

GB/T 13923　国土基础信息数据分类与代码

3 术语和定义

GB/T 10113 中确立的以及下列术语和定义适用于本标准。

3.1　农产品产地单元 cell of producing area for agricultural products

根据农业管理的需要，按照一定原则划分的、边界清晰的多边形农产品生产区域。

4 产地单元划分原则

产地单元划分应遵循以下原则：

——法定基础原则：应基于法定的地形测量数据进行。

——属地管理原则：产地单元的最大边界为行政村的边界，不应跨村分害。

——地理布局原则：按照农产品产地中的沟渠、河流、湖泊、山丘、道路等地理布局进行划分。

——相对稳定原则：宜保持相对稳定，不宜经常调整。

——因地制宜原则：应根据不同地区的特点和发展要求进行划分。

5 产地编码规则

5.1 产地单元在时间和空间定义上应有惟一的编码。产地单元变更时，其原代码不应占用，变更后的农产品产地单元按照原有编码规则进行扩展。

5.2 农产品产地编码由20位数字组成，其结构如图1所示：

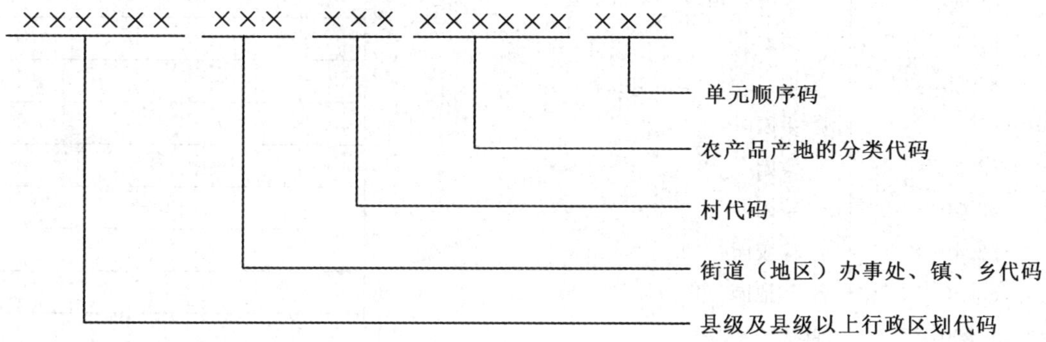

图 1

代码第1段为6位县级及县级以上行政区代码，应按照GB/T 2260规定执行。

代码第2段为3位街道（地区）办事处、镇、乡代码，应按照GB/T 10114规定执行。

代码第3段为3位村代码，由所属乡镇编订。

代码第4段为5位农产品产地属性代码，参见附录A。

代码第5段为3位单元顺序码，由所属行政村编订。

6 产地单元数据要求

按附录B规定执行。

附 录 A

（规范性附录）

国土基础信息数据分类与代码农产品产地

A.1 农产品产地

GB/T 13923《国土基础信息数据分类与代码》中规定了农产品产地的分类与代码。见表A.1。

表 A.1

代码	名称	说明
81000	耕地	
81010	水田	
81011	稻田	
81012	水生作物地	
81020	旱地	
81030	经济作物地	
81040	菜地	
82000	园地	
82010	果园	
82020	桑园	
82030	茶园	
82040	橡胶园	
82050	其他园	
84000	草地	
84010	牧草地	
84011	天然牧草地	
84012	改良牧草地	
84013	人工牧草地	
84020	半荒草地	
84030	荒草地	
94050	饲养场	
94051	畜类饲养场(猪、牛、羊等饲养场)	
94052	禽类饲养场(鸡、鸭、鹅等饲养场)	
94130	菜窑、温室、花房	
21010	常年河	
23011	淡水湖	
24010	水库	
24150	池塘	
24151	基塘区鱼塘	
26038	贝类养殖场	
26110	水产养殖场	
31091	乡级以下居民地	
31100	政企合一单位(农场、牧场等)	
32027	放牧点	

附 录 B
(规范性附录)
农产品产地单元数据要求

B.1 一般规定

B.1.1 时间是描述农产品产地单元的重要属性数据之一，它记录了农产品产地单元划分与变更的历史过程。

B.1.2 农产品产地单元数据应以法定计量单位进行描述。其中，面积的计量单位为平方米，长度的计量单位为米。

B.2 空间要求

B.2.1 农产品产地单元数据采用的坐标系应与所在地区基础测绘的坐标系一致。

B.3 时间

B.3.1 初始时间：第一次划分农产品产地单元的时间。

B.3.2 变更时间：原有的农产品产地单元进行再定义的时间。

B.3.3 时间信息的记录应使用8位日期格式，以 YYYYMMDD 的方式表达。

B.4 属性要求

农产品产地单元的属性数据包括农产品产地单元编码、初始时间、变更时间以及备注等，见表 B.1。

表 B.1 农产品产地单元属性数据结构表

序号	字段名称	字段代码	字段类型	字段长度	说 明
1	农产品产地编码	ALCode	char	16	
2	初始时间	ORDate	date	8	
3	变更时间	CHDate	date	8	第一次划分时为空值
4	备注	Note	char	100	需要特别注记的内容，如变更原因、变更前编码等

B.5 图示表达

B.5.1 县级及县级以上行政区划的图示表达按照 GB/T 7929 规定执行。街道(地区)办事处、镇、乡和村的图示表达按照 GB/T 7929 规定执行。

B.5.2 农产品产地单元边线样式应符合表 B.2 的规定。

表 B.2 农产品产地单元边线样式

线 宽			线 型	颜色：蓝色			
比例尺	1∶500	0.8 mm	实线	C	M	Y	K
	1∶1 000	0.5 mm		88%	77%	0	0
	1∶2 000	0.3 mm					

B.5.3 农产品产地编码注记应符合表B.3的规定，并应放在单独的图层。

表B.3 农产品产地编码注记

字宽			字型	颜色：品红色			
比例尺	1∶500	5 mm	实线	C	M	Y	K
	1∶1 000	4 mm		0	100%	0	0
	1∶2 000	3 mm					

出入境检验检疫行业标准

SN/T 0852—2012
进出口蜂蜜检验规程

（2012-12-12 发布，2013-07-01 实施）

1 范围

本标准规定了进出口蜂蜜抽样、检验、检验结果的判定、检验有效期等的检验规程。

本标准适用于进出口蜂蜜的检验。

2 规范性引用文件

下列文件对于本文件的应用是必不可少的。凡是注日期的引用文件，仅注日期的版本适用于本文件。凡是不注日期的引用文件，其最新版本(包括所有的修改单)适用于本文件。

GB/T 191 包装储运图示标志

GB/T 601—2002 化学试剂 标准滴定溶液的制备

GB 4789.1 食品安全国家标准 食品微生物学检验 总则

GB 4789.2 食品安全国家标准 食品微生物学检验 菌落总数测定

GB 4789.3 食品安全国家标准 食品微生物学检验 大肠菌群计数

GB 4789.4 食品安全国家标准 食品微生物学检验 沙门氏菌检验

GB 4789.5 食品安全国家标准 食品微生物学检验 志贺氏菌检验

GB 4789.10 食品安全国家标准 食品微生物学检验 金黄色葡萄球菌检验

GB/T 4789.12 食品微生物学检验 肉毒梭菌及肉毒毒素检疫

GB 4789.15 食品安全国家标准 食品微生物学检验 霉菌和酵母计数

GB 5009.4 食品安全国家标准 食品中灰分的测定

GB/T 5009.7 食品中还原糖的测定

GB 5009.12 食品安全国家标准 食品中铅的测定

GB/T 5009.14 食品中锌的测定

GB/T 5009.95 蜂蜜中四环素族抗生素残留量的测定

GB 7718 食品安全国家标准 预包装食品标签通则

GB 14963—2011 食品安全国家标准 蜂蜜

GB/T 18932.1 蜂蜜中碳-4 植物糖含量测定方法 稳定碳同位素比率法

GB/T 18932.3 蜂蜜中链霉素残留量的测定方法 液相色谱法

GB/T 18932.4 蜂蜜中土霉素、四环素、金霉素、强力霉素残留量的测定方法 液相色谱法

GB/T 18932.5 蜂蜜中磺胺醋酰、磺胺吡啶、磺胺甲基嘧啶、磺胺甲氧哒嗪、磺胺对甲氧嘧啶、磺胺氯哒嗪、磺胺甲基异噁唑、磺胺二甲氧嘧啶残留量的测定方法 液相色谱法

GB/T 18932.7 蜂蜜中苯酚残留量的测定方法 液相色谱法

GB/T 18932.16　蜂蜜中淀粉酶值的测定方法　分光光度法

GB/T 18932.17　蜂蜜中16种磺胺残留量的测定方法　液相色谱-串联质谱法

GB/T 18932.18　蜂蜜中羟甲基糠醛含量的测定方法　液相色谱-紫外检测法

GB/T 18932.19　蜂蜜中氯霉素残留量的测定方法　液相色谱-串联质谱法

GB/T 18932.21　蜂蜜中氯霉素残留量的测定方法　酶联免疫法

GB/T 18932.22　蜂蜜中果糖、葡萄糖、蔗糖、麦芽糖含量的测定方法　液相色谱示差折光检测法

GB/T 18932.24 蜂蜜中呋喃它酮、呋喃西林、呋喃妥因和呋喃唑酮代谢物残留量的测定方法　液相色谱-串联质谱法

GB/T 18932.25　蜂蜜中青霉素G、青霉素V、乙氧萘青霉素、苯唑青霉素、邻氯青霉素、双氰青霉素残留量的测定方法　液相色谱-串联质谱法

GB/T 18932.26　蜂蜜中甲硝哒唑、洛硝哒唑、二甲硝咪唑残留量的测定方法　液相色谱法

GB/T 20744　蜂蜜中甲硝唑、洛硝哒唑、二甲硝咪唑残留量的测定　液相色谱-串联质谱法

GB/T 20757　蜂蜜中14种喹诺酮类药物残留量的测定　液相色谱-串联质谱法

GB/T 21169　蜂蜜中双甲脒及其代谢物残留量的测定　液相色谱法

GB/T 22941　蜂蜜中林可霉素、红霉素、螺旋霉素、替米考星、泰乐菌素、交沙霉素、吉他霉素、竹桃霉素残留量的测定　液相色谱-串联质谱法

GB/T 22943　蜂蜜中三甲氧苄氨嘧啶残留量的测定　液相色谱-串联质谱法

GB/T 22995　蜂蜜中链霉素、双氢链霉素和卡那霉素残留量的测定　液相色谱-串联质谱法

GB/T 23408　蜂蜜中大环内酯类药物残留量的测定　液相色谱-质谱/质谱法

GB/T 23410　蜂蜜中硝基咪唑类药物及其代谢物残留量的测定方法　液相色谱-质谱/质谱法

GB/T 23412　蜂蜜中19种喹诺酮类药物残留量的测定方法　液相色谱-质谱/质谱法

GH/T 1015　蜂蜜包装钢桶

蜂蜜中氟胺氰菊酯残留量的测定　气相色谱法(农业部781号公告-9-2006)

《出口蜂蜜检验检疫管理办法》(原国家出入境检验检疫局2000年20号令)

3　术语和定义

GB 14963界定的以及下列术语和定义适用于本文件。

3.1　蜂蜜 honey

蜜蜂采集植物的花蜜、分泌物或蜜露，与自身分泌物结合后，经充分酿造而成的天然甜物质。

注：蜂蜜含有多种糖，主要是果糖和葡萄糖。此外，还含有有机酸、酶和来源于蜜蜂采集的固体颗粒物质，如植物花粉等。蜂蜜的气味和色泽随蜜源的不同而不同。色泽分为水白色、琥珀色或深色。蜂蜜在通常情况下呈黏稠流体状，贮存时间较长或温度较低时可形成部分或全部结晶。

3.2　检验批 lot of inspection

3.2.1　出口检验批 lot of export inspection

以相同原料、工艺条件、生产班次、规格的产品为一批；若班产量小于5 t时，可把生产时间相邻的2个班次产品合并为一批。

3.2.2 进口检验批 lot of import inspection

以一个集装箱的产品为一批。

4 检验

4.1 抽样

4.1.1 总体要求

以不超过 20 t 为一个检验批。在同一检验批中，如果生产批不同，应按生产批号分别抽样。

4.1.2 非零售包装产品(如吨装、桶装)

4.1.2.1 样品抽取质量

每件抽取样品不少于 100 g。

4.1.2.2 抽样件数

按如下方式抽取：

100 件以下，抽取 10%，但不得少于 5 件；

101～500 件，增加部分抽取 5%；

501～1 000 件，增加部分抽取 4%；

1 000 件以上，增加部分抽取 2%。

4.1.3 零售包装产品(如瓶装)

4.1.3.1 样本单位

以净含量 500 g 为一个样本单位。若一件产品的净含量小于 500 g 时，连续生产的 2 件或数件产品为一个样本单位。

4.1.3.2 抽样件数

按如下方式抽取：

1～50 件，抽取 2 件；

51～500 件，抽取 3 件；

501～35 000 件，抽取 5 件；

35 000 件以上，抽取 8 件。

4.1.4 抽样用具

4.1.4.1 抽样管

不锈钢管，长约 115 cm，直径约 2.5 cm。

4.1.4.2 混样器

搪瓷桶(或杯)。

4.1.4.3 单套杆

不锈钢制。

4.1.4.4 样品瓶

250 mL 磨砂具塞广口玻璃瓶或塑料瓶。

4.1.4.5 汤匙

不锈钢制。

4.1.5 方法

按报检单所列的品名、包装、标志、件数、质量等核查货证相符后，按规定的抽样件数，逐件开启，将抽样管缓缓放入中部或2/3的部位吸取样品(零售包装产品用汤匙取部分样品)，倾入混样器。将所抽样品约1 000 g混合均匀，装入清洁干燥的样品瓶内，贴上标签。标签上应标明报检号、商品名称、生产批号、数/质量、生产企业名称、取样日期和取样人。如遇蜂蜜结晶时，则用单套杆或抽样管插到底，抽取样品，混匀。样品分成4份，1份感官检验，1份理化检验，1份药残检验，1份留样备存。微生物检测抽样按GB 4789.1规定方法进行。

注：可以因商品品质差异、包装及储存情况不同，酌情变更抽样单位、数量及方法。

4.2 制样

未结晶的样品将其用力搅拌均匀。有结晶析出的样品，可将样品瓶盖塞紧后，置于不超过60℃的水浴中温热，待样品全部溶化后，搅匀，迅速冷却至室温以备检验用。在融化时应注意防止水分侵入。

测定羟甲基糠醛或酶值的试样应不经融化直接混合称样。测定水分与色泽的样品在测定前应该去除气泡。方法是：取约20～50 g样品置于100 mL抽气瓶中，加塞密封，60℃水浴摇动瓶子加热样品约5 min，使样品温度达到40℃以上，接真空泵抽气30 s，排除气泡。

4.3 感官检验

4.3.1 色泽

4.3.1.1 总体要求

蜂蜜具有应有的色泽。按色泽深浅分为水白色、特白色、白色、特浅琥珀色、浅琥珀色、琥珀色、深色等数种。采用专用的卜方特比色计比色，按表1进行分级。

表1 分级范围

mm

色泽名称	卜方特比色计色值	色泽名称	卜方特比色计色值
水白色	8以下	浅琥珀色	85以下
特白色	16以下	琥珀色	114以下
白色	34以下	深色	140以下
特浅琥珀色	50以下		

4.3.1.2 测定方法

将不含气泡的试样倒入卜方特比色槽内，以卜方特比色计进行比色读取色值后按表1确定色泽。

4.3.2 气味和味道

4.3.2.1 总体要求

蜂蜜应具有其正常的气味和味道。

4.3.2.2 检验方法

用清洁的玻璃棒搅拌试样，嗅其气味；再用玻璃棒挑起蜂蜜，尝其味道。

4.4 理化检验

4.4.1 水分

应按照附录A的规定。

4.4.2 淀粉酶值

采用GB/T 18932.16规定的方法。

4.4.3 羟甲基糠醛

采用 GB/T 18932.18 规定的方法。

4.4.4 还原糖含量

采用 GB/T 5009.7 规定的方法。

4.4.5 蔗糖含量

采用 GB/T 18932.22 规定的方法。

4.4.6 葡萄糖和果糖含量

采用 GB/T 18932.22 规定的方法或 GB/T 5009.7 规定的方法。以第一法为仲裁采用的方法。

4.4.7 酸度

应按照附录 B 的规定。

4.4.8 灰分

采用 GB 5009.4 规定的方法。

4.5 安全卫生项目检验

4.5.1 铅

采用 GB/T 5009.12(第一法)规定的方法。

4.5.2 锌

采用 GB/T 5009.14(第一法)规定的方法。

4.5.3 微生物检验

4.5.3.1 菌落总数

采用 GB 4789.2(第一法)规定的方法。

4.5.3.2 大肠菌群

采用 GB 4789.3(第一法)规定的方法。

4.5.3.3 沙门氏菌

采用 GB 4789.4 规定的方法。

4.5.3.4 志贺氏菌

采用 GB 4789.5 规定的方法。

4.5.3.5 金黄色葡萄球菌

采用 GB 4789.10 规定的方法。

4.5.3.6 肉毒梭菌及肉毒毒素

采用 GB/T 4789.12 规定的方法。

4.5.3.7 霉菌和酵母计数

采用 GB 4789.15 规定的方法。

4.5.4 农兽药残留检验

4.5.4.1 氯霉素

采用 GB/T 18932.19、GB/T 18932.21 规定的方法。

4.5.4.2 链霉素

采用 GB/T 18932.3、GB/T 22995 规定的方法。

4.5.4.3 四环素族(四环素、土霉素、金霉素、强力霉素)

采用 GB/T 5009.95、GB/T 18932.4 规定的方法。

4.5.4.4 硝基呋喃类代谢物

采用 GB/T 18932.24 规定的方法。

4.5.4.5 磺胺类

采用 GB/T 18932.5、GB/T 18932.17 规定的方法。

4.5.4.6 硝基咪唑类

采用 GB/T 18932.26、GB/T 20744、GB/T 23410 规定的方法。

4.5.4.7 喹诺酮类

采用 GB/T 20757、GB/T 23412 规定的方法。

4.5.4.8 林可霉素与大环内酯类

采用 GB/T 22941、GB/T 23408 规定的方法。

4.5.4.9 青霉素类

采用 GB/T 18932.25 规定的方法。

4.5.4.10 氟胺氰菊酯

采用《蜂蜜中氟胺氰菊酯残留量的测定 气相色谱法规定的方法》。

4.5.4.11 双甲脒

采用 GB/T 21169 规定的方法。

4.5.4.12 三甲氧苄氨嘧啶

采用 GB/T 22943 规定的方法。

4.5.5 其他项目

苯酚采用 GB/T 18932.7 规定的方法。

4.6 反欺诈项目检验

采用 GB/T 18932.1 规定的方法。安全卫生项目、反欺诈项目检验检测方法根据各进口国要求,可采用国际标准或进口国标准等。检测残留为阳性的,应以质谱法确证,以质谱法为仲裁方法。

4.7 包装检验

与蜂蜜直接接触的包装容器和材料应符合我国 GH/T 1015 和我国或进口国对该食品包装和材料的有关要求。应查验检验检疫出具的包装容器和材料性能鉴定结果单中食品级证明内容。

4.8 标识检验

4.8.1 进出口预包装产品标签应符合 GB 7718 及进口国规定。应对标签格式版面和内容相符性做出评定。

4.8.2 产品名称及产品标准号应符合 GB 14963 中的要求。

4.8.3 出口批号表示应符合《出口蜂蜜检验检疫管理办法》的规定。

4.8.4 图示标志应符合 GB/T 191 的规定。

5 检验结果的判定

5.1 感官检验结果均符合要求的判为合格。如有发酵或异味,或有异物,或色泽不符合规格要求,则判为不合格。

5.2 理化检验结果均符合 GB 14963 的要求或进口国的要求,判为合格。

5.3 安全卫生检验结果均符合 GB 14963 和我国相关法律法规、规章及有关标准的要求或进口国相关法律法规要求的,判为合格。

5.4 真实性要求检测结果符合 GB 14963 中的要求的或进口国要求的,判为合格。

5.5 包装检验结果均符合要求的判为合格。

5.6 标识检验结果均符合要求的判为合格。

6 不合格品的处置

6.1 出口产品

6.1.1 不合格项目涉及安全、卫生、健康、环境保护的,不准出口。

6.1.2 不合格项目不涉及安全、卫生、健康、环境保护的,可以在检验检疫机构的监督下进行技术处理,经重新检验合格后,允许出口;经技术处理后重新检验仍不合格的,不准出口。

6.2 进口产品

6.2.1 不合格项目涉及安全、卫生、健康、环境保护的,应责令当事人在检验检疫机构监督下销毁或退货。

6.2.2 不合格项目不涉及安全、卫生、健康、环境保护的,可以在检验检疫机构的监督下进行技术处理,经重新检验合格后,允许销售、使用;不能进行技术处理或者经技术处理后,重新检验仍不合格的,应在检验检疫机构的监督下作销毁或退货处理。

7 检验有效期

自检验完毕起,检验有效期为 60 d。

附 录 A
(规范性附录)
水分的测定

A.1 仪器

A.1.1 阿贝折光计。

A.1.2 超级恒温器。

A.2 试样的制备见 4.2。

A.3 操作程序

A.3.1 将阿贝折光计与超级恒温器连接好,并将超级恒温器的温度调至所需的温度。

A.3.2 折光计的校正。在测定样品折光指数前,先用新鲜的蒸馏水按表 A.1 校正折光计的折光指数。

调节通过折光计的水流温度恰为 40℃。分开折光计两面棱镜,用脱脂棉蘸蒸馏水拭净(必要时可蘸二甲苯或乙醚拭净)。然后用干净的脱脂棉(或擦镜纸)拭干,待棱镜完全干燥后,用玻璃棒蘸取蒸馏水 1～2 滴,滴于下面的棱镜上,迅速闭合棱镜,对准光源,由目镜观察,旋转手轮,使标尺的折光指数恰好为 40℃时水的折光指数,观察望远镜内明暗分界线是否在接物镜十字线中间。若有偏差,则用附件方孔调节扳手转动示值调节螺丝,使明暗分界线调到中央。调整完毕后，在测定样品时，不允许再转动调动好的螺钉。

表 A.1 蒸馏水折光指数

温度/℃	折光指数	温度/℃	折光指数
14	1.333 5	25	1.332 5
16	1.333 3	26	1.332 4
18	1.333 2	28	1.332 2
20	1.333 0	30	1.331 9
22	1.332 8	38	1.330 8
24	1.332 6	40	1.330 5

A.4 样品测定

在测定前先将棱镜擦洗干净，以免留有其他物质影响测定精度。用玻璃棒蘸取混匀的试样1～2滴，滴于下面的棱镜上，迅速闭合棱镜，静置数秒钟，以待样品达到40℃。对准光源，由目镜观察，转动补偿器螺旋，使明暗分界线清晰；转动标尺指针螺旋，使其明暗分界线恰好通过接物镜上十字线的交点，读取标尺上的折光指数，同时核对温度，应恰为40℃。

A.5 结果计算

水分按式(A.1)计算：

$$X_1 = 100 - [78 + 390.7(n - 1.476\,8)] \qquad \cdots\cdots (A.1)$$

式中：

X_1—试样中的水分含量，%；

n—试样在40℃时的折光指数。

平行试验的允许误差为0.2%。

如在20℃时测读折光指数，可按表A.2换算为水分的百分率。在室温时测读折光指数时，可按式(A.2)换算到20℃时的折光指数。

$$N = n + 0.000\,23(t - 20) \qquad \cdots\cdots (A.2)$$

式中：

N—在20℃时的折光指数；

n—在室温t℃时的折光指数；

t—读取折光指数时的温度。

注：如有争议，用在40℃测定折光指数的方法检验。

表 A.2 蜂蜜水分换算

折光指数(20℃)	水分/%	折光指数(20℃)	水分/%	折光指数(20℃)	水分/%
1.504 4	13.0	1.493 5	17.2	1.483 0	21.4
1.503 8	13.2	1.493 0	17.4	1.482 5	21.6
1.503 3	13.4	1.492 5	17.6	1.482 0	21.8
1.502 8	13.6	1.492 0	17.8	1.481 5	22.0

续表 A.2

折光指数(20℃)	水分/%	折光指数(20℃)	水分/%	折光指数(20℃)	水分/%
1.502 3	13.8	1.491 5	18.0	1.481 0	22.2
1.501 8	14.0	1.491 0	18.2	1.480 5	22.4
1.501 2	14.2	1.490 5	18.4	1.480 0	22.6
1.500 7	14.4	1.490 0	18.6	1.479 5	22.8
1.500 2	14.6	1.489 5	18.8	1.479 0	23.0
1.499 7	14.8	1.489 0	19.0	1.478 5	23.2
1.499 2	15.0	1.488 5	19.2	1.478 0	23.4
1.498 7	15.2	1.488 0	19.4	1.477 5	23.6
1.498 2	15.4	1.487 5	19.6	1.477 0	23.8
1.497 6	15.6	1.487 0	19.8	1.476 5	24.0
1.497 1	15.8	1.486 5	20.0	1.476 0	24.2
1.496 6	16.0	1.486 0	20.2	1.475 5	24.4
1.496 1	16.2	1.485 5	20.4	1.475 0	24.6
1.495 6	16.4	1.485 0	20.6	1.474 5	24.8
1.495 1	16.6	1.484 5	20.8	1.474 0	25.0
1.494 6	16.8	1.484 0	21.0		
1.494 0	17.0	1.483 5	21.2		

附 录 B
(规范性附录)
酸度的测定

B.1 试样的制备

见 4.2。

B.2 试剂和材料

除另有规定外,所用试剂均为分析纯,水为蒸馏水。

B.2.1 氢氧化钠标准溶液(0.1 mol/L):见 GB/T 601—2002 中 4.1。

B.2.2 酚酞指示剂(1%乙醇溶液):称取 1 g 酚酞用 95%乙醇定容至 100 mL,混合均匀。

B.3 操作程序

称取试样 10 g(精确至 0.001 g),溶于 75 mL 经煮沸后冷却的水中,加入 2～3 滴酚酞指示剂,用氢氧化钠标准溶液滴定至溶液呈粉红色,在 10 s 内不褪色为终点。

B.4 结果计算

按式(B.1)计算试样的酸度：

$$X_2=\frac{V\times c}{m}\times 1\,000 \quad \cdots\cdots\cdots\cdots \quad (B.1)$$

式中：

X_2—试样的酸度，单位为毫升每千克(mL/kg)(消耗1 mol/L氢氧化钠)；

V—滴定所耗氢氧化钠标准溶液的体积，单位为毫升(mL)；

c—氢氧化钠标准溶液的摩尔浓度，单位为摩尔每升(mol/L)；

m—试样的质量，单位为克(g)。

平行试验结果的允许误差为0.1。

注：如蜂蜜颜色过深，可称取试样5 g，或者用溴百里酚蓝指示剂代替酚酞指示剂。

SN/T 1939—2007
出口蜜蜂检疫规程

（2007-08-06 发布，2008-03-01 实施）

1 范围

本标准规定了出口蜜蜂的检疫规程。

本标准适用于出口蜜蜂（包括整群蜜蜂、蜂王）的检疫。

2 规范性引用文件

下列文件中的条款通过本标准的引用而成为本标准的条款。凡是注日期的引用文件，其随后所有的修改单（不包括勘误的内容）或修订版均不适用于本标准，然而，鼓励根据本标准达成协议的各方研究是否可使用这些文件的最新版本。凡是不注日期的引用文件，其最新版本适用于本标准。

NY 5027—2001 无公害食品 畜禽饮用水水质

3 检疫要求的认可

3.1 确认输入国家或地区提出的检疫要求，按要求实施检疫。

3.2 输入国家或地区无检疫要求的，按我国有关规定实施检疫。

4 蜂场注册/出口蜜蜂临时隔离检疫场许可

4.1 输入国家或地区有注册登记要求的，由检验检疫机构按其要求进行考核，考核合格的颁发注册登记证。

4.2 输入国家或地区仅要求对出口蜜蜂进行隔离检疫，参照附录 A 对临时隔离场进行考核，合格的颁发《进出境动物临时隔离检疫场许可证》。

5 报检

5.1 预报检

货主或其代理人应在蜜蜂计划离境前 50 d 预报检，提交与该批蜜蜂有关的资料（出口蜂王应注明亲代品系、出房日期、开始产卵日期等内容）。

5.2 报检

蜜蜂隔离检疫前 1 周，向所在地检验检疫机构正式报检。

6 隔离检疫

6.1 隔离检疫期限

隔离检疫期限按照双边协议、议定书或备忘录的规定，经国家质量监督检验检疫总局审核认可的进口国官方要求确定，没有要求的按照我国规定检疫项目确定隔离检疫时间。

6.2 检疫准备——临时隔离检疫场防疫消毒处理

蜜蜂进入隔离场前，用检验检疫部门认可的有效消毒液，在检验检疫机构的监督下对隔离场所进行 3 次喷雾、喷洒消毒，每次间隔 3 d。

6.3　进场检查

6.3.1　拟出口蜜蜂在进入临时隔离检疫场前，输入国家或地区对出口蜜蜂养殖场有注册登记要求的，出口商或其代理人须提供检验检疫机构签发的出口蜜蜂养殖场注册登记证。

6.3.2　检验检疫机构应首先核查确认蜜蜂的品种，确保不带其他蜂种。

6.3.3　对蜜蜂进行临诊检查，进场蜜蜂应无传染病临诊症状，且蜂箱完好、蜜蜂巢脾无霉变、无虫蛀和被染病、饲喂槽清洁无积垢和生霉，合格的蜂群标注检疫蜂群号，允许进场。

6.4　现场检疫

6.4.1　在隔离检疫期间，检疫人员定期或不定期对蜂群进行现场检疫。

6.4.1.1　箱外观察：对待检的所有蜂群进行箱外观察，观察蜂群的行为是否异常、箱外是否有不正常的虫尸和有残翅的幼蜂爬行等，从中把可疑有病的蜂群挑出来，进一步进行箱内检查。

6.4.1.2　箱内检查：提脾观察，主要查看箱内有无异常的拖弃物，蜜蜂是否有行为、形态等方面的异常，封盖是否异常，巢脾上幼虫是否有病态表现及是否有死幼虫，幼虫或成年蜂身上是否携带有寄生物等。

6.4.1.3　检中肠：抽检蜂箱内蜜蜂及巢门前的死蜂，拉出中肠检查是否有病变症状。

6.4.2　现场检疫发现患病或疑似患病的蜜蜂，及时把患病或疑似患病的蜂群撤离隔离场，并采样送实验室进一步确诊，采样量见6.6.2。

6.5　隔离监管

隔离监管主要内容、隔离场相关记录参见附录B、附录C和附录D。

6.6　采样送检

6.6.1　采样时间

蜜蜂进隔离场1周内。

6.6.2　抽检蜂群比例和采样量

抽检蜂群比例按有关标准和规定执行。发现可疑情况增加抽样比例。每个蜂群分别采取30只幼虫(或工蜂)。对出口蜂王有品质检验要求的取其蜂卵或幼蜂30只。

6.6.3　采样对象

根据不同检疫项目确定不同采样对象(幼虫或工蜂)。

6.6.4　样品标记

每个样品标记样品编号、样品名称、采样蜂群号、采样日期、采样人等内容。

6.6.5　送样检测

填写送样检测委托单随样品送实验室进行已确定项目的实验室检疫。

7　实验室检疫

7.1　检疫项目

7.1.1　中国与输入国家或地区政府签订的双边协议、议定书或备忘录中规定的检疫项目。

7.1.2　经国家质量监督检验检疫总局审核认可的进口国官方提出的检疫要求中的项目。

7.1.3　贸易合同或信用证注明的检疫要求中的项目。

7.1.4　中国法律法规规定的检疫要求中的项目。

7.2　方法与标准

中国出入境检验检疫标准或其他规定的方法。

8　蜂箱检疫

装运出口蜜蜂的木箱应经除害处理。经除害处理的蜂箱的存放场所应具备一定的防疫条件。木箱除害处理的方式可根据输入国家或地区的要求而定。如要求对木箱进行热处理并打上国际通用标识的，应在具有资质的木质包装热处理厂进行热处理，并打上清晰的国际通用标识。

9 出证放行

检疫合格的蜜蜂，按双边协议、议定书或备忘录，经国家质量监督检验检疫总局审核认可的进口国官方要求内容出具《动物卫生证书》，异地出境的还应出具《出境货物换证凭单》予以放行。

10 监督装运

10.1 监督装运前准备工作

10.1.1 换蜂箱前至少用检验检疫机关认可的灭螨药物灭螨一次。

10.1.2 装运前更换已经消毒的新巢脾(未产仔)，确保不带入蜜蜂幼虫。

10.1.3 装运前更换已经除害处理的蜂箱，换箱过程应采取适当措施防止蜂箱被污染。

10.2 装运前检查

10.2.1 蜜蜂装运前 24 h 内进行一次全面临诊检查并核对出口蜜蜂数量、检疫蜂群号。

10.2.2 检查蜂箱是否被污染、包装能否防止蜜蜂逃逸。

10.3 监督装运

10.3.1 对装运工具、装运场地进行消毒处理。

10.3.2 装运过程应采取适当措施防止木箱被污染。

11 离境查验

11.1 资料审核

审核产地检验检疫机构签发的《动物卫生证书》和《出境货物换证凭单》。

11.2 现场查验

现场核查货证是否相符(包括品种、数量、检疫蜂群号、外包装情况等)。

12 检疫处理

检疫项目结果为阳性的蜜蜂，其来源蜂群不得出口，并立即撤离隔离场进行销毁，对污染场地、用具和物品进行消毒或无害化处理。

13 资料整理归档

整理与该批出口蜜蜂有关的资料，包括输入国家或地区检疫要求的认可、注册场/临时隔离检疫场许可的相关资料、现场检疫记录与隔离监管记录、全套报检出证单据/实验室检测报告的复印件、相关的影像等资料归档保存。

附 录 A

(资料性附录)

出口蜜蜂隔离检疫场动物卫生条件

A.1 有完善的饲养管理制度和卫生防疫制度。

A.2 位于蜂病非疫区。

A.3 输入国家或地区要求隔离养殖区为封闭式的，应达到其相关要求；输入国家或地区未要求隔离养殖区为封闭式的，隔离场周围 5 km 范围内应无其他蜂场或没有进口国或地区要求检疫的蜂病病例。

A.4 环境整洁卫生，隔离场及周围无污水坑、杂草、脏物及动物尸体。

A.5 放养区和生活区分开。

A.6 出口蜜蜂隔离场所在地应地势高燥、背风向阳、排水良好、方圆200 m内的小气候(温度、湿度、光照)适宜、远离噪声(远离铁路、公路、大型公共场所)，交通方便、无大气污染(包括污染源的下风向)；巢门前方开阔，中间有稀疏树林，背面有风障；应避免选在风口、水口、低洼处；蜂场正前方无路灯、诱虫灯等强光源。

A.7 隔离场附近应有便于蜜蜂采集的良好水源，水质符合NY 5027—2001中幼畜禽的饮用水标准。

A.8 隔离场周围3 km内无有害蜜、粉源(有毒蜜源和甘露蜜源)植物，无糖厂和以蜜糖为生产原料的高含糖量食品厂、化工厂、农药厂(车)、矿区、垃圾处理场以及经常喷洒农药的果园和农田菜地。

A.9 有蜂饲料、药品专用存放设施，饲料、药品存放整齐、标识清晰。

A.10 有专用蜂具、工作服及其存放场所，使用前后进行消毒处理。

A.11 场内有对死蜂、隔离期间清理出杂物进行深埋、焚烧等无害化处理的固定地点。

A.12 具有供检验检疫人员进行隔离检疫监管的必要设施和人员防护用品。

附 录 B

(资料性附录)出口蜜蜂隔离检疫监管记录

表B.1 出口蜜蜂隔离检疫监管记录

监管内容	监管情况	备注
隔离场动物卫生条件的保持情况		
隔离场动物卫生防疫制度落实情况		
隔离场卫生状况		
蜂群饲喂情况		
蜜蜂健康状况		
隔离蜂群疾病防治情况		
蜜蜂巢脾是否正常(有无霉变、虫蛀、被染病)		
花粉、糖浆等蜂饲料的处理和存放情况(有无经灭菌处理，有无霉变生虫现象、有无妥当存放)		
蜂具有无存放妥当并定期清洗消毒		
隔离蜂群病、死情况		
有无对死蜂、杂草及时清理并及时无害化处理		
有无及时规范记录蜂群的饲喂情况、健康状况、疾病防治情况、蜂场卫生状况、蜂具和蜂饲料的消毒情况		
已经除害处理拟装运出口蜜蜂的蜂箱的存放是否符合要求		

附　录　C
（资料性附录）出口蜜蜂隔离场记录总表

表 C.1　出口蜜蜂隔离场记录总表

日期	饲喂情况	蜂场卫生状况	蜂群健康状况	疾病防治、防疫消毒情况

附　录　D
（资料性附录）出口蜜蜂隔离场记录分表

表 D.1　出口蜜蜂隔离场记录分表　　　　时间：　　年　月　日

检疫蜂群号	蜜蜂的健康状况	疾病防治情况	其他

SN/T 1107—2002
出口蜂蜡检验规程

（2002-05-20 发布，2002-11-01 实施）

1 范围

本标准规定了出口蜂蜡的抽样、检验及检验结果的判定。

本标准适用于出口原蜂蜡及用原蜂蜡加工而成的黄蜡、白蜡的检验。

2 引用标准

下列标准所包含的条文，通过在本标准中引用而构成为本标准的条文。本标准出版时，所示版本均为有效。所有标准都会被修订，使用本标准的各方应探讨使用下列标准最新版本的可能性。

SB/T 10190—1993 蜂蜡

SN/T 0621—2013 出口蜂蜡中碳氢化合物检验方法

ASTM D 1342—1992(2002) 棕榈蜡中石蜡型碳氢化合物检验方法

3 定义

本标准采用下列定义。

3.1 蜂蜡

工蜂蜡腺分泌的一种有机混合物，由于加工方式不同可分为原蜂蜡、黄蜡、白蜡等。

3.2 原蜂蜡

将蜜盖蜡或蜜盖蜡和巢础经熔化后冷却而成的不规则块状的蜂蜡。

3.3 蜜盖蜡

蜂蜜在巢础中成熟后蜜蜂将巢础用蜡质密封的蜡，经熔化后冷却而成的不规则块状的蜂蜡。

3.4 黄蜡

用原蜂蜡或蜜盖蜡经熔化、过滤除杂加工后冷却而成的规则块状蜂蜡。

3.5 白蜡

用原蜂蜡或蜜盖蜡经熔化、过滤除杂、脱色等工艺加工后冷却而成的规则块状蜂蜡。

4 样品的抽取制备

4.1 检验批

以不超一个 20 英尺标准集装箱的装入量为一检验批。一般原蜂蜡为 50 kg 装 280 件，25 kg 装 560 件，黄蜡和白蜡为 680 件，超过部分另列批次。同一检验批的商品应具有相同的特征，如品质、包装、标记、等级。

4.2 抽样及样品制备器具

塑料样品袋、刀、锤子、3 kg 容积的不锈钢容器、电炉（或其他加热设备）。

4.3 抽样数量

原蜂蜡按总件数的10%抽取；黄蜡和白蜡按式(1)抽取。每批至少抽3件，所抽件数偏少时，每件中所抽的样品量适当增加，总量不少于200 g。

$$S=\sqrt{\frac{N}{2}} \quad \cdots\cdots (1)$$

式中：

S—所抽样品的数量；

N—整批货物总件数。

4.4 抽样方法

根据报检单所列规格、件数、重量、唛头与实际货物核对相符后，按上、中、下各部位随机抽取。将所抽的原蜂蜡每件开包，倾倒在干净的水泥地上，抽取有代表性样品3块，并从每块上取10～20 g；将所抽的黄蜡和白蜡开箱，从每箱的上、中、下各部抽取一块，并从每块上取10～20 g。

4.5 样品制备

将每件抽取的样品，倒入不锈钢容器中隔水用电炉加热，待蜡样完全熔化后，搅拌均匀，自然冷却后，从不锈钢容器中取出；或将完全熔化的蜡样经搅拌均匀后直接倒入装满自来水的大盆中，使其快速冷却(检验原蜂蜡杂质时用)，待表面的水分干燥后，从中取100～150 g的两份蜡样为理化检测样和留样。

4.6 试样保存

样品存放地应清洁、干燥、无阳光照射，封存备查，并在样袋上标明标签。保存期为3个月。

5 检验

5.1 包装、标志和重量检验

5.1.1 包装、标志

5.1.1 1 包装

外包装应完整、清洁，内外包装无破损，包扎牢固。

5 1.1.2 标志

标志应正确、清晰，品名、等级应与内容物相符。

5 1.2 重量

5.1.2.1 检验器具

普通磅秤，感量度0.1 kg。

5.1.2.2 检验步骤

对统一包装规格的可抽取5～10件包装称重计算平均皮重。平均皮重得出后，逐件称取毛重，再按式(2)计算被检样品重量：

$$W=W_1-W_0 \quad \cdots\cdots (2)$$

式中：

W—净重(kg)；

W_1—毛重(kg)；

W_0—平均皮重(kg)。

5.2　感官检验

5.2.1　色泽和气味

将蜂蜡块放在光线充足的地方，观察其色泽是否鲜艳、一致，是否具有光泽感；嗅有无蜂蜡应有的气味，无油味和其他异味。

5.2.2　表面及断面的组织状态检验

表面有无凹凸状波纹、中间突起；将蜡块从中间断开，观察断面有无异物，结构是否紧密，颗粒是否细腻，均匀，上中下三层的颜色是否接近或一致。

注：对出口原蜂蜡应注重原包装蜂蜡的感官检验和综合评定。

5.3　理化检验

试剂纯度若未标明的均为分析纯(AR 级)，所用的水为蒸馏水或同等纯度的水；理化检测样品用小刀削成小薄片作为试样装入干净的容器内供检测用。

5.3.1　熔点测定

5.3.1.1　方法一

按 SB/T 10190—1993 中 5.3.4 方法测定。

5.3.1.2　方法二

5.3.1.2.1　仪器

精密水银温度计(0～100℃，分度为 0.1℃)；两头开口的毛细玻璃管(长 90～120 mm，内径 0.9～1.1 mm，壁厚 0.1～0.15 mm)；400 mL 高形烧杯；加热调温磁力搅拌器；秒表；不锈钢烧杯(碗)。

5.3.1.2.2　试样的制备

取一定量的试样(根据不锈钢容器的大小而定)放入不锈钢容器中，在烘箱中熔化(或隔水加热熔化)后，用毛细管插入熔化的蜂蜡中自吸达 10 mm，在室温下自然冷却 4 h 以上或放入冰箱 2 h 以上至完全冷却凝固，除去毛细管外的蜡，毛细管内的蜡柱应无空隙和气泡。

5.3.1.2.3　操作步骤

将已制备好试样的毛细管用橡皮圈固定，并将蜡样的一端移至水银温度计的水银球中心持平；在 400 mL 高形烧杯中加入冷水约 350 mL 和磁搅拌棒，放在加热调温磁力搅拌器上，将已固定好毛细管的温度计放入烧杯的中部，并将其固定；开启磁力搅拌并加热，调整升温速度为 1℃/min，当温度升至 55～58℃时，降低升温速度为 0.5℃/min，注意观察温度计和毛细管中蜡的变化，当蜡在毛细管中开始上升时，温度计显示的温度即为蜡的熔点。

5.3.1.2.4　平行试验允许误差不超过 0.5℃，取平均值确定结果。

注：两个方法同等有效。

5.3.2　酸值测定

按 SB/T 10190—1993 中 5.3.6 方法测定。

5.3.3　皂化值测定

按 SB/T 10190—1993 中 5.3.8 方法测定。

5.3.4　苯不溶物(杂质)测定

按 SB/T 10190—1993 中 5.3.2 方法测定。

5.3.5 密度(比重)测定

按 SB/T 10190—1993 中 5.3.3 方法测定。

5.3.6 碘值测定

按 SB/T 10190—1993 中 5.3.7 方法测定。

5.3.7 碳氢化合物的测定

5.3.7.1 方法一

按 SN/T 0621 测定。在操作过程中，将层析柱加热至 50～55℃，并保持温度，除去柱内的空气，过柱时应控制调节活塞，滴速为 20～25 滴/min，不使液面低于硅胶表面。测定装置见图 1。

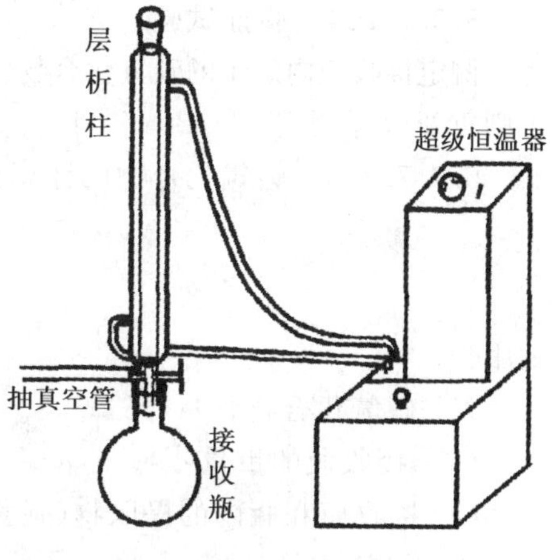

图 1 碳氢化合物测定装置图

5.3.7.2 方法二

本方法等效采用 ASTM D 1342—1992(2002)。

5.3.7.2.1 仪器及试剂

仪器：长 50 cm、内径 2 cm 可控滴速可保温层析柱；250 mL 标准口接收瓶；超级恒温器；烘箱；烧杯；马福炉；水捕真空器(或真空旋转蒸发器)；恒温水浴锅；分析天平(感量 0.1 mg)。

试剂：三氧化二铝(博克曼级活性 2 级以上，Brokmann Classification Ⅱ up)，正庚烷(化学级，CR)。0.5 mol/L 氢氧化钾乙醇溶液(称取 28.06 g 氢氧化钾，用无水乙醇定容至 1 000 mL)、0.5 mol/L 盐酸标准溶液(用量筒取相对密度(20℃)为 118 g/mL 的盐酸 45 mL，于试剂中加入 955 mL 水摇匀，按 GB 601 中 4.2 配制、标定和计算)、1%酚酞指示剂。

5.3.7.2.2 试剂的制备

将 40 g 三氧化二铝放入坩埚内，置于马福炉内用 300℃活化 3～4 h，取出放入干燥器中冷却备用。

5.3.7.2.3 操作步骤

将干净的接收瓶置于烘箱内，用 105～110℃烘至恒重，并称重，精确至 1 mg。

将层析柱与接收瓶连接，层析柱内用一小团玻璃棉置于底部，倒入活化经冷却过的三氧化二铝约 35 g，盖上一小团玻璃棉；将层析柱加热至 50～55℃，用 80～100 mL 热的正庚烷过柱，调节活塞使达到最大流速，轻拍柱体以除去柱内的空气，可适当抽真空(不能使正庚烷的液面低于三氧化二铝表面，保证层析柱的三氧化二铝内没有空气)，当正庚烷与层析柱上层尚存约 10 mm 时，关闭活塞；倒掉接收瓶中正庚烷，再连接好接收瓶。测定装置见图 1。

称取试样 0.5～1 g 精确至 1 mg，于 150 mL 烧杯中，加入 40 mL 正庚烷，在 70℃左右水浴上加热使其完全溶解，备用。

在层析柱内加入上述备用热的蜂蜡正庚烷溶液，调整层析柱的滴速为 30～35 滴/min，当液面降至三氧化二铝表面时，用热正庚烷 25 mL 分两次洗涤烧杯和搅棒，倒入层析柱内，再用 100 mL 洗柱，并将柱内的残留正庚烷抽真空吸出。

不取下层析柱，直接用水浴加热接收瓶，用水捕真空器适当抽真空(以正庚烷不剧烈沸腾为度)，蒸发至近干，也可在 90～95℃水溶上真空旋转蒸发回收正庚烷，蒸发至近干，取下并擦干接收瓶外的水迹；将接收瓶放入 105～110℃的烘箱内烘 2 h 以上，取出后放入干燥器内冷却至室温称重，直至恒重，并计算结果。

注：在蒸干接收瓶中的正庚烷过程中，不应使瓶中液体爆沸，以防止碳氢化合物的损失。

5.3.7.2.4 验证试验

测定接收瓶内烘干的碳氢化合物的皂化值(方法见5.3.3),皂化值不应大于2(KOH mg/g),否则重新取样测定。

5.3.7.2.5 碳氢化合物的计算见式(3):

$$X=\frac{G-G_1}{W}\times 100\% \quad \cdots\cdots (3)$$

式中:

X—碳氢化合物含量(%);

G_1—接收瓶的重量(g);

G—接收瓶和瓶内的提取物(碳氢化合物)的重量(g);

W—试样重量(g)。

注:计算结果取小数点后两位。

5.4 检验结果的判定

根据检验结果,对照合约的要求判定合格与否。合约没有规定的,按SB/T 10190—1993第4章判定。

6 检验有效期

检验有效期为12个月。

附 录 A
(标准的附录)
酯值、酯值与酸值的比值

酯值的计算见式A_1。

$$\text{酯值}=\text{皂化值}-\text{酸值} \quad \cdots\cdots (A_1)$$

酯值与酸值的比值见式A_2。

$$\text{酯值与酸值的比值}=\frac{\text{酯值}}{\text{酸值}} \quad \cdots\cdots (A_2)$$

《中华人民共和国畜牧法》

（2005-12-29 通过，2006-07-01 实施）

第一章　总　则

第一条　为了规范畜牧业生产经营行为，保障畜禽产品质量安全，保护和合理利用畜禽遗传资源，维护畜牧业生产经营者的合法权益，促进畜牧业持续健康发展，制定本法。

第二条　在中华人民共和国境内从事畜禽的遗传资源保护利用、繁育、饲养、经营、运输等活动，适用本法。

本法所称畜禽，是指列入依照本法第十一条规定公布的畜禽遗传资源目录的畜禽。

蜂、蚕的资源保护利用和生产经营，适用本法有关规定。

第三条　国家支持畜牧业发展，发挥畜牧业在发展农业、农村经济和增加农民收入中的作用。县级以上人民政府应当采取措施，加强畜牧业基础设施建设，鼓励和扶持发展规模化养殖，推进畜牧产业化经营，提高畜牧业综合生产能力，发展优质、高效、生态、安全的畜牧业。

国家帮助和扶持少数民族地区、贫困地区畜牧业的发展，保护和合理利用草原，改善畜牧业生产条件。

第四条　国家采取措施，培养畜牧兽医专业人才，发展畜牧兽医科学技术研究和推广事业，开展畜牧兽医科学技术知识的教育宣传工作和畜牧兽医信息服务，推进畜牧业科技进步。

第五条　畜牧业生产经营者可以依法自愿成立行业协会，为成员提供信息、技术、营销、培训等服务，加强行业自律，维护成员和行业利益。

第六条　畜牧业生产经营者应当依法履行动物防疫和环境保护义务，接受有关主管部门依法实施的监督检查。

第七条　国务院畜牧兽医行政主管部门负责全国畜牧业的监督管理工作。县级以上地方人民政府畜牧兽医行政主管部门负责本行政区域内的畜牧业监督管理工作。

县级以上人民政府有关主管部门在各自的职责范围内，负责有关促进畜牧业发展的工作。

第八条　国务院畜牧兽医行政主管部门应当指导畜牧业生产经营者改善畜禽繁育、饲养、运输的条件和环境。

第二章　畜禽遗传资源保护

第九条　国家建立畜禽遗传资源保护制度。各级人民政府应当采取措施，加强畜禽遗传资源保护，畜禽遗传资源保护经费列入财政预算。

畜禽遗传资源保护以国家为主，鼓励和支持有关单位、个人依法发展畜禽遗传资源保护事业。

第十条　国务院畜牧兽医行政主管部门设立由专业人员组成的国家畜禽遗传资源委员会，负责畜禽遗传资源的鉴定、评估和畜禽新品种、配套系的审定，承担畜禽遗传资源保护和利用规划论证及有关畜禽遗传资源保护的咨询工作。

第十一条　国务院畜牧兽医行政主管部门负责组织畜禽遗传资源的调查工作，发布国家畜禽遗传资源状况报告，公布经国务院批准的畜禽遗传资源目录。

第十二条　国务院畜牧兽医行政主管部门根据畜禽遗传资源分布状况，制定全国畜禽遗传资源保护和利用规划，制定并公布国家级畜禽遗传资源保护名录，对原产我国的珍贵、稀有、濒危的畜禽遗传资源实行重点保护。

省级人民政府畜牧兽医行政主管部门根据全国畜禽遗传资源保护和利用规划及本行政区域内畜禽遗传资源状况，制定和公布省级畜禽遗传资源保护名录，并报国务院畜牧兽医行政主管部门备案。

第十三条　国务院畜牧兽医行政主管部门根据全国畜禽遗传资源保护和利用规划及国家级畜禽遗传资源保护名录，省级人民政府畜牧兽医行政主管部门根据省级畜禽遗传资源保护名录，分别建立或者确定畜禽遗传资源保种场、保护区和基因库，承担畜禽遗传资源保护任务。

享受中央和省级财政资金支持的畜禽遗传资源保种场、保护区和基因库，未经国务院畜牧兽医行政主管部门或者省级人民政府畜牧兽医行政主管部门批准，不得擅自处理受保护的畜禽遗传资源。

畜禽遗传资源基因库应当按照国务院畜牧兽医行政主管部门或者省级人民政府畜牧兽医行政主管部门的规定，定期采集和更新畜禽遗传材料。有关单位、个人应当配合畜禽遗传资源基因库采集畜禽遗传材料，并有权获得适当的经济补偿。

畜禽遗传资源保种场、保护区和基因库的管理办法由国务院畜牧兽医行政主管部门制定。

第十四条　新发现的畜禽遗传资源在国家畜禽遗传资源委员会鉴定前，省级人民政府畜牧兽医行政主管部门应当制定保护方案，采取临时保护措施，并报国务院畜牧兽医行政主管部门备案。

第十五条　从境外引进畜禽遗传资源的，应当向省级人民政府畜牧兽医行政主管部门提出申请；受理申请的畜牧兽医行政主管部门经审核，报国务院畜牧兽医行政主管部门经评估论证后批准。经批准的，依照《中华人民共和国进出境动植物检疫法》的规定办理相关手续并实施检疫。

从境外引进的畜禽遗传资源被发现对境内畜禽遗传资源、生态环境有危害或者可能产生危害的，国务院畜牧兽医行政主管部门应当商有关主管部门，采取相应的安全控制措施。

第十六条　向境外输出或者在境内与境外机构、个人合作研究利用列入保护名录的畜禽遗传资源的，应当向省级人民政府畜牧兽医行政主管部门提出申请，同时提出国家共享惠益的方案；受理申请的畜牧兽医行政主管部门经审核，报国务院畜牧兽医行政主管部门批准。

向境外输出畜禽遗传资源的，还应当依照《中华人民共和国进出境动植物检疫法》的规定办理相关手续并实施检疫。

新发现的畜禽遗传资源在国家畜禽遗传资源委员会鉴定前，不得向境外输出，不得与境外机构、个人合作研究利用。

第十七条　畜禽遗传资源的进出境和对外合作研究利用的审批办法由国务院规定。

第三章　种畜禽品种选育与生产经营

第十八条　国家扶持畜禽品种的选育和优良品种的推广使用，支持企业、院校、科研机构和技术推广单位开展联合育种,建立畜禽良种繁育体系。

第十九条　培育的畜禽新品种、配套系和新发现的畜禽遗传资源在推广前,应当通过国家畜禽遗传资源委员会审定或者鉴定,并由国务院畜牧兽医行政主管部门公告。畜禽新品种、配套系的审定办法和畜禽遗传资源的鉴定办法,由国务院畜牧兽医行政主管部门制定。审定或者鉴定所需的试验、检测等费用由申请者承担,收费办法由国务院财政、价格部门会同国务院畜牧兽医行政主管部门制定。

培育新的畜禽品种、配套系进行中间试验,应当经试验所在地省级人民政府畜牧兽医行政主管部门批准。

畜禽新品种、配套系培育者的合法权益受法律保护。

第二十条　转基因畜禽品种的培育、试验、审定和推广,应当符合国家有关农业转基因生物管理的规定。

第二十一条　省级以上畜牧兽医技术推广机构可以组织开展种畜优良个体登记,向社会推荐优良种畜。优良种畜登记规则由国务院畜牧兽医行政主管部门制定。

第二十二条　从事种畜禽生产经营或者生产商品代仔畜、雏禽的单位、个人,应当取得种畜禽生产经营许可证。申请人持种畜禽生产经营许可证依法办理工商登记,取得营业执照后,方可从事生产经营活动。

申请取得种畜禽生产经营许可证,应当具备下列条件:

(一)生产经营的种畜禽必须是通过国家畜禽遗传资源委员会审定或者鉴定的品种、配套系,或者是经批准引进的境外品种、配套系;

(二)有与生产经营规模相适应的畜牧兽医技术人员;

(三)有与生产经营规模相适应的繁育设施设备;

(四)具备法律、行政法规和国务院畜牧兽医行政主管部门规定的种畜禽防疫条件;

(五)有完善的质量管理和育种记录制度;

(六)具备法律、行政法规规定的其他条件。

第二十三条　申请取得生产家畜卵子、冷冻精液、胚胎等遗传材料的生产经营许可证,除应当符合本法第二十二条第二款规定的条件外,还应当具备下列条件:

(一)符合国务院畜牧兽医行政主管部门规定的实验室、保存和运输条件;

(二)符合国务院畜牧兽医行政主管部门规定的种畜数量和质量要求;

(三)体外授精取得的胚胎、使用的卵子来源明确,供体畜符合国家规定的种畜健康标准和质量要求;

(四)符合国务院畜牧兽医行政主管部门规定的其他技术要求。

第二十四条　申请取得生产家畜卵子、冷冻精液、胚胎等遗传材料的生产经营许可证,应当向省级人民政府畜牧兽医行政主管部门提出申请。受理申请的畜牧兽医行政主管部门应当自收到申请之日起三十个工作日内完成审核,并报国务院畜牧兽医行政主管部门审批;国务院畜牧兽医行政主管部门应当自收到申请之日起六十个工作日内依法决定是否发给生产经营许可证。

其他种畜禽的生产经营许可证由县级以上地方人民政府畜牧兽医行政主管部门审核发放,具体审核发放办法由省级人民政府规定。

种畜禽生产经营许可证样式由国务院畜牧兽医行政主管部门制定,许可证有效期为三年。

发放种畜禽生产经营许可证可以收取工本费，具体收费管理办法由国务院财政、价格部门制定。

第二十五条 种畜禽生产经营许可证应当注明生产经营者名称、场(厂)址、生产经营范围及许可证有效期的起止日期等。

禁止任何单位、个人无种畜禽生产经营许可证或者违反种畜禽生产经营许可证的规定生产经营种畜禽。禁止伪造、变造、转让、租借种畜禽生产经营许可证。

第二十六条 农户饲养的种畜禽用于自繁自养和有少量剩余仔畜、雏禽出售的，农户饲养种公畜进行互助配种的，不需要办理种畜禽生产经营许可证。

第二十七条 专门从事家畜人工授精、胚胎移植等繁殖工作的人员，应当取得相应的国家职业资格证书。

第二十八条 发布种畜禽广告的，广告主应当提供种畜禽生产经营许可证和营业执照。广告内容应当符合有关法律、行政法规的规定，并注明种畜禽品种、配套系的审定或者鉴定名称；对主要性状的描述应当符合该品种、配套系的标准。

第二十九条 销售的种畜禽和家畜配种站(点)使用的种公畜，必须符合种用标准。销售种畜禽时，应当附具种畜禽场出具的种畜禽合格证明、动物防疫监督机构出具的检疫合格证明，销售的种畜还应当附具种畜禽场出具的家畜系谱。

生产家畜卵子、冷冻精液、胚胎等遗传材料，应当有完整的采集、销售、移植等记录，记录应当保存二年。

第三十条 销售种畜禽，不得有下列行为：

(一)以其他畜禽品种、配套系冒充所销售的种畜禽品种、配套系；

(二)以低代别种畜禽冒充高代别种畜禽；

(三)以不符合种用标准的畜禽冒充种畜禽；

(四)销售未经批准进口的种畜禽；

(五)销售未附具本法第二十九条规定的种畜禽合格证明、检疫合格证明的种畜禽或者未附具家畜系谱的种畜；

(六)销售未经审定或者鉴定的种畜禽品种、配套系。

第三十一条 申请进口种畜禽的，应当持有种畜禽生产经营许可证。进口种畜禽的批准文件有效期为六个月。

进口的种畜禽应当符合国务院畜牧兽医行政主管部门规定的技术要求。首次进口的种畜禽还应当由国家畜禽遗传资源委员会进行种用性能的评估。

种畜禽的进出口管理除适用前两款的规定外，还适用本法第十五条和第十六条的相关规定。

国家鼓励畜禽养殖者对进口的畜禽进行新品种、配套系的选育；选育的新品种、配套系在推广前，应当经国家畜禽遗传资源委员会审定。

第三十二条 种畜禽场和孵化场(厂)销售商品代仔畜、雏禽的，应当向购买者提供其销售的商品代仔畜、雏禽的主要生产性能指标、免疫情况、饲养技术要求和有关咨询服务，并附具动物防疫监督机构出具的检疫合格证明。

销售种畜禽和商品代仔畜、雏禽，因质量问题给畜禽养殖者造成损失的，应当依法赔偿损失。

第三十三条　县级以上人民政府畜牧兽医行政主管部门负责种畜禽质量安全的监督管理工作。种畜禽质量安全的监督检验应当委托具有法定资质的种畜禽质量检验机构进行；所需检验费用按照国务院规定列支，不得向被检验人收取。

第三十四条　蚕种的资源保护、新品种选育、生产经营和推广适用本法有关规定，具体管理办法由国务院农业行政主管部门制定。

第四章　畜禽养殖

第三十五条　县级以上人民政府畜牧兽医行政主管部门应当根据畜牧业发展规划和市场需求，引导和支持畜牧业结构调整，发展优势畜禽生产，提高畜禽产品市场竞争力。

国家支持草原牧区开展草原围栏、草原水利、草原改良、饲草饲料基地等草原基本建设，优化畜群结构，改良牲畜品种，转变生产方式，发展舍饲圈养、划区轮牧，逐步实现畜草平衡，改善草原生态环境。

第三十六条　国务院和省级人民政府应当在其财政预算内安排支持畜牧业发展的良种补贴、贴息补助等资金，并鼓励有关金融机构通过提供贷款、保险服务等形式，支持畜禽养殖者购买优良畜禽、繁育良种、改善生产设施、扩大养殖规模，提高养殖效益。

第三十七条　国家支持农村集体经济组织、农民和畜牧业合作经济组织建立畜禽养殖场、养殖小区，发展规模化、标准化养殖。乡（镇）土地利用总体规划应当根据本地实际情况安排畜禽养殖用地。农村集体经济组织、农民、畜牧业合作经济组织按照乡（镇）土地利用总体规划建立的畜禽养殖场、养殖小区用地按农业用地管理。畜禽养殖场、养殖小区用地使用权期限届满，需要恢复为原用途的，由畜禽养殖场、养殖小区土地使用权人负责恢复。在畜禽养殖场、养殖小区用地范围内需要兴建永久性建（构）筑物，涉及农用地转用的，依照《中华人民共和国土地管理法》的规定办理。

第三十八条　国家设立的畜牧兽医技术推广机构，应当向农民提供畜禽养殖技术培训、良种推广、疫病防治等服务。县级以上人民政府应当保障国家设立的畜牧兽医技术推广机构从事公益性技术服务的工作经费。

国家鼓励畜禽产品加工企业和其他相关生产经营者为畜禽养殖者提供所需的服务。

第三十九条　畜禽养殖场、养殖小区应当具备下列条件：

（一）有与其饲养规模相适应的生产场所和配套的生产设施；

（二）有为其服务的畜牧兽医技术人员；

（三）具备法律、行政法规和国务院畜牧兽医行政主管部门规定的防疫条件；

（四）有对畜禽粪便、废水和其他固体废弃物进行综合利用的沼气池等设施或者其他无害化处理设施；

（五）具备法律、行政法规规定的其他条件。

养殖场、养殖小区兴办者应当将养殖场、养殖小区的名称、养殖地址、畜禽品种和养殖规模，向养殖场、养殖小区所在地县级人民政府畜牧兽医行政主管部门备案，取得畜禽标识代码。

省级人民政府根据本行政区域畜牧业发展状况制定畜禽养殖场、养殖小区的规模标准和备案程序。

第四十条　禁止在下列区域内建设畜禽养殖场、养殖小区：

（一）生活饮用水的水源保护区，风景名胜区，以及自然保护区的核心区和缓冲区；

(二)城镇居民区、文化教育科学研究区等人口集中区域；

(三)法律、法规规定的其他禁养区域。

第四十一条　畜禽养殖场应当建立养殖档案，载明以下内容：

(一)畜禽的品种、数量、繁殖记录、标识情况、来源和进出场日期；

(二)饲料、饲料添加剂、兽药等投入品的来源、名称、使用对象、时间和用量；

(三)检疫、免疫、消毒情况；

(四)畜禽发病、死亡和无害化处理情况；

(五)国务院畜牧兽医行政主管部门规定的其他内容。

第四十二条　畜禽养殖场应当为其饲养的畜禽提供适当的繁殖条件和生存、生长环境。

第四十三条　从事畜禽养殖，不得有下列行为：

(一)违反法律、行政法规的规定和国家技术规范的强制性要求使用饲料、饲料添加剂、兽药；

(二)使用未经高温处理的餐馆、食堂的泔水饲喂家畜；

(三)在垃圾场或者使用垃圾场中的物质饲养畜禽；

(四)法律、行政法规和国务院畜牧兽医行政主管部门规定的危害人和畜禽健康的其他行为。

第四十四条　从事畜禽养殖，应当依照《中华人民共和国动物防疫法》的规定，做好畜禽疫病的防治工作。

第四十五条　畜禽养殖者应当按照国家关于畜禽标识管理的规定，在应当加施标识的畜禽的指定部位加施标识。畜牧兽医行政主管部门提供标识不得收费，所需费用列入省级人民政府财政预算。

畜禽标识不得重复使用。

第四十六条　畜禽养殖场、养殖小区应当保证畜禽粪便、废水及其他固体废弃物综合利用或者无害化处理设施的正常运转，保证污染物达标排放，防止污染环境。

畜禽养殖场、养殖小区违法排放畜禽粪便、废水及其他固体废弃物，造成环境污染危害的，应当排除危害，依法赔偿损失。

国家支持畜禽养殖场、养殖小区建设畜禽粪便、废水及其他固体废弃物的综合利用设施。

第四十七条　国家鼓励发展养蜂业，维护养蜂生产者的合法权益。

有关部门应当积极宣传和推广蜜蜂授粉农艺措施。

第四十八条　养蜂生产者在生产过程中，不得使用危害蜂产品质量安全的药品和容器，确保蜂产品质量。养蜂器具应当符合国家技术规范的强制性要求。

第四十九条　养蜂生产者在转地放蜂时，当地公安、交通运输、畜牧兽医等有关部门应当为其提供必要的便利。

养蜂生产者在国内转地放蜂，凭国务院畜牧兽医行政主管部门统一格式印制的检疫合格证明运输蜂群，在检疫合格证明有效期内不得重复检疫。

第五章　畜禽交易与运输

第五十条　县级以上人民政府应当促进开放统一、竞争有序的畜禽交易市场建设。

县级以上人民政府畜牧兽医行政主管部门和其他有关主管部门应当组织搜集、整理、发布畜禽产销信息，为生产者提供信息服务。

第五十一条　县级以上地方人民政府根据农产品批发市场发展规划，对在畜禽集散地建立畜禽批发市场给予扶持。

畜禽批发市场选址，应当符合法律、行政法规和国务院畜牧兽医行政主管部门规定的动物防疫条件，并距离种畜禽场和大型畜禽养殖场3千米以外。

第五十二条　进行交易的畜禽必须符合国家技术规范的强制性要求。

国务院畜牧兽医行政主管部门规定应当加施标识而没有标识的畜禽，不得销售和收购。

第五十三条　运输畜禽，必须符合法律、行政法规和国务院畜牧兽医行政主管部门规定的动物防疫条件，采取措施保护畜禽安全，并为运输的畜禽提供必要的空间和饲喂饮水条件。

有关部门对运输中的畜禽进行检查，应当有法律、行政法规的依据。

第六章　质量安全保障

第五十四条　县级以上人民政府应当组织畜牧兽医行政主管部门和其他有关主管部门，依照本法和有关法律、行政法规的规定，加强对畜禽饲养环境、种畜禽质量、饲料和兽药等投入品的使用以及畜禽交易与运输的监督管理。

第五十五条　国务院畜牧兽医行政主管部门应当制定畜禽标识和养殖档案管理办法，采取措施落实畜禽产品质量责任追究制度。

第五十六条　县级以上人民政府畜牧兽医行政主管部门应当制定畜禽质量安全监督检查计划，按计划开展监督抽查工作。

第五十七条　省级以上人民政府畜牧兽医行政主管部门应当组织制定畜禽生产规范，指导畜禽的安全生产。

第七章　法律责任

第五十八条　违反本法第十三条第二款规定，擅自处理受保护的畜禽遗传资源，造成畜禽遗传资源损失的，由省级以上人民政府畜牧兽医行政主管部门处5万元以上50万元以下罚款。

第五十九条　违反本法有关规定，有下列行为之一的，由省级以上人民政府畜牧兽医行政主管部门责令停止违法行为，没收畜禽遗传资源和违法所得，并处1万元以上5万元以下罚款：

（一）未经审核批准，从境外引进畜禽遗传资源的；

（二）未经审核批准，在境内与境外机构、个人合作研究利用列入保护名录的畜禽遗传资源的；

（三）在境内与境外机构、个人合作研究利用未经国家畜禽遗传资源委员会鉴定的新发现的畜禽遗传资源的。

第六十条　未经国务院畜牧兽医行政主管部门批准，向境外输出畜禽遗传资源的，依照《中华人民共和国海关法》的有关规定追究法律责任。海关应当将扣留的畜禽遗传资源移送省级人民政府畜牧兽医行政主管部门处理。

第六十一条　违反本法有关规定，销售、推广未经审定或者鉴定的畜禽品种的，由县级以上人民政府畜牧兽医行政主管部门责令停止违法行为，没收畜禽和违法所得；违法所得在5万元以上的，并处违法所得1倍以上3倍以下罚款；没有违法所得或者违法所得不足5万元的，并处5 000元以上5万元以下罚款。

第六十二条 违反本法有关规定,无种畜禽生产经营许可证或者违反种畜禽生产经营许可证的规定生产经营种畜禽的,转让、租借种畜禽生产经营许可证的,由县级以上人民政府畜牧兽医行政主管部门责令停止违法行为,没收违法所得;违法所得在3万元以上的,并处违法所得1倍以上3倍以下罚款;没有违法所得或者违法所得不足3万元的,并处3 000元以上3万元以下罚款。违反种畜禽生产经营许可证的规定生产经营种畜禽或者转让、租借种畜禽生产经营许可证,情节严重的,并处吊销种畜禽生产经营许可证。

第六十三条 违反本法第二十八条规定的,依照《中华人民共和国广告法》的有关规定追究法律责任。

第六十四条 违反本法有关规定,使用的种畜禽不符合种用标准的,由县级以上地方人民政府畜牧兽医行政主管部门责令停止违法行为,没收违法所得;违法所得在5 000元以上的,并处违法所得1倍以上2倍以下罚款;没有违法所得或者违法所得不足5 000元的,并处1 000元以上5 000元以下罚款。

第六十五条 销售种畜禽有本法第三十条第一项至第四项违法行为之一的,由县级以上人民政府畜牧兽医行政主管部门或者工商行政管理部门责令停止销售,没收违法销售的畜禽和违法所得;违法所得在5万元以上的,并处违法所得1倍以上5倍以下罚款;没有违法所得或者违法所得不足5万元的,并处5 000元以上5万元以下罚款;情节严重的,并处吊销种畜禽生产经营许可证或者营业执照。

第六十六条 违反本法第四十一条规定,畜禽养殖场未建立养殖档案的,或者未按照规定保存养殖档案的,由县级以上人民政府畜牧兽医行政主管部门责令限期改正,可以处1万元以下罚款。

第六十七条 违反本法第四十三条规定养殖畜禽的,依照有关法律、行政法规的规定处罚。

第六十八条 违反本法有关规定,销售的种畜禽未附具种畜禽合格证明、检疫合格证明、家畜系谱的,销售、收购国务院畜牧兽医行政主管部门规定应当加施标识而没有标识的畜禽的,或者重复使用畜禽标识的,由县级以上地方人民政府畜牧兽医行政主管部门或者工商行政管理部门责令改正,可以处2 000元以下罚款。

违反本法有关规定,使用伪造、变造的畜禽标识的,由县级以上人民政府畜牧兽医行政主管部门没收伪造、变造的畜禽标识和违法所得,并处3 000元以上3万元以下罚款。

第六十九条 销售不符合国家技术规范的强制性要求的畜禽的,由县级以上地方人民政府畜牧兽医行政主管部门或者工商行政管理部门责令停止违法行为,没收违法销售的畜禽和违法所得,并处违法所得1倍以上3倍以下罚款;情节严重的,由工商行政管理部门并处吊销营业执照。

第七十条 畜牧兽医行政主管部门的工作人员利用职务上的便利,收受他人财物或者谋取其他利益,对不符合法定条件的单位、个人核发许可证或者有关批准文件,不履行监督职责,或者发现违法行为不予查处的,依法给予行政处分。

第七十一条 种畜禽生产经营者被吊销种畜禽生产经营许可证的,由畜牧兽医行政主管部门自吊销许可证之日起10日内通知工商行政管理部门。种畜禽生产经营者应当依法到工商行政管理部门办理变更登记或者注销登记。

第七十二条　违反本法规定，构成犯罪的，依法追究刑事责任。

第八章　附　则

第七十三条　本法所称畜禽遗传资源，是指畜禽及其卵子(蛋)、胚胎、精液、基因物质等遗传材料。

本法所称种畜禽，是指经过选育、具有种用价值、适于繁殖后代的畜禽及其卵子(蛋)、胚胎、精液等。

第七十四条　本法自 2006 年 7 月 1 日起施行。

农业部《养蜂管理办法(试行)》

(2011-12-13 发布,2012-02-01 实施)

第一章　总　则

第一条　为规范和支持养蜂行为,维护养蜂者合法权益,促进养蜂业持续健康发展,根据《中华人民共和国畜牧法》、《中华人民共和国动物防疫法》等法律法规,制定本办法。

第二条　在中华人民共和国境内从事养蜂活动,应当遵守本办法。

第三条　农业部负责全国养蜂管理工作。

县级以上地方人民政府养蜂主管部门负责本行政区域的养蜂管理工作。

第四条　各级养蜂主管部门应当采取措施,支持发展养蜂,推动养蜂业的规模化、机械化、标准化、集约化,推广普及蜜蜂授粉技术,发挥养蜂业在促进农业增产提质、保护生态和增加农民收入中的作用。

第五条　养蜂者可以依法自愿成立行业协会和专业合作经济组织,为成员提供信息、技术、营销、培训等服务,维护成员合法权益。

各级养蜂主管部门应当加强对养蜂业行业组织和专业合作经济组织的扶持、指导和服务,提高养蜂业组织化、产业化程度。

第二章　生产管理

第六条　各级农业主管部门应当广泛宣传蜜蜂为农作物授粉的增产提质作用,积极推广蜜蜂授粉技术。

县级以上地方人民政府农业主管部门应当做好辖区内蜜粉源植物调查工作,制定蜜粉源植物的保护和利用措施。

第七条　种蜂生产经营单位和个人,应当依法取得《种畜禽生产经营许可证》。出售的种蜂应当附具检疫合格证明和种蜂合格证。

第八条　养蜂者可以自愿向县级人民政府养蜂主管部门登记备案,免费领取《养蜂证》,凭《养蜂证》享受技术培训等服务。

《养蜂证》有效期三年,格式由农业部统一制定。

第九条　养蜂者应当按照国家相关技术规范和标准进行生产。

各级养蜂主管部门应当做好养蜂技术培训和生产指导工作。

第十条　养蜂者应当遵守《中华人民共和国农产品质量安全法》等有关法律法规,对所生产的蜂产品质量安全负责。

养蜂者应当按照国家相关规定正确使用生产投入品,不得在蜂产品中添加任何物质。

第十一条　登记备案的养蜂者应当建立养殖档案及养蜂日志,载明以下内容:

(一)蜂群的品种、数量、来源;

（二）检疫、消毒情况；

（三）饲料、兽药等投入品来源、名称，使用对象、时间和剂量；

（四）蜂群发病、死亡、无害化处理情况；

（五）蜂产品生产销售情况。

第十二条　养蜂者到达蜜粉源植物种植区放蜂时，应当告知周边 3 000 米以内的村级组织或管理单位。接到放蜂通知的组织和单位应当以适当方式及时公告。在放蜂区种植蜜粉源植物的单位和个人，应当避免在盛花期施用农药。确需施用农药的，应当选用对蜜蜂低毒的农药品种。

种植蜜粉源植物的单位和个人应当在施用农药 3 日前告知所在地及邻近 3 000 米以内的养蜂者，使用航空器喷施农药的单位和个人应当在作业 5 日前告知作业区及周边 5 000 米以内的养蜂者，防止对蜜蜂造成危害。

养蜂者接到农药施用作业通知后应当相互告知，及时采取安全防范措施。

第十三条　各级养蜂主管部门应当鼓励、支持养蜂者与蜂产品收购单位、个人建立长期稳定的购销关系，实行蜂产品优质优价、公平交易，维护养蜂者合法权益。

第三章　转地放蜂

第十四条　主要蜜粉源地县级人民政府养蜂主管部门应当会同蜂业行业协会，每年发布蜜粉源分布、放蜂场地、载蜂量等动态信息，公布联系电话，协助转地放蜂者安排放蜂场地。

第十五条　养蜂者应当持《养蜂证》到蜜粉源地的养蜂主管部门或蜂业行业协会联系落实放蜂场地。

转地放蜂的蜂场原则上应当间距 1 000 米以上，并与居民区、道路等保持适当距离。

转地放蜂者应当服从场地安排，不得强行争占场地，并遵守当地习俗。

第十六条　转地放蜂者不得进入省级以上人民政府养蜂主管部门依法确立的蜜蜂遗传资源保护区、保种场及种蜂场的种蜂隔离交尾场等区域放蜂。

第十七条　养蜂主管部门应当协助有关部门和司法机关，及时处理偷蜂、毒害蜂群等破坏养蜂案件、涉蜂运输事故以及有关纠纷，必要时可以应当事人请求或司法机关要求，组织进行蜜蜂损失技术鉴定，出具技术鉴定书。

第十八条　除国家明文规定的收费项目外，养蜂者有权拒绝任何形式的乱收费、乱罚款和乱摊派等行为，并向有关部门举报。

第四章　蜂群疫病防控

第十九条　蜂群自原驻地和最远蜜粉源地起运前，养蜂者应当提前 3 天向当地动物卫生监督机构申报检疫。经检疫合格的，方可起运。

第二十条　养蜂者发现蜂群患有列入检疫对象的蜂病时，应当依法向所在地兽医主管部门、动物卫生监督机构或者动物疫病预防控制机构报告，并就地隔离防治，避免疫情扩散。

未经治愈的蜂群，禁止转地、出售和生产蜂产品。

第二十一条　养蜂者应当按照国家相关规定，正确使用兽药，严格控制使用剂量，执行休药期制度。

第二十二条　巢础等养蜂机具设备的生产经营和使用，应当符合国家标准及有关规定。

禁止使用对蜂群有害和污染蜂产品的材料制作养蜂器具，或在制作过程中添加任何药物。

第五章　附　则

第二十三条　本办法所称蜂产品，是指蜂群生产的未经加工的蜂蜜、蜂王浆、蜂胶、蜂花粉、蜂毒、蜂蜡、蜂幼虫、蜂蛹等。

第二十四条　违反本办法规定的，依照有关法律、行政法规的规定进行处罚。

第二十五条　本办法自2012年2月1日起施行。

《全国养蜂业“十二五”发展规划》

（2010-12-27 发布）

我国是世界养蜂大国，养蜂数量和蜂产品产量多年来一直稳居世界首位。养蜂业的稳定发展对于促进农民增收、提高农作物产量和维护生态平衡都具有重要意义。为促进养蜂业持续健康稳定发展，结合生产发展实际，制定本规划。

一、发展概况

（一）主要成就

改革开放以来，我国养蜂业经历了快速发展、巩固提高和稳步增长三个阶段。进入新世纪后，我国蜂群数量、蜂产品产量稳定增长，养蜂业生产规模不断扩大，单产水平和蜂产品质量不断提高，养蜂业继续保持稳定发展态势。

1. 养蜂生产总体保持稳定发展。我国养蜂生产在 20 世纪 70—80 年代发展较快，处于快速上升阶段，1988 年全国蜂群数量达到 780 万群。之后进入了 10 多年的调整巩固期，2000 年全国蜂群数量下降到 680 万群。近年来，我国养蜂生产开始稳步回升，2009 年全国蜂群数量达到 820 万群，蜂蜜产量上升到 40 万吨，蜂王浆和蜂花粉产量均超过 4 000 吨，蜂胶 350 多吨，养蜂业总产值达 40 多亿元。

2. 标准化饲养和区域化发展进程加快。各地不断创新蜜蜂饲养方式，更新养蜂机具，加快生产科技推广，加强疫病防控，养蜂业标准化规模饲养发展很快。全国蜂群平均单产由 1999 年的 31 kg 增加到 2009 年的 48 kg。浙江、四川、湖北等传统养蜂大省的饲养优势得到进一步加强，浙江省养蜂业产值在全省畜牧业中居第三位。黑龙江、吉林等新兴养蜂基地迅速崛起，蜂群饲养数量和蜂产品产量大幅增加。

3. 蜂产品加工能力和出口数量大幅提升。近十几年来，我国蜂产品加工逐渐摆脱传统的作坊生产模式，工厂化、标准化生产加工水平不断提高，市场开拓能力明显增强。蜂蜜、蜂王浆等传统产品加工稳步发展，蜂花粉、蜂胶等新产品不断推出，蜂产品花色品种和数量日益丰富。全国涌现出一批出口产值超亿元的企业，2009 年，我国出口蜂产品金额超过 10 亿元，比 1999 年增长 80.3%。

4. 养蜂业带动农民增收和农作物增产作用进一步增强。养蜂业具有投资小、见效快、回报率高的特点，按照一个家庭蜂场饲养 100 群蜂，正常年份每群蜂纯收入约 300 元计算，每户年收入可达 3 万元，带动农民增收作用明显。目前蜜蜂授粉业发展正呈方兴未艾之势，北京、浙江的设施农业授粉，内蒙古的向日葵授粉，广东、福建的荔枝、龙眼授粉等已初具规模。通过蜜蜂授粉，使油菜、棉花、油葵、草莓、苹果、白莲等农作物产量大幅增加，品质显著改善。据测算，全国每年通过授粉使农作物增产产值达 500 亿元。

在养蜂业的发展进程中，各地积累了一些好的经验和做法，概括起来主要有：以国内外市场需求为导向，重点加强国内蜂产品市场开拓，不断扩大消费市场；以蜂产品质量安全为保障，重点加强标准化生产管理，不断提高质量安全水平；以产业化发展为突破，重点加强行业组织建设，不断探索创新养殖加工环节的利益联结机制。

（二）存在问题

我国是世界第一养蜂大国，但不是养蜂强国，养蜂业还存在一些亟待解决的突出问题。一是标准化规模生产程度低。我国养蜂业属于劳动密集型产业，蜂场规模小，蜜蜂良种化程度不高，蜂螨、白垩病、中蜂囊状幼虫病和爬蜂综合征等疫病还比较突出，蜂群健康状况、蜜蜂育种以及机械化生产水平与国外相比差距较大，抵御自然灾害和市场风险能力弱。二是蜜蜂授粉增产的意识不强。与美国等发达国家相比，国内对蜜蜂授粉的重要性认识还不足，宣传力度不够，专业性授粉蜂群数量较少，养蜂为农作物授粉增产技术普及率不高。目前，粮食、果树、蔬菜等农作物流蜜期喷洒的部分农药对蜜蜂毒性较大，由于蜂农不了解农药使用情况，造成蜜蜂大批死亡，给养蜂业造成较大损失。三是蜂产品质量安全水平不高。部分蜂药使用不规范，蜂产品质量和检测检验标准还不完善，市场监管较为薄弱；加工企业总体生产技术水平落后，个别企业还存在追求数量、不重质量的问题。四是养蜂业组织化程度低。近年来，部分地方养蜂管理机构逐渐弱化，养蜂行业组织发展还比较滞后，技术推广、维权服务、产销衔接等职能还没有充分发挥，养蜂者的合法权益难以保障。此外，养蜂条件艰苦、设施落后，随着社会经济的快速发展，年轻人不愿从事养蜂业，养蜂人员老龄化现象凸显。

（三）养蜂业具有较大的发展潜力

应当看到，我国养蜂业从业人员众多，蜜源植物丰富，蜜蜂授粉和蜂产品市场消费量巨大，具有很大的发展潜力。

1.市场消费方面。

2009年我国人均蜂产品消费量为0.3 kg，部分城市居民和大多数农村居民基本上还没有消费蜂产品。随着人民生活水平的不断提高和对蜂产品保健功效认识的不断加深，人均蜂产品消费量将继续呈增长趋势，消费需求增长空间很大。

按照2000—2009年蜂产品消费年均增长4%推算，2015年人均蜂产品潜在消费量将达到0.35 kg，届时按照全国人口14亿计算，则需要50万吨蜂产品，蜂产品生产量需要在目前的基础上增加30%。近年来，我国蜂产品出口数量增长缓慢，但贸易额增加较快，今后一个时期将继续保持这种趋势。随着国内需求不断增长，蜂产品生产增加部分主要销往国内市场。

2.蜜源植物承载量方面。

目前，我国饲养的蜜蜂70%为西蜂，30%为中蜂。平原地区（农区）以饲养西蜂为主，山区（林区）则以饲养中蜂为主。到2015年，按照每群蜂生产50千克优质蜂蜜计算，生产50万吨蜂蜜需要饲养1 000万群左右的蜜蜂。据国家统计局及国家林业局统计，2008年我国主要的农业类蜜源植物约为28.5万平方千米，林业区经济林种植面积约为20.2万平方千米，理论可承载5 000万群蜜蜂，即使实际利用率按照30%计算，我国现有的蜜源植物也完全能够承载1 000万群以上的蜜蜂。

3.蜜蜂授粉方面。

蜜蜂为农作物授粉可以显著提高农作物产量和品质。目前我国蜜蜂授粉工作还处于起步阶段，发展还远不能满足农业生产和生态环境保护的需要。今后将蜜蜂授粉作为商品化、专业化的产业，建立健全蜜蜂授粉配套服务体系，提高农作物产量，增加农业效益，促进生态环境可持续发展，潜力巨大。

二、指导思想、原则和目标

(一)指导思想

深入贯彻落实科学发展观,以市场为导向,加强政策扶持,着力改善养蜂业发展的内外部环境;转变养蜂业发展方式,优化区域布局,大力推进养蜂业的标准化、规模化、优质化和产业化,坚持发展养蜂生产和推进农作物授粉并举,加快推动蜜蜂授粉产业发展;以国家蜂产业技术体系建设为抓手,加强蜂产业关键技术研究,提升科研自主创新能力,稳步提高蜂产品生产技术水平和质量安全水平,积极促进农业增产、农民增收和生态增效,努力实现养蜂业持续稳定健康发展。

(二)基本原则

坚持统筹协调,统筹国内、国际两个市场,推动发展养蜂生产和促进农业增产、生态保护的良性互动,强化养蜂为农作物授粉增产的功能。坚持市场导向,充分发挥市场机制在资源配置中的基础性作用,大力引导资金、技术、人才投入产业;加大政策扶持,强化对行业发展的指导、管理和服务,健全相关法规与标准,营造养蜂业发展良好的外部环境。坚持质量至上,推广先进适用饲养技术,严格兽药等投入品使用监督管理,落实各环节的质量负责制度,提高蜂产品质量安全水平。

(三)发展目标

——蜂产品生产能力稳步提高。到 2015 年,全国养蜂数量达到 1 000 万群,其中西蜂 650 万群,中蜂 350 万群。在提高质量的前提下,稳步增加产量,力争蜂蜜产量达到 50 万吨。

——生产方式转变取得显著进展。到 2015 年,年饲养 100 群蜜蜂以上的规模化养殖场(户)和专业合作组织比重由目前的不足 25%提高到 50%,养蜂业机械化水平进一步提高;蜜蜂规范饲养标准得到广泛推行,危害蜂群健康的蜂螨、孢子虫病、白垩病、中蜂囊状幼虫病、爬蜂综合征等得到有效控制。

——蜜蜂授粉增产技术得到大力推广。蜜蜂为农作物授粉增产技术得到普及,形成一批专业化的授粉蜂场,初步实现蜜蜂授粉产业化。

——蜜蜂资源保护和种蜂生产能力明显增强。到 2015 年,国家级和部分省级蜜蜂资源基因库、保种场、保护区得到建设完善;种蜂场供种能力显著提高,全国优质种蜂年供应能力由目前的 2 万只增加到 4 万只。

——蜂产品质量安全大幅提高。到 2015 年,规模养蜂场(户)基本建立养殖档案和养蜂日志,兽(蜂)药等投入品使用规范;蜂产品质量追溯制度基本建立,蜂产品质量检测评价体系和标准体系更趋完善,蜂产品质量符合国家有关标准。

——蜂业产业化加快发展。到 2015 年,60%以上的蜂农加入专业合作组织,蜂农与企业的蜂产品产销衔接更加紧密;行业组织在技术培训、产销衔接、信息发布、维权服务等方面的作用得到充分发挥。

三、发展重点

——推进标准化饲养。加大蜂产品标准化生产基地建设投入,支持龙头企业建立标准化示范基地。推广蜜蜂饲养标准和规范,推动机械化饲养,建立养殖档案和养蜂日志,提高饲养效益,解决兽药残留超标等突出问题。推行蜜蜂强群饲养技术,切实加强疫病防控,有效降低传染病、多发病的发病率。

——大力推广普及蜜蜂为农作物授粉增产技术。加大宣传力度，开展蜜蜂为农作物授粉增产示范，鼓励和发展专业化授粉蜂场，普及蜜蜂为农作物授粉增产技术，逐步提高授粉收入占养蜂总收入的比例，促进蜜蜂授粉业的产业化发展。

——扶持养蜂业产业化组织化发展。发展以蜂农为基础、专业合作组织为依托、蜂产品加工企业为龙头的蜂业产业化经营方式。鼓励蜂产品加工企业通过订单收购、建立风险基金、返还利润、参股入股等多种形式，与蜂农结成稳定的产销关系、形成紧密的利益联结机制。积极扶持养蜂合作社、蜂业协会等农民专业合作组织的发展，发挥其在维护蜂农利益、产销衔接、技术培训等方面的重要作用。

——加强资源保护与利用。按照《畜牧法》和《畜禽遗传资源保种场保护区和基因库管理办法》的要求，加大对蜜蜂资源场、保护区、基因库基础设施建设的投入，完善配套设施。对重点蜜蜂种质资源保护予以支持，提高资源保护能力。加强种蜂场建设，提高供种能力和质量。

——完善质量标准、检测、评价体系。结合产业发展实际和产品质量安全管理，修订和完善相关技术标准。加强检测和评价技术研究，完善蜂产品检测体系和质量评价体系。建立产品追溯制度，推广蜂产品质量安全标准，提高蜂产品质量安全水平。

四、发展区域布局

基于养蜂生产发展实际、蜂产品加工水平、蜜源植物利用现状等，将全国养蜂业发展布局划分为华北、东北内蒙古、华东、中南、西南、西北六个区域，确定各区域的主攻方向和2015年的发展目标。

(一)华北地区

基本情况：本区域包括北京、天津、河北、山西和山东5省(市)，蜜蜂饲养技术水平较高，2009年蜂群数量为70多万群，年生产蜂蜜2.4万吨。蜜源植物主要有荆条、洋槐、枣树等，是我国优质蜂蜜的重要产区。该区域蜂产品消费市场大，加工能力强，拥有多家大型蜂产品加工企业；拥有国家级蜂业科研机构、蜂产品检测机构和蜜蜂育种、保种中心。山西省是我国蜂药研发和生产的主要基地。

主攻方向：以发展西蜂标准化规模饲养，建立和完善产品安全与标准化生产管理体系为主，兼顾华北中蜂资源的保护与利用。

建设优质洋槐蜜、枣花蜜和荆条蜜生产基地。进一步加强高效无残留的蜂药研发和生产。加大设施农业蜜蜂授粉技术的推广力度。选育和推广优质蜂种。加强对蜜蜂饲养技术、蜂产品检测技术和蜂产品质量可追溯技术的研究推广。

发展目标：稳定蜂群数量，提高蜂产品质量，规模化、集约化养蜂程度显著提高。建立一批优质洋槐蜜生产基地，建立一批蜂产品标准化生产示范基地和设施农业蜜蜂授粉技术示范基地。蜂药量全部符合国家有关法律、法规要求。检测机构对蜂产品质量的检测能力达到国际先进水平。

(二)东北内蒙古地区

基本情况：本区域包括内蒙古、辽宁、吉林和黑龙江4省(区)，2009年蜂群数量达到83万群，年生产蜂蜜3.3万吨。蜜源植物主要有椴树、刺槐、胡枝子、向日葵、荞麦、牧草等，到本区域转地放蜂的数量较大，是我国优质椴树蜜主要的生产和出口基地。

区内有国家级蜜蜂遗传资源基因库一个、东北黑蜂国家级保护区一个、国家级蜜蜂保种场两个，是我国蜜蜂种质资源保护和利用的重要基地。

主攻方向：保护椴树等蜜源植物，加大优质蜂产品生产基地建设力度。继续发挥种质优势，保护和利用黑蜂资源。加强长白山中蜂保护区、种蜂扩繁场、种蜂质量监测检验中心建设。以饲养西蜂为主，加强优良蜂种的繁育和推广，实现蜜蜂饲养良种化。加大设施农业蜜蜂授粉技术的推广力度。

发展目标：在黑龙江、吉林建立椴树蜜生产基地，在辽宁建立荆条、洋槐蜜生产基地。蜂群数量以每年5%增长，至2015年达到110万群，蜂蜜产量达到5万吨。东北黑蜂等地方蜜蜂资源得到有效保护。向日葵等农作物蜜蜂授粉技术得到普及，设施农业生产基本采用蜜蜂授粉。

（三）华东地区

基本情况：本区域包括上海、江苏、浙江、安徽、江西、福建6省（市），主要以饲养西蜂为主，向外转地放蜂数量较大，2009年蜂群数量为190万群，蜂蜜产量13万吨，蜂王浆产量占全国总产量的50%以上，是我国蜂王浆主要生产和出口地区。区内蜜源资源较为丰富，主要蜜源有油菜、紫云英、荔枝、龙眼、柑橘等。本区域是我国蜜蜂饲养技术水平较高的地区之一，科研和加工力量雄厚，是我国竹木、塑料蜂具主要生产基地，蜂产品生产种类齐全。该区域种植的蜜源面积（油菜、紫云英等）随农业种植方式的改变而萎缩，但山区蜜源资源利用还不充分。

主攻方向：加强对本地中蜂资源保护和利用，建立皖赣山区、大别山区中蜂资源保护区。浙江加强优质王浆蜂种的选育。安徽、福建、江西3省的山区，以定地为主，小转地为辅发展中蜂的饲养，生产特色蜂蜜。加强蜂产品的深度开发研究，加大优质蜂具生产，加快优质蜂产品生产基地建设。加大中蜂囊状幼虫病等疫病的防控技术研究力度。加大设施农业蜜蜂授粉技术的推广力度。加强养蜂专业合作组织建设，加快蜂农风险救助机制建立，保护蜂农的合法权益。

发展目标：稳定现有西蜂数量，增加中蜂的饲养量，蜜源植物得到充分利用，产品质量得到进一步提高。加大优质蜂具生产基地建设。中蜂囊状幼虫病、爬蜂综合征等疫病得到有效控制。建立一批蜂产品标准化生产示范基地和设施农业蜜蜂授粉技术示范基地。

（四）中南地区

基本情况：本区域包括河南、湖北、湖南、广东、广西、海南6省。2009年蜂群总数为190多万群，蜂蜜产量13.5万吨。区内蜜源植物丰富，河南、湖北、湖南主要有油菜、枣树、刺槐、柑橘、紫云英等；广东、广西、海南以荔枝、龙眼、山乌桕、八叶五加为主。本区域拥有年加工出口蜂蜜万吨以上的大型企业，是我国蜂蜜的重要加工和出口基地，蜂产品消费能力较强。

主攻方向：广东、广西和海南以发展中蜂为主；湖南、河南、湖北以发展西蜂为主。建立优质油菜蜜生产基地和山桂花蜜生产基地，加强优质蜂产品生产基地的建设。大力支持养蜂专业合作社建设，加强对蜂农的技术培训，促进养蜂户向标准化规模饲养发展。加大对蜜源植物资源和中蜂资源的保护利用力度，建立中蜂保种场和保护区。发展特色蜂蜜生产，提高蜂产品质量。开展果树蜜蜂授粉技术推广工作。加强对中蜂囊状幼虫病的防控研究。

发展目标：稳定蜂群数量，提高蜂产品质量，建立一批特色蜂产品生产基地和蜂产品标准化生产基地；主产省建成一批优质蜂产品生产基地。区内油菜、荔枝、龙眼等农作物蜜蜂授粉率达到60%以上。建立神农架国家级中蜂自然保护区。中蜂囊状幼虫病得到有效的控制。

（五）西南地区

基本情况：本区域包括重庆、四川、贵州、云南和西藏5省（区、市），2009年蜜蜂饲养量为

230多万群，蜂蜜产量6.5万吨。这一区域除西藏之外，地理位置特殊，气候温和，蜜源植物和蜜蜂品种资源丰富，四季蜜源不断，发展中蜂、西蜂饲养都有一定的优势和条件，是我国主要的蜜蜂繁育基地和蜂蜜生产基地之一。

主攻方向：中蜂与西蜂发展并举，坝区和丘陵区以发展西蜂为主，重点推广蜜蜂规模化、标准化饲养技术，建立和完善产品安全与标准化生产管理体系。山区和深山区以发展中蜂饲养为主，利用山区蜜源优势，大力推广中蜂活框饲养技术，着力提高蜂群单产水平，增加养殖效益。加大西藏地区蜜蜂饲养技术推广力度，扩大饲养规模，增加蜂产品产量。利用蜜源优势生产具有地方特色的优质蜂产品。加强对本地中蜂资源保护和利用，以及中蜂囊状幼虫病的防控研究。

发展目标：到2015年，蜜蜂饲养量达到300万群（其中中蜂150万群），年生产蜂蜜8万吨。建立完善产品安全与标准化生产管理体系，中蜂资源得到有效保护和利用，蜜蜂养殖效益和蜂产品质量安全水平明显提高。逐步建设成为我国的蜜蜂越冬春繁基地、养蜂生产基地、特色蜂蜜生产基地、优质蜂产品生产基地。

（六）西北地区

基本情况：本区域包括陕西、甘肃、青海、宁夏和新疆5省（区），2009年饲养蜜蜂50万群，生产蜂蜜1.4万吨。本区域夏秋蜜源植物种植面积大，特色蜜源植物与草地植物等蜜源资源丰富。

本区域蜜源植物尚未得到充分利用，蜂群单产水平低。青海、甘肃是夏秋季转地放蜂比较集中的区域，青海生产的蜂王浆品质优良。

主攻方向：新疆保护和发展黑蜂，加快推进规模饲养，产品以生产优质特色蜜为主。青海建设优质蜂王浆、蜂花粉生产基地。

陕西、甘肃、宁夏在发展西蜂饲养的基础上，充分利用资源优势，在山区发展中蜂，建立中蜂资源保护区，扩大饲养规模，推广中蜂活框饲养技术，提高养蜂生产水平和养殖效益。加大中蜂资源的保护和利用力度。在扶持本地养蜂发展的同时，积极做好对外来转地蜂群的接待和安置工作。

发展目标：到2015年，蜂群饲养量达到80万群，年生产蜂蜜2.5万吨。养蜂生产水平和养殖效益大幅提高，转地放蜂者权益得到有效保障。建成我国优质蜂蜜、蜂王浆、蜂花粉生产基地和蜜蜂授粉示范基地，农作物蜜蜂授粉技术得到逐步推广。

五、重点项目

（一）蜂产品基地建设

——蜂产品示范基地建设。重点依托国家蜂产业技术体系综合试验站，培育一批标准化蜂蜜生产示范基地和蜂王浆生产示范基地。

——支持蜂农专业合作社发展。在全国发展一批示范蜂农合作社和养蜂协会，联合分散养殖户形成大规模养蜂团体，使其在维护蜂农利益、协商蜂产品收购价格、为蜂农提供服务等方面发挥作用。

——科技推广和蜂农技术培训。鼓励支持企业、行业组织和科研单位加大养蜂生产技术推广力度，重点加强对生产基地、蜂农合作社、大型养蜂场生产人员的培训。加强蜂农职业技能培训。注重山区、贫困地区、老少边远地区的养蜂知识普及。五年内，全国培训蜂农10万人次以上。

——扶持养蜂生产。结合养蜂业发展的实际,探索对蜂农、蜂业合作社的蜜蜂饲养以及养蜂机具购置等给予补贴。

(二)蜜蜂授粉增产技术体系建设

——建设蜜蜂授粉示范基地。重点依托国家蜂产业技术体系综合试验站,在全国建立一批蜜蜂授粉示范基地,探索政府蜜蜂授粉补贴政策,加快普及绿色植保技术,加强宣传与普及蜜蜂为农作物授粉增产技术,带动蜜蜂授粉产业的发展。

——建立蜜蜂授粉技术研究与推广体系。建立蜜蜂授粉技术研究推广中心,支持有关单位开展蜜蜂为农作物授粉增产机理及技术的研究推广。

(三)蜜蜂资源保护与种蜂良种繁育

——蜜蜂种质资源保护。建设中蜂等资源场 15 个,保护区 8 个,完善"国家蜜蜂遗传资源保护中心",完善资源基因库 2 个,并建立相应的遗传资源动态监测系统。

——蜜蜂新品种培育。建设蜜蜂育种中心,培育 5 个蜜蜂新品种(系)。

——蜜蜂遗传改良和良种繁育。在养蜂大省和种源基础较好的省份改扩建种蜂场 10 个。

——种蜂质量监测。新建蜜蜂种质鉴定中心,建设蜜蜂良种数据库,收集、分析、发布全国优良蜂种信息。

(四)蜂病防控

——蜂药研制。研制推广一批高效无残留的杀螨、抗菌蜂药。

——加强疫病防控。研究推广蜂病防控技术和实验室及现场快速诊断技术,提高蜜蜂疾病的诊断准确率。强化蜂场日常卫生防疫管理和蜂群保健,加强蜂螨、白垩病、蜜蜂孢子虫病、中蜂囊状幼虫病和爬蜂综合征等危害严重的疫病的防控。

——加强蜂药使用管理。加强蜂药等投入品使用指导与管理,规范使用时期和剂量,严格执行休药期。

(五)蜂产品质量检测体系建设

——质量检测体系建设。继续加强农业部蜂产品质量监督检验测试中心(北京)建设,将各地蜂产品质量检测功能纳入各地综合质检体系,完善质量检测体系运行机制,提高检测能力。鼓励加工企业和合作组织加强蜂产品质量检测能力建设。

——检测和评价技术研究。开展蜂产品真实性检测和评价技术研究、蜂蜜类别区分技术研究、污染物检测和评价技术研究、快速检测技术研究。

——蜂产品质量安全监控与风险评估。加大蜂产品质量检测投入,加强蜂药等投入品质量安全的监督检验,实施例行检测、应急检测和风险评估,及时掌握我国蜂产品质量安全现状。研究适合我国蜂产品质量安全的风险评估方法,实施危机预警报告制度。

——完善蜂产品标准体系。及时修订完善蜜蜂饲养、蜂病防治、蜂产品生产、蜂产品检测、授粉利用等标准,建立健全蜂业标准体系。

六、保障措施

(一)加大对养蜂业发展的支持与保护。制定完善相关管理制度,进一步加强蜂药生产、销售、使用等管理,建立和健全规模蜂场备案与养殖档案制度,规范蜜蜂检疫行为。探索建立养蜂主产区成熟蜜生产补贴和政策性保险政策,提高养殖积极性,降低养殖风险。推动出台蜜源植物保护利用政策,探索有偿授粉机制,协调有关部门在植树造林、退耕还林还草项目中支持蜜源植物种植。

（二）保护蜂农合法权益。逐步推行蜂产品优质优价，完善企业与养殖户的利益联结机制。在转地放蜂集中地区，配合有关部门，妥善解决治安、收费、蜂产品销售、蜜蜂农药中毒、人蜂安全等问题，保护蜂农的人身权益和经济利益。鼓励和支持农户在粮食、果树、蔬菜等农作物流蜜期采用绿色防控技术，喷洒对蜜蜂低毒的农药。加快推行农药喷洒事先告知制度，探索建立种植农户和蜂农间的信息沟通渠道和机制。积极支持建立养蜂业风险救助金制度，不断增强蜂农抵御风险灾害能力。

（三）加快科技研发与应用步伐。建立产学研密切结合的技术支撑体系，加快养蜂和蜜蜂授粉技术的研究和推广普及。加大对新型养蜂机具、新蜂药、新技术、新产品等研发的支持，加强养蜂生产者与加工企业和科研院校的联结，切实搞好蜂农科技培训，通过举办现场会、培训班等形式，多渠道、多形式、多层次地培训蜂农，提高养蜂管理技术水平。

（四）积极开拓蜂产品消费市场。普及蜂产品知识，通过多种形式开展消费咨询，对违规企业及时曝光，营造公平竞争的市场环境，维护消费者权益。适应市场需求，丰富蜂产品花色品种，优化产品结构，提高居民消费水平。积极培育蜂产品知名品牌，利用已有优势巩固和扩大蜂产品出口，积极拓展国际市场。

（五）强化对养蜂业发展的指导和管理。加强行业监管，充实养蜂管理人员队伍，养蜂重点区域主管部门要安排专职蜂业管理人员，其他地区要有兼管人员，及时处理养蜂业发展中遇到的突出问题。加强行业协会、组织建设，要根据本地市场和资源优势，制定符合实际的发展规划，充分发挥规划对养蜂业发展的指导作用。加强养蜂生产的信息平台建设，密切关注养蜂业发展出现的新情况、新问题，及时采取应对措施，推进养蜂业持续健康发展。

七、环境影响评价

养蜂业是环境友好型生态农业的重要组成部分，蜜蜂授粉维持和促进了生物多样性，提高了农作物产量，推动了农业的可持续发展，综合评估对生态环境没有不利的影响。

（一）养蜂业发展与生态农业目标一致。养蜂不与农争地，不与人争粮，只利用农田的边缘地带、林下、道路两旁等闲散区域摆放蜂箱，开展养蜂生产。蜜蜂消耗的能量和物质主要来自生态系统内可再生的植物花蜜和花粉，蜜蜂在采集植物花蜜和花粉的过程中为植物传授花粉，提高了农作物的产量和品质，增加了经济效益和生态效益。

（二）《规划》明确了生态环境保护措施。为了更好地发挥养蜂业的生态环境作用，《规划》充分考虑了蜜源植物承载能力，根据不同区域蜜源植物物种类型和数量，合理布局、突出特色，确定适当的增长速度，强化饲养技术培训，规范蜂药的使用管理，兼顾了养蜂业发展与生态保护。

（三）养蜂业有利于维护生物多样性。蜜蜂在采集花蜜花粉的过程中，具有采集专一性，蜂群在特定时段内只偏向于采集同种花的花蜜花粉，提高特定生态系统内生物的成活率和繁殖率，维护物种多样性。

农业部办公厅关于做好《养蜂证》发放工作的通知

农办牧[2012]13号

各省、自治区、直辖市畜牧兽医(农业、农牧)厅(局、委、办),新疆生产建设兵团畜牧兽医局:

根据我部颁发的《养蜂管理办法(试行)》(农业部公告第1692号)第八条规定,养蜂者可以自愿向县级人民政府养蜂主管部门登记备案,免费领取《养蜂证》,《养蜂证》格式由农业部统一制定。近期,我部组织设计了《养蜂证》样式及要求,现印发给你们,请抓紧组织做好《养蜂证》印制和发放工作。

附件:《养蜂证》样式及要求

二〇一二年二月二十日

附件:

《养蜂证》样式及要求

一、《养蜂证》样式

封 皮

第1页

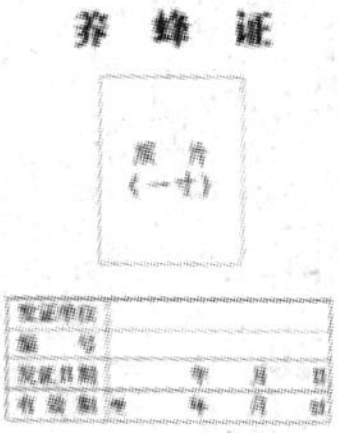

第2页

第3页

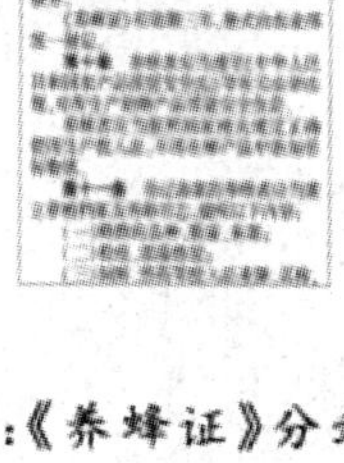

第4页

第5页

第6页

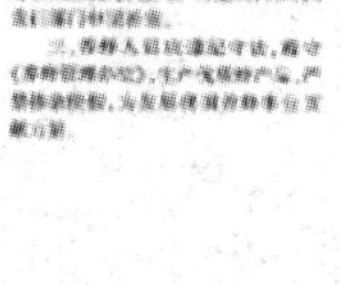

注:《养蜂证》分封皮和内页两部分。内页共6页,采用正反两面印刷。

二、《养蜂证》规格说明

<table>
<tr><th>页　码</th><th>文字格式</th><th>规　格</th></tr>
<tr><td>封　皮</td><td>文字为36号小标宋，烫金；颜色为咖啡色（参考颜色R117、G5、B12或C51、M100、Y100、K34。</td><td>成品高10 cm，宽15 cm，塑料材质。</td></tr>
<tr><td>第一页</td><td>“养蜂证”为二号小标宋；“照片”为四号仿宋，方框高3.5 cm，宽2.5 cm；“发证单位”等为五号宋体，表格单行高0.6 cm，宽1.9 cm+4.1 cm，整体高2.4 cm，宽6 cm；上边缘与标题间距1.1 cm，标题与照片方框间距0.5 cm，照片方框与其下边表格间距0.6 cm。</td><td rowspan="5">成品高9.5 cm，宽度依据制作实际自行调整。</td></tr>
<tr><td>第二页</td><td>全部为五号宋体；表格单行高0.7 cm；表格整体高8.4 cm,宽6 cm；从上到下表格宽度分别为1.7 cm+1.7 cm+1.3 cm+1.3 cm，1.7 cm+4.3 cm,1 cm+1.8cm+1.6 cm+1.6 cm</td></tr>
<tr><td>第三页</td><td>标题文字为小四号小标宋；正文为小五号宋体；“第几条”为小五号黑体；方框上线与标题间距0.7 cm，标题与正文间距0.5 cm；方框高8.5 cm，宽6 cm。</td></tr>
<tr><td>第四、五页</td><td>文字为小五号宋体；“第几条”为小五号黑体；方框高8.5 cm，宽6 cm。</td></tr>
<tr><td>第六页</td><td>标题文字为小四号小标宋；正文为小五号宋体；上边缘与标题间距1.5 cm，标题与正文间距0.5 cm。</td></tr>
</table>

关于进一步完善和落实鲜活农产品运输绿色通道政策的通知

交公路发[2009]784 号

各省、自治区、直辖市、新疆生产建设兵团交通运输厅(局、委)、发展改革委、物价局,天津市市政公路管理局:

为贯彻落实《中共中央国务院关于 2009 年促进农业稳定发展农民持续增收的若干意见》(中发[2009]1 号)确定的“长期实行并逐步完善鲜活农产品运销绿色通道政策,推进在全国范围内免收整车合法装载鲜活农产品车辆的通行费”政策,为农村改革发展创造良好的政策环境,经研究,现就鲜活农产品运输“绿色通道”政策有关问题通知如下:

一、进一步优化和完善鲜活农产品运输“绿色通道”网络

对《全国高效率鲜活农产品流通“绿色通道”建设实施方案》(交公路发[2005]20 号)中确定的国家“五纵二横”鲜活农产品运输“绿色通道”,各地要坚决落实各项相关政策,免收整车合法装载运输鲜活农产品车辆的车辆通行费。同时,各省、自治区、直辖市要按照中央一号文件精神,结合本地实际,加快构建区域性“绿色通道”,建立由国家和区域性“绿色通道”共同组成的、覆盖全国的鲜活农产品运输“绿色通道”网络,并在全国范围内对整车合法装载运输鲜活农产品的车辆免收车辆通行费。

二、明确界定“绿色通道”政策中鲜活农产品的范围

按照交公路发[2005]20 号文件的有关规定,享受“绿色通道”政策的鲜活农产品是指新鲜蔬菜、水果,鲜活水产品,活的畜禽,新鲜的肉、蛋、奶。为统一政策、便于操作,交通运输部、国家发展改革委经商有关部门,对鲜活农产品具体品种进行了进一步界定,制定了《鲜活农产品品种目录》(附后)。各地应严格按照《鲜活农产品品种目录》,落实“绿色通道”车辆通行费减免政策。

畜禽、水产品、瓜果、蔬菜、肉、蛋、奶等的深加工产品,以及花、草、苗木、粮食等不属于鲜活农产品范围,不适用“绿色通道”运输政策。

三、落实配套措施,强化监管手段

(一)整车装载的含义。整车装载,是指享受“绿色通道”政策的车辆,装载鲜活农产品应占车辆核定载质量或车厢容积的 80%以上,且没有与非鲜活农产品混装等行为。未达到上述装载标准,或与其他货物混装的运输车辆,不享受“绿色通道”政策。

(二)规范操作程序,提高通行效率。各地交通运输主管部门要加强收费人员特别是新增“绿色通道”收费站人员的培训,进一步提高一线收费人员对“绿色通道”政策的认知和执行能力。要积极探索研究快速鉴别鲜活农产品运输车辆的方法,充分利用高科技手段,或者综合利用配货单以及农业等有关部门出具的农产品检验检疫证作为鲜活农产品运输车辆的辅助查验手段,尽量缩短鲜活农产品运输车辆查验和通过收费站的时间。

（三）规范路面执法管理，保障鲜活农产品运输车辆的通行安全。路面执法人员在执法中，对鲜活农产品运输车辆轻微违法的，应以教育为主；对严重违法的，要严格依法处罚，努力为鲜活农产品运输创造安全畅通的道路交通环境。

（四）严厉打击假冒鲜活农产品、超限超载运输鲜活农产品等违法行为。对假冒、违法超限超载运输鲜活农产品的车辆，以及有其他违法行为、拒绝通过指定车道或拒不接受查验的鲜活农产品运输车辆，可不给予"绿色通道"免收车辆通行费的优惠政策；对有故意堵塞收费道口等扰乱收费秩序行为的车辆，应按照《收费公路管理条例》等有关规定依法予以处罚。

（五）对经营性收费公路企业的影响进行研究。各地交通运输、价格等部门要对"绿色通道"政策调整对收费公路带来的影响进行认真研究和评估。对于影响较大的经营性收费公路企业，视情给予补偿。新批收费公路项目时，要充分考虑鲜活农产品运输车辆的影响，合理确定其交通流量。

四、做好相关服务工作

（一）加强养护管理，保证道路畅通。各地交通运输主管部门和公路管理机构要切实加强公路日常养护管理，及时修复路面病害，做到路况良好、路容整齐、标志明显、绿化美化、安全畅通。要着力提高公路出行信息服务水平和应急保障能力，保障公路畅通，减少交通延误，提高鲜活农产品运输效率。

（二）规范标志设置，方便驾驶人员识认。为确保鲜活农产品运输车辆能够方便快捷地通过收费站，各收费站点应尽可能开辟"绿色通道"专用道口，并按照《关于规范鲜活农产品流通"绿色通道"标识设置工作的通知》（交公路发[2007]24号）的有关要求，在专用道口上方设置统一的"绿色通道"专用道口指路标志，引导鲜活农产品运输车辆迅速通过专用收费道口；同时，在收费站公示牌旁以及通道沿线的醒目位置，设置政策公示牌，向驾驶人员公布"绿色通道"的有关政策规定及监督电话。

（三）广泛开展宣传，营造良好氛围。各地要通过电视、电台、网络、报纸、杂志，以及发放宣传资料、设置公告牌等多种方式进行广泛宣传，力争使"绿色通道"政策的基本内容家喻户晓、深入人心；要深入鲜活农产品生产基地、批发市场、货运集散地，加强对货主单位、承运单位和人员进行政策法规方面的宣传和教育，进一步增强从业人员依法装载、合法运营的意识，为"绿色通道"政策的实施营造良好的社会氛围。

以上，自2010年1月1日起实行。

附件：鲜活农产品品种目录

中华人民共和国交通运输部

中华人民共和国国家发展和改革委员会

二〇〇九年十二月二十二日

附件：

鲜活农产品品种目录

类　　别		常见品种示例
新鲜蔬菜	白菜类	大白菜、普通白菜（油菜、小青菜）、菜薹
	甘蓝类	菜花、芥蓝、西兰花、结球甘蓝
	根菜类	萝卜、胡萝卜、芜菁
	绿叶菜类	芹菜、菠菜、莴笋、生菜、空心菜、香菜、茼蒿、茴香、苋菜、木耳菜
	葱蒜类	洋葱、大葱、香葱、蒜苗、蒜薹、韭菜、大蒜、生姜
	茄果类	茄子、青椒、辣椒、西红柿
	豆类	扁豆、荚豆、豇豆、豌豆、四季豆、毛豆、蚕豆、豆芽、豌豆苗、四棱豆
	瓜类	黄瓜、丝瓜、冬瓜、西葫芦、苦瓜、南瓜、佛手瓜、蛇瓜、节瓜、瓠瓜
	水生蔬菜	莲藕、荸荠、水芹、茭白
	新鲜食用菌	平菇、原菇、金针菇、滑菇、蘑菇、木耳（不含干木耳）
	多年生和杂类蔬菜	竹笋、芦笋、金针菜（黄花菜）、香椿
新鲜水果	仁果类	苹果、梨、海棠、山楂
	核果类	桃、李、杏、杨梅、樱桃
	浆果类	葡萄、提子、草莓、猕猴桃、石榴、桑葚
	柑橘类	橙、橘、柑、柚、柠檬
	热带及亚热带水果	香蕉、菠萝、龙眼、荔枝、橄榄、枇杷、椰子、芒果、杨桃、木瓜、火龙果、番石榴、莲雾
	什果类	枣、柿子、无花果
	瓜果类	西瓜、甜瓜、哈密瓜、香瓜、伊丽莎白瓜、华莱士瓜
鲜活水产品（仅指活的、新鲜的）		鱼类、虾类、贝类、蟹类
	其他水产品	海带、紫菜、海蜇、海参
活的畜禽	家畜	猪、牛、羊、马、驴（骡）
	家禽	鸡、鸭、鹅、家兔、食用蛙类
	其他	蜜蜂（转地放蜂）
新鲜的肉、蛋、奶		新鲜的鸡蛋、鸭蛋、鹅蛋、鹌鹑蛋、新鲜的家畜肉和家禽肉、新鲜奶
备注		

农业部关于加快蜜蜂授粉技术推广促进养蜂业持续健康发展的意见

农牧发[2010]5号

各省、自治区、直辖市及计划单列市农业(农牧、畜牧兽医)厅(局、委、办),新疆生产建设兵团农业局,黑龙江农垦总局:

我国是世界养蜂大国,蜂群数量和蜂产品产量多年来一直稳居世界首位。养蜂业发展对于满足蜂产品市场需求、促进农民增收、提高农作物产量和维护生态平衡做出了重要贡献。但我国养蜂业可持续发展的根基还不稳固,标准化规模生产水平不高,组织化程度很低,一些蜂农的合法权益得不到保障,特别是蜜蜂授粉促进农作物增产观念还没有深入人心,养蜂对农作物增产应有的功效远未发挥,与世界养蜂业发达国家尚有较大的差距。为深入贯彻落实科学发展观,进一步转变养蜂业发展方式,着力强化蜜蜂授粉的产业功能,夯实产业发展基础,提高综合效益,保障蜂产品质量安全,推动养蜂业持续健康发展,提出如下意见:

一、深刻认识养蜂业的重要地位和作用

养蜂业是现代农业的重要组成部分,是维持生态平衡不可缺少的链环,是一项利国利民的事业。发展养蜂业,不仅能够提供大量营养丰富、滋补保健的蜂产品,增加农民收入,促进人民身体健康,而且对提高农作物产量、改善产品品质和维护生态平衡具有十分重要的作用。

(一)发展养蜂业是促进农作物增产的重要手段。实践证明,利用蜜蜂授粉可使水稻增产5%,棉花增产12%,油菜增产18%,部分果蔬作物产量成倍增长,同时还能有效提高农产品的品质,并将大幅减少化学坐果激素的使用。蜜蜂授粉是一项很好的农业增产提质措施,每年我国蜜蜂授粉促进农作物增产产值超过500亿元。按蜜蜂为水果、设施蔬菜授粉率提高到30%测算,全国新增经济效益可达160多亿元,蜜蜂为农作物授粉增产的潜力很大。

(二)发展养蜂业是增加农民收入的有效途径。2008年全国蜂群数量820万群,蜂蜜产量超过40万吨,养蜂业总产值达40多亿元。发展养蜂不与种植业争地、争肥、争水,也不与养殖业争饲料,具有投资小、见效快、用工省、无污染、回报率高的特点,按照一个家庭蜂场饲养100群蜂,正常年份每群蜂纯收入300元计算,每户养蜂年收益可达3万元,带动农民增收效果显著。充分挖掘养蜂业的自身优势,推进标准化、规模化饲养,有助于促进农民持续增收。

(三)发展养蜂业是满足蜂产品市场需求的重要保障。2008年全国人均蜂产品消费量仅0.3千克,部分城市居民和大多数农村居民基本上还没有消费蜂产品。随着人民生活水平的提高和对蜂产品保健功效认识的不断加深,蜂产品消费量将持续增长,对蜂产品质量安全要求也越来越高。只有推动养蜂业持续健康发展,加大政策扶持和生产监管力度,才能稳步增加蜂产品产量,丰富蜂产品花色品种,提升蜂产品质量安全水平,满足日益增长的市场消费需求。

(四)发展养蜂业是保护生态环境的重要举措。蜜蜂授粉对于保护植物的多样性和改善生态环境有着不可替代的重要作用。世界上已知有16万种由昆虫授粉的显花植物，其中依靠蜜蜂授粉的占85%。蜜蜂授粉能够帮助植物顺利繁育，增加种子数量和活力，从而修复植被，改善生态环境。受经济发展和自然环境变化的影响，自然界中野生授粉昆虫数量大量减少，蜜蜂授粉对保护生态环境的重要作用更加凸显。

二、明确促进养蜂业发展的指导思想、原则和目标

（一）指导思想

全面贯彻落实科学发展观，坚持发展养蜂生产和推进农作物授粉并举，加快推动蜜蜂授粉产业发展；以市场为导向，加强扶持，着力改善养蜂业发展的内外部环境；转变养蜂业生产方式，大力推进养蜂业标准化、规模化、优质化和产业化建设，稳步提高蜂产品质量安全水平，积极促进农业增效和农民增收，努力实现养蜂业持续稳定健康发展。

（二）基本原则

坚持统筹协调，统筹国内、国际两个市场，推动发展养蜂生产和促进农业增产、保护生态的良性互动，强化养蜂为农作物授粉增产的功能。坚持市场导向，充分发挥市场机制配制资源的基础性作用；加大政策扶持，强化行业发展的指导与管理，健全相关法规与标准，营造养蜂业发展良好的外部环境。坚持质量至上，推广先进适用饲养技术，严格兽药等投入品使用监督管理，落实各环节的质量责任制度，提高蜂产品质量安全水平。

（三）发展目标

到2015年，全国养蜂数量达到1 000万群，全国蜂产品产量达到50万吨；蜜蜂为农作物授粉增产的配套技术得到普及，形成一批专业化的授粉蜂场，初步实现蜜蜂授粉产业化；生产方式转变取得显著进展，规模化养蜂场（户）和专业合作组织饲养比重由目前的不足40%提高到70%，生产设施化和蜂产品质量安全水平大幅提高，产业化加快发展，养蜂业可持续发展能力进一步增强。

三、普及推广蜜蜂授粉促进农作物增产技术

（一）强化蜜蜂授粉的科学研究。支持开展授粉蜜蜂饲养管理技术、蜂种培育、病虫害防治、授粉机具等方面的研究。加大蜜蜂授粉的生态效应评价和对农作物增产的机理研究力度，挖掘对主要粮食和经济作物的增产潜力。

（二）大力推广普及蜜蜂授粉技术。选择油菜、棉花、苹果、向日葵、草莓、西瓜、柑橘、枣等蜜蜂授粉增产提质作用明显的农作物品种，推广蜜蜂授粉技术。加强蜜蜂授粉技术的集成与示范，在蜜蜂授粉主要区域，将蜜蜂授粉技术列入农技推广示范的主推技术，加快普及应用步伐。建设一批蜜蜂授粉示范基地，普及授粉蜜蜂饲养技术，探索建立蜜蜂有偿授粉机制。

（三）加快普及绿色植保技术。制定并实施农作物花期农药使用规范，最大限度地减少蜜蜂农药中毒现象的发生。在蜜蜂放养区域特别是授粉关键季节，改进传统的农作物病虫害防控方式，尽量避免花期喷施农药，加大生物防治、生态控制、安全用药等绿色植保技术的推广普及力度，通过对农药的减量替代和使用控制，减轻其对蜜蜂的伤害。

（四）加大蜜蜂授粉技术的宣传。大力宣传蜜蜂授粉对农作物增产和促进生态农业发展的意义与作用，大力宣传各地推行蜜蜂授粉的成功经验和典型事例，使蜜蜂授粉技术的经济和生态效益为社会所认同，营造推广蜜蜂授粉技术的良好社会氛围。

四、推动蜂产品生产健康发展

(一)优化养蜂业区域布局。要根据区域蜜源植物、蜜蜂饲养、蜂产品加工等条件,明确区域功能定位,充分发挥资源优势、形成各具特色的养蜂业发展区域。东中部地区要利用资金、技术优势,加大科研推广力度,建立一批蜂产品标准化生产基地和优质蜂产品出口生产基地。西部地区要充分发挥蜜源植物丰富的区位优势,增加蜜蜂饲养数量,提高规模化水平,发展特色蜂产品。

(二)完善蜜蜂良种繁育体系。通过畜禽良种工程等项目,加大蜜蜂良种繁育体系的建设的扶持力度,建设蜜蜂育种中心和一批蜜蜂资源场、种蜂场、基因库,满足蜜蜂资源保护以及生产发展的需要。保护和利用好中华蜜蜂资源,严格蜜蜂资源进出口管理。加强省级以上蜜蜂遗传资源保护区、保种场的管理,禁止外来蜂场进入放蜂。加快蜂种种质监督检验测试站建设,强化种蜂质量检测能力。建设蜜蜂良种数据库和信息交流平台,收集、分析、发布全国优良蜂种信息,鼓励推广优良种蜂。

(三)转变养蜂生产方式。制定推广蜜蜂饲养管理相关标准,积极推广规模化、养强群,生产成熟蜜的先进技术。支持建设一批规模化成熟蜜、蜂王浆等优质蜂产品的生产示范基地,建立养蜂日志,健全养殖档案,规范兽药等投入品的使用,实行质量可追溯体系,提高蜂产品质量安全水平。积极推行定地结合小转地放蜂。引导转地放蜂蜂场科学利用蜜源场地,蜂场之间保持适当的距离。鼓励企业、行业协会(学会)、科研院所和大专院校加大养蜂生产技术推广力度,重点对基地、蜂农合作社、大型养蜂场生产人员的培训。

(四)做好蜜蜂疫病防控。强化蜜蜂疫病防控工作,做到种蜂无主要疫病,从源头上提高蜜蜂健康水平。研制推广一批安全有效、低残留的抗菌类蜂用兽药。进一步加强蜂用兽药生产、销售、使用等管理。严禁在蜜蜂巢础生产过程中添加任何药物。研究推广蜂病现场快速诊断技术,提高蜜蜂疾病的诊断准确率。规范蜜蜂检疫行为。强化蜂场日常卫生和蜂群保健,加强蜜蜂蜂螨、白垩病、孢子虫病等危害严重疫病的防控。

(五)构建质量检测和标准体系。继续加强部级和区域蜂产品质量监督检验测试中心建设,完善质量检测体系运行机制,提高检测能力。鼓励加工企业和合作组织加强蜂产品质量检测能力建设。开展蜂产品质量安全监控与风险评估,实施例行检测、应急检测和风险评估,及时把握我国蜂产品质量安全现状。修订蜜蜂饲养、蜂病防治、蜂产品生产、蜂产品质量与检测、蜜蜂授粉等标准,建立健全蜂业标准体系。

五、加强对养蜂业发展的组织领导

(一)强化对养蜂业发展的指导和管理。各级农牧部门要把促进养蜂业生产发展列入重要的议事日程,制定养蜂业发展规划,健全工作机制,认真组织实施。要加强行业监管,充实养蜂管理人员队伍,重点养蜂区域要有专门人员负责(其他地区要有兼职人员负责),做到层层有人抓、有制度管、有经费推,及时处理养蜂业发展中遇到的突出问题。要密切关注养蜂业发展过程中出现的新情况、新问题,及时采取应对措施,推进养蜂业持续健康发展。

(二)切实保护蜂农的合法权益。指导和培育养蜂专业合作组织,充分发挥其开展饲养管理技术培训、推进产销衔接、维护蜂农合法权益、加强行业自律等方面的重要作用。逐步推行蜂产品优质优价,完善企业与养殖者的利益联结机制。在转地放蜂集中地区,会同有关部门,妥善解决治安、收费、蜂产品销售、蜜蜂农药中毒、人蜂安全等问题，切实保护蜂农的权益。积极支持建立养蜂业风险救助金制度，不断增强蜂农抵御风险灾害能力。

（三）加强多部门协调配合。养蜂业的发展需要多部门加强配合、形成合力。坚持蜂产品生产与农作物授粉相结合，大力推广蜜蜂饲养技术、授粉技术，加大蜜源植物的保护和利用力度。各级农业、畜牧兽医等相关部门要密切配合、通力合作，发挥各自优势和作用，联合科研院所、大专院校、行业协会（学会）和企业等方面力量，共同促进养蜂业持续健康发展。

农业部办公厅关于印发《蜜蜂授粉技术规程(试行)》的通知

农办牧[2010]8号

各省、自治区、直辖市及计划单列市农业(农牧、畜牧兽医)厅(局、委、办),新疆生产建设兵团农业局、黑龙江农垦总局:

使用蜜蜂为农作物授粉技术是一项行之有效的农业增产提质措施。为进一步推广蜜蜂授粉技术,转变养蜂业生产方式,提高农作物产量和品质,农业部组织制定了《蜜蜂授粉技术规程(试行)》。现印发给你们,请各地结合生产实际,参照执行,并及时向农业部畜牧业司和种植业司反馈执行过程中遇到的实际问题。

二○一○年二月二十一日

蜜蜂授粉技术规程
(试行)

蜜蜂是开花植物的主要授粉昆虫。蜜蜂授粉是指以蜜蜂为媒介传播花粉,使植物实现授粉受精的过程。蜜蜂授粉技术是农业生产的重要配套措施之一。本规程规定了有关授粉蜂群的准备、大田作物授粉技术和设施作物授粉技术的操作程序和管理要求等。

1 授粉蜂群的准备

1.1 蜂种

1.1.1 蜜蜂

主要为意大利蜜蜂和中华蜜蜂,适合为果树、蔬菜、油料、瓜类、牧草等植物授粉。

1.1.2 熊蜂

主要有小峰熊蜂、密林熊蜂、红光熊蜂、明亮熊蜂和欧洲熊蜂等,适合为茄果类蔬菜、瓜类和果树类等设施作物授粉。

1.1.3 切叶蜂

主要有苜蓿切叶蜂,适合为苜蓿等牧草类作物授粉。

1.1.4 壁蜂

主要有凹唇壁蜂等,适合为早春果树授粉。

1.2 蜂群获得

1.2.1 租赁

种植园(户)与养蜂场(或授粉公司)签订授粉租赁合同,租赁蜂群进行授粉活动。租赁合同中应明确付款方式、授粉蜂群的数量和质量、蜂群进场时间、种植园(户)的饲喂方法和用药管理等事项，以维护双方权益。

1.2.2 购买

种植园(户)购买蜂群自行授粉时，应挑选性情温顺、采集力强、蜂王健壮、无白垩病、蜂螨和爬蜂等病症的强群。

1.3 运输

运输蜂群时，要注意如下事项：

①汽车等运输工具清洁无农药污染；

②蜂群饲料充足，长距离运蜂在装车前2小时，每个蜂群加1张水脾；

③固定巢脾及蜂箱，防止运输过程中挤压蜜蜂；

④调整好巢门方向(关门运蜂方式巢门朝前，开门运蜂方式巢门横向朝外)；

⑤合理安排运蜂时间，开巢门运蜂，应在傍晚蜜蜂归巢后进行启运；关巢门运蜂，装车后立即起运。运蜂车应在夜晚行驶，宜在第2天中午前到达，并及时卸下蜂群。长途运输第2天不能到达时，应在上午10时以前把蜂车停在阴凉处，停车(或卸车)放蜂，傍晚再继续运输。

2 大田作物蜜蜂授粉技术

2.1 蜂群配置

2.1.1 进场时间

根据不同植物的流蜜情况，具体决定蜂群进场时间。对于荔枝、龙眼、向日葵、荞麦、油菜等蜜粉丰富的植物，可提前2天把蜜蜂运到场地；对于梨树等泌蜜量少的植物，应等植株开花25%左右时再把蜂群运到场地；对于紫花苜蓿，可在开花10%左右时运进一半的授粉蜂群，7天后再运进另一半；桃、杏、甜樱桃等花期较短的植物则应在初花期就把蜂群送到授粉场地。

2.1.2 蜂群数量

蜂群数量取决于蜂群的群势、授粉作物的面积与布局、植株花朵数量和长势等。一个15框蜂的蜜蜂强群可承担连片分布的授粉作物的面积如下：油菜3～6亩、荞麦6～9亩、向日葵10～15亩、棉花10～15亩、紫云英3～5亩、苕子3～5亩、牧草类6～8亩、瓜果蔬菜类7～10亩、果树类5～6亩。在早春时，因蜂群正处于繁殖阶段，群势相对较弱，每群蜂所能承担授粉的面积相对较小，应适当增加授粉蜂群数量。

2.1.3 蜂群摆放

授粉蜜蜂进入场地后，蜂群摆放应遵循如下原则：如果授粉作物面积不大，蜂群可布置在田地的任何一边；如果面积在700亩以上，或地块长度达2千米以上，则应将蜂群布置在地块的中央，减少蜜蜂飞行半径。授粉蜂群一般以10～20群为一组，分组摆放，并使相邻组的蜜蜂采集范围相互重叠。

2.2 蜂群管理

2.2.1 早春保温

早春气温低，蜂群群势弱，放蜂地应选在避风向阳处，采取蜂多于脾和增加保温物的方法来加强保温。

2.2.2 保持强群

给早春油菜、梨、苹果等植物授粉时，要组织强群，以便在较低温度下可以正常开展授粉活动。

2.2.3 及时采收花粉

对花粉丰富的植物，应及时采收花粉，提高蜜蜂访花的积极性。

2.2.4　蜂群饲喂

蜜蜂授粉期间主要饲喂花粉、糖浆和水，饲喂种类和数量应视授粉作物蜜粉的情况而定。对于油菜、芝麻、柑橘、荔枝、龙眼、荞麦、向日葵、棉花、西瓜、杏、梨、苹果、枇杷、山楂以及牧草等蜜粉较为丰富的作物，在蜜蜂授粉期间，保证干净的饮水供应即可；对于枣树等少数缺粉的作物，应饲喂花粉，以补充蛋白质饲料；对玉米、水稻等有粉无蜜的作物，则应适当饲喂糖浆（糖水比约为 2∶1）。

2.2.5　训练蜜蜂积极授粉

针对蜜蜂不爱采访某种作物的习性，或为加强蜜蜂对某种授粉作物采集的专一性，在初花期至花末期，每天用浸泡过该种作物花瓣的糖浆饲喂蜂群。花香糖浆的制法：先在沸水中溶入相等重量的白糖，待糖浆冷却到 20～25℃时，倒入预先放有该种作物花瓣的容器里，密封浸渍 4 小时，然后进行饲喂，每群每次喂 100～150 克。第一次饲喂宜在晚上进行，第二天早晨蜜蜂出巢前，再补喂一次，以后每天早晨喂一次。也可在糖浆中加入该种作物香精喂蜂，以刺激蜜蜂采集。

2.3　作物管理

2.3.1　用药注意事项

在植物开花前，种植（园）户不得使用氧化乐果、敌敌畏等剧毒、残留期较长的农药；在开花期，授粉作物及其周边同期开花的其他作物均应严禁施药。若必须施药，应尽量选用生物农药或低毒农药。

2.3.2　开花前期管理

对作物进行常规的水肥管理，清除所有与农药有关的物品，待药味散尽后再运蜂进场。授粉作物不进行去雄处理。

2.3.3　合理配置授粉果树

利用蜜蜂为果树授粉时，对于自花授粉能力较差的品种，应间隔均匀地栽培一些供粉植株。对于盛果期的单一品种果园，可将授粉品种果树的花粉放在蜂巢门口，通过蜜蜂的身体接触将花粉带到植物花朵上，起到异花授粉的作用。

2.3.4　授粉后管理

经蜜蜂授粉后，应根据需要及时对作物进行疏花疏果、施肥浇水，提高产品产量和品质。

3　设施作物蜜蜂授粉技术

3.1　蜂群组织

3.1.1　蜜蜂蜂群组织

在秋末，通过培育蜂王，将大蜂群扩繁成 1 只蜂王、3 脾蜂的授粉标准群，蜂箱内保持充足的蜂蜜和适量的花粉，以保证蜂群繁殖。授粉蜂群要提前预防病虫害，保证授粉蜂群无病。对于制种作物，在蜂群进入温室之前，应先隔离蜂群 2～3 天，让蜜蜂清除体上的外来花粉，避免引起作物杂交。

3.1.2　熊蜂蜂群组织

授粉植物开花前，在温度为 29℃左右的饲养室把熊蜂蜂群繁育成有 40 只左右工蜂且拥有大量卵、虫、蛹的授粉蜂群，并转入 20℃左右的饲养室继续饲养；在放入温室前 3 天，将熊蜂群移入 15℃左右的低温饲养室饲养，同时，在巢箱内加适当适量的脱脂棉或碎纸屑进行保温。在熊蜂移入温室前，蜂箱内保持充足的花粉和糖水。

3.2 蜂群配置

3.2.1 蜜蜂配置

3.2.1.1 时间

对于设施瓜果蔬菜类花期较长的作物，在初花期将蜂群放入即可；对于设施果树类花期很短的作物，应在开花前 5 天左右将蜂群放入温室。应选择傍晚时将蜂群放入温室，第二天天亮前打开巢门，让蜜蜂试飞，排泄，适应环境。同时补喂花粉和糖浆，刺激蜂王产卵，提高授粉蜜蜂的积极性。

3.2.1.2 数量

为设施瓜果蔬菜类授粉，对于面积为 500～700 米^2 的普通日光温室，一个标准授粉群（3 脾蜂/群）即可满足授粉需要；对于面积较小的温室，则应适当减少蜜蜂数量；对于大型连栋温室，则按一个标准授粉群承担 600 米^2 的面积配置。

为设施果树类授粉，对于面积为 500～700 米^2 的普通日光温室，根据树龄大小和开花多少，每个温室配置 2～3 个标准授粉群。对于大型连栋温室，则按一个标准授粉群承担 300 米^2 的面积配置。

3.2.1.3 摆放

如果一个温室内放置 1 群蜂，蜂箱应放置在温室中部；如果一个温室内放置 2 群或 2 群以上蜜蜂，则将蜂群均匀置于温室中；蜂箱应放在作物垄间的支架上，支架高度 20 厘米左右，巢门朝南朝北均可。

3.2.2 熊蜂配置

3.2.2.1 时间

熊蜂适应温室环境能力较强，在温室作物开花前 1～2 天放入即可。应在傍晚时将蜂群放入温室，第二天早晨打开巢门即可。

3.2.2.2 数量

为设施茄果类、瓜果类、草莓类等开花较少的作物授粉，对于 500～700 米^2 的普通日光温室，1 群熊蜂（60 只工蜂/群）即可满足授粉需要；对于大型连栋温室，按照 1 群熊蜂承担 1 000 米^2 的授粉面积配置。

为设施桃、杏、樱桃、梨等开花较多的果树授粉，对于面积为 500～700 米^2 的普通日光温室，根据树龄大小和开花多少，每个温室配置 2～3 群的标准授粉群。对于大型连栋温室，则按一个标准授粉群承担 500 米^2 的面积配置。

3.2.2.3 摆放

如果一个温室内放置 1 群蜂，蜂箱应放置在温室中部；如果一个温室内放置 2 群或 2 群以上蜜蜂，则将蜂群均匀置于温室中。为设施瓜果类、草莓类授粉，蜂箱放在作物垄间的支架上，支架高度 30 厘米左右；为设施果树类授粉，常把蜂箱挂在温室后墙上，巢门朝南，蜂箱高度与树冠中心高度基本保持一致。

3.3 蜂群管理

3.3.1 蜜蜂管理

3.3.1.1 加强保温

温室内夜晚温度较低，蜜蜂结团，外部子脾常常受冻。为此，晚上应在副盖上加草帘等保温物，维持箱内温度相对稳定，保证蜂群能够正常繁殖。

3.3.1.2 喂水

温室内蜂群的喂水通常有两种，一是巢门喂水，采用喂水器进行喂水；二是在蜂箱前约1米的地方放置一个碟子，每隔2天换一次水，在碟子里面放置一些草秆或小树枝等，供蜜蜂攀附，以防蜜蜂溺水死亡。

3.3.1.3 喂糖浆

温室内大多数作物因面积和数量有限，花朵泌蜜不能满足蜂群正常发育，尤其为蜜腺不发达的草莓等授粉时，通常在巢内饲喂糖水比为2∶1的糖浆。

3.3.1.4 喂花粉

花粉是蜜蜂饲料中蛋白质、维生素和矿物质的唯一来源，对幼虫生长发育十分重要。通常采用喂花粉饼的办法饲喂蜂群。花粉饼的制法：选择无病、无污染、无霉变的蜂花粉，用粉碎机粉成细粉状；将蜂蜜加热至70℃趁热倒入盛有花粉的盆内（蜜粉比为3∶5），搅匀浸泡12小时，让花粉团散开。如果花粉来源不明，应采用高压或者微波灭菌的办法，对蜂花粉原料进行消毒灭菌，以防病菌带入蜂群。每隔7天左右喂一次，直至温室授粉结束为止。

3.3.1.5 调整蜂脾关系

温室特别是日光温室的昼夜温度、湿度变化大，容易使蜂具发生霉变而引发病虫害。在授粉后期，对于草莓等花期较长的作物，要及时将蜂箱内多余的巢脾取出，保持蜂多于脾或者蜂脾相称的比例关系。

3.3.2 熊蜂管理

3.3.2.1 饲喂

为桃、杏等花期集中且花粉较多的果树授粉时，熊蜂一般不需要补充饲喂食物。为草莓等花期较长且花粉较少的作物授粉时，需要饲喂花粉和糖水。饲喂花粉的方法与蜜蜂相同。饲喂糖水时，通常在蜂箱前面约1米的地方放置一个碟子，里面放置50%的糖水少许，每隔2天更换1次；同时，在碟子内放置一些草秆或小树枝，供熊蜂取食时攀附。

3.3.2.2 移箱

为花期错开的果树授粉时，完成前一批果树授粉任务的熊蜂，可以继续为后一批开花的果树授粉。具体方法为：前一温室授粉结束时，在晚上熊蜂回巢后关闭巢门，然后将蜂箱移至新的温室，第二天早晨打开巢门即可。

3.3.2.3 及时更换蜂群

一群熊蜂的授粉寿命为45天左右。为长花期的作物如番茄、草莓等授粉时，应及时更换蜂群，保证授粉正常进行。

3.3.2.4 检查蜂群

蜂群活动正常与否，可以通过观察进出巢门的熊蜂数量来判断。在晴天的9:00—11:00，如果在20分钟内有8只以上的熊蜂进出蜂箱，则表明这群熊蜂处于正常的状态。对于不正常的蜂群应及时更换。

3.4 温室管理

3.4.1 隔离通风口

用宽约1.5米左右的尼龙纱网封住温室通风口，防止温室通风降温时蜜蜂或熊蜂飞出温室冻伤或丢失。

3.4.2 控温控湿

蜜蜂授粉时，温室温度一般控制在15～35℃；熊蜂授粉时，温室温度一般控制在15～25℃。

中午前后通风降温时，温室内相对湿度急剧下降。对于蜜蜂授粉的温室，可以通过洒水等措施保持温室内湿度在30%以上，以维持蜜蜂的正常活动。

3.4.3 作物管理

放入授粉蜂群前，对温室作物病虫害进行一次详细的检查，必要时采取适当的防治措施，随后保持良好的通风，去除室内的有害气体。

作物栽培采用常规的水肥管理，花朵不去雄。为温室果树授粉时，花期应在温室地面上铺上地膜，保持土壤温度和降低温室内湿度，有利于花粉的萌发和释放。

授粉结束后，根据作物生产需要调整温度、湿度，加强水肥管理和病虫害防治。果树视情况进行疏果。

3.4.4 用药注意事项

在植物开花前，不能使用残留期较长的农药如敌敌畏、乐果等。在植物开花期间，要避免使用毒性较强的杀虫剂如吡虫啉、毒死蜱等。如果必须施药，应尽量选用生物农药或低毒农药。施药时，一般应将蜂群移入缓冲间以避免农药对蜂群的危害，如在施用百菌清等杀菌剂时，或夜晚采用硫磺熏蒸防治作物灰霉病和烂根病等病害时，将蜂群移入缓冲间隔离一天，然后原位放回即可。利用熊蜂为设施茄果类授粉时，不宜再喷洒2,4-D和赤霉素等植物生长调节剂。

农业部办公厅关于印发蜜蜂授粉与绿色防控增产技术集成应用示范方案的通知

农办农[2013]75号

有关省、自治区、直辖市农业(农牧)厅(委、局):

保护利用蜜蜂授粉,推广病虫害绿色防控技术,对提高农作物产量,提升农产品质量安全水平,促进养蜂业和种植业持续健康发展意义重大。为贯彻落实中央领导的批示精神,我部决定2014年在部分地区率先启动蜜蜂授粉与绿色防控增产技术集成应用示范工作。现将《蜜蜂授粉与绿色防控增产技术集成应用示范方案》印发你们。请结合实际,细化制定具体实施方案,抓好示范任务落实,稳步推进示范工作。

农业部办公厅

2013年11月5日

蜜蜂授粉与绿色防控增产技术集成应用示范方案

养蜂业被誉为"农业腾飞之翼"、农业"月下红娘"。保护利用蜜蜂授粉,推广病虫害绿色防控技术,对提高农作物产量,提升农产品质量安全水平,促进养蜂业和种植业持续健康发展意义重大。为此,我部组织专家研究制定了《蜜蜂授粉与绿色防控增产技术集成应用示范方案》。

一、指导思想

充分发挥蜜蜂授粉酿蜜"月下老人"和人类"健康益友"的作用,贯彻"预防为主、综合防治"的植保方针。利用蜜蜂的生物学特性,强化蜜蜂授粉与绿色植保技术的协调配合,集中科技力量,加大扶持力度,突出重点、注重实效,在蜜蜂养殖和释放有基础的优势区域,选择适宜授粉作物,集成一批蜜蜂授粉与绿色防控配套技术,加大示范推广力度,促进养蜂业和种植业协调、持续、健康发展。

二、目标任务

2014年,以油菜、大豆、向日葵、苹果、梨、柑橘、草莓、番茄、瓜类、棉花等10种蜜源植物或虫媒授粉植物为主,建立20个示范基地,每个基地示范面积1 000～10 000亩。集成配套关键技术,形成10种作物蜜蜂授粉与绿色防控技术规程,促进大面积推广应用。

三、示范基地选择及区域布局

在油菜、大豆等作物集中连片种植区,选择有病虫害绿色防控基础、有蜂农放蜂作业或农民放蜂授粉习惯的地方,建立蜜蜂授粉与绿色防控增产技术集成示范基地20个。其中,油菜在安徽、江西、四川主产区各建立1个，每个基地示范面积1万亩；苹果在山西、山东、陕西主产区各建立1个，每个基地示范面积3 000亩；番茄在北京、河北、山东设施种植区各建立1个，每个基地示范面积1 000亩；向日葵在内蒙古、新疆主产区各建立1个，每个基地示范面积5 000亩；梨在山西、河南主产区各建立1个，每个基地示范面积3 000亩；柑橘在江西、湖北主产区各建立1个，每个基地示范面积3 000亩；草莓在北京、湖北设施种植区各建立1个，每个基地示范面积1 000亩；大豆、棉花、西甜瓜分别在黑龙江、新疆、内蒙古主产区各建1个，每个基地示范面积1万亩。

四、技术示范与优化集成

（一）蜜蜂授粉增产技术。针对不同地区、不同作物，选择适宜授粉蜂种（蜜蜂、熊蜂等），确定合理放蜂数量、时间及蜂群布局等技术指标，重点示范推广蜜蜂授粉田间应用、授粉蜜蜂靶标作物驯化、蜂群保护和快速转运等相关技术。同时，开展授粉区和对照区作物增产情况调查，明确蜜蜂授粉增产效果。

（二）病虫害绿色防控技术。针对不同地区、不同作物病虫发生情况和危害特点，优先推广应用生物防治、生态控制、物理防治等绿色防控技术措施。根据作物生长情况和蜜蜂授粉习性，科学制定病虫防控用药方案，指导农民合理选用对路的高效、低毒、低残留化学农药品种，适时安全施用，实现保护蜜蜂和防控病虫有机统一。

（三）集成配套技术规程。在试验示范基础上，将蜜蜂授粉技术与病虫绿色防控技术组装配套一体，形成不同作物蜜蜂授粉与绿色防控增产技术规程。

五、工作进度安排

（一）制定示范方案。2013年12月底前，各省选定示范基地；2014年1月31日前，组织制定并完成不同作物蜜蜂授粉与绿色防控增产技术集成应用示范实施方案，报我部种植业管理司和全国农业技术推广服务中心。

（二）启动示范工作。2014年2月，我部组织专家审核优化各地示范方案，培训示范基地项目负责人。各示范基地3月上旬完成农民培训任务，并启动示范工作（草莓、番茄等设施作物示范工作，可根据当地种植情况提前启动）。

（三）示范指导服务。2014年3月中旬至9月上旬，各示范基地所在农业部门组织养蜂和病虫防控技术人员，进村入户、深入田间地头，指导农民开展示范工作。

（四）工作总结评估。2014年10月31日前，各地完成示范工作总结，明确蜜蜂授粉增产效果，形成蜜蜂授粉与绿色防控增产技术规程。11月上旬，我部组织蜜蜂授粉、植物保护和农业经济等方面专家，科学评估示范效果，研讨确定来年工作方案。

六、相关工作要求

（一）加强组织领导。为确保示范工作落到实处，我部成立了种植业管理司、畜牧业司、全国农业技术推广服务中心、中国农科院蜜蜂研究所等单位牵头的示范工作协调小组。各示范省（区、市）农业主管部门也要成立相应的协调小组，加强组织领导，强化协调配合，确保示范工作按期有序推进。

（二）强化指导服务。每个示范基地要明确1名蜜蜂授粉技术指导专家和1名植保技术指导专家，通过举办专题技术培训、组织现场观摩、编印宣传挂图和技术手册等形式，普及蜂群快繁、蜜蜂授粉饲养管理、蜜蜂授粉增产技术，以及生物防治、农药安全使用等绿色技术，提高蜂农、农民蜜蜂保护利用意识和应用技能。

（三）加大扶持力度。充分利用农作物病虫害防治、粮棉油高产创建、园艺作物标准园创建以及蜜蜂产业发展等相关扶持政策措施，整合项目资金、物质供应、人才资源和技术力量，多渠道争取示范资金投入，加大扶持力度，确保蜜蜂授粉和绿色植保技术集成应用的各项措施落到实处。

农业部办公厅关于印发
茄果类蔬菜等 58 类无公害农产品检测目录的通知

农办质[2015]4号

各省、自治区、直辖市及计划单列市农业(农牧、农村经济)、畜牧、农垦、渔业厅(局、委),新疆生产建设兵团农业(水产)局,各无公害农产品工作机构、定点检测机构:

为保障无公害农产品生产和消费安全,防范风险隐患,我部在对无公害农产品检测目录进行跟踪评价的基础上,适时调研检测参数。现将调整后的茄果类蔬菜等 58 类无公害农产品检测目录印发你们,自 2015 年 4 月 1 日实施。《农业部办公厅关于印发茄果类蔬菜等 55 类无公害农产品检测目录的通知》(农办质[2013]17 号)中所规定的"茄果类蔬菜等 55 类无公害农产品检测目录"同时废止。

附件:茄果类蔬菜等 58 类无公害农产品检测目录

农业部办公厅

2015 年 1 月 20 日

茄果类蔬菜等 58 类无公害农产品检测目录(摘录)

(2015-01-20 发布,2015-04-01 实施)

产品类别	适用产品	序号	检测项目	限量(mg/kg)	执行依据	检测方法
四十二、蜂蜜	蜂蜜	1	氯霉素(chloramphenicol)	不得检出(0.000 3)	农业部 193 号公告	农业部 781 公告-10-2006 蜂蜜中氯霉素残留量的测定 气相色谱-质谱法(负化学源)
		2	硝基呋喃类(nitrofurans)(以 3-氨基-2-噁唑烷基酮(AOZ),5-吗啉甲基-3-氨基-2-噁唑烷基酮(AMOZ),1-氨基-乙内酰脲(AHD),氨基脲(SEM)计)	不得检出(0.001)	农业部 193 号公告	GB/T 18932.24 蜂蜜中呋喃它酮、呋喃西林、呋喃妥因和呋喃唑酮代谢物残留量的测定方法 液相色谱-串联质谱法
		3	双甲脒(amitraz)	0.2	农业部 235 号公告	农业部 781 公告-8 蜂蜜中双甲脒残留量的测定 气相色谱-质谱法

续表

产品类别	适用产品	序号	检测项目	限量(mg/kg)	执行依据	检测方法
		4	氟胺氰菊酯(fluvalinate)	0.05	农业部 235 号公告	农业部 781 公告-9 蜂蜜中氟胺氰菊酯残留量的测定 气相色谱-质谱法
		5	甲硝哒唑	不得检出(0.010)*	农业部 193 号公告	GB/T 18932.26—2005 蜂蜜中甲硝哒唑、洛硝哒唑、二甲硝咪唑残留量的测定方法 液相色谱法
		6	二甲硝咪唑	不得检出(0.011)*	农业部 193 号公告	
		7	霉菌计数(moulds count)(单位：CFU/g)	200	GB 14963—2011	GB 4789.15 食品卫生微生物学检验霉菌和酵母计数
四十三、蜂花粉	蜂花粉	1	总砷（以 As 计）	0.5	NY/T 752—2012	GB/T 5009.11 食品中总砷及无机砷的测定
		2	铅(以 Pb 计)	0.5	GB 2762—2012	GB 5009.12 食品安全国家标准 食品中铅的测定
		3	汞(以 Hg 计)	0.015	NY/T 752—2012	GB/T 23869 花粉中总汞的测定方法
		4	大肠菌群(单位:MPN/g)	0.3	NY/T 752—2012	GB 4789.3 食品安全国家标准 食品微生物学检验 大肠菌群计数
		5	霉菌和酵母计数(单位：CFU/g)	50	NY/T 752—2012	GB 4789.15 食品安全国家标准 食品微生物学检验 霉菌和酵母计数

续表

产品类别	适用产品	序号	检测项目	限量（mg/kg）	执行依据	检测方法
四十四、蜂王浆	蜂王浆	1	氯霉素（chloramphenicol）	不得检出（0.000 3）*	农业部193号公告	SN/T 2063—2008 进出口蜂王浆中氯霉素残留量的检测方法 液相色谱-串联质谱法
		2	硝基呋喃类（nitrofurans）（以3-氨基-2-噁唑烷基酮（AOZ），5-吗啉甲基-3-氨基-2-噁唑烷基酮（AMOZ），1-氨基-乙内酰脲（AHD），氨基脲（SEM）计）	不得检出（0.001）	农业部193号公告	GB/T 21167—2007 蜂王浆中硝基呋喃类代谢物残留量的测定 液相色谱-串联质谱法
		3	甲硝唑（metronidazole）	不得检出（0.002）*	农业部235号公告	GB/T 23407—2009 蜂王浆中硝基咪唑类药物及其代谢物残留量的测定 液相色谱-质谱 质谱法
		4	地美硝唑（dimetronidazole）			
		5	洛硝达唑（ronidazole）			

说明：

1. * 括号中为最低检出限。

2. 各检测项目除采用表中所列检测方法外，如有其他国家标准、行业标准以及部文公告的检测方法，且其最低检出限能满足限量值要求时，在无公害农产品认证检测中可以采用。

3. 表中所列限量值如与最新颁布的食品安全国家标准的限量值不一致时，按最新颁布的食品安全国家标准的限量值进行判定。

4. 各地可在此基础上根据当地农产品质量安全状况，增检相应的检测项目。

农业部关于印发蜜蜂检疫规程的通知

农医发[2010]41号

各省、自治区、直辖市畜牧兽医(农牧、农业、农村经济)厅(局、委、办):

为规范蜜蜂的检疫工作,按照《中华人民共和国动物防疫法》、《动物检疫管理办法》等有关规定,我部制定了《蜜蜂检疫规程》,现印发给你们,请遵照执行。

附件:蜜蜂检疫规程

二〇一〇年十月十三日

蜜蜂检疫规程

1 适用范围

本规程规定了蜜蜂检疫的检疫对象、检疫合格标准、检疫程序、检疫结果处理和检疫记录。

本规程适用于中华人民共和国境内蜜蜂的检疫。

2 术语和定义

下列术语和定义适用于本规程。

2.1 蜂群 蜜蜂的社会性群体,是蜜蜂自然生存和蜂场饲养管理的基本单位,由蜂王、雄蜂和工蜂组成。

2.2 蜜粉源地 能提供花蜜、花粉,进行养蜂生产的蜜、粉源植物生长地。

2.3 巢房 由蜜蜂修造的,供蜜蜂栖息、育虫、贮存食物的六角形蜡质结构,是构成巢脾的基本单位。

2.4 巢脾 是蜂巢的组成部分,由蜜蜂筑造、双面布满巢房的蜡质结构。

2.5 子脾 存在蜜蜂卵、幼虫或蛹的巢脾。

3 检疫对象

美洲幼虫腐臭病、欧洲幼虫腐臭病、蜜蜂孢子虫病、白垩病、蜂螨病。

4 检疫合格标准

4.1 蜂场所在地县级区域内未发生本规程规定的动物疫病。

4.2 蜂群临床检查健康。

4.3 未发生美洲幼虫腐臭病、欧洲幼虫腐臭病、蜜蜂孢子虫病、白垩病及其他规定的疫病,蜂螨平均寄生密度在0.1以下。

4.4 必要时实验室检测合格。

5 检疫程序

5.1 检疫申报 蜂群自原驻地起运前和自最远蜜粉源地起运前,货主应提前3天向当地动物卫生监督机构申报检疫。

5.2 申报受理 动物卫生监督机构在接到检疫申报后，根据蜂场所在地县级区域内蜜蜂疫情情况，决定是否予以受理。受理的，应当及时派官方兽医到现场或到指定地点实施检疫；不予受理的，应说明理由。

5.3 临床检查

5.3.1 检查方法

5.3.1.1 蜂群检查

5.3.1.1.1 箱外观察 调查蜂群来源、转场、蜜源、发病及治疗等情况，观察全场蜂群活动状况、核对蜂群箱数，观察蜂箱门口和附近场地蜜蜂飞行及活动情况，有无爬蜂、死蜂和蜂翅残缺不全的幼蜂。

5.3.1.1.2 抽样检查 按照至少5%(不少于5箱)的比例抽查蜂箱，依次打开蜂箱盖、副盖，检查巢脾、巢框、箱壁和箱底的蜜蜂有无异常行为；查看箱底有无死蜂；子脾上卵虫排列是否整齐，色泽是否正常。

5.3.1.2 个体检查

对成年蜂和子脾进行检查。

成年蜂：主要检查蜂箱门口和附近场地上蜜蜂的状况。

子脾：每群蜂取封盖或未封盖子脾2张以上，主要检查子脾上的未封盖幼虫或封盖幼虫和蛹的状况。

5.3.2 检查内容

5.3.2.1 子脾上出现幼虫虫龄极不一致，卵、小幼虫、大幼虫、蛹、空房花杂排列(俗称"花子现象")，在封盖子脾上，巢房封盖出现发黑，湿润下陷，并有针头大的穿孔，腐烂后的幼虫(9～11日龄)尸体呈黑褐色并具有黏性，挑取时能拉出2～5 cm的丝；或干枯成脆质鳞片状的干尸，有难闻的腥臭味，怀疑感染美洲幼虫腐臭病。

5.3.2.2 在未封盖子脾上，出现虫卵相间的"花子现象"，死亡的小幼虫(2～4日龄)呈淡黄色或黑褐色，无黏性，且发现大量空巢房，有酸臭味，怀疑感染欧洲幼虫腐臭病。

5.3.2.3 在巢框上或巢门口发现黄棕色粪迹，蜂箱附近场地上出现黑头黑尾、腹部膨大、腹泻、失去飞翔能力的蜜蜂，怀疑感染蜜蜂孢子虫病。

5.3.2.4 在箱底或巢门口发现大量体表布满菌丝或孢子囊，质地紧密的白垩状幼虫或近黑色的幼虫尸体时，怀疑感染蜜蜂白垩病。

5.3.2.5 在巢门口或附近场地上出现蜂翅残缺不全或无翅的幼蜂爬行，以及死蛹被工蜂拖出等情况时，怀疑感染蜂螨病。

5.4 实验室检测

对怀疑患有本规程规定疫病或临床检查发现其他异常的，应进行实验室检测(《蜜蜂检疫规程实验室检测方法》见附录)。

6 检疫结果处理

6.1 经检疫合格的，出具《动物检疫合格证明》。《动物检疫合格证明》有效期为6个月，且从原驻地至最远蜜粉源地或从最远蜜粉源地至原驻地单程有效，同时在备注栏中标明运输路线。

6.2 经检疫不合格的，出具《检疫处理通知单》，并按照有关规定处理。

6.2.1 经检查发现美洲幼虫腐臭病、欧洲幼虫腐臭病、蜜蜂孢子虫病、白垩病时，禁止外出流动放蜂，货主应按有关规定处理，临床症状消失1周后，无新发病例方可再次申报检疫。

6.2.2 经检查发现蜂群患蜂螨病时，货主应就地治疗，达到平均寄生密度（螨数/检查蜂数）0.1以下时，方可再次申报检疫。

6.2.3 临床检查时发现大量蜜蜂不明原因死亡时，禁止蜂群转场，不得出具《动物检疫合格证明》，并监督货主做好深埋、焚烧等无害化处理。

6.2.4 发现蜜蜂疫病呈暴发流行或新发生的蜜蜂疫病时，按规定程序报告疫情。

6.3 起运前，动物卫生监督机构须监督货主或承运人对运载工具进行有效消毒。

7 监督检查

7.1 跨县级区域转地放养蜜蜂时，货主应在蜜蜂到达场地24小时内向当地县级动物卫生监督机构报告，并接受监督检查。

7.2 当地县级动物卫生监督机构接到报告后，应及时派官方兽医到现场进行监督检查。

8 检疫记录

8.1 检疫申报单。动物卫生监督机构须指导货主填写检疫申报单。

8.2 检疫工作记录。官方兽医须填写检疫工作记录，详细登记货主姓名、地址、检疫申报时间、检疫时间、检疫地点、检疫动物种类、数量及用途、检疫处理、检疫证明编号等，并由货主签名。

8.3 监督工作记录。动物卫生监督机构应认真填写监督检查记录，并由货主签名。

8.4 检疫申报单和检疫工作记录应保存12个月以上。

附录：

蜜蜂检疫规程实验室检测参考方法

1 美洲幼虫腐臭病

从蜂群中抽取部分封盖子脾，挑取其中的死幼虫5～10条，置研钵中，加2～3 mL无菌水研碎后制成悬浮液、涂片，经革兰氏染色，在1 000～1 500倍的显微镜下进行检查，发现大量革兰氏阳性的游离状的杆菌芽孢，经细菌培养鉴定确认后，判定为美洲幼虫腐臭病。

2 欧洲幼虫腐臭病

从蜂群中抽取部分未封盖2～4日龄幼虫脾，挑取其中的死幼虫5～10条，置研钵中，加2～3 mL无菌水研碎后制成悬浮液、涂片，经革兰氏染色后，在1 000～1 500倍的显微镜下进行检查，发现0.5 μm×1.0 μm呈革兰氏阳性的单个、短链或呈簇状排列的披针形球菌，同时有许多杆菌和芽孢杆菌等多种微生物，经细菌培养鉴定确认后，判定为欧洲幼虫腐臭病。

3 蜜蜂孢子虫病

在蜂箱门口与蜂箱上梁处避光收集8日龄以下的成年工蜂60只，取出30只（另30只备用）消化系统，置研钵中，加2～3 mL无菌水研碎后制成悬浮液，置干净载玻片上，在400～600倍的显微镜下进行检查，若发现卵圆近米粒形，边缘灰暗，具有蓝色折光的孢子，经细菌培养鉴定确认后，判定为蜜蜂孢子虫病。

4 蜜蜂白垩病

从病死僵化的幼虫体表刮取少量白垩状物或刮取黑色物体在显微镜下进行检查,发现有白色棉絮菌丝和充满孢子球的子囊,经细菌培养鉴定确认后,判定为蜜蜂白垩病。

5 蜂螨病

从2个以上子脾中随机抽取50只蜂蛹,在解剖镜下(或其他方式)逐个检查蜂蛹体表有无蜂螨寄生。其中一个蜂群的蜂螨平均寄生密度达到0.1以上,判定为蜂螨病。

《农业部畜禽标准化示范场管理办法(试行)》

(2011-03-10 实施)

第一章 总 则

第一条 根据《农业部关于加快推进畜禽标准化规模养殖的意见》(农牧发[2010]6 号)要求,为做好畜禽养殖标准化示范创建工作,加强农业部畜禽标准化示范场(以下简称示范场)管理,提升畜牧业标准化规模生产水平,制定本办法。

第二条 示范场指以规模养殖为基础,以标准化生产为核心,在场址布局、畜禽舍建设、生产设施配备、良种选择、投入品使用、卫生防疫、粪污处理等方面严格执行法律法规和相关标准,具有示范带动作用,经省级畜牧兽医主管部门验收通过并由农业部正式公布的养殖场。

第三条 示范场创建以转变发展方式、提高综合生产能力、发展现代畜牧业为核心,按照高产、优质、高效、生态、安全的发展要求,通过政策扶持、宣传培训、技术引导、示范带动,实现畜禽标准化规模生产和产业化经营,提升畜产品质量安全水平,增强产业竞争力,保障畜产品有效供给,促进畜牧业协调可持续发展。

第四条 各级畜牧兽医行政主管部门应当在当地政府的领导下,积极争取发改、财政、环保、工商和质检等部门的支持,切实抓好示范场建设工作。

第五条 中央与地方的相关扶持政策向示范场倾斜。鼓励畜牧业龙头企业、行业协会和农民专业合作经济组织积极参与示范场创建,带动广大养殖场户发展标准化生产。

第二章 示范场条件及建设要求

第六条 示范场应当具备下列条件:

(一)场址不得位于《中华人民共和国畜牧法》明令禁止区域,并符合相关法律法规及区域内土地使用规划;

(二)达到农业部畜禽养殖标准化示范场验收评分标准所规定的饲养规模;

(三)按照畜牧法规定进行备案;养殖档案符合《农业部关于加强畜禽养殖管理的通知》(农牧发[2007]1 号)要求;

(四)按照相关规定使用饲料添加剂和兽药;禁止在饲料和动物饮用水中使用违禁药物及非法添加物,以及停用、禁用或者淘汰的饲料和饲料添加剂;

(五)具备县级以上畜牧兽医部门颁发的《动物防疫条件合格证》,两年内无重大疫病和质量安全事件发生;

(六)从事奶牛养殖的,生鲜乳生产、收购、贮存、运输和销售符合《乳品质量安全监督管理条例》、《生鲜乳生产收购管理办法》的有关规定,执行《奶牛场卫生规范》(GB 16568—2006)。设有生鲜乳收购站的,有《生鲜乳收购许可证》,生鲜乳运输车有《生鲜乳准运证明》;

(七)饲养的商品代畜禽来源于具有种畜禽生产经营许可证的养殖企业,饲养、销售种畜禽符合种畜禽场管理有关规定。

第七条　示范场建设其他条件按照农业部和各省畜禽养殖标准化示范场验收评分标准执行。

第八条　示范场建设内容：

(一)畜禽良种化。因地制宜选用畜禽良种,品种来源清楚、检疫合格。

(二)养殖设施化。养殖场选址布局科学合理,畜禽圈舍、饲养和环境控制等生产设施设备满足标准化生产需要和动物防疫要求。

(三)生产规范化。建立规范完整的养殖档案,制定并实施科学规范的畜禽饲养管理规程,配备与饲养规模相适应的畜牧兽医技术人员,严格遵守饲料、饲料添加剂和兽药使用规定,生产过程实行信息化动态管理。

(四)防疫制度化。防疫设施完善,防疫制度健全,按照国家规定开展免疫监测等防疫工作,科学实施畜禽疫病综合防控措施,对病死畜禽实行无害化处理。

(五)粪污无害化。畜禽粪污处理方法得当,设施齐全且运转正常,实现粪污资源化利用或达到相关排放标准。

第三章　示范场确立

第九条　示范场标准

农业部制定示范场创建验收评分标准,省级畜牧兽医主管部门可以根据本省区情况对评分标准进行细化,制定不低于农业部发布标准的实施细则。

第十条　创建方案制定与下达

农业部根据各地畜牧业发展现状,下达当年示范场创建方案,明确各省区标准化示范场的创建数量,并向社会公布。

省级畜牧兽医主管部门负责细化本区域内的示范场创建方案,组织开展示范创建工作。

第十一条　申报程序

符合示范场创建验收标准的养殖场户根据自愿原则向县级畜牧兽医主管部门提出申请,经所在县、市畜牧兽医主管部门初审后报省级畜牧兽医主管部门。

第十二条　评审验收

省级畜牧兽医主管部门组织三人以上的专家组,对申请参与示范创建的养殖场进行现场评审验收,确定每个养殖场在示范期限内的具体示范任务和目标,并将验收合格的养殖场名单在省级媒体公示,无异议后报农业部畜牧业司。

第十三条　批复确认

农业部对各地上报材料进行审查并组织实地抽查复核,审核通过后正式发布,并授予"农业部畜禽标准化示范场"称号,有效期 3 年。

第四章　指导监督与管理

第十四条　农业部和省级畜牧兽医主管部门分别成立技术专家组。

全国畜牧总站负责对省级畜牧兽医主管部门和技术专家组成员进行培训。省级畜牧兽医主管部门负责对本省区参与示范创建的养殖场进行集中培训与技术指导,养殖场根据相关指导意见开展示范创建活动。

第十五条　示范场应当遵守相关法律法规的规定,严格按照农业部畜禽标准化示范场的有关要求组织生产,以培训和技术指导等多种方式带动周边养殖场户开展标准化生产。

示范场应当按照农业部及省级畜牧兽医主管部门要求定期提供示范场有关基础数据信息,并于每年12月20日前将本年度生产经营、具体示范任务和目标完成等情况报省级畜牧兽医主管部门。

第十六条 省级畜牧兽医主管部门应当加强示范场的监督管理,建立健全示范场奖惩考核机制,定期或不定期组织检查,并建立示范场监督检查档案记录,每年抽查覆盖率不少于30%。

县级畜牧兽医主管部门应当掌握示范场建设情况,发现问题及时向上级畜牧兽医主管部门报告。

农业部不定期开展对示范场的监督抽查,并将示范场作为农业部饲料及畜产品质量安全监测的重点。

第十七条 有下列情形之一的,取消示范场资格:

(一)弄虚作假取得示范场资格的;

(二)发生重大动物疫病的;

(三)发生畜产品质量安全事故的;

(四)使用违禁药物、非法添加物或不按规定使用饲料添加剂的;

(五)其他必备条件发生变化,已不符合标准要求的;

(六)因粪污处理与利用不当而造成严重污染的;

(七)停止生产经营1年以上的;

(八)日常抽查不合格,情节严重的,或整改仍不到位的;

(九)未按规定完成示范任务和目标的。

第十八条 省级畜牧兽医主管部门应当设立监督举报电话,接受社会监督。

第十九条 地方畜牧兽医主管部门在示范场申报过程中,弄虚作假的,由农业部予以通报批评。涉及违法违纪问题的,按有关规定处理。

第五章 附 则

第二十条 各省、自治区、直辖市畜牧兽医主管部门可参照本办法,组织开展省级示范场创建工作。

第二十一条 本办法自发布之日起施行。

家畜遗传材料生产许可办法

（2010 年 1 月 21 日农业部令 2010 年第 5 号公布，
2015 年 10 月 30 日农业部令 2015 年第 3 号修订）

第一章 总 则

第一条 为加强家畜冷冻精液、胚胎、卵子等遗传材料（以下简称家畜遗传材料）生产的管理，根据《中华人民共和国畜牧法》，制定本办法。

第二条 本办法所称冷冻精液，是指经超低温冷冻保存的家畜精液。

本办法所称胚胎，是指用人工方法获得的家畜早期胚胎，包括体内受精胚胎和体外受精胚胎。

本办法所称卵子，是指母畜卵巢所产生的卵母细胞，包括体外培养卵母细胞。

第三条 从事家畜遗传材料生产的单位和个人，应当依照本办法取得省级人民政府畜牧兽医行政主管部门核发的《种畜禽生产经营许可证》。

第二章 申 报

第四条 从事家畜遗传材料生产的单位和个人，应当具备下列条件：

（一）与生产规模相适应的家畜饲养、繁育、治疗场地和家畜遗传材料生产、质量检测、产品储存、档案管理场所。

（二）与生产规模相适应的家畜饲养和遗传材料生产、检测、保存、运输等设施设备。其中，生产冷冻精液应当配备精子密度测定仪、相差显微镜、分析天平、细管精液分装机、细管印字机、精液冷冻程控仪、低温平衡柜、超低温贮存设备等仪器设备；生产胚胎和卵子应当配备超净台或洁净间、体视显微镜、超低温贮存设备等，生产体外胚胎还应当配备二氧化碳培养箱等仪器设备。

（三）种畜为通过国家畜禽遗传资源委员会审定或者鉴定的品种，或者为农业部批准引进的境外品种，并符合种用标准。

（四）体外受精取得的胚胎、使用的卵子来源明确，三代系谱清楚，供体畜符合国家规定的种畜健康标准和质量要求。

（五）饲养的种畜达到农业部规定的数量。其中，生产牛冷冻精液的合格采精种公牛数量不少于 50 头，生产羊冷冻精液的合格采精种公羊数量不少于 100 只；生产牛胚胎的一级以上基础母牛不少于 200 头，生产羊胚胎的一级以上基础母羊不少于 300 只；生产牛卵子的一级以上基础母牛不少于 100 头，生产羊卵子的一级以上基础母羊不少于 200 只；其他家畜品种的种畜饲养数量由农业部另行规定。

（六）有 5 名以上畜牧兽医技术人员。其中，主要技术负责人应当具有畜牧兽医类高级技术职称或者本科以上学历，并在本专业工作 5 年以上；产品质量检验人员应当在本专业工作 2 年以上，并经培训合格；初级以上技术职称或者大专以上学历的技术人员数量应当占技术人员总数的80%以上；具有提供诊疗服务的执业兽医。

（七）具备法律、行政法规和农业部规定的防疫条件。

（八）建立相应的管理规章制度，包括岗位责任制、产品质量控制和保障措施、生产销售记录制度等。

第五条　申请取得家畜遗传材料生产许可的，应当向所在地省级人民政府畜牧兽医行政主管部门提出，并提交以下材料：

（一）申请表。

（二）生产条件说明材料。

（三）家畜遗传材料供体畜的原始系谱复印件；优良种畜证书复印件；从国内引进的种畜及遗传材料提供引种场的《种畜禽生产经营许可证》复印件，从境外引进的种畜及遗传材料提供农业部审批复印件；生产卵子、胚胎的提供供体畜来源证明。

（四）仪器设备检定报告复印件。

（五）技术人员资格证书或者学历证书及培训合格证明的复印件。

（六）动物防疫条件合格证复印件。

（七）饲养、繁育、生产、质量检测、储存等管理制度。

（八）申请换发家畜遗传材料生产许可证的，应当提供近三年内家畜遗传材料的生产和销售情况。

（九）农业部规定的其他技术材料。

申请材料不齐全，或者不符合法定形式的，省级人民政府畜牧兽医行政主管部门应当当场或者自收到申请材料之日起5个工作日内，一次告知申请人需要补正的全部内容。

第六条　省级人民政府畜牧兽医行政主管部门自受理申请之日起10个工作日内完成书面审查。对通过书面审查的，组织专家现场评审。

第七条　农业部设立家畜遗传材料生产许可专家库，负责家畜遗传材料生产许可的技术支撑工作。

第三章　现场评审

第八条　现场评审实行专家组负责制。专家组由省级人民政府畜牧兽医行政主管部门指定的5名以上畜牧兽医专业高级技术职称人员组成，人数为单数，可以从农业部家畜遗传材料生产许可专家库中选取。

专家组组长负责现场评审的召集、组织和汇总现场评审意见等工作。

第九条　专家组应当对家畜遗传材料生产场所及布局、仪器设备、防疫等基本条件进行审查。

第十条　专家组应当根据家畜种用标准和全国畜牧总站公布的种公牛育种值，对家畜冷冻精液、胚胎、卵子的供体畜逐一进行评定。

第十一条　专家组应当对技术人员的相关法律法规、生产规程、产品技术标准等知识进行理论考核；对家畜冷冻精液、胚胎、卵子的完整生产流程进行考核，并随机抽取3个以上关键环节，对相关技术人员进行实际操作考核。

第十二条　专家组应当抽查30%以上的仪器设备，对设备的性能与分辨率、完好率、操作规程、使用记录、检测情况等内容进行核查。

第十三条　申请人应当在专家组的监督下，对每头供体畜生产的冷冻精液、3%供体畜生产的胚胎和卵子进行现场随机取样封存，送具有法定资质的种畜禽质量检验机构检测。

第十四条　现场评审完成后，专家组应当形成书面评审意见，由专家组成员签字确认。

评审意见书包括以下内容：

(一)申报材料核查情况；

(二)生产基本条件审查结论；

(三)家畜遗传材料供体评定结果；

(四)技术人员理论和实际操作考核结果；

(五)家畜饲养、繁育和遗传材料生产、产品质量控制、质量检测等规章制度落实情况。

评审意见一式三份，一份交申请人保存，两份报省级人民政府畜牧兽医行政主管部门。

第十五条　现场评审应当自书面审查通过之日起 40 个工作日内完成。

第四章　审批及监督管理

第十六条　省级人民政府畜牧兽医行政主管部门自收到现场评审意见和家畜遗传材料质量检测报告后 10 个工作日内，决定是否发放《种畜禽生产经营许可证》。不予发放的，书面通知申请人，并说明理由。

第十七条　有下列情形之一的，不予发放《种畜禽生产经营许可证》：

(一)现场评审不合格的；

(二)冷冻精液质量检测合格的供体畜数量低于本办法第四条第五项规定的；

(三)送检的胚胎或者卵子质量检测不合格的。

第十八条　省级人民政府畜牧兽医行政主管部门在核发生产家畜冷冻精液的《种畜禽生产经营许可证》的同时，公布合格供体畜的编号。

家畜冷冻精液生产单位和个人在许可证有效期内新增供体畜的，应当及时向省级人民政府畜牧兽医行政主管部门申报。省级人民政府畜牧兽医行政主管部门按照本办法的规定组织对供体畜进行现场评审及冷冻精液质量检测，符合规定条件的，公布供体畜编号。

未经公布编号的供体畜，不得投入生产。

生产单位和个人应当及时淘汰冷冻精液不合格的供体畜。拒不淘汰的，由省级人民政府畜牧兽医行政主管部门公布不合格供体畜的编号，并依法予以处罚。

第十九条　省级人民政府畜牧兽医行政主管部门核发的家畜遗传材料《种畜禽生产经营许可证》有效期 3 年。期满继续从事家畜遗传材料生产的，申请人应当在许可证有效期满 5 个月前，依照本办法规定重新提出申请。

第二十条　已取得家畜遗传材料《种畜禽生产经营许可证》的单位和个人，申请扩大家畜遗传材料生产范围时，省级人民政府畜牧兽医行政主管部门可在组织现场评审环节适当简化相关程序。

第二十一条　省级人民政府畜牧兽医行政主管部门应当自发放家畜遗传材料《种畜禽生产经营许可证》起 20 个工作日内，将现场评审、质量检测报告、批准发放家畜遗传材料《种畜禽生产经营许可证》公告等有关材料报农业部备案。

第二十二条　农业部可以对取得家畜遗传材料《种畜禽生产经营许可证》的单位和个人实施监督检查和质量抽查，对不符合要求的，通报所在地省级人民政府畜牧兽医行政主管部门处理，必要时由农业部依法处理。

第二十三条　县级以上人民政府畜牧兽医行政主管部门依法对家畜遗传材料生产活动实施监督检查和质量抽查，对违反本办法从事家畜遗传材料生产活动的，依照《中华人民共和国畜牧法》的有关规定处罚。

第五章　附　则

第二十四条　不从事家畜遗传材料生产、只从事经营活动的单位和个人，应当依照省级人民政府的规定取得《种畜禽生产经营许可证》。

第二十五条　本办法自 2010 年 3 月 1 日起施行。1998 年 11 月 5 日农业部发布的《〈种畜禽生产经营许可证〉管理办法》（农业部令第 4 号）同时废止。

畜禽遗传资源保种场保护区和基因库管理办法

（2006-06-05 公布，2006-07-01 实施）

第一章　总　则

第一条　为了加强畜禽遗传资源保护与管理，根据《中华人民共和国畜牧法》的有关规定，制定本办法。

第二条　畜禽遗传资源保种场、保护区、基因库的建立或者确定、监督管理，适用本办法。

第三条　农业部负责全国畜禽遗传资源保种场、保护区、基因库的管理，并负责建立或者确定国家级畜禽遗传资源保种场、保护区和基因库。省级人民政府畜牧行政主管部门负责本行政区域内畜禽遗传资源保种场、保护区、基因库的管理，并负责建立或者确定省级畜禽遗传资源保种场、保护区和基因库。

第四条　全国畜牧总站承担国家级畜禽遗传资源保种场、保护区、基因库的具体管理工作。

第二章　基本条件

第五条　国家级畜禽遗传资源保种场应当具备下列条件：

（一）场址在原产地或与原产地自然生态条件一致或相近的区域。

（二）场区布局合理，生产区与办公区、生活区隔离分开。办公区设技术室、资料档案室等。生产区设置饲养繁育场地、兽医室、隔离舍、畜禽无害化处理、粪污排放处理等场所，配备相应的设施设备，防疫条件符合《中华人民共和国动物防疫法》等有关规定。

（三）有与保种规模相适应的畜牧兽医技术人员。主管生产的技术负责人具备大专以上相关专业学历或中级以上技术职称；直接从事保种工作的技术人员需经专业技术培训，掌握保护畜禽遗传资源的基本知识和技能。

（四）符合种用标准的单品种基础畜禽数量要求：

猪：母猪 100 头以上，公猪 12 头以上，三代之内没有血缘关系的家系数不少于 6 个。

牛、马、驴、骆驼：母畜 150 头（匹、峰）以上，公畜 12 头（匹、峰）以上，三代之内没有血缘关系的家系数不少于 6 个。

羊：母羊 250 只以上，公羊 25 只以上，三代之内没有血缘关系的家系数不少于 6 个。

鸡：母鸡 300 只以上，公鸡不少于 30 个家系。

鸭、鹅：母禽 200 只以上，公禽不少于 30 个家系。

兔：母兔 300 只以上，公兔 60 只以上，三代之内没有血缘关系的家系数不少于 6 个。

犬：母犬 30 条以上，公犬不少于 10 条。

蜂：60 箱以上。

抢救性保护品种及其他品种的基础畜禽数量要求由国家畜禽遗传资源委员会规定。

（五）有完善的管理制度和健全的饲养、繁育、免疫等技术规程。

第六条 国家级畜禽遗传资源保护区应当具备下列条件：

（一）设在畜禽遗传资源的中心产区，范围界限明确。

（二）保护区内应有2个以上保种群，保种群之间的距离不小于3千米；蜂种保护区具有自然交尾隔离区，其中，山区隔离区半径距离不小于12千米，平原隔离区半径距离不小于16千米。

（三）保护区具备一定的群体规模，单品种资源保护数量不少于保种场群体规模的5倍，所保护的畜禽品种质量符合品种标准。

第七条 国家级畜禽遗传资源基因库应当具备下列条件：

（一）有固定的场所，所在地及附近地区无重大疫病发生史。

（二）有遗传材料保存库、质量检测室、技术研究室、资料档案室等；有畜禽遗传材料制作、保存、检测、运输等设备；具备防疫、防火、防盗、防震等安全设施；水源、电源、液氮供应充足。

（三）有从事遗传资源保护工作的专职技术人员。专业技术人员比例不低于70%；从事畜禽遗传材料制作和检测工作的技术人员需经专业技术培训，并取得相应的国家职业资格证书。

（四）保存单品种遗传材料数量和质量要求。

牛羊单品种冷冻精液保存3 000剂以上，精液质量达到国家有关标准；公畜必须符合其品种标准，级别为特级，系谱清楚，无传染性疾病和遗传疾病，三代之内没有血缘关系的家系数不少于6个。

牛羊单品种冷冻胚胎保存200枚以上，胚胎质量为A级；胚胎供体必须符合其品种标准，系谱清楚，无传染性疾病和遗传疾病；供体公畜为特级，供体母畜为1级以上，三代之内没有血缘关系的家系数不少于6个。

其他畜禽冷冻精液、冷冻胚胎以及其他遗传材料（组织、细胞、基因物质等）的保存数量和质量根据需要确定。

（五）有相应的保种计划和质量管理、出入库管理、安全管理、消毒防疫、重大突发事件应急预案等制度，以及遗传材料制作、保存和质量检测技术规程；有完整系统的技术档案资料。

（六）活体保种的基因库应当符合保种场条件。

第三章 建立和确定程序

第八条 建立或者确定畜禽遗传资源保种场、保护区和基因库，应当符合全国畜禽遗传资源保护和利用规划以及国家级畜禽遗传资源保护名录的要求。

第九条 从事国家级畜禽遗传资源保护名录内畜禽资源保护工作，符合本办法第二章要求的单位或者个人，可以申报国家级畜禽遗传资源保种场、保护区和基因库。

第十条 申请国家级畜禽遗传资源保种场、保护区、基因库的单位或者个人，应当于每年3月底前向省级人民政府畜牧行政主管部门提交下列材料：

（一）申请表（见附表）；

（二）符合第二章规定条件的说明资料；

（三）系谱、选育记录等有关证明材料；

（四）保种场和活体保种的基因库还应当提交《种畜禽生产经营许可证》复印件。

第十一条 省级人民政府畜牧行政主管部门应当自申请受理之日起20个工作日内完成初审，并将初审意见和相关材料报送农业部。

农业部自收到申请材料后20个工作日内做出决定，经审查符合条件的，确定为畜禽遗传资源保种场、保护区和基因库，并予以公告；不符合条件的，书面通知申请人并说明理由。

农业部或者省级人民政府畜牧行政主管部门必要时可组织现场审验。

第四章 监督管理

第十二条 畜禽遗传资源保种场、保护区、基因库经公告后，任何单位和个人不得擅自变更其名称、地址、性质或者保护内容；确需变更的，应当按原程序重新申请。

第十三条 县级以上畜牧技术推广机构负责畜禽遗传资源保种场、保护区、基因库的技术指导工作。

第十四条 畜禽遗传资源保种场应当严格实施保种规划，开展选种选配工作，确保保种群体的数量和质量，并准确、完整记录畜禽品种的基本信息。

第十五条 畜禽遗传资源保护区周边交通要道、重要地段，应当由所在地县级以上地方人民政府设立保护标志。

第十六条 畜禽遗传资源基因库应当根据保种计划和工作需要，定期采集、补充和更新畜禽遗传材料，并对保存的遗传材料进行备份。

第十七条 享受中央和省级财政资金支持的畜禽遗传资源保种场、保护区和基因库，未经农业部或者省级人民政府畜牧行政主管部门批准，不得擅自处理受保护的畜禽遗传资源。

第十八条 国家级畜禽遗传资源保种场、保护区、基因库应当在每年1月底前将上年度工作报告报送全国畜牧总站。工作报告内容包括：

（一）群体规模数量；

（二）主要性状的变化情况；

（三）保护与选育的主要工作；

（四）财政专项资金使用情况；

（五）存在的主要问题、改进措施和建议。

第十九条 全国畜牧总站负责对国家级畜禽遗传资源保种场、保护区、基因库的保种工作进行检查。发现保种工作中存在重大问题的，应当责令限期整改，并及时向农业部提出处理建议。

第二十条 有下列行为之一的，取消国家级畜禽遗传资源保种场、保护区、基因库资格：

（一）违反本办法第十七条规定，情节严重的；

（二）截留、挤占、挪用专项资金，情节严重的；

（三）擅自变更地址或者保护内容的，或者擅自变更名称、性质等且在规定期限内拒不改正的；

（四）连续两年不提交工作报告的。

第五章 附 则

第二十一条 本办法下列用语的含义：

（一）保种场，是指有固定场所、相应技术人员、设施设备等基本条件，以活体保护为手段，以保护畜禽遗传资源为目的的单位。

（二）保护区，是指国家或地方为保护特定畜禽遗传资源，在其原产地中心产区划定的特定区域。

(三)基因库,是指在固定区域建立的,有相应人员、设施等基础条件,以低温生物学方法或活体保护为手段,保护多个畜禽遗传资源的单位。基因库保种范围包括活体、组织、胚胎、精液、卵、体细胞、基因物质等遗传材料。

第二十二条　省级畜禽遗传资源保种场、保护区、基因库的基本条件、建立或者确定程序和管理,参照本办法执行。

第二十三条　本办法自2006年7月1日起施行。

畜禽新品种配套系审定和畜禽遗传资源鉴定技术规范(摘录)

（2006-10-10 试行）

九、蜜蜂新品种配套系审定和遗传资源鉴定条件

本条件适用于蜜蜂新品种、配套系审定和遗传资源鉴定。

1　血统来源明确

1.1　新品种、配套系：初始品种或育种素材的来源及血统构成基本清楚。

1.2　遗传资源：分布于与其周边地区有自然屏障隔离的区域内，或分布于某一特定的生态条件下，且未与其他品种杂交。

2　控制交配措施可靠

2.1　新品种、配套系审定：育王时采用人工授精方法制种，或在隔离区进行自然交尾，其隔离半径：山区不少于 12 千米，平原区不少于 16 千米。

2.2　遗传资源鉴定：无外品种的蜂群在该品种的分布范围内饲养。

3　技术资料齐备

3.1　新品种、配套系：必须提供培育全过程的各项技术资料，包括种王档案、系谱、育王记录等。提供品种的形态特征鉴定记录、经济性状考察记录和生产鉴定记录。提供检测机构出具的 DNA 遗传距离测定报告。

3.2　遗传资源：必须提供遗传资源分布区和交尾区示意图，该范围内的地形特征、海拔、经纬度、气候特点、植被情况、蜜源植物及其开花期、主要敌害等生态环境资料，以及该品种的主要形态特征、经济性状、生产性能和检测机构出具的

DNA 遗传距离测定报告等方面的资料。

4　形态特征相对一致

应对被审定、鉴定的蜜蜂新品种、配套系和遗传资源的体色、喙长、前翅长和宽、第三腹节背板长度、肘脉指数以及作为该品种、配套系和遗传资源特殊标志的特征进行准确描述。

5　生产性能具有一定特点

提供如下主要经济性状及生产性能：春繁和秋繁期间的平均有效日产卵及最高有效日产卵量、育虫节律、最大维持群势、各大流蜜期内平均每群产蜜量、王浆生产旺季和淡季平均每群每 72 小时的产浆量、平均每群的周年饲料消耗情况、蜂群越冬渡夏性能、温驯性、盗性、防卫性能、对某种疾病的自然感染发病率和自愈率或药物治愈率以及其他某些特殊性能等。

6　主要经济性状遗传稳定

6.1　新品种

品种育成后，经 3 个世代繁育，其子代蜂群的工蜂个体的体色及主要形态特征基本一致，主要经济性状无明显差异。

6.2 配套系

至少具有3个专门化品系，每个专门化品系必须保持10群以上，近交系数0.5以上，中试杂交配套蜂群3 000群以上。

6.3 遗传资源

引种异地后，在严格控制交配和采用相同技术水平进行饲养管理的情况下，各子代蜂群之间的主要经济性状应无明显差异。

7 达到一定的数量要求

7.1 新品种、配套系

种蜂群100群以上;已中试种王3 000只以上。

7.2 遗传资源

5 000群以上。

8 提供由具有法定资质的蜜蜂及其产品质量检验机构最近两年内出具的检测结果，或国家畜禽遗传资源委员会指定的试验蜂场出具的测试报告。

9 健康水平应符合有关规定。

畜禽新品种配套系审定和畜禽遗传资源鉴定办法

（2006-06-05 发布，2006-07-01 实施）

第一章 总 则

第一条 为了规范畜禽新品种、配套系审定和畜禽遗传资源鉴定工作，促进优良畜禽品种选育与推广，根据《中华人民共和国畜牧法》的有关规定，制定本办法。

第二条 本办法所称畜禽新品种是指通过人工选育，主要遗传性状具备一致性和稳定性，并具有一定经济价值的畜禽群体；配套系是指利用不同品种或种群之间杂种优势，用于生产商品群体的品种或种群的特定组合；畜禽遗传资源是指未列入《中国畜禽遗传资源目录》，通过调查新发现的畜禽遗传资源。

第三条 培育的畜禽新品种、配套系和畜禽遗传资源在推广前，应当通过国家畜禽遗传资源委员会审定或者鉴定，并由农业部公告。

第四条 农业部主管全国畜禽新品种、配套系审定和畜禽遗传资源鉴定工作。农业部国家畜禽遗传资源委员会负责畜禽新品种、配套系审定和畜禽遗传资源鉴定。国家畜禽遗传资源委员会办公室设在全国畜牧总站。

第五条 国家畜禽遗传资源委员会由科研、教学、生产、推广、管理等方面的专业人员组成，并设立牛、羊、家禽、猪、蜜蜂和其他动物等专业委员会，负责畜禽新品种、配套系审定和畜禽遗传资源鉴定的初审工作。

第二章 申请与受理

第六条 申请审定和鉴定的畜禽新品种、配套系和畜禽遗传资源，应当具备下列条件，并符合相关技术规范要求：

（一）主要特征一致、特性明显，遗传性稳定；

（二）与其他品种、配套系、畜禽遗传资源有明显区别；

（三）具有适当的名称。

畜禽新品种、配套系审定和畜禽遗传资源鉴定技术规范由农业部另行制定。

第七条 申请畜禽新品种、配套系审定的，由该品种或配套系的培育单位或者个人向所在地省级人民政府畜牧行政主管部门提出，省级人民政府畜牧行政主管部门应当在 20 个工作日内完成审核，并将审核意见和相关材料报送国家畜禽遗传资源委员会。

申请畜禽遗传资源鉴定的，由该资源所在地省级人民政府畜牧行政主管部门向国家畜禽遗传资源委员会提出。

在中国没有经常住所或者营业场所的外国人、外国企业或者其他组织在中国申请畜禽新品种、配套系审定的，应当委托具有法人资格的中国育种科研、生产、经营单位代理。

第八条 申请畜禽新品种、配套系审定的，应当向省级人民政府畜牧行政主管部门提交下列材料：

(一)畜禽新品种、配套系审定申请表;

(二)育种技术工作报告;

(三)新品种、配套系标准;

(四)具有法定资质的畜禽质量检验机构最近两年内出具的检测结果;

(五)中试报告或者试验单位的证明材料;

(六)声像、画册资料及必要的实物。

第九条 申请畜禽遗传资源鉴定的,应当向国家畜禽遗传资源委员会提交下列材料:

(一)畜禽遗传资源鉴定申请表;

(二)遗传资源介绍;

(三)遗传资源标准;

(四)声像、画册资料及必要的实物。

第十条 国家畜禽遗传资源委员会自收到申请材料之日起15个工作日内作出是否受理的决定,并书面通知申请人。不予受理的,应当说明理由。

第三章 审定、鉴定与公告

第十一条 国家畜禽遗传资源委员会受理申请后,应当组织专业委员会进行初审。初审专家不少于5人。

第十二条 初审可以采取下列方式:

(一)书面审查;

(二)现场考察、测试或者演示;

(三)答辩;

(四)会议讨论。

第十三条 初审结论应当经三分之二以上专家通过,不同意见应当载明。

第十四条 国家畜禽遗传资源委员会每半年召开一次专门会议,对初审结论进行讨论和表决。出席会议的委员不少于全体委员的三分之二。

表决采取无记名投票方式。同意票数超过到会委员半数的,通过审定或者鉴定。

第十五条 通过审定或者鉴定的畜禽新品种、配套系或者畜禽遗传资源,由国家畜禽遗传资源委员会在中国农业信息网(www.agri.gov.cn)公示,公示期为一个月。

公示期满无异议的,由国家畜禽遗传资源委员会颁发证书并报农业部公告。

第十六条 未通过审定或鉴定的,国家畜禽遗传资源委员会办公室应当在30个工作日内书面通知申请人。申请人有异议的,应当在接到通知后30个工作日内申请复审。国家畜禽遗传资源委员会应当在6个月内作出复审决定,并通知申请人。

第四章 中间试验

第十七条 畜禽新品种、配套系申请审定前,培育者可以进行中间试验,对品种、配套系的生产性能、适应性、抗逆性等进行验证。

第十八条 中间试验应当经试验所在地省级人民政府畜牧行政主管部门批准,培育者应当提交下列材料:

(一)新品种、配套系暂定名;

(二)新品种、配套系特征、特性;

（三）拟进行中间试验的地点、期限和规模等。

第十九条　省级人民政府畜牧行政主管部门应当自收到申请之日起15个工作日内做出是否批准的决定。决定批准的，应当明确中间试验的地点、期限、规模及培育者应承担的责任；不予批准的，书面通知申请人并说明理由。

培育者不得改变中间试验的地点、期限和规模。确需改变的，应当报原批准机关批准。

中间试验结束后，培育者应当向批准机关提交书面报告。

第五章　监督管理

第二十条　申请人隐瞒有关情况或者提供虚假材料的，不予受理，并给予警告，一年之内不得再次申请审定或者鉴定。已通过审定或者鉴定的，收回并注销证书，申请人三年之内不得再次申请审定或者鉴定。

第二十一条　已审定通过的新品种、配套系在生产推广过程中发现有重大缺陷的，经国家畜禽遗传资源委员会论证，由农业部作出停止生产、推广的决定，并予以公告，国家畜禽遗传资源委员会收回证书。

第二十二条　审定或者鉴定专家及其工作人员应当保守秘密，违反规定的，依照国家保密法有关规定处罚。

第二十三条　其他违反本办法的行为，依照《中华人民共和国畜牧法》的有关规定处罚。

第六章　附　则

第二十四条　审定或者鉴定所需的试验、检测等费用由申请人承担，具体标准按照国家有关规定执行。

第二十五条　转基因畜禽品种的培育、试验、审定，还应当符合国家有关农业转基因生物安全管理的规定。

第二十六条　本办法自2006年7月1日起施行。本办法施行前，省级人民政府畜牧行政主管部门审定通过的畜禽新品种、配套系，需要跨省推广的，应当依照本办法申请审定。

《兽药管理条例》

（2004-03-24 通过，2004-11-01 实施）

第一章　总　则

第一条　为了加强兽药管理，保证兽药质量，防治动物疾病，促进养殖业的发展，维护人体健康，制定本条例。

第二条　在中华人民共和国境内从事兽药的研制、生产、经营、进出口、使用和监督管理，应当遵守本条例。

第三条　国务院兽医行政管理部门负责全国的兽药监督管理工作。

县级以上地方人民政府兽医行政管理部门负责本行政区域内的兽药监督管理工作。

第四条　国家实行兽用处方药和非处方药分类管理制度。兽用处方药和非处方药分类管理的办法和具体实施步骤，由国务院兽医行政管理部门规定。

第五条　国家实行兽药储备制度。

发生重大动物疫情、灾情或者其他突发事件时，国务院兽医行政管理部门可以紧急调用国家储备的兽药；必要时，也可以调用国家储备以外的兽药。

第二章　新兽药研制

第六条　国家鼓励研制新兽药，依法保护研制者的合法权益。

第七条　研制新兽药，应当具有与研制相适应的场所、仪器设备、专业技术人员、安全管理规范和措施。

研制新兽药，应当进行安全性评价。从事兽药安全性评价的单位，应当经国务院兽医行政管理部门认定，并遵守兽药非临床研究质量管理规范和兽药临床试验质量管理规范。

第八条　研制新兽药，应当在临床试验前向省、自治区、直辖市人民政府兽医行政管理部门提出申请，并附具该新兽药实验室阶段安全性评价报告及其他临床前研究资料；省、自治区、直辖市人民政府兽医行政管理部门应当自收到申请之日起 60 个工作日内将审查结果书面通知申请人。

研制的新兽药属于生物制品的，应当在临床试验前向国务院兽医行政管理部门提出申请，国务院兽医行政管理部门应当自收到申请之日起 60 个工作日内将审查结果书面通知申请人。

研制新兽药需要使用一类病原微生物的，还应当具备国务院兽医行政管理部门规定的条件，并在实验室阶段前报国务院兽医行政管理部门批准。

第九条　临床试验完成后，新兽药研制者向国务院兽医行政管理部门提出新兽药注册申请时，应当提交该新兽药的样品和下列资料：

（一）名称、主要成分、理化性质；

（二）研制方法、生产工艺、质量标准和检测方法；

（三）药理和毒理试验结果、临床试验报告和稳定性试验报告；

(四)环境影响报告和污染防治措施。

研制的新兽药属于生物制品的,还应当提供菌(毒、虫)种、细胞等有关材料和资料。菌(毒、虫)种、细胞由国务院兽医行政管理部门指定的机构保藏。

研制用于食用动物的新兽药,还应当按照国务院兽医行政管理部门的规定进行兽药残留试验并提供休药期、最高残留限量标准、残留检测方法及其制定依据等资料。

国务院兽医行政管理部门应当自收到申请之日起10个工作日内,将决定受理的新兽药资料送其设立的兽药评审机构进行评审,将新兽药样品送其指定的检验机构复核检验,并自收到评审和复核检验结论之日起60个工作日内完成审查。审查合格的,发给新兽药注册证书,并发布该兽药的质量标准;不合格的,应当书面通知申请人。

第十条　国家对依法获得注册的、含有新化合物的兽药的申请人提交的其自己所取得且未披露的试验数据和其他数据实施保护。

自注册之日起6年内,对其他申请人未经已获得注册兽药的申请人同意,使用前款规定的数据申请兽药注册的,兽药注册机关不予注册;但是,其他申请人提交其自己所取得的数据的除外。

除下列情况外,兽药注册机关不得披露本条第一款规定的数据:

(一)公共利益需要;

(二)已采取措施确保该类信息不会被不正当地进行商业使用。

第三章　兽药生产

第十一条　设立兽药生产企业,应当符合国家兽药行业发展规划和产业政策,并具备下列条件:

(一)与所生产的兽药相适应的兽医学、药学或者相关专业的技术人员;

(二)与所生产的兽药相适应的厂房、设施;

(三)与所生产的兽药相适应的兽药质量管理和质量检验的机构、人员、仪器设备;

(四)符合安全、卫生要求的生产环境;

(五)兽药生产质量管理规范规定的其他生产条件。

符合前款规定条件的,申请人方可向省、自治区、直辖市人民政府兽医行政管理部门提出申请,并附具符合前款规定条件的证明材料;省、自治区、直辖市人民政府兽医行政管理部门应当自收到申请之日起20个工作日内,将审核意见和有关材料报送国务院兽医行政管理部门。

国务院兽医行政管理部门,应当自收到审核意见和有关材料之日起40个工作日内完成审查。经审查合格的,发给兽药生产许可证;不合格的,应当书面通知申请人。申请人凭兽药生产许可证办理工商登记手续。

第十二条　兽药生产许可证应当载明生产范围、生产地点、有效期和法定代表人姓名、住址等事项。

兽药生产许可证有效期为5年。有效期届满,需要继续生产兽药的,应当在许可证有效期届满前6个月到原发证机关申请换发兽药生产许可证。

第十三条　兽药生产企业变更生产范围、生产地点的,应当依照本条例第十一条的规定申请换发兽药生产许可证,申请人凭换发的兽药生产许可证办理工商变更登记手续;变更企业名称、法定代表人的,应当在办理工商变更登记手续后15个工作日内,到原发证机关申请换发兽药生产许可证。

第十四条 兽药生产企业应当按照国务院兽医行政管理部门制定的兽药生产质量管理规范组织生产。

国务院兽医行政管理部门,应当对兽药生产企业是否符合兽药生产质量管理规范的要求进行监督检查,并公布检查结果。

第十五条 兽药生产企业生产兽药,应当取得国务院兽医行政管理部门核发的产品批准文号,产品批准文号的有效期为5年。兽药产品批准文号的核发办法由国务院兽医行政管理部门制定。

第十六条 兽药生产企业应当按照兽药国家标准和国务院兽医行政管理部门批准的生产工艺进行生产。兽药生产企业改变影响兽药质量的生产工艺的,应当报原批准部门审核批准。

兽药生产企业应当建立生产记录,生产记录应当完整、准确。

第十七条 生产兽药所需的原料、辅料,应当符合国家标准或者所生产兽药的质量要求。

直接接触兽药的包装材料和容器应当符合药用要求。

第十八条 兽药出厂前应当经过质量检验,不符合质量标准的不得出厂。

兽药出厂应当附有产品质量合格证。

禁止生产假、劣兽药。

第十九条 兽药生产企业生产的每批兽用生物制品,在出厂前应当由国务院兽医行政管理部门指定的检验机构审查核对,并在必要时进行抽查检验;未经审查核对或者抽查检验不合格的,不得销售。

强制免疫所需兽用生物制品,由国务院兽医行政管理部门指定的企业生产。

第二十条 兽药包装应当按照规定印有或者贴有标签,附具说明书,并在显著位置注明"兽用"字样。

兽药的标签和说明书经国务院兽医行政管理部门批准并公布后,方可使用。

兽药的标签或者说明书,应当以中文注明兽药的通用名称、成分及其含量、规格、生产企业、产品批准文号(进口兽药注册证号)、产品批号、生产日期、有效期、适应症或者功能主治、用法、用量、休药期、禁忌、不良反应、注意事项、运输贮存保管条件及其他应当说明的内容。有商品名称的,还应当注明商品名称。

除前款规定的内容外,兽用处方药的标签或者说明书还应当印有国务院兽医行政管理部门规定的警示内容,其中兽用麻醉药品、精神药品、毒性药品和放射性药品还应当印有国务院兽医行政管理部门规定的特殊标志;兽用非处方药的标签或者说明书还应当印有国务院兽医行政管理部门规定的非处方药标志。

第二十一条 国务院兽医行政管理部门,根据保证动物产品质量安全和人体健康的需要,可以对新兽药设立不超过5年的监测期;在监测期内,不得批准其他企业生产或者进口该新兽药。生产企业应当在监测期内收集该新兽药的疗效、不良反应等资料,并及时报送国务院兽医行政管理部门。

第四章 兽药经营

第二十二条 经营兽药的企业,应当具备下列条件:

(一)与所经营的兽药相适应的兽药技术人员;

（二）与所经营的兽药相适应的营业场所、设备、仓库设施；

（三）与所经营的兽药相适应的质量管理机构或者人员；

（四）兽药经营质量管理规范规定的其他经营条件。

符合前款规定条件的，申请人方可向市、县人民政府兽医行政管理部门提出申请，并附具符合前款规定条件的证明材料；经营兽用生物制品的，应当向省、自治区、直辖市人民政府兽医行政管理部门提出申请，并附具符合前款规定条件的证明材料。

县级以上地方人民政府兽医行政管理部门，应当自收到申请之日起 30 个工作日内完成审查。审查合格的，发给兽药经营许可证；不合格的，应当书面通知申请人。申请人凭兽药经营许可证办理工商登记手续。

第二十三条　兽药经营许可证应当载明经营范围、经营地点、有效期和法定代表人姓名、住址等事项。

兽药经营许可证有效期为 5 年。有效期届满，需要继续经营兽药的，应当在许可证有效期届满前 6 个月到原发证机关申请换发兽药经营许可证。

第二十四条　兽药经营企业变更经营范围、经营地点的，应当依照本条例第二十二条的规定申请换发兽药经营许可证，申请人凭换发的兽药经营许可证办理工商变更登记手续；变更企业名称、法定代表人的，应当在办理工商变更登记手续后 15 个工作日内，到原发证机关申请换发兽药经营许可证。

第二十五条　兽药经营企业，应当遵守国务院兽医行政管理部门制定的兽药经营质量管理规范。

县级以上地方人民政府兽医行政管理部门，应当对兽药经营企业是否符合兽药经营质量管理规范的要求进行监督检查，并公布检查结果。

第二十六条　兽药经营企业购进兽药，应当将兽药产品与产品标签或者说明书、产品质量合格证核对无误。

第二十七条　兽药经营企业，应当向购买者说明兽药的功能主治、用法、用量和注意事项。销售兽用处方药的，应当遵守兽用处方药管理办法。

兽药经营企业销售兽用中药材的，应当注明产地。

禁止兽药经营企业经营人用药品和假、劣兽药。

第二十八条　兽药经营企业购销兽药，应当建立购销记录。购销记录应当载明兽药的商品名称、通用名称、剂型、规格、批号、有效期、生产厂商、购销单位、购销数量、购销日期和国务院兽医行政管理部门规定的其他事项。

第二十九条　兽药经营企业，应当建立兽药保管制度，采取必要的冷藏、防冻、防潮、防虫、防鼠等措施，保持所经营兽药的质量。

兽药入库、出库，应当执行检查验收制度，并有准确记录。

第三十条　强制免疫所需兽用生物制品的经营，应当符合国务院兽医行政管理部门的规定。

第三十一条　兽药广告的内容应当与兽药说明书内容相一致，在全国重点媒体发布兽药广告的，应当经国务院兽医行政管理部门审查批准，取得兽药广告审查批准文号。在地方媒体发布兽药广告的，应当经省、自治区、直辖市人民政府兽医行政管理部门审查批准，取得兽药广告审查批准文号；未经批准的，不得发布。

第五章 兽药进出口

第三十二条 首次向中国出口的兽药，由出口方驻中国境内的办事机构或者其委托的中国境内代理机构向国务院兽医行政管理部门申请注册，并提交下列资料和物品：

(一)生产企业所在国家(地区)兽药管理部门批准生产、销售的证明文件；

(二)生产企业所在国家(地区)兽药管理部门颁发的符合兽药生产质量管理规范的证明文件；

(三)兽药的制造方法、生产工艺、质量标准、检测方法、药理和毒理试验结果、临床试验报告、稳定性试验报告及其他相关资料；用于食用动物的兽药的休药期、最高残留限量标准、残留检测方法及其制定依据等资料；

(四)兽药的标签和说明书样本；

(五)兽药的样品、对照品、标准品；

(六)环境影响报告和污染防治措施；

(七)涉及兽药安全性的其他资料。

申请向中国出口兽用生物制品的，还应当提供菌(毒、虫)种、细胞等有关材料和资料。

第三十三条 国务院兽医行政管理部门，应当自收到申请之日起10个工作日内组织初步审查。经初步审查合格的，应当将决定受理的兽药资料送其设立的兽药评审机构进行评审，将该兽药样品送其指定的检验机构复核检验，并自收到评审和复核检验结论之日起60个工作日内完成审查。经审查合格的，发给进口兽药注册证书，并发布该兽药的质量标准；不合格的，应当书面通知申请人。

在审查过程中，国务院兽医行政管理部门可以对向中国出口兽药的企业是否符合兽药生产质量管理规范的要求进行考查，并有权要求该企业在国务院兽医行政管理部门指定的机构进行该兽药的安全性和有效性试验。

国内急需兽药、少量科研用兽药或者注册兽药的样品、对照品、标准品的进口，按照国务院兽医行政管理部门的规定办理。

第三十四条 进口兽药注册证书的有效期为5年。有效期届满，需要继续向中国出口兽药的，应当在有效期届满前6个月到原发证机关申请再注册。

第三十五条 境外企业不得在中国直接销售兽药。境外企业在中国销售兽药，应当依法在中国境内设立销售机构或者委托符合条件的中国境内代理机构。

进口在中国已取得进口兽药注册证书的兽用生物制品的，中国境内代理机构应当向国务院兽医行政管理部门申请允许进口兽用生物制品证明文件，凭允许进口兽用生物制品证明文件到口岸所在地人民政府兽医行政管理部门办理进口兽药通关单；进口在中国已取得进口兽药注册证书的其他兽药的，凭进口兽药注册证书到口岸所在地人民政府兽医行政管理部门办理进口兽药通关单。海关凭进口兽药通关单放行。兽药进口管理办法由国务院兽医行政管理部门会同海关总署制定。

兽用生物制品进口后，应当依照本条例第十九条的规定进行审查核对和抽查检验。其他兽药进口后，由当地兽医行政管理部门通知兽药检验机构进行抽查检验。

第三十六条 禁止进口下列兽药：

(一)药效不确定、不良反应大以及可能对养殖业、人体健康造成危害或者存在潜在风险的；

（二）来自疫区可能造成疫病在中国境内传播的兽用生物制品；

（三）经考查生产条件不符合规定的；

（四）国务院兽医行政管理部门禁止生产、经营和使用的。

第三十七条 向中国境外出口兽药，进口方要求提供兽药出口证明文件的，国务院兽医行政管理部门或者企业所在地的省、自治区、直辖市人民政府兽医行政管理部门可以出具出口兽药证明文件。

国内防疫急需的疫苗，国务院兽医行政管理部门可以限制或者禁止出口。

第六章 兽药使用

第三十八条 兽药使用单位，应当遵守国务院兽医行政管理部门制定的兽药安全使用规定，并建立用药记录。

第三十九条 禁止使用假、劣兽药以及国务院兽医行政管理部门规定禁止使用的药品和其他化合物。禁止使用的药品和其他化合物目录由国务院兽医行政管理部门制定公布。

第四十条 有休药期规定的兽药用于食用动物时，饲养者应当向购买者或者屠宰者提供准确、真实的用药记录；购买者或者屠宰者应当确保动物及其产品在用药期、休药期内不被用于食品消费。

第四十一条 国务院兽医行政管理部门，负责制定公布在饲料中允许添加的药物饲料添加剂品种目录。

禁止在饲料和动物饮用水中添加激素类药品和国务院兽医行政管理部门规定的其他禁用药品。

经批准可以在饲料中添加的兽药，应当由兽药生产企业制成药物饲料添加剂后方可添加。禁止将原料药直接添加到饲料及动物饮用水中或者直接饲喂动物。

禁止将人用药品用于动物。

第四十二条 国务院兽医行政管理部门，应当制定并组织实施国家动物及动物产品兽药残留监控计划。

县级以上人民政府兽医行政管理部门，负责组织对动物产品中兽药残留量的检测。兽药残留检测结果，由国务院兽医行政管理部门或者省、自治区、直辖市人民政府兽医行政管理部门按照权限予以公布。

动物产品的生产者、销售者对检测结果有异议的，可以自收到检测结果之日起7个工作日内向组织实施兽药残留检测的兽医行政管理部门或者其上级兽医行政管理部门提出申请，由受理申请的兽医行政管理部门指定检验机构进行复检。

兽药残留限量标准和残留检测方法，由国务院兽医行政管理部门制定发布。

第四十三条 禁止销售含有违禁药物或者兽药残留量超过标准的食用动物产品。

第七章 兽药监督管理

第四十四条 县级以上人民政府兽医行政管理部门行使兽药监督管理权。

兽药检验工作由国务院兽医行政管理部门和省、自治区、直辖市人民政府兽医行政管理部门设立的兽药检验机构承担。国务院兽医行政管理部门，可以根据需要认定其他检验机构承担兽药检验工作。

当事人对兽药检验结果有异议的，可以自收到检验结果之日起7个工作日内向实施检验的机构或者上级兽医行政管理部门设立的检验机构申请复检。

第四十五条 兽药应当符合兽药国家标准。

国家兽药典委员会拟定的、国务院兽医行政管理部门发布的《中华人民共和国兽药典》和国务院兽医行政管理部门发布的其他兽药质量标准为兽药国家标准。

兽药国家标准的标准品和对照品的标定工作由国务院兽医行政管理部门设立的兽药检验机构负责。

第四十六条 兽医行政管理部门依法进行监督检查时，对有证据证明可能是假、劣兽药的，应当采取查封、扣押的行政强制措施，并自采取行政强制措施之日起7个工作日内做出是否立案的决定；需要检验的，应当自检验报告书发出之日起15个工作日内做出是否立案的决定；不符合立案条件的，应当解除行政强制措施；需要暂停生产、经营和使用的，由国务院兽医行政管理部门或者省、自治区、直辖市人民政府兽医行政管理部门按照权限做出决定。

未经行政强制措施决定机关或者其上级机关批准，不得擅自转移、使用、销毁、销售被查封或者扣押的兽药及有关材料。

第四十七条 有下列情形之一的，为假兽药：

(一)以非兽药冒充兽药或者以他种兽药冒充此种兽药的；

(二)兽药所含成分的种类、名称与兽药国家标准不符合的。

有下列情形之一的，按照假兽药处理：

(一)国务院兽医行政管理部门规定禁止使用的；

(二)依照本条例规定应当经审查批准而未经审查批准即生产、进口的，或者依照本条例规定应当经抽查检验、审查核对而未经抽查检验、审查核对即销售、进口的；

(三)变质的；

(四)被污染的；

(五)所标明的适应症或者功能主治超出规定范围的。

第四十八条 有下列情形之一的，为劣兽药：

(一)成分含量不符合兽药国家标准或者不标明有效成分的；

(二)不标明或者更改有效期或者超过有效期的；

(三)不标明或者更改产品批号的；

(四)其他不符合兽药国家标准，但不属于假兽药的。

第四十九条 禁止将兽用原料药拆零销售或者销售给兽药生产企业以外的单位和个人。

禁止未经兽医开具处方销售、购买、使用国务院兽医行政管理部门规定实行处方药管理的兽药。

第五十条 国家实行兽药不良反应报告制度。

兽药生产企业、经营企业、兽药使用单位和开具处方的兽医人员发现可能与兽药使用有关的严重不良反应，应当立即向所在地人民政府兽医行政管理部门报告。

第五十一条 兽药生产企业、经营企业停止生产、经营超过6个月或者关闭的，由原发证机关责令其交回兽药生产许可证、兽药经营许可证，并由工商行政管理部门变更或者注销其工商登记。

第五十二条 禁止买卖、出租、出借兽药生产许可证、兽药经营许可证和兽药批准证明文件。

第五十三条　兽药评审检验的收费项目和标准，由国务院财政部门会同国务院价格主管部门制定，并予以公告。

第五十四条　各级兽医行政管理部门、兽药检验机构及其工作人员，不得参与兽药生产、经营活动，不得以其名义推荐或者监制、监销兽药。

第八章　法律责任

第五十五条　兽医行政管理部门及其工作人员利用职务上的便利收取他人财物或者谋取其他利益，对不符合法定条件的单位和个人核发许可证、签署审查同意意见，不履行监督职责，或者发现违法行为不予查处，造成严重后果，构成犯罪的，依法追究刑事责任；尚不构成犯罪的，依法给予行政处分。

第五十六条　违反本条例规定，无兽药生产许可证、兽药经营许可证生产、经营兽药的，或者虽有兽药生产许可证、兽药经营许可证，生产、经营假、劣兽药的，或者兽药经营企业经营人用药品的，责令其停止生产、经营，没收用于违法生产的原料、辅料、包装材料及生产、经营的兽药和违法所得，并处违法生产、经营的兽药（包括已出售的和未出售的兽药，下同）货值金额 2 倍以上 5 倍以下罚款，货值金额无法查证核实的，处 10 万元以上 20 万元以下罚款；无兽药生产许可证生产兽药，情节严重的，没收其生产设备；生产、经营假、劣兽药，情节严重的，吊销兽药生产许可证、兽药经营许可证；构成犯罪的，依法追究刑事责任；给他人造成损失的，依法承担赔偿责任。生产、经营企业的主要负责人和直接负责的主管人员终身不得从事兽药的生产、经营活动。

擅自生产强制免疫所需兽用生物制品的，按照无兽药生产许可证生产兽药处罚。

第五十七条　违反本条例规定，提供虚假的资料、样品或者采取其他欺骗手段取得兽药生产许可证、兽药经营许可证或者兽药批准证明文件的，吊销兽药生产许可证、兽药经营许可证或者撤销兽药批准证明文件，并处 5 万元以上 10 万元以下罚款；给他人造成损失的，依法承担赔偿责任。其主要负责人和直接负责的主管人员终身不得从事兽药的生产、经营和进出口活动。

第五十八条　买卖、出租、出借兽药生产许可证、兽药经营许可证和兽药批准证明文件的，没收违法所得，并处 1 万元以上 10 万元以下罚款；情节严重的，吊销兽药生产许可证、兽药经营许可证或者撤销兽药批准证明文件；构成犯罪的，依法追究刑事责任；给他人造成损失的，依法承担赔偿责任。

第五十九条　违反本条例规定，兽药安全性评价单位、临床试验单位、生产和经营企业未按照规定实施兽药研究试验、生产、经营质量管理规范的，给予警告，责令其限期改正；逾期不改正的，责令停止兽药研究试验、生产、经营活动，并处 5 万元以下罚款；情节严重的，吊销兽药生产许可证、兽药经营许可证；给他人造成损失的，依法承担赔偿责任。

违反本条例规定，研制新兽药不具备规定的条件擅自使用一类病原微生物或者在实验室阶段前未经批准的，责令其停止实验，并处 5 万元以上 10 万元以下罚款；构成犯罪的，依法追究刑事责任；给他人造成损失的，依法承担赔偿责任。

第六十条　违反本条例规定，兽药的标签和说明书未经批准的，责令其限期改正；逾期不改正的，按照生产、经营假兽药处罚；有兽药产品批准文号的，撤销兽药产品批准文号；给他人造成损失的，依法承担赔偿责任。

兽药包装上未附有标签和说明书，或者标签和说明书与批准的内容不一致的，责令其限期改正；情节严重的，依照前款规定处罚。

第六十一条　违反本条例规定，境外企业在中国直接销售兽药的，责令其限期改正，没收直接销售的兽药和违法所得，并处5万元以上10万元以下罚款；情节严重的，吊销进口兽药注册证书；给他人造成损失的，依法承担赔偿责任。

第六十二条　违反本条例规定，未按照国家有关兽药安全使用规定使用兽药的、未建立用药记录或者记录不完整真实的，或者使用禁止使用的药品和其他化合物的，或者将人用药品用于动物的，责令其立即改正，并对饲喂了违禁药物及其他化合物的动物及其产品进行无害化处理；对违法单位处1万元以上5万元以下罚款；给他人造成损失的，依法承担赔偿责任。

第六十三条　违反本条例规定，销售尚在用药期、休药期内的动物及其产品用于食品消费的，或者销售含有违禁药物和兽药残留超标的动物产品用于食品消费的，责令其对含有违禁药物和兽药残留超标的动物产品进行无害化处理，没收违法所得，并处3万元以上10万元以下罚款；构成犯罪的，依法追究刑事责任；给他人造成损失的，依法承担赔偿责任。

第六十四条　违反本条例规定，擅自转移、使用、销毁、销售被查封或者扣押的兽药及有关材料的，责令其停止违法行为，给予警告，并处5万元以上10万元以下罚款。

第六十五条　违反本条例规定，兽药生产企业、经营企业、兽药使用单位和开具处方的兽医人员发现可能与兽药使用有关的严重不良反应，不向所在地人民政府兽医行政管理部门报告的，给予警告，并处5 000元以上1万元以下罚款。

生产企业在新兽药监测期内不收集或者不及时报送该新兽药的疗效、不良反应等资料的，责令其限期改正，并处1万元以上5万元以下罚款；情节严重的，撤销该新兽药的产品批准文号。

第六十六条　违反本条例规定，未经兽医开具处方销售、购买、使用兽用处方药的，责令其限期改正，没收违法所得，并处5万元以下罚款；给他人造成损失的，依法承担赔偿责任。

第六十七条　违反本条例规定，兽药生产、经营企业把原料药销售给兽药生产企业以外的单位和个人的，或者兽药经营企业拆零销售原料药的，责令其立即改正，给予警告，没收违法所得，并处2万元以上5万元以下罚款；情节严重的，吊销兽药生产许可证、兽药经营许可证；给他人造成损失的，依法承担赔偿责任。

第六十八条　违反本条例规定，在饲料和动物饮用水中添加激素类药品和国务院兽医行政管理部门规定的其他禁用药品，依照《饲料和饲料添加剂管理条例》的有关规定处罚；直接将原料药添加到饲料及动物饮用水中，或者饲喂动物的，责令其立即改正，并处1万元以上3万元以下罚款；给他人造成损失的，依法承担赔偿责任。

第六十九条　有下列情形之一的，撤销兽药的产品批准文号或者吊销进口兽药注册证书：

(一)抽查检验连续2次不合格的；

(二)药效不确定、不良反应大以及可能对养殖业、人体健康造成危害或者存在潜在风险的；

(三)国务院兽医行政管理部门禁止生产、经营和使用的兽药。

被撤销产品批准文号或者被吊销进口兽药注册证书的兽药，不得继续生产、进口、经营和使用。已经生产、进口的，由所在地兽医行政管理部门监督销毁，所需费用由违法行为人承担；

给他人造成损失的，依法承担赔偿责任。

第七十条　本条例规定的行政处罚由县级以上人民政府兽医行政管理部门决定；其中吊销兽药生产许可证、兽药经营许可证、撤销兽药批准证明文件或者责令停止兽药研究试验的，由原发证、批准部门决定。

上级兽医行政管理部门对下级兽医行政管理部门违反本条例的行政行为，应当责令限期改正；逾期不改正的，有权予以改变或者撤销。

第七十一条　本条例规定的货值金额以违法生产、经营兽药的标价计算；没有标价的，按照同类兽药的市场价格计算。

第九章　附　则

第七十二条　本条例下列用语的含义是：

（一）兽药，是指用于预防、治疗、诊断动物疾病或者有目的地调节动物生理机能的物质（含药物饲料添加剂），主要包括：血清制品、疫苗、诊断制品、微生态制品、中药材、中成药、化学药品、抗生素、生化药品、放射性药品及外用杀虫剂、消毒剂等。

（二）兽用处方药，是指凭兽医处方方可购买和使用的兽药。

（三）兽用非处方药，是指由国务院兽医行政管理部门公布的、不需要凭兽医处方就可以自行购买并按照说明书使用的兽药。

（四）兽药生产企业，是指专门生产兽药的企业和兼产兽药的企业，包括从事兽药分装的企业。

（五）兽药经营企业，是指经营兽药的专营企业或者兼营企业。

（六）新兽药，是指未曾在中国境内上市销售的兽用药品。

（七）兽药批准证明文件，是指兽药产品批准文号、进口兽药注册证书、允许进口兽用生物制品证明文件、出口兽药证明文件、新兽药注册证书等文件。

第七十三条　兽用麻醉药品、精神药品、毒性药品和放射性药品等特殊药品，依照国家有关规定管理。

第七十四条　水产养殖中的兽药使用、兽药残留检测和监督管理以及水产养殖过程中违法用药的行政处罚，由县级以上人民政府渔业主管部门及其所属的渔政监督管理机构负责。

第七十五条　本条例自 2004 年 11 月 1 日起施行。

《兽药标签和说明书管理办法》

（2002-10-31 发布，2003-03-01 实施）

第一章　总　则

第一条　为加强兽药管理，规范兽药标签和说明书的内容、印制、使用活动，保障兽药使用的安全有效，根据《兽药管理条例》，制定本办法。

第二条　农业部主管全国的兽药标签和说明书的管理工作，县级以上地方人民政府畜牧兽医行政管理部门主管所辖地区的兽药标签和说明书的管理工作。

第三条　凡在中国境内生产、经营、使用的兽药标签和说明书必须符合本办法的规定。

第二章　兽药标签的基本要求

第四条　兽药产品（原料药除外）必须同时使用内包装标签和外包装标签。

第五条　内包装标签必须注明兽用标识、兽药名称、适应症（或功能与主治）、含量/包装规格、批准文号或《进口兽药登记许可证》证号、生产日期、生产批号、有效期、生产企业信息等内容。安、西林瓶等注射或内服产品由于包装尺寸的限制而无法注明上述全部内容，可适当减少项目，但至少须标明兽药名称、含量规格、生产批号。

第六条　外包装标签必须注明兽用标识、兽药名称、主要成分、适应症（或功能与主治）、用法与用量、含量/包装规格、批准文号或《进口兽药登记许可证》证号、生产日期、生产批号、有效期、停药期、贮藏、包装数量、生产企业信息等内容。

第七条　兽用原料药的标签必须注明兽药名称、包装规格、生产日期、生产批号、有效期、运输注意事项或其他标记、贮藏、批准文号、生产企业信息等内容。

第八条　对贮藏有特殊要求的必须在标签的醒目位置标明。

第九条　兽药有效期按年月顺序标注。年份用四位数表示，月份用两位数表示，如“有效期至 2002 年 09 月”，或“有效期至 2002.09”。

第三章　兽药说明书的基本要求

第十条　兽用化学药品、抗生素产品的单方、复方及中西复方制剂的说明书必须注明以下内容：兽用标识、兽药名称、主要成分、性状、药理作用、适应症（或功能与主治）、用法与用量、不良反应、注意事项、含量/包装规格、批准文号、有效期、停药期、外用杀虫药及其他对人体或环境有毒有害的废弃包装的处理措施、贮藏、生产企业信息等。

第十一条　中兽药说明书必须注明以下内容：兽用标识、兽药名称、主要成分、性状、功能与主治、用法与用量、不良反应、注意事项、有效期、规格、贮藏、批准文号、生产企业信息等。

第十二条　兽用生物制品说明书必须注明以下内容：兽用标识、兽药名称、主要成分及含量（型、株及活疫苗的最低活菌数或病毒滴度）、性状、接种对象、用法与用量（冻干疫苗须标明稀释方法）、注意事项（包括不良反应与急救措施）、有效期、规格（容量和头份）、包装、贮藏、废弃包装处理措施、批准文号、生产企业信息等。

第四章 兽药标签和说明书的管理

第十三条 兽药标签和说明书必须按照兽药批准权限，经农业部或省级畜牧兽医行政管理部门审核批准后方可使用。内容变更时须按原申报程序履行审批手续。

第十四条 兽药标签和说明书必须按照本规定的统一要求印制，其文字及图案不得擅自加入任何未经批准的内容。

第十五条 兽药标签和说明书的内容必须真实、准确，不得虚假和夸大，也不得印有任何带有宣传、广告色彩的文字和标识。

第十六条 兽药标签和说明书的内容不得超过或删减规定的项目内容；不得印有未获批准的专利、兽药 GMP、商标等标识。

第十七条 兽药标签和说明书所用文字必须是中文，并使用国家语言文字工作委员会公布的现行规范化汉字。根据需要可有外文对照。

第十八条 根据需要，兽药标签上可使用条形码；已获批准的专利产品，可标注专利标记和专利号，并标明专利许可种类；注册商标应印制在标签和说明书的左上角或右上角；已获兽药 GMP 合格证的，必须按照兽药 GMP 标识使用有关规定正确地使用兽药 GMP 标识。

第十九条 兽药标签和说明书的字迹必须清晰易辨，兽用标识及外用药标识应清楚醒目，不得有印字脱落或粘贴不牢等现象，并不得用粘贴、剪切的方式进行修改或补充。

第二十条 兽药标签和说明书内容对产品作用与用途项目的表述不得违反法定兽药标准的规定，并不得有扩大疗效和使用范围的内容；其用法与用量、停药期、有效期等项目内容必须与法定兽药标准一致，并使用符合兽药国家标准要求的规范性用语。

第二十一条 兽药标签和说明书上必须标识兽药通用名称，可同时标识商品名称。商品名称不得与通用名称连写，两者之间应有一定空隙并分行。通用名称与商品名称用字的比例不得小于 1∶2(指面积)，并不得小于注册商标用字。

第二十二条 兽药最小销售单元的包装必须印有或贴有符合外包装标签规定内容的标签并附有说明书。兽药外包装箱上必须印有或贴有外包装标签。

第二十三条 凡违反本办法规定的，按照《兽药管理条例》的有关规定进行处罚。

第五章 附 则

第二十四条 本办法下列用语的含义是：

兽药通用名：国家标准、农业部行业标准、地方标准及进口兽药注册的正式品名。

兽药商品名：系指某一兽药产品的专有商品名称。

内包装标签：系指直接接触兽药的包装上的标签。

外包装标签：系指直接接触内包装的外包装上的标签。

兽药最小销售单元：系指直接供上市销售的兽药最小包装。

兽药说明书：系指包含兽药有效成分、疗效、使用以及注意事项等基本信息的技术资料。

生产企业信息：包括企业名称、邮编、地址、电话、传真、电子邮址、网址等。

第二十五条 本办法由农业部负责解释。

第二十六条 本办法自 2003 年 3 月 1 日起施行。

《2012年动物及动物产品兽药残留监控计划》(摘录)

蜂产品检测方法及残留限量

化合物 Compound	动物/组织 Species/Matrix	检测方法 Laboratory Methods	检测限(或定量限) Detection or Quantification Limit(μg/kg)	残留限量 MRL(μg/kg)
氯霉素 Chloramphenicol	蜂/蜂蜜 Bee/Honey	液相色谱质谱法 LC-MS-MS (GB/T 18932.19)	0.1	不得检出 ND
硝基咪唑类 Nitroimidazoles(甲硝唑 Metronidazole、洛硝哒唑 Ronidazole、地美硝唑 Dimetridazole)	蜂/蜂蜜 Bee/Honey	液相色谱质谱法 LC-MS-MS (GB/T 20744—2006)	1	不得检出 ND
四环素族抗生素 Tetracyclines(四环素 Tetracycline、土霉素 Oxytetracycline、金霉素 Chlortetracycline、强力霉素 Doxycycline)	蜂/蜂蜜 Bee/Honey	高效液相色谱法 HPLC(GB/T 18932.23)	2	不得检出 ND
磺胺类 Sulfonamides(磺胺醋酰 Sulfacetamide、磺胺嘧啶 Sulfadiazine、磺胺甲基嘧啶 Sulfamerazine、磺胺甲氧哒嗪 Sulfamethoxypyridazine、磺胺对甲氧嘧啶 Sulfameter、磺胺氯哒嗪 Sulfachloropyridazine、磺胺甲基异噁唑 Sulfamethoxazole、磺胺二甲氧嘧啶 Sulfadimethoxine)	蜂/蜂蜜 Bee/Honey	高效液相色谱法 HPLC(GB/T 18932.17)	5	不得检出 ND
氨苯砜 Dapsone	蜂/蜂蜜 Bee/Honey	液相色谱质谱法 LC-MS-MS (GB/T 22940—2008)	2	不得检出 ND

续表

化合物 Compound	动物/组织 Species/Matrix	检测方法 Laboratory Methods	检测限(或定量限) Detection or Quantification Limit(μg/kg)	残留限量 MRL(μg/kg)
氟喹诺酮类 Fluoroquinolones(依诺沙星 Enoxacin、诺氟沙星 Norfloxacin、麻保沙星 Marbofloxacin、氟罗沙星 Fleroxacin、环丙沙星 Ciprofloxacin、氧氟沙星 Ofloxacin、单诺沙星 Danofloxacin、恩诺沙星 Enrofloxacin、奥比沙星 Orbifloxacin、沙拉沙星 Sarafloxacin、斯帕沙星 Sparfloxacin、双氟沙星 Difloxacin、噁喹酸 Oxolinic acid、氟甲喹 Flumequin)	蜂/蜂蜜 Bee/Honey	液相色谱质谱法 LC-MS-MS (GB/T 20757)	1	不得检出 ND
硝基呋喃类代谢物 Nitrofuran Metabolites(AOZ、AMOZ、AHD、SEM)	蜂/蜂蜜 Bee/Honey	液相色谱质谱法 LC-MS-MS (GB/T 18932.24)	[1]5-甲基吗啉-3-氨基-2-唑烷基酮和3-氨基-2-唑烷基酮为0.2 μg/kg;[2]氨基脲和1-氨基-2-内酰脲为0.5 μg/kg	不得检出 ND

《中华人民共和国农民专业合作社法》

（2006-10-31 通过，2007-07-01 实施）

第一章 总 则

第一条 为了支持、引导农民专业合作社的发展，规范农民专业合作社的组织和行为，保护农民专业合作社及其成员的合法权益，促进农业和农村经济的发展，制定本法。

第二条 农民专业合作社是在农村家庭承包经营基础上，同类农产品的生产经营者或者同类农业生产经营服务的提供者、利用者，自愿联合、民主管理的互助性经济组织。

农民专业合作社以其成员为主要服务对象，提供农业生产资料的购买，农产品的销售、加工、运输、贮藏以及与农业生产经营有关的技术、信息等服务。

第三条 农民专业合作社应当遵循下列原则：

（一）成员以农民为主体；

（二）以服务成员为宗旨，谋求全体成员的共同利益；

（三）入社自愿、退社自由；

（四）成员地位平等，实行民主管理；

（五）盈余主要按照成员与农民专业合作社的交易量（额）比例返还。

第四条 农民专业合作社依照本法登记，取得法人资格。

农民专业合作社对由成员出资、公积金、国家财政直接补助、他人捐赠以及合法取得的其他资产所形成的财产，享有占有、使用和处分的权利，并以上述财产对债务承担责任。

第五条 农民专业合作社成员以其账户内记载的出资额和公积金份额为限对农民专业合作社承担责任。

第六条 国家保护农民专业合作社及其成员的合法权益，任何单位和个人不得侵犯。

第七条 农民专业合作社从事生产经营活动，应当遵守法律、行政法规，遵守社会公德、商业道德，诚实守信。

第八条 国家通过财政支持、税收优惠和金融、科技、人才的扶持以及产业政策引导等措施，促进农民专业合作社的发展。

国家鼓励和支持社会各方面力量为农民专业合作社提供服务。

第九条 县级以上各级人民政府应当组织农业行政主管部门和其他有关部门及有关组织，依照本法规定，依据各自职责，对农民专业合作社的建设和发展给予指导、扶持和服务。

第二章 设立和登记

第十条 设立农民专业合作社，应当具备下列条件：

（一）有五名以上符合本法第十四条、第十五条规定的成员；

（二）有符合本法规定的章程；

（三）有符合本法规定的组织机构；

（四）有符合法律、行政法规规定的名称和章程确定的住所；

（五）有符合章程规定的成员出资。

第十一条　设立农民专业合作社应当召开由全体设立人参加的设立大会。设立时自愿成为该社成员的人为设立人。

设立大会行使下列职权：

（一）通过本社章程，章程应当由全体设立人一致通过；

（二）选举产生理事长、理事、执行监事或者监事会成员；

（三）审议其他重大事项。

第十二条　农民专业合作社章程应当载明下列事项：

（一）名称和住所；

（二）业务范围；

（三）成员资格及入社、退社和除名；

（四）成员的权利和义务；

（五）组织机构及其产生办法、职权、任期、议事规则；

（六）成员的出资方式、出资额；

（七）财务管理和盈余分配、亏损处理；

（八）章程修改程序；

（九）解散事由和清算办法；

（十）公告事项及发布方式；

（十一）需要规定的其他事项。

第十三条　设立农民专业合作社，应当向工商行政管理部门提交下列文件，申请设立登记：

（一）登记申请书；

（二）全体设立人签名、盖章的设立大会纪要；

（三）全体设立人签名、盖章的章程；

（四）法定代表人、理事的任职文件及身份证明；

（五）出资成员签名、盖章的出资清单；

（六）住所使用证明；

（七）法律、行政法规规定的其他文件。

登记机关应当自受理登记申请之日起二十日内办理完毕，向符合登记条件的申请者颁发营业执照。

农民专业合作社法定登记事项变更的，应当申请变更登记。

农民专业合作社登记办法由国务院规定。办理登记不得收取费用。

第三章　会　员

第十四条　具有民事行为能力的公民，以及从事与农民专业合作社业务直接有关的生产经营活动的企业、事业单位或者社会团体，能够利用农民专业合作社提供的服务，承认并遵守农民专业合作社章程，履行章程规定的入社手续的，可以成为农民专业合作社的成员。但是，具有管理公共事务职能的单位不得加入农民专业合作社。

农民专业合作社应当置备成员名册,并报登记机关。

第十五条　农民专业合作社的成员中,农民至少应当占成员总数的百分之八十。

成员总数二十人以下的,可以有一个企业、事业单位或者社会团体成员;成员总数超过二十人的,企业、事业单位和社会团体成员不得超过成员总数的百分之五。

第十六条　农民专业合作社成员享有下列权利:

(一)参加成员大会,并享有表决权、选举权和被选举权,按照章程规定对本社实行民主管理;

(二)利用本社提供的服务和生产经营设施;

(三)按照章程规定或者成员大会决议分享盈余;

(四)查阅本社的章程、成员名册、成员大会或者成员代表大会记录、理事会会议决议、监事会会议决议、财务会计报告和会计账簿;

(五)章程规定的其他权利。

第十七条　农民专业合作社成员大会选举和表决,实行一人一票制,成员各享有一票的基本表决权。

出资额或者与本社交易量(额)较大的成员按照章程规定,可以享有附加表决权。本社的附加表决权总票数,不得超过本社成员基本表决权总票数的百分之二十。享有附加表决权的成员及其享有的附加表决权数,应当在每次成员大会召开时告知出席会议的成员。

章程可以限制附加表决权行使的范围。

第十八条　农民专业合作社成员承担下列义务:

(一)执行成员大会、成员代表大会和理事会的决议;

(二)按照章程规定向本社出资;

(三)按照章程规定与本社进行交易;

(四)按照章程规定承担亏损;

(五)章程规定的其他义务。

第十九条　农民专业合作社成员要求退社的,应当在财务年度终了的三个月前向理事长或者理事会提出;其中,企业、事业单位或者社会团体成员退社,应当在财务年度终了的六个月前提出;章程另有规定的,从其规定。退社成员的成员资格自财务年度终了时终止。

第二十条　成员在其资格终止前与农民专业合作社已订立的合同,应当继续履行;章程另有规定或者与本社另有约定的除外。

第二十一条　成员资格终止的,农民专业合作社应当按照章程规定的方式和期限,退还记载在该成员账户内的出资额和公积金份额;对成员资格终止前的可分配盈余,依照本法第三十七条第二款的规定向其返还。

资格终止的成员应当按照章程规定分摊资格终止前本社的亏损及债务。

第四章　组织机构

第二十二条　农民专业合作社成员大会由全体成员组成,是本社的权力机构,行使下列职权:

(一)修改章程;

(二)选举和罢免理事长、理事、执行监事或者监事会成员;

(三)决定重大财产处置、对外投资、对外担保和生产经营活动中的其他重大事项;

(四)批准年度业务报告、盈余分配方案、亏损处理方案;

（五）对合并、分立、解散、清算作出决议；

（六）决定聘用经营管理人员和专业技术人员的数量、资格和任期；

（七）听取理事长或者理事会关于成员变动情况的报告；

（八）章程规定的其他职权。

第二十三条　农民专业合作社召开成员大会，出席人数应当达到成员总数三分之二以上。

成员大会选举或者作出决议，应当由本社成员表决权总数过半数通过；做出修改章程或者合并、分立、解散的决议应当由本社成员表决权总数的三分之二以上通过。章程对表决权数有较高规定的，从其规定。

第二十四条　农民专业合作社成员大会每年至少召开一次，会议的召集由章程规定。有下列情形之一的，应当在二十日内召开临时成员大会：

（一）百分之三十以上的成员提议；

（二）执行监事或者监事会提议；

（三）章程规定的其他情形。

第二十五条　农民专业合作社成员超过一百五十人的，可以按照章程规定设立成员代表大会。成员代表大会按照章程规定可以行使成员大会的部分或者全部职权。

第二十六条　农民专业合作社设理事长一名，可以设理事会。理事长为本社的法定代表人。

农民专业合作社可以设执行监事或者监事会。理事长、理事、经理和财务会计人员不得兼任监事。

理事长、理事、执行监事或者监事会成员，由成员大会从本社成员中选举产生，依照本法和章程的规定行使职权，对成员大会负责。

理事会会议、监事会会议的表决，实行一人一票。

第二十七条　农民专业合作社的成员大会、理事会、监事会，应当将所议事项的决定做成会议记录，出席会议的成员、理事、监事应当在会议记录上签名。

第二十八条　农民专业合作社的理事长或者理事会可以按照成员大会的决定聘任经理和财务会计人员，理事长或者理事可以兼任经理。经理按照章程规定或者理事会的决定，可以聘任其他人员。

经理按照章程规定和理事长或者理事会授权，负责具体生产经营活动。

第二十九条　农民专业合作社的理事长、理事和管理人员不得有下列行为：

（一）侵占、挪用或者私分本社资产；

（二）违反章程规定或者未经成员大会同意，将本社资金借贷给他人或者以本社资产为他人提供担保；

（三）接受他人与本社交易的佣金归为己有；

（四）从事损害本社经济利益的其他活动。

理事长、理事和管理人员违反前款规定所得的收入，应当归本社所有；给本社造成损失的，应当承担赔偿责任。

第三十条　农民专业合作社的理事长、理事、经理不得兼任业务性质相同的其他农民专业合作社的理事长、理事、监事、经理。

第三十一条　执行与农民专业合作社业务有关公务的人员，不得担任农民专业合作社的理事长、理事、监事、经理或者财务会计人员。

第五章 财务管理

第三十二条 国务院财政部门依照国家有关法律、行政法规，制定农民专业合作社财务会计制度。农民专业合作社应当按照国务院财政部门制定的财务会计制度进行会计核算。

第三十三条 农民专业合作社的理事长或者理事会应当按照章程规定，组织编制年度业务报告、盈余分配方案、亏损处理方案以及财务会计报告，于成员大会召开的十五日前，置备于办公地点，供成员查阅。

第三十四条 农民专业合作社与其成员的交易、与利用其提供的服务的非成员的交易，应当分别核算。

第三十五条 农民专业合作社可以按照章程规定或者成员大会决议从当年盈余中提取公积金。公积金用于弥补亏损、扩大生产经营或者转为成员出资。

每年提取的公积金按照章程规定量化为每个成员的份额。

第三十六条 农民专业合作社应当为每个成员设立成员账户，主要记载下列内容：

（一）该成员的出资额；

（二）量化为该成员的公积金份额；

（三）该成员与本社的交易量（额）。

第三十七条 在弥补亏损、提取公积金后的当年盈余，为农民专业合作社的可分配盈余。

可分配盈余按照下列规定返还或者分配给成员，具体分配办法按照章程规定或者经成员大会决议确定：

（一）按成员与本社的交易量（额）比例返还，返还总额不得低于可分配盈余的百分之六十；

（二）按前项规定返还后的剩余部分，以成员账户中记载的出资额和公积金份额，以及本社接受国家财政直接补助和他人捐赠形成的财产平均量化到成员的份额，按比例分配给本社成员。

第三十八条 设立执行监事或者监事会的农民专业合作社，由执行监事或者监事会负责对本社的财务进行内部审计，审计结果应当向成员大会报告。

成员大会也可以委托审计机构对本社的财务进行审计。

第六章 合并、分立、解散和清算

第三十九条 农民专业合作社合并，应当自合并决议做出之日起十日内通知债权人。合并各方的债权、债务应当由合并后存续或者新设的组织承继。

第四十条 农民专业合作社分立，其财产作相应的分割，并应当自分立决议做出之日起十日内通知债权人。分立前的债务由分立后的组织承担连带责任。但是，在分立前与债权人就债务清偿达成的书面协议另有约定的除外。

第四十一条 农民专业合作社因下列原因解散：

（一）章程规定的解散事由出现；

（二）成员大会决议解散；

（三）因合并或者分立需要解散；

（四）依法被吊销营业执照或者被撤销。

因前款第一项、第二项、第四项原因解散的，应当在解散事由出现之日起十五日内由成员大会推举成员组成清算组，开始解散清算。逾期不能组成清算组的，成员、债权人可以向人民法院申请指定成员组成清算组进行清算，人民法院应当受理该申请，并及时指定成员组成清算组进行清算。

第四十二条　清算组自成立之日起接管农民专业合作社，负责处理与清算有关的未了结业务，清理财产和债权、债务，分配清偿债务后的剩余财产，代表农民专业合作社参与诉讼、仲裁或者其他法律程序，并在清算结束时办理注销登记。

第四十三条　清算组应当自成立之日起十日内通知农民专业合作社成员和债权人，并于六十日内在报纸上公告。债权人应当自接到通知之日起三十日内，未接到通知的自公告之日起四十五日内，向清算组申报债权。如果在规定期间内全部成员、债权人均已收到通知，免除清算组的公告义务。

债权人申报债权，应当说明债权的有关事项，并提供证明材料。清算组应当对债权进行登记。

在申报债权期间，清算组不得对债权人进行清偿。

第四十四条　农民专业合作社因本法第四十一条第一款而解散，或者人民法院受理破产申请时，不能办理成员退社手续。

第四十五条　清算组负责制定包括清偿农民专业合作社员工的工资及社会保险费用，清偿所欠税款和其他各项债务，以及分配剩余财产在内的清算方案，经成员大会通过或者申请人民法院确认后实施。

清算组发现农民专业合作社的财产不足以清偿债务的，应当依法向人民法院申请破产。

第四十六条　农民专业合作社接受国家财政直接补助形成的财产，在解散、破产清算时，不得作为可分配剩余资产分配给成员，处置办法由国务院规定。

第四十七条　清算组成员应当忠于职守，依法履行清算义务，因故意或者重大过失给农民专业合作社成员及债权人造成损失的，应当承担赔偿责任。

第四十八条　农民专业合作社破产适用企业破产法的有关规定。但是，破产财产在清偿破产费用和共益债务后，应当优先清偿破产前与农民成员已发生交易但尚未结清的款项。

第七章　扶持政策

第四十九条　国家支持发展农业和农村经济的建设项目，可以委托和安排有条件的有关农民专业合作社实施。

第五十条　中央和地方财政应当分别安排资金，支持农民专业合作社开展信息、培训、农产品质量标准与认证、农业生产基础设施建设、市场营销和技术推广等服务。对民族地区、边远地区和贫困地区的农民专业合作社和生产国家与社会急需的重要农产品的农民专业合作社给予优先扶持。

第五十一条　国家政策性金融机构应当采取多种形式，为农民专业合作社提供多渠道的资金支持。具体支持政策由国务院规定。

国家鼓励商业性金融机构采取多种形式，为农民专业合作社提供金融服务。

第五十二条　农民专业合作社享受国家规定的对农业生产、加工、流通、服务和其他涉农经济活动相应的税收优惠。

支持农民专业合作社发展的其他税收优惠政策，由国务院规定。

第八章　法律责任

第五十三条　侵占、挪用、截留、私分或者以其他方式侵犯农民专业合作社及其成员的合法财产，非法干预农民专业合作社及其成员的生产经营活动，向农民专业合作社及其成员摊派，强迫农民专业合作社及其成员接受有偿服务，造成农民专业合作社经济损失的，依法追究法律责任。

第五十四条　农民专业合作社向登记机关提供虚假登记材料或者采取其他欺诈手段取得登记的，由登记机关责令改正；情节严重的，撤销登记。

第五十五条　农民专业合作社在依法向有关主管部门提供的财务报告等材料中，作虚假记载或者隐瞒重要事实的，依法追究法律责任。

第九章　附　　则

第五十六条　本法自 2007 年 7 月 1 日起施行。

《中华人民共和国侵权责任法》

（2009-12-26 通过，2010-07-01 实施）

第一章　一般规定

第一条　为保护民事主体的合法权益，明确侵权责任，预防并制裁侵权行为，促进社会和谐稳定，制定本法。

第二条　侵害民事权益，应当依照本法承担侵权责任。

本法所称民事权益，包括生命权、健康权、姓名权、名誉权、荣誉权、肖像权、隐私权、婚姻自主权、监护权、所有权、用益物权、担保物权、著作权、专利权、商标专用权、发现权、股权、继承权等人身、财产权益。

第三条　被侵权人有权请求侵权人承担侵权责任。

第四条　侵权人因同一行为应当承担行政责任或者刑事责任的，不影响依法承担侵权责任。

因同一行为应当承担侵权责任和行政责任、刑事责任，侵权人的财产不足以支付的，先承担侵权责任。

第五条　其他法律对侵权责任另有特别规定的，依照其规定。

第二章　责任构成和责任方式

第六条　行为人因过错侵害他人民事权益，应当承担侵权责任。

根据法律规定推定行为人有过错，行为人不能证明自己没有过错的，应当承担侵权责任。

第七条　行为人损害他人民事权益，不论行为人有无过错，法律规定应当承担侵权责任的，依照其规定。

第八条　二人以上共同实施侵权行为，造成他人损害的，应当承担连带责任。

第九条　教唆、帮助他人实施侵权行为的，应当与行为人承担连带责任。

教唆、帮助无民事行为能力人、限制民事行为能力人实施侵权行为的，应当承担侵权责任；该无民事行为能力人、限制民事行为能力人的监护人未尽到监护责任的，应当承担相应的责任。

第十条　二人以上实施危及他人人身、财产安全的行为，其中一人或者数人的行为造成他人损害，能够确定具体侵权人的，由侵权人承担责任；不能确定具体侵权人的，行为人承担连带责任。

第十一条　二人以上分别实施侵权行为造成同一损害，每个人的侵权行为都足以造成全部损害的，行为人承担连带责任。

第十二条　二人以上分别实施侵权行为造成同一损害，能够确定责任大小的，各自承担相应的责任；难以确定责任大小的，平均承担赔偿责任。

第十三条　法律规定承担连带责任的，被侵权人有权请求部分或者全部连带责任人承担责任。

第十四条　连带责任人根据各自责任大小确定相应的赔偿数额；难以确定责任大小的，平均承担赔偿责任。

支付超出自己赔偿数额的连带责任人，有权向其他连带责任人追偿。

第十五条　承担侵权责任的方式主要有：

(一)停止侵害；

(二)排除妨碍；

(三)消除危险；

(四)返还财产；

(五)恢复原状；

(六)赔偿损失；

(七)赔礼道歉；

(八)消除影响、恢复名誉。

以上承担侵权责任的方式，可以单独适用，也可以合并适用。

第十六条　侵害他人造成人身损害的，应当赔偿医疗费、护理费、交通费等为治疗和康复支出的合理费用，以及因误工减少的收入。造成残疾的，还应当赔偿残疾生活辅助具费和残疾赔偿金。造成死亡的，还应当赔偿丧葬费和死亡赔偿金。

第十七条　因同一侵权行为造成多人死亡的，可以以相同数额确定死亡赔偿金。

第十八条　被侵权人死亡的，其近亲属有权请求侵权人承担侵权责任。被侵权人为单位，该单位分立、合并的，承继权利的单位有权请求侵权人承担侵权责任。

被侵权人死亡的，支付被侵权人医疗费、丧葬费等合理费用的人有权请求侵权人赔偿费用，但侵权人已支付该费用的除外。

第十九条　侵害他人财产的，财产损失按照损失发生时的市场价格或者其他方式计算。

第二十条　侵害他人人身权益造成财产损失的，按照被侵权人因此受到的损失赔偿；被侵权人的损失难以确定，侵权人因此获得利益的，按照其获得的利益赔偿；侵权人因此获得的利益难以确定，被侵权人和侵权人就赔偿数额协商不一致，向人民法院提起诉讼的，由人民法院根据实际情况确定赔偿数额。

第二十一条　侵权行为危及他人人身、财产安全的，被侵权人可以请求侵权人承担停止侵害、排除妨碍、消除危险等侵权责任。

第二十二条　侵害他人人身权益，造成他人严重精神损害的，被侵权人可以请求精神损害赔偿。

第二十三条　因防止、制止他人民事权益被侵害而使自己受到损害的，由侵权人承担责任。侵权人逃逸或者无力承担责任，被侵权人请求补偿的，受益人应当给予适当补偿。

第二十四条　受害人和行为人对损害的发生都没有过错的，可以根据实际情况，由双方分担损失。

第二十五条　损害发生后，当事人可以协商赔偿费用的支付方式。协商不一致的，赔偿费用应当一次性支付；一次性支付确有困难的，可以分期支付，但应当提供相应的担保。

第三章　不承担责任和减轻责任的情形

第二十六条　被侵权人对损害的发生也有过错的，可以减轻侵权人的责任。

第二十七条　损害是因受害人故意造成的，行为人不承担责任。

第二十八条　损害是因第三人造成的，第三人应当承担侵权责任。

第二十九条　因不可抗力造成他人损害的，不承担责任。法律另有规定的，依照其规定。

第三十条　因正当防卫造成损害的，不承担责任。正当防卫超过必要的限度，造成不应有的损害的，正当防卫人应当承担适当的责任。

第三十一条　因紧急避险造成损害的，由引起险情发生的人承担责任。如果危险是由自然原因引起的，紧急避险人不承担责任或者给予适当补偿。紧急避险采取措施不当或者超过必要的限度，造成不应有的损害的，紧急避险人应当承担适当的责任。

第四章　关于责任主体的特殊规定

第三十二条　无民事行为能力人、限制民事行为能力人造成他人损害的，由监护人承担侵权责任。监护人尽到监护责任的，可以减轻其侵权责任。

有财产的无民事行为能力人、限制民事行为能力人造成他人损害的，从本人财产中支付赔偿费用。不足部分，由监护人赔偿。

第三十三条　完全民事行为能力人对自己的行为暂时没有意识或者失去控制造成他人损害有过错的，应当承担侵权责任；没有过错的，根据行为人的经济状况对受害人适当补偿。

完全民事行为能力人因醉酒、滥用麻醉药品或者精神药品对自己的行为暂时没有意识或者失去控制造成他人损害的，应当承担侵权责任。

第三十四条　用人单位的工作人员因执行工作任务造成他人损害的，由用人单位承担侵权责任。

劳务派遣期间，被派遣的工作人员因执行工作任务造成他人损害的，由接受劳务派遣的用工单位承担侵权责任；劳务派遣单位有过错的，承担相应的补充责任。

第三十五条　个人之间形成劳务关系，提供劳务一方因劳务造成他人损害的，由接受劳务一方承担侵权责任。提供劳务一方因劳务自己受到损害的，根据双方各自的过错承担相应的责任。

第三十六条　网络用户、网络服务提供者利用网络侵害他人民事权益的，应当承担侵权责任。

网络用户利用网络服务实施侵权行为的，被侵权人有权通知网络服务提供者采取删除、屏蔽、断开链接等必要措施。网络服务提供者接到通知后未及时采取必要措施的，对损害的扩大部分与该网络用户承担连带责任。

网络服务提供者知道网络用户利用其网络服务侵害他人民事权益，未采取必要措施的，与该网络用户承担连带责任。

第三十七条　宾馆、商场、银行、车站、娱乐场所等公共场所的管理人或者群众性活动的组织者，未尽到安全保障义务，造成他人损害的，应当承担侵权责任。

因第三人的行为造成他人损害的，由第三人承担侵权责任；管理人或者组织者未尽到安全保障义务的，承担相应的补充责任。

第三十八条　无民事行为能力人在幼儿园、学校或者其他教育机构学习、生活期间受到人身损害的，幼儿园、学校或者其他教育机构应当承担责任，但能够证明尽到教育、管理职责的，不承担责任。

第三十九条　限制民事行为能力人在学校或者其他教育机构学习、生活期间受到人身损害，学校或者其他教育机构未尽到教育、管理职责的，应当承担责任。

第四十条　无民事行为能力人或者限制民事行为能力人在幼儿园、学校或者其他教育机构学习、生活期间，受到幼儿园、学校或者其他教育机构以外的人员人身损害的，由侵权人承担侵权责任；幼儿园、学校或者其他教育机构未尽到管理职责的，承担相应的补充责任。

第五章　产品责任

第四十一条　因产品存在缺陷造成他人损害的，生产者应当承担侵权责任。

第四十二条　因销售者的过错使产品存在缺陷，造成他人损害的，销售者应当承担侵权责任。

销售者不能指明缺陷产品的生产者也不能指明缺陷产品的供货者的，销售者应当承担侵权责任。

第四十三条　因产品存在缺陷造成损害的，被侵权人可以向产品的生产者请求赔偿，也可以向产品的销售者请求赔偿。

产品缺陷由生产者造成的，销售者赔偿后，有权向生产者追偿。

因销售者的过错使产品存在缺陷的，生产者赔偿后，有权向销售者追偿。

第四十四条　因运输者、仓储者等第三人的过错使产品存在缺陷，造成他人损害的，产品的生产者、销售者赔偿后，有权向第三人追偿。

第四十五条　因产品缺陷危及他人人身、财产安全的，被侵权人有权请求生产者、销售者承担排除妨碍、消除危险等侵权责任。

第四十六条　产品投入流通后发现存在缺陷的，生产者、销售者应当及时采取警示、召回等补救措施。未及时采取补救措施或者补救措施不力造成损害的，应当承担侵权责任。

第四十七条　明知产品存在缺陷仍然生产、销售，造成他人死亡或者健康严重损害的，被侵权人有权请求相应的惩罚性赔偿。

第六章　机动车交通事故责任

第四十八条　机动车发生交通事故造成损害的，依照道路交通安全法的有关规定承担赔偿责任。

第四十九条　因租赁、借用等情形机动车所有人与使用人不是同一人时，发生交通事故后属于该机动车一方责任的，由保险公司在机动车强制保险责任限额范围内予以赔偿。不足部分，由机动车使用人承担赔偿责任；机动车所有人对损害的发生有过错的，承担相应的赔偿责任。

第五十条　当事人之间已经以买卖等方式转让并交付机动车但未办理所有权转移登记，发生交通事故后属于该机动车一方责任的，由保险公司在机动车强制保险责任限额范围内予以赔偿。不足部分，由受让人承担赔偿责任。

第五十一条　以买卖等方式转让拼装或者已达到报废标准的机动车，发生交通事故造成损害的，由转让人和受让人承担连带责任。

第五十二条　盗窃、抢劫或者抢夺的机动车发生交通事故造成损害的，由盗窃人、抢劫人或者抢夺人承担赔偿责任。保险公司在机动车强制保险责任限额范围内垫付抢救费用的，有权向交通事故责任人追偿。

第五十三条　机动车驾驶人发生交通事故后逃逸，该机动车参加强制保险的，由保险公司在机动车强制保险责任限额范围内予以赔偿；机动车不明或者该机动车未参加强制保险，需要支付被侵权人人身伤亡的抢救、丧葬等费用的，由道路交通事故社会救助基金垫付。道路交通事故社会救助基金垫付后，其管理机构有权向交通事故责任人追偿。

第七章　医疗损害责任

第五十四条　患者在诊疗活动中受到损害，医疗机构及其医务人员有过错的，由医疗机构承担赔偿责任。

第五十五条　医务人员在诊疗活动中应当向患者说明病情和医疗措施。需要实施手术、特殊检查、特殊治疗的，医务人员应当及时向患者说明医疗风险、替代医疗方案等情况，并取得其书面同意；不宜向患者说明的，应当向患者的近亲属说明，并取得其书面同意。

医务人员未尽到前款义务，造成患者损害的，医疗机构应当承担赔偿责任。

第五十六条　因抢救生命垂危的患者等紧急情况，不能取得患者或者其近亲属意见的，经医疗机构负责人或者授权的负责人批准，可以立即实施相应的医疗措施。

第五十七条　医务人员在诊疗活动中未尽到与当时的医疗水平相应的诊疗义务，造成患者损害的，医疗机构应当承担赔偿责任。

第五十八条　患者有损害，因下列情形之一的，推定医疗机构有过错：

（一）违反法律、行政法规、规章以及其他有关诊疗规范的规定；

（二）隐匿或者拒绝提供与纠纷有关的病历资料；

（三）伪造、篡改或者销毁病历资料。

第五十九条　因药品、消毒药剂、医疗器械的缺陷，或者输入不合格的血液造成患者损害的，患者可以向生产者或者血液提供机构请求赔偿，也可以向医疗机构请求赔偿。患者向医疗机构请求赔偿的，医疗机构赔偿后，有权向负有责任的生产者或者血液提供机构追偿。

第六十条　患者有损害，因下列情形之一的，医疗机构不承担赔偿责任：

（一）患者或者其近亲属不配合医疗机构进行符合诊疗规范的诊疗；

（二）医务人员在抢救生命垂危的患者等紧急情况下已经尽到合理诊疗义务；

（三）限于当时的医疗水平难以诊疗。

前款第一项情形中，医疗机构及其医务人员也有过错的，应当承担相应的赔偿责任。

第六十一条　医疗机构及其医务人员应当按照规定填写并妥善保管住院志、医嘱单、检验报告、手术及麻醉记录、病理资料、护理记录、医疗费用等病历资料。

患者要求查阅、复制前款规定的病历资料的，医疗机构应当提供。

第六十二条　医疗机构及其医务人员应当对患者的隐私保密。泄露患者隐私或者未经患者同意公开其病历资料，造成患者损害的，应当承担侵权责任。

第六十三条　医疗机构及其医务人员不得违反诊疗规范实施不必要的检查。

第六十四条　医疗机构及其医务人员的合法权益受法律保护。干扰医疗秩序，妨害医务人员工作、生活的，应当依法承担法律责任。

第八章　环境污染责任

第六十五条　因污染环境造成损害的，污染者应当承担侵权责任。

第六十六条　因污染环境发生纠纷，污染者应当就法律规定的不承担责任或者减轻责任的情形及其行为与损害之间不存在因果关系承担举证责任。

第六十七条　两个以上污染者污染环境，污染者承担责任的大小，根据污染物的种类、排放量等因素确定。

第六十八条　因第三人的过错污染环境造成损害的，被侵权人可以向污染者请求赔偿，也可以向第三人请求赔偿。污染者赔偿后，有权向第三人追偿。

第九章　高度危险责任

第六十九条　从事高度危险作业造成他人损害的，应当承担侵权责任。

第七十条　民用核设施发生核事故造成他人损害的，民用核设施的经营者应当承担侵权责任，但能够证明损害是因战争等情形或者受害人故意造成的，不承担责任。

第七十一条　民用航空器造成他人损害的，民用航空器的经营者应当承担侵权责任，但能够证明损害是因受害人故意造成的，不承担责任。

第七十二条　占有或者使用易燃、易爆、剧毒、放射性等高度危险物造成他人损害的，占有人或者使用人应当承担侵权责任，但能够证明损害是因受害人故意或者不可抗力造成的，不承担责任。被侵权人对损害的发生有重大过失的，可以减轻占有人或者使用人的责任。

第七十三条　从事高空、高压、地下挖掘活动或者使用高速轨道运输工具造成他人损害的，经营者应当承担侵权责任，但能够证明损害是因受害人故意或者不可抗力造成的，不承担责任。被侵权人对损害的发生有过失的，可以减轻经营者的责任。

第七十四条　遗失、抛弃高度危险物造成他人损害的，由所有人承担侵权责任。所有人将高度危险物交由他人管理的，由管理人承担侵权责任；所有人有过错的，与管理人承担连带责任。

第七十五条　非法占有高度危险物造成他人损害的，由非法占有人承担侵权责任。所有人、管理人不能证明对防止他人非法占有尽到高度注意义务的，与非法占有人承担连带责任。

第七十六条　未经许可进入高度危险活动区域或者高度危险物存放区域受到损害，管理人已经采取安全措施并尽到警示义务的，可以减轻或者不承担责任。

第七十七条　承担高度危险责任，法律规定赔偿限额的，依照其规定。

第十章　饲养动物损害责任

第七十八条　饲养的动物造成他人损害的，动物饲养人或者管理人应当承担侵权责任，但能够证明损害是因被侵权人故意或者重大过失造成的，可以不承担或者减轻责任。

第七十九条　违反管理规定，未对动物采取安全措施造成他人损害的，动物饲养人或者管理人应当承担侵权责任。

第八十条　禁止饲养的烈性犬等危险动物造成他人损害的，动物饲养人或者管理人应当承担侵权责任。

第八十一条　动物园的动物造成他人损害的，动物园应当承担侵权责任，但能够证明尽到管理职责的，不承担责任。

第八十二条　遗弃、逃逸的动物在遗弃、逃逸期间造成他人损害的，由原动物饲养人或者管理人承担侵权责任。

第八十三条　因第三人的过错致使动物造成他人损害的，被侵权人可以向动物饲养人或者管理人请求赔偿，也可以向第三人请求赔偿。动物饲养人或者管理人赔偿后，有权向第三人追偿。

第八十四条　饲养动物应当遵守法律，尊重社会公德，不得妨害他人生活。

第十一章　物件损害责任

第八十五条　建筑物、构筑物或者其他设施及其搁置物、悬挂物发生脱落、坠落造成他人损害，所有人、管理人或者使用人不能证明自己没有过错的，应当承担侵权责任。所有人、管理人或者使用人赔偿后，有其他责任人的，有权向其他责任人追偿。

第八十六条　建筑物、构筑物或者其他设施倒塌造成他人损害的，由建设单位与施工单位承担连带责任。建设单位、施工单位赔偿后，有其他责任人的，有权向其他责任人追偿。

因其他责任人的原因，建筑物、构筑物或者其他设施倒塌造成他人损害的，由其他责任人承担侵权责任。

第八十七条　从建筑物中抛掷物品或者从建筑物上坠落的物品造成他人损害，难以确定具体侵权人的，除能够证明自己不是侵权人的外，由可能加害的建筑物使用人给予补偿。

第八十八条　堆放物倒塌造成他人损害，堆放人不能证明自己没有过错的，应当承担侵权责任。

第八十九条　在公共道路上堆放、倾倒、遗撒妨碍通行的物品造成他人损害的，有关单位或者个人应当承担侵权责任。

第九十条　因林木折断造成他人损害，林木的所有人或者管理人不能证明自己没有过错的，应当承担侵权责任。

第九十一条　在公共场所或者道路上挖坑、修缮安装地下设施等，没有设置明显标志和采取安全措施造成他人损害的，施工人应当承担侵权责任。

窨井等地下设施造成他人损害，管理人不能证明尽到管理职责的，应当承担侵权责任。

第十二章　附　　则

第九十二条　本法自 2010 年 7 月 1 日起施行。

《中华人民共和国动物防疫法》

（2007-08-30 修订，2008-01-01 实施）

第一章 总 则

第一条 为了加强对动物防疫活动的管理，预防、控制和扑灭动物疫病，促进养殖业发展，保护人体健康，维护公共卫生安全，制定本法。

第二条 本法适用于在中华人民共和国领域内的动物防疫及其监督管理活动。

进出境动物、动物产品的检疫，适用《中华人民共和国进出境动植物检疫法》。

第三条 本法所称动物，是指家畜家禽和人工饲养、合法捕获的其他动物。

本法所称动物产品，是指动物的肉、生皮、原毛、绒、脏器、脂、血液、精液、卵、胚胎、骨、蹄、头、角、筋以及可能传播动物疫病的奶、蛋等。

本法所称动物疫病，是指动物传染病、寄生虫病。

本法所称动物防疫，是指动物疫病的预防、控制、扑灭和动物、动物产品的检疫。

第四条 根据动物疫病对养殖业生产和人体健康的危害程度，本法规定管理的动物疫病分为下列三类：

（一）一类疫病，是指对人与动物危害严重，需要采取紧急、严厉的强制预防、控制、扑灭等措施的；

（二）二类疫病，是指可能造成重大经济损失，需要采取严格控制、扑灭等措施，防止扩散的；

（三）三类疫病，是指常见多发、可能造成重大经济损失，需要控制和净化的。

前款一、二、三类动物疫病具体病种名录由国务院兽医主管部门制定并公布。

第五条 国家对动物疫病实行预防为主的方针。

第六条 县级以上人民政府应当加强对动物防疫工作的统一领导，加强基层动物防疫队伍建设，建立健全动物防疫体系，制定并组织实施动物疫病防治规划。

乡级人民政府、城市街道办事处应当组织群众协助做好本管辖区域内的动物疫病预防与控制工作。

第七条 国务院兽医主管部门主管全国的动物防疫工作。

县级以上地方人民政府兽医主管部门主管本行政区域内的动物防疫工作。

县级以上人民政府其他部门在各自的职责范围内做好动物防疫工作。

军队和武装警察部队动物卫生监督职能部门分别负责军队和武装警察部队现役动物及饲养自用动物的防疫工作。

第八条 县级以上地方人民政府设立的动物卫生监督机构依照本法规定，负责动物、动物产品的检疫工作和其他有关动物防疫的监督管理执法工作。

第九条 县级以上人民政府按照国务院的规定，根据统筹规划、合理布局、综合设置的原则建立动物疫病预防控制机构，承担动物疫病的监测、检测、诊断、流行病学调查、疫情报告以及其他预防、控制等技术工作。

第十条　国家支持和鼓励开展动物疫病的科学研究以及国际合作与交流，推广先进适用的科学研究成果，普及动物防疫科学知识，提高动物疫病防治的科学技术水平。

第十一条　对在动物防疫工作、动物防疫科学研究中做出成绩和贡献的单位和个人，各级人民政府及有关部门给予奖励。

第二章　动物疫病的预防

第十二条　国务院兽医主管部门对动物疫病状况进行风险评估，根据评估结果制定相应的动物疫病预防、控制措施。

国务院兽医主管部门根据国内外动物疫情和保护养殖业生产及人体健康的需要，及时制定并公布动物疫病预防、控制技术规范。

第十三条　国家对严重危害养殖业生产和人体健康的动物疫病实施强制免疫。国务院兽医主管部门确定强制免疫的动物疫病病种和区域，并会同国务院有关部门制定国家动物疫病强制免疫计划。

省、自治区、直辖市人民政府兽医主管部门根据国家动物疫病强制免疫计划，制订本行政区域的强制免疫计划；并可以根据本行政区域内动物疫病流行情况增加实施强制免疫的动物疫病病种和区域，报本级人民政府批准后执行，并报国务院兽医主管部门备案。

第十四条　县级以上地方人民政府兽医主管部门组织实施动物疫病强制免疫计划。乡级人民政府、城市街道办事处应当组织本管辖区域内饲养动物的单位和个人做好强制免疫工作。

饲养动物的单位和个人应当依法履行动物疫病强制免疫义务，按照兽医主管部门的要求做好强制免疫工作。

经强制免疫的动物，应当按照国务院兽医主管部门的规定建立免疫档案，加施畜禽标识，实施可追溯管理。

第十五条　县级以上人民政府应当建立健全动物疫情监测网络，加强动物疫情监测。

国务院兽医主管部门应当制定国家动物疫病监测计划。省、自治区、直辖市人民政府兽医主管部门应当根据国家动物疫病监测计划，制定本行政区域的动物疫病监测计划。

动物疫病预防控制机构应当按照国务院兽医主管部门的规定，对动物疫病的发生、流行等情况进行监测；从事动物饲养、屠宰、经营、隔离、运输以及动物产品生产、经营、加工、贮藏等活动的单位和个人不得拒绝或者阻碍。

第十六条　国务院兽医主管部门和省、自治区、直辖市人民政府兽医主管部门应当根据对动物疫病发生、流行趋势的预测，及时发出动物疫情预警。地方各级人民政府接到动物疫情预警后，应当采取相应的预防、控制措施。

第十七条　从事动物饲养、屠宰、经营、隔离、运输以及动物产品生产、经营、加工、贮藏等活动的单位和个人，应当依照本法和国务院兽医主管部门的规定，做好免疫、消毒等动物疫病预防工作。

第十八条　种用、乳用动物和宠物应当符合国务院兽医主管部门规定的健康标准。

种用、乳用动物应当接受动物疫病预防控制机构的定期检测；检测不合格的，应当按照国务院兽医主管部门的规定予以处理。

第十九条　动物饲养场(养殖小区)和隔离场所,动物屠宰加工场所,以及动物和动物产品无害化处理场所,应当符合下列动物防疫条件:

(一)场所的位置与居民生活区、生活饮用水源地、学校、医院等公共场所的距离符合国务院兽医主管部门规定的标准;

(二)生产区封闭隔离,工程设计和工艺流程符合动物防疫要求;

(三)有相应的污水、污物、病死动物、染疫动物产品的无害化处理设施设备和清洗消毒设施设备;

(四)有为其服务的动物防疫技术人员;

(五)有完善的动物防疫制度;

(六)具备国务院兽医主管部门规定的其他动物防疫条件。

第二十条　兴办动物饲养场(养殖小区)和隔离场所,动物屠宰加工场所,以及动物和动物产品无害化处理场所,应当向县级以上地方人民政府兽医主管部门提出申请,并附具相关材料。受理申请的兽医主管部门应当依照本法和《中华人民共和国行政许可法》的规定进行审查。经审查合格的,发给动物防疫条件合格证;不合格的,应当通知申请人并说明理由。需要办理工商登记的,申请人凭动物防疫条件合格证向工商行政管理部门申请办理登记注册手续。

动物防疫条件合格证应当载明申请人的名称、场(厂)址等事项。

经营动物、动物产品的集贸市场应当具备国务院兽医主管部门规定的动物防疫条件,并接受动物卫生监督机构的监督检查。

第二十一条　动物、动物产品的运载工具、垫料、包装物、容器等应当符合国务院兽医主管部门规定的动物防疫要求。

染疫动物及其排泄物、染疫动物产品,病死或者死因不明的动物尸体,运载工具中的动物排泄物以及垫料、包装物、容器等污染物,应当按照国务院兽医主管部门的规定处理,不得随意处置。

第二十二条　采集、保存、运输动物病料或者病原微生物以及从事病原微生物研究、教学、检测、诊断等活动,应当遵守国家有关病原微生物实验室管理的规定。

第二十三条　患有人畜共患传染病的人员不得直接从事动物诊疗以及易感染动物的饲养、屠宰、经营、隔离、运输等活动。

人畜共患传染病名录由国务院兽医主管部门会同国务院卫生主管部门制定并公布。

第二十四条　国家对动物疫病实行区域化管理,逐步建立无规定动物疫病区。无规定动物疫病区应当符合国务院兽医主管部门规定的标准,经国务院兽医主管部门验收合格予以公布。

本法所称无规定动物疫病区,是指具有天然屏障或者采取人工措施,在一定期限内没有发生规定的一种或者几种动物疫病,并经验收合格的区域。

第二十五条　禁止屠宰、经营、运输下列动物和生产、经营、加工、贮藏、运输下列动物产品:

(一)封锁疫区内与所发生动物疫病有关的;

(二)疫区内易感染的;

(三)依法应当检疫而未经检疫或者检疫不合格的;

(四)染疫或者疑似染疫的;

（五）病死或者死因不明的；

（六）其他不符合国务院兽医主管部门有关动物防疫规定的。

第三章　动物疫情的报告、通报和公布

第二十六条　从事动物疫情监测、检验检疫、疫病研究与诊疗以及动物饲养、屠宰、经营、隔离、运输等活动的单位和个人，发现动物染疫或者疑似染疫的，应当立即向当地兽医主管部门、动物卫生监督机构或者动物疫病预防控制机构报告，并采取隔离等控制措施，防止动物疫情扩散。其他单位和个人发现动物染疫或者疑似染疫的，应当及时报告。

接到动物疫情报告的单位，应当及时采取必要的控制处理措施，并按照国家规定的程序上报。

第二十七条　动物疫情由县级以上人民政府兽医主管部门认定；其中重大动物疫情由省、自治区、直辖市人民政府兽医主管部门认定，必要时报国务院兽医主管部门认定。

第二十八条　国务院兽医主管部门应当及时向国务院有关部门和军队有关部门以及省、自治区、直辖市人民政府兽医主管部门通报重大动物疫情的发生和处理情况；发生人畜共患传染病的，县级以上人民政府兽医主管部门与同级卫生主管部门应当及时相互通报。

国务院兽医主管部门应当依照我国缔结或者参加的条约、协定，及时向有关国际组织或者贸易方通报重大动物疫情的发生和处理情况。

第二十九条　国务院兽医主管部门负责向社会及时公布全国动物疫情，也可以根据需要授权省、自治区、直辖市人民政府兽医主管部门公布本行政区域内的动物疫情。其他单位和个人不得发布动物疫情。

第三十条　任何单位和个人不得瞒报、谎报、迟报、漏报动物疫情，不得授意他人瞒报、谎报、迟报动物疫情，不得阻碍他人报告动物疫情。

第四章　动物疫病的控制和扑灭

第三十一条　发生一类动物疫病时，应当采取下列控制和扑灭措施：

（一）当地县级以上地方人民政府兽医主管部门应当立即派人到现场，划定疫点、疫区、受威胁区，调查疫源，及时报请本级人民政府对疫区实行封锁。疫区范围涉及两个以上行政区域的，由有关行政区域共同的上一级人民政府对疫区实行封锁，或者由各有关行政区域的上一级人民政府共同对疫区实行封锁。必要时，上级人民政府可以责成下级人民政府对疫区实行封锁。

（二）县级以上地方人民政府应当立即组织有关部门和单位采取封锁、隔离、扑杀、销毁、消毒、无害化处理、紧急免疫接种等强制性措施，迅速扑灭疫病。

（三）在封锁期间，禁止染疫、疑似染疫和易感染的动物、动物产品流出疫区，禁止非疫区的易感染动物进入疫区，并根据扑灭动物疫病的需要对出入疫区的人员、运输工具及有关物品采取消毒和其他限制性措施。

第三十二条　发生二类动物疫病时，应当采取下列控制和扑灭措施：

（一）当地县级以上地方人民政府兽医主管部门应当划定疫点、疫区、受威胁区。

（二）县级以上地方人民政府根据需要组织有关部门和单位采取隔离、扑杀、销毁、消毒、无害化处理、紧急免疫接种、限制易感染的动物和动物产品及有关物品出入等控制、扑灭措施。

第三十三条　疫点、疫区、受威胁区的撤销和疫区封锁的解除，按照国务院兽医主管部门

规定的标准和程序评估后，由原决定机关决定并宣布。

第三十四条　发生三类动物疫病时，当地县级、乡级人民政府应当按照国务院兽医主管部门的规定组织防治和净化。

第三十五条　二、三类动物疫病呈暴发性流行时，按照一类动物疫病处理。

第三十六条　为控制、扑灭动物疫病，动物卫生监督机构应当派人在当地依法设立的现有检查站执行监督检查任务；必要时，经省、自治区、直辖市人民政府批准，可以设立临时性的动物卫生监督检查站，执行监督检查任务。

第三十七条　发生人畜共患传染病时，卫生主管部门应当组织对疫区易感染的人群进行监测，并采取相应的预防、控制措施。

第三十八条　疫区内有关单位和个人，应当遵守县级以上人民政府及其兽医主管部门依法做出的有关控制、扑灭动物疫病的规定。

任何单位和个人不得藏匿、转移、盗掘已被依法隔离、封存、处理的动物和动物产品。

第三十九条　发生动物疫情时，航空、铁路、公路、水路等运输部门应当优先组织运送控制、扑灭疫病的人员和有关物资。

第四十条　一、二、三类动物疫病突然发生，迅速传播，给养殖业生产安全造成严重威胁、危害，以及可能对公众身体健康与生命安全造成危害，构成重大动物疫情的，依照法律和国务院的规定采取应急处理措施。

第五章　动物和动物产品的检疫

第四十一条　动物卫生监督机构依照本法和国务院兽医主管部门的规定对动物、动物产品实施检疫。

动物卫生监督机构的官方兽医具体实施动物、动物产品检疫。官方兽医应当具备规定的资格条件，取得国务院兽医主管部门颁发的资格证书，具体办法由国务院兽医主管部门会同国务院人事行政部门制定。

本法所称官方兽医，是指具备规定的资格条件并经兽医主管部门任命的，负责出具检疫等证明的国家兽医工作人员。

第四十二条　屠宰、出售或者运输动物以及出售或者运输动物产品前，货主应当按照国务院兽医主管部门的规定向当地动物卫生监督机构申报检疫。

动物卫生监督机构接到检疫申报后，应当及时指派官方兽医对动物、动物产品实施现场检疫；检疫合格的，出具检疫证明、加施检疫标志。实施现场检疫的官方兽医应当在检疫证明、检疫标志上签字或者盖章，并对检疫结论负责。

第四十三条　屠宰、经营、运输以及参加展览、演出和比赛的动物，应当附有检疫证明；经营和运输的动物产品，应当附有检疫证明、检疫标志。

对前款规定的动物、动物产品，动物卫生监督机构可以查验检疫证明、检疫标志，进行监督抽查，但不得重复检疫收费。

第四十四条　经铁路、公路、水路、航空运输动物和动物产品的，托运人托运时应当提供检疫证明；没有检疫证明的，承运人不得承运。

运载工具在装载前和卸载后应当及时清洗、消毒。

第四十五条　输入到无规定动物疫病区的动物、动物产品，货主应当按照国务院兽医主管部门的规定向无规定动物疫病区所在地动物卫生监督机构申报检疫，经检疫合格的，方可进入；检疫所需费用纳入无规定动物疫病区所在地地方人民政府财政预算。

第四十六条　跨省、自治区、直辖市引进乳用动物、种用动物及其精液、胚胎、种蛋的，应当向输入地省、自治区、直辖市动物卫生监督机构申请办理审批手续，并依照本法第四十二条的规定取得检疫证明。

跨省、自治区、直辖市引进的乳用动物、种用动物到达输入地后，货主应当按照国务院兽医主管部门的规定对引进的乳用动物、种用动物进行隔离观察。

第四十七条　人工捕获的可能传播动物疫病的野生动物，应当报经捕获地动物卫生监督机构检疫，经检疫合格的，方可饲养、经营和运输。

第四十八条　经检疫不合格的动物、动物产品，货主应当在动物卫生监督机构监督下按照国务院兽医主管部门的规定处理，处理费用由货主承担。

第四十九条　依法进行检疫需要收取费用的，其项目和标准由国务院财政部门、物价主管部门规定。

第六章　动物诊疗

第五十条　从事动物诊疗活动的机构，应当具备下列条件：

（一）有与动物诊疗活动相适应并符合动物防疫条件的场所；

（二）有与动物诊疗活动相适应的执业兽医；

（三）有与动物诊疗活动相适应的兽医器械和设备；

（四）有完善的管理制度。

第五十一条　设立从事动物诊疗活动的机构，应当向县级以上地方人民政府兽医主管部门申请动物诊疗许可证。受理申请的兽医主管部门应当依照本法和《中华人民共和国行政许可法》的规定进行审查。经审查合格的，发给动物诊疗许可证；不合格的，应当通知申请人并说明理由。申请人凭动物诊疗许可证向工商行政管理部门申请办理登记注册手续，取得营业执照后，方可从事动物诊疗活动。

第五十二条　动物诊疗许可证应当载明诊疗机构名称、诊疗活动范围、从业地点和法定代表人（负责人）等事项。

动物诊疗许可证载明事项变更的，应当申请变更或者换发动物诊疗许可证，并依法办理工商变更登记手续。

第五十三条　动物诊疗机构应当按照国务院兽医主管部门的规定，做好诊疗活动中的卫生安全防护、消毒、隔离和诊疗废弃物处置等工作。

第五十四条　国家实行执业兽医资格考试制度。具有兽医相关专业大学专科以上学历的，可以申请参加执业兽医资格考试；考试合格的，由国务院兽医主管部门颁发执业兽医资格证书；从事动物诊疗的，还应当向当地县级人民政府兽医主管部门申请注册。执业兽医资格考试和注册办法由国务院兽医主管部门商国务院人事行政部门制定。

本法所称执业兽医，是指从事动物诊疗和动物保健等经营活动的兽医。

第五十五条　经注册的执业兽医，方可从事动物诊疗、开具兽药处方等活动。但是，本法第五十七条对乡村兽医服务人员另有规定的，从其规定。

执业兽医、乡村兽医服务人员应当按照当地人民政府或者兽医主管部门的要求，参加预防、控制和扑灭动物疫病的活动。

第五十六条　从事动物诊疗活动，应当遵守有关动物诊疗的操作技术规范，使用符合国家规定的兽药和兽医器械。

第五十七条　乡村兽医服务人员可以在乡村从事动物诊疗服务活动，具体管理办法由国务院兽医主管部门制定。

第七章　监督管理

第五十八条　动物卫生监督机构依照本法规定，对动物饲养、屠宰、经营、隔离、运输以及动物产品生产、经营、加工、贮藏、运输等活动中的动物防疫实施监督管理。

第五十九条　动物卫生监督机构执行监督检查任务，可以采取下列措施，有关单位和个人不得拒绝或者阻碍：

（一）对动物、动物产品按照规定采样、留验、抽检；

（二）对染疫或者疑似染疫的动物、动物产品及相关物品进行隔离、查封、扣押和处理；

（三）对依法应当检疫而未经检疫的动物实施补检；

（四）对依法应当检疫而未经检疫的动物产品，具备补检条件的实施补检，不具备补检条件的予以没收销毁；

（五）查验检疫证明、检疫标志和畜禽标识；

（六）进入有关场所调查取证，查阅、复制与动物防疫有关的资料。

动物卫生监督机构根据动物疫病预防、控制需要，经当地县级以上地方人民政府批准，可以在车站、港口、机场等相关场所派驻官方兽医。

第六十条　官方兽医执行动物防疫监督检查任务，应当出示行政执法证件，佩戴统一标志。

动物卫生监督机构及其工作人员不得从事与动物防疫有关的经营性活动，进行监督检查不得收取任何费用。

第六十一条　禁止转让、伪造或者变造检疫证明、检疫标志或者畜禽标识。

检疫证明、检疫标志的管理办法，由国务院兽医主管部门制定。

第八章　保障措施

第六十二条　县级以上人民政府应当将动物防疫纳入本级国民经济和社会发展规划及年度计划。

第六十三条　县级人民政府和乡级人民政府应当采取有效措施，加强村级防疫员队伍建设。

县级人民政府兽医主管部门可以根据动物防疫工作需要，向乡、镇或者特定区域派驻兽医机构。

第六十四条　县级以上人民政府按照本级政府职责，将动物疫病预防、控制、扑灭、检疫和监督管理所需经费纳入本级财政预算。

第六十五条　县级以上人民政府应当储备动物疫情应急处理工作所需的防疫物资。

第六十六条　对在动物疫病预防和控制、扑灭过程中强制扑杀的动物、销毁的动物产品和相关物品，县级以上人民政府应当给予补偿。具体补偿标准和办法由国务院财政部门会同有关部门制定。

因依法实施强制免疫造成动物应激死亡的，给予补偿。具体补偿标准和办法由国务院财政部门会同有关部门制定。

第六十七条　对从事动物疫病预防、检疫、监督检查、现场处理疫情以及在工作中接触动物疫病病原体的人员，有关单位应当按照国家规定采取有效的卫生防护措施和医疗保健措施。

第九章　法律责任

第六十八条　地方各级人民政府及其工作人员未依照本法规定履行职责的，对直接负责的主管人员和其他直接责任人员依法给予处分。

第六十九条　县级以上人民政府兽医主管部门及其工作人员违反本法规定，有下列行为之一的，由本级人民政府责令改正，通报批评；对直接负责的主管人员和其他直接责任人员依法给予处分：

（一）未及时采取预防、控制、扑灭等措施的；

（二）对不符合条件的颁发动物防疫条件合格证、动物诊疗许可证，或者对符合条件的拒不颁发动物防疫条件合格证、动物诊疗许可证的；

（三）其他未依照本法规定履行职责的行为。

第七十条　动物卫生监督机构及其工作人员违反本法规定，有下列行为之一的，由本级人民政府或者兽医主管部门责令改正，通报批评；对直接负责的主管人员和其他直接责任人员依法给予处分：

（一）对未经现场检疫或者检疫不合格的动物、动物产品出具检疫证明、加施检疫标志，或者对检疫合格的动物、动物产品拒不出具检疫证明、加施检疫标志的；

（二）对附有检疫证明、检疫标志的动物、动物产品重复检疫的；

（三）从事与动物防疫有关的经营性活动，或者在国务院财政部门、物价主管部门规定外加收费用、重复收费的；

（四）其他未依照本法规定履行职责的行为。

第七十一条　动物疫病预防控制机构及其工作人员违反本法规定，有下列行为之一的，由本级人民政府或者兽医主管部门责令改正，通报批评；对直接负责的主管人员和其他直接责任人员依法给予处分：

（一）未履行动物疫病监测、检测职责或者伪造监测、检测结果的；

（二）发生动物疫情时未及时进行诊断、调查的。

第七十二条　地方各级人民政府、有关部门及其工作人员瞒报、谎报、迟报、漏报或者授意他人瞒报、谎报、迟报动物疫情，或者阻碍他人报告动物疫情的，由上级人民政府或者有关部门责令改正，通报批评；对直接负责的主管人员和其他直接责任人员依法给予处分。

第七十三条　违反本法规定，有下列行为之一的，由动物卫生监督机构责令改正，给予警告；拒不改正的，由动物卫生监督机构代作处理，所需处理费用由违法行为人承担，可以处1 000元以下罚款：

（一）对饲养的动物不按照动物疫病强制免疫计划进行免疫接种的；

（二）种用、乳用动物未经检测或者经检测不合格而不按照规定处理的；

（三）动物、动物产品的运载工具在装载前和卸载后没有及时清洗、消毒的。

第七十四条　违反本法规定，对经强制免疫的动物未按照国务院兽医主管部门规定建立免疫档案、加施畜禽标识的，依照《中华人民共和国畜牧法》的有关规定处罚。

第七十五条　违反本法规定，不按照国务院兽医主管部门规定处置染疫动物及其排泄物，染疫动物产品，病死或者死因不明的动物尸体，运载工具中的动物排泄物以及垫料、包装物、容器等污染物以及其他经检疫不合格的动物、动物产品的，由动物卫生监督机构责令无害化处理，所需处理费用由违法行为人承担，可以处3 000元以下罚款。

第七十六条　违反本法第二十五条规定，屠宰、经营、运输动物或者生产、经营、加工、贮藏、运输动物产品的，由动物卫生监督机构责令改正、采取补救措施，没收违法所得和动物、动物产品，并处同类检疫合格动物、动物产品货值金额1倍以上5倍以下罚款；其中依法应当检疫而未检疫的，依照本法第七十八条的规定处罚。

第七十七条　违反本法规定，有下列行为之一的，由动物卫生监督机构责令改正，处1 000元以上1万元以下罚款；情节严重的，处1万元以上10万元以下罚款：

（一）兴办动物饲养场（养殖小区）和隔离场所，动物屠宰加工场所，以及动物和动物产品无害化处理场所，未取得动物防疫条件合格证的；

（二）未办理审批手续，跨省、自治区、直辖市引进乳用动物、种用动物及其精液、胚胎、种蛋的；

（三）未经检疫，向无规定动物疫病区输入动物、动物产品的。

第七十八条　违反本法规定，屠宰、经营、运输的动物未附有检疫证明，经营和运输的动物产品未附有检疫证明、检疫标志的，由动物卫生监督机构责令改正，处同类检疫合格动物、动物产品货值金额百分之十以上百分之五十以下罚款；对货主以外的承运人处运输费用1倍以上3倍以下罚款。

违反本法规定，参加展览、演出和比赛的动物未附有检疫证明的，由动物卫生监督机构责令改正，处1 000元以上3 000元以下罚款。

第七十九条　违反本法规定，转让、伪造或者变造检疫证明、检疫标志或者畜禽标识的，由动物卫生监督机构没收违法所得，收缴检疫证明、检疫标志或者畜禽标识，并处3 000元以上3万元以下罚款。

第八十条　违反本法规定，有下列行为之一的，由动物卫生监督机构责令改正，处1 000元以上1万元以下罚款：

（一）不遵守县级以上人民政府及其兽医主管部门依法做出的有关控制、扑灭动物疫病规定的；

（二）藏匿、转移、盗掘已被依法隔离、封存、处理的动物和动物产品的；

（三）发布动物疫情的。

第八十一条　违反本法规定，未取得动物诊疗许可证从事动物诊疗活动的，由动物卫生监督机构责令停止诊疗活动，没收违法所得；违法所得在3万元以上的，并处违法所得一倍以上3倍以下罚款；没有违法所得或者违法所得不足3万元的，并处3 000元以上3万元以下罚款。

动物诊疗机构违反本法规定，造成动物疫病扩散的，由动物卫生监督机构责令改正，处1万元以上5万元以下罚款；情节严重的，由发证机关吊销动物诊疗许可证。

第八十二条　违反本法规定，未经兽医执业注册从事动物诊疗活动的，由动物卫生监督机构责令停止动物诊疗活动，没收违法所得，并处1 000元以上1万元以下罚款。

执业兽医有下列行为之一的，由动物卫生监督机构给予警告，责令暂停6个月以上1年以下动物诊疗活动；情节严重的，由发证机关吊销注册证书：

（一）违反有关动物诊疗的操作技术规范，造成或者可能造成动物疫病传播、流行的；

（二）使用不符合国家规定的兽药和兽医器械的；

（三）不按照当地人民政府或者兽医主管部门要求参加动物疫病预防、控制和扑灭活动的。

第八十三条　违反本法规定，从事动物疫病研究与诊疗和动物饲养、屠宰、经营、隔离、运输，以及动物产品生产、经营、加工、贮藏等活动的单位和个人，有下列行为之一的，由动物卫生监督机构责令改正；拒不改正的，对违法行为单位处 1 000 元以上 1 万元以下罚款，对违法行为个人可以处 500 元以下罚款：

（一）不履行动物疫情报告义务的；

（二）不如实提供与动物防疫活动有关资料的；

（三）拒绝动物卫生监督机构进行监督检查的；

（四）拒绝动物疫病预防控制机构进行动物疫病监测、检测的。

第八十四条　违反本法规定，构成犯罪的，依法追究刑事责任。

违反本法规定，导致动物疫病传播、流行等，给他人人身、财产造成损害的，依法承担民事责任。

第十章　附　则

第八十五条　本法自 2008 年 1 月 1 日起施行。

《中华人民共和国畜禽遗传资源进出境和对外合作研究利用审批办法》

（2008-08-20 通过，2008-10-01 实施）

第一条　为了加强对畜禽遗传资源进出境和对外合作研究利用的管理，保护和合理利用畜禽遗传资源，防止畜禽遗传资源流失，促进畜牧业持续健康发展，根据《中华人民共和国畜牧法》，制定本办法。

第二条　从境外引进畜禽遗传资源，向境外输出或者在境内与境外机构、个人合作研究利用列入畜禽遗传资源保护名录的畜禽遗传资源，应当遵守《中华人民共和国畜牧法》，并依照本办法的规定办理审批手续。

第三条　本办法所称畜禽，是指列入依照《中华人民共和国畜牧法》第十一条规定公布的畜禽遗传资源目录的畜禽。

本办法所称畜禽遗传资源，是指畜禽及其卵子（蛋）、胚胎、精液、基因物质等遗传材料。

第四条　从境外引进畜禽遗传资源，应当具备下列条件：

（一）引进的目的明确、用途合理；

（二）符合畜禽遗传资源保护和利用规划；

（三）引进的畜禽遗传资源来自非疫区；

（四）符合进出境动植物检疫和农业转基因生物安全的有关规定，不对境内畜禽遗传资源和生态环境安全构成威胁。

第五条　拟从境外引进畜禽遗传资源的单位，应当向其所在地的省、自治区、直辖市人民政府畜牧兽医行政主管部门提出申请，并提交畜禽遗传资源买卖合同或者赠予协议。

引进种用畜禽遗传资源的，还应当提交下列资料：

（一）种畜禽生产经营许可证；

（二）出口国家或者地区法定机构出具的种畜系谱或者种禽代次证明；

（三）首次引进的，同时提交种用畜禽遗传资源的产地、分布、培育过程、生态特征、生产性能、群体存在的主要遗传缺陷和特有疾病等资料。

第六条　向境外输出列入畜禽遗传资源保护名录的畜禽遗传资源，应当具备下列条件：

（一）用途明确；

（二）符合畜禽遗传资源保护和利用规划；

（三）不对境内畜牧业生产和畜禽产品出口构成威胁；

（四）国家共享惠益方案合理。

第七条　拟向境外输出列入畜禽遗传资源保护名录的畜禽遗传资源的单位，应当向其所在地的省、自治区、直辖市人民政府畜牧兽医行政主管部门提出申请，并提交下列资料：

（一）畜禽遗传资源买卖合同或者赠予协议；

（二）与境外进口方签订的国家共享惠益方案。

第八条　在境内与境外机构、个人合作研究利用列入畜禽遗传资源保护名录的畜禽遗传资源，应当具备下列条件：

（一）研究目的、范围和合作期限明确；

（二）符合畜禽遗传资源保护和利用规划；

（三）知识产权归属明确、研究成果共享方案合理；

（四）不对境内畜禽遗传资源和生态环境安全构成威胁；

（五）国家共享惠益方案合理。

在境内与境外机构、个人合作研究利用畜禽遗传资源的单位，应当是依法取得法人资格的中方教育科研机构、中方独资企业。

第九条　拟在境内与境外机构、个人合作研究利用列入畜禽遗传资源保护名录的畜禽遗传资源的单位，应当向其所在地的省、自治区、直辖市人民政府畜牧兽医行政主管部门提出申请，并提交下列资料：

（一）项目可行性研究报告；

（二）合作研究合同；

（三）与境外合作者签订的国家共享惠益方案。

第十条　禁止向境外输出或者在境内与境外机构、个人合作研究利用我国特有的、新发现未经鉴定的畜禽遗传资源以及国务院畜牧兽医行政主管部门禁止出口的其他畜禽遗传资源。

第十一条　省、自治区、直辖市人民政府畜牧兽医行政主管部门，应当自收到畜禽遗传资源引进、输出或者对外合作研究利用申请之日起 20 个工作日内完成审核工作，并将审核意见和申请资料报国务院畜牧兽医行政主管部门审批。

第十二条　国务院畜牧兽医行政主管部门，应当自收到畜禽遗传资源引进、输出或者对外合作研究利用审核意见和申请资料之日起 20 个工作日内，对具备本办法第四条、第六条、第八条规定条件的，签发审批表；对不具备条件的，书面通知申请人，并说明理由。其中，对输出或者在境内与境外机构、个人合作研究利用列入畜禽遗传资源保护名录的畜禽遗传资源，或者首次引进畜禽遗传资源的，国务院畜牧兽医行政主管部门应当自收到审核意见和申请资料之日起 3 个工作日内，将审核意见和申请资料送国家畜禽遗传资源委员会评估或者评审。评估或者评审时间不计入审批期限。

第十三条　国务院畜牧兽医行政主管部门在 20 个工作日内不能做出审批决定的，经本部门负责人批准，可以延长 10 个工作日。延长期限的理由应当告知申请人。

第十四条　畜禽遗传资源引进、输出审批表的有效期为 6 个月；需要延续的，申请人应当在有效期届满 10 个工作日前向原审批机关申请延续。延续期不得超过 3 个月。

第十五条　从境外引进畜禽遗传资源、向境外输出列入畜禽遗传资源保护名录的畜禽遗传资源的单位，凭审批表办理检疫手续。海关凭出入境检验检疫部门出具的进出境货物通关单办理验放手续。从境外引进畜禽遗传资源、向境外输出列入畜禽遗传资源保护名录的畜禽遗传资源的单位，应当自海关放行之日起 10 个工作日内，将实际引进、输出畜禽遗传资源的数量报国务院畜牧兽医行政主管部门备案。国务院畜牧兽医行政主管部门应当定期将有关资料抄送国务院环境保护行政主管部门。

第十六条　在对外合作研究利用过程中需要更改研究目的和范围、合作期限、知识产权归属、研究成果共享方案或者国家共享惠益方案的，在境内与境外机构、个人合作研究利用列入畜禽遗传资源保护名录的畜禽遗传资源的单位，应当按照原申请程序重新办理审批手续。

第十七条　省、自治区、直辖市人民政府畜牧兽医行政主管部门应当对引进的畜禽遗传资源进行跟踪评价，组织专家对引进的畜禽遗传资源的生产性能、健康状况、适应性以及对生态环境和本地畜禽遗传资源的影响等进行测定、评估，并及时将测定、评估结果报国务院畜牧兽医行政主管部门。

发现引进的畜禽遗传资源对境内畜禽遗传资源、生态环境有危害或者可能产生危害的，国务院畜牧兽医行政主管部门应当商有关主管部门，采取相应的安全控制措施。

第十八条　在境内与境外机构、个人合作研究利用列入畜禽遗传资源保护名录的畜禽遗传资源的单位，应当于每年12月31日前，将合作研究利用畜禽遗传资源的情况报所在地的省、自治区、直辖市人民政府畜牧兽医行政主管部门。省、自治区、直辖市人民政府畜牧兽医行政主管部门应当对合作研究利用情况提出审核意见，一并报国务院畜牧兽医行政主管部门备案。

第十九条　与畜禽遗传资源引进、输出和对外合作研究利用的单位以及与境外机构或者个人有利害关系的人员，不得参与对有关申请的评估、评审以及对进境畜禽遗传资源的测定、评估工作。

第二十条　我国的畜禽遗传资源信息，包括重要的畜禽遗传家系和特定地区遗传资源及其数据、资料、样本等，未经国务院畜牧兽医行政主管部门许可，任何单位或者个人不得向境外机构和个人转让。

第二十一条　畜牧兽医行政主管部门工作人员在畜禽遗传资源引进、输出和对外合作研究利用审批过程中玩忽职守、滥用职权、徇私舞弊的，依法给予处分；构成犯罪的，依法追究刑事责任。

第二十二条　依照本办法的规定参与评估、评审、测定的专家，利用职务上的便利收取他人财物或者谋取其他利益，或者出具虚假意见的，没收违法所得，依法给予处分；构成犯罪的，依法追究刑事责任。

第二十三条　申请从境外引进畜禽遗传资源，向境外输出或者在境内与境外机构、个人合作研究利用列入畜禽遗传资源保护名录的畜禽遗传资源的单位，隐瞒有关情况或者提供虚假资料的，由省、自治区、直辖市人民政府畜牧兽医行政主管部门给予警告，3年内不再受理该单位的同类申请。

第二十四条　以欺骗、贿赂等不正当手段取得批准从境外引进畜禽遗传资源，向境外输出或者在境内与境外机构、个人合作研究利用列入畜禽遗传资源保护名录的畜禽遗传资源的，由国务院畜牧兽医行政主管部门撤销批准决定，没收有关畜禽遗传资源和违法所得，并处以1万元以上5万元以下罚款，10年内不再受理该单位的同类申请；构成犯罪的，依法追究刑事责任。

第二十五条　未经审核批准，从境外引进畜禽遗传资源，或者在境内与境外机构、个人合作研究利用列入畜禽遗传资源保护名录的畜禽遗传资源，或者在境内与境外机构、个人合作研究利用未经国家畜禽遗传资源委员会鉴定的新发现的畜禽遗传资源的，依照《中华人民共和国畜牧法》的有关规定追究法律责任。

第二十六条　未经审核批准，向境外输出列入畜禽遗传资源保护名录的畜禽遗传资源的，依照《中华人民共和国海关法》的有关规定追究法律责任。海关应当将扣留的畜禽遗传资源移送省、自治区、直辖市人民政府畜牧兽医行政主管部门处理。

第二十七条　向境外输出或者在境内与境外机构、个人合作研究利用列入畜禽遗传资源保护名录的畜禽遗传资源，违反国家保密规定的，依照《中华人民共和国保守国家秘密法》的有关规定追究法律责任。

第二十八条　本办法自2008年10月1日起施行。

《饲料和饲料添加剂管理条例》

（2011-10-26 通过，2012-05-01 实施）

第一章　总　　则

第一条　为了加强对饲料、饲料添加剂的管理，提高饲料、饲料添加剂的质量，保障动物产品质量安全，维护公众健康，制定本条例。

第二条　本条例所称饲料，是指经工业化加工、制作的供动物食用的产品，包括单一饲料、添加剂预混合饲料、浓缩饲料、配合饲料和精料补充料。

本条例所称饲料添加剂，是指在饲料加工、制作、使用过程中添加的少量或者微量物质，包括营养性饲料添加剂和一般饲料添加剂。

饲料原料目录和饲料添加剂品种目录由国务院农业行政主管部门制定并公布。

第三条　国务院农业行政主管部门负责全国饲料、饲料添加剂的监督管理工作。

县级以上地方人民政府负责饲料、饲料添加剂管理的部门（以下简称饲料管理部门），负责本行政区域饲料、饲料添加剂的监督管理工作。

第四条　县级以上地方人民政府统一领导本行政区域饲料、饲料添加剂的监督管理工作，建立健全监督管理机制，保障监督管理工作的开展。

第五条　饲料、饲料添加剂生产企业、经营者应当建立健全质量安全制度，对其生产、经营的饲料、饲料添加剂的质量安全负责。

第六条　任何组织或者个人有权举报在饲料、饲料添加剂生产、经营、使用过程中违反本条例的行为，有权对饲料、饲料添加剂监督管理工作提出意见和建议。

第二章　审定和登记

第七条　国家鼓励研制新饲料、新饲料添加剂。

研制新饲料、新饲料添加剂，应当遵循科学、安全、有效、环保的原则，保证新饲料、新饲料添加剂的质量安全。

第八条　研制的新饲料、新饲料添加剂投入生产前，研制者或者生产企业应当向国务院农业行政主管部门提出审定申请，并提供该新饲料、新饲料添加剂的样品和下列资料：

（一）名称、主要成分、理化性质、研制方法、生产工艺、质量标准、检测方法、检验报告、稳定性试验报告、环境影响报告和污染防治措施；

（二）国务院农业行政主管部门指定的试验机构出具的该新饲料、新饲料添加剂的饲喂效果、残留消解动态以及毒理学安全性评价报告。

申请新饲料添加剂审定的，还应当说明该新饲料添加剂的添加目的、使用方法，并提供该饲料添加剂残留可能对人体健康造成影响的分析评价报告。

第九条　国务院农业行政主管部门应当自受理申请之日起 5 个工作日内，将新饲料、新饲料添加剂的样品和申请资料交全国饲料评审委员会，对该新饲料、新饲料添加剂的安全性、有效性及其对环境的影响进行评审。

全国饲料评审委员会由养殖、饲料加工、动物营养、毒理、药理、代谢、卫生、化工合成、生物技术、质量标准、环境保护、食品安全风险评估等方面的专家组成。全国饲料评审委员会对新饲料、新饲料添加剂的评审采取评审会议的形式，评审会议应当有9名以上全国饲料评审委员会专家参加，根据需要也可以邀请1～2名全国饲料评审委员会专家以外的专家参加，参加评审的专家对评审事项具有表决权。评审会议应当形成评审意见和会议纪要，并由参加评审的专家审核签字；有不同意见的，应当注明。参加评审的专家应当依法公平、公正履行职责，对评审资料保密，存在回避事由的，应当主动回避。

全国饲料评审委员会应当自收到新饲料、新饲料添加剂的样品和申请资料之日起9个月内出具评审结果并提交国务院农业行政主管部门；但是，全国饲料评审委员会决定由申请人进行相关试验的，经国务院农业行政主管部门同意，评审时间可以延长3个月。

国务院农业行政主管部门应当自收到评审结果之日起10个工作日内做出是否核发新饲料、新饲料添加剂证书的决定；决定不予核发的，应当书面通知申请人并说明理由。

第十条　国务院农业行政主管部门核发新饲料、新饲料添加剂证书，应当同时按照职责权限公布该新饲料、新饲料添加剂的产品质量标准。

第十一条　新饲料、新饲料添加剂的监测期为5年。新饲料、新饲料添加剂处于监测期的，不受理其他就该新饲料、新饲料添加剂的生产申请和进口登记申请，但超过3年不投入生产的除外。

生产企业应当收集处于监测期的新饲料、新饲料添加剂的质量稳定性及其对动物产品质量安全的影响等信息，并向国务院农业行政主管部门报告；国务院农业行政主管部门应当对新饲料、新饲料添加剂的质量安全状况组织跟踪监测，证实其存在安全问题的，应当撤销新饲料、新饲料添加剂证书并予以公告。

第十二条　向中国出口中国境内尚未使用但出口国已经批准生产和使用的饲料、饲料添加剂的，应当委托中国境内代理机构向国务院农业行政主管部门申请登记，并提供该饲料、饲料添加剂的样品和下列资料：

（一）商标、标签和推广应用情况；

（二）生产地批准生产、使用的证明和生产地以外其他国家、地区的登记资料；

（三）主要成分、理化性质、研制方法、生产工艺、质量标准、检测方法、检验报告、稳定性试验报告、环境影响报告和污染防治措施；

（四）国务院农业行政主管部门指定的试验机构出具的该饲料、饲料添加剂的饲喂效果、残留消解动态以及毒理学安全性评价报告。

申请饲料添加剂进口登记的，还应当说明该饲料添加剂的添加目的、使用方法，并提供该饲料添加剂残留可能对人体健康造成影响的分析评价报告。

国务院农业行政主管部门应当依照本条例第九条规定的新饲料、新饲料添加剂的评审程序组织评审，并决定是否核发饲料、饲料添加剂进口登记证。

首次向中国出口中国境内已经使用且出口国已经批准生产和使用的饲料、饲料添加剂的，应当依照本条第一款、第二款的规定申请登记。国务院农业行政主管部门应当自受理申请之日起10个工作日内对申请资料进行审查；审查合格的，将样品交由指定的机构进行复核检测；复核检测合格的，国务院农业行政主管部门应当在10个工作日内核发饲料、饲料添加剂进口登记证。

饲料、饲料添加剂进口登记证有效期为5年。进口登记证有效期满需要继续向中国出口饲料、饲料添加剂的,应当在有效期届满6个月前申请续展。

禁止进口未取得饲料、饲料添加剂进口登记证的饲料、饲料添加剂。

第十三条 国家对已经取得新饲料、新饲料添加剂证书或者饲料、饲料添加剂进口登记证的、含有新化合物的饲料、饲料添加剂的申请人提交的其自己所取得且未披露的试验数据和其他数据实施保护。

自核发证书之日起6年内,对其他申请人未经已取得新饲料、新饲料添加剂证书或者饲料、饲料添加剂进口登记证的申请人同意,使用前款规定的数据申请新饲料、新饲料添加剂审定或者饲料、饲料添加剂进口登记的,国务院农业行政主管部门不予审定或者登记;但是,其他申请人提交其自己所取得的数据的除外。

除下列情形外,国务院农业行政主管部门不得披露本条第一款规定的数据:

(一)公共利益需要;

(二)已采取措施确保该类信息不会被不正当地进行商业使用。

第三章 生产、经营和使用

第十四条 设立饲料、饲料添加剂生产企业,应当符合饲料工业发展规划和产业政策,并具备下列条件:

(一)有与生产饲料、饲料添加剂相适应的厂房、设备和仓储设施;

(二)有与生产饲料、饲料添加剂相适应的专职技术人员;

(三)有必要的产品质量检验机构、人员、设施和质量管理制度;

(四)有符合国家规定的安全、卫生要求的生产环境;

(五)有符合国家环境保护要求的污染防治措施;

(六)国务院农业行政主管部门制定的饲料、饲料添加剂质量安全管理规范规定的其他条件。

第十五条 申请设立饲料添加剂、添加剂预混合饲料生产企业,申请人应当向省、自治区、直辖市人民政府饲料管理部门提出申请。省、自治区、直辖市人民政府饲料管理部门应当自受理申请之日起20个工作日内进行书面审查和现场审核,并将相关资料和审查、审核意见上报国务院农业行政主管部门。国务院农业行政主管部门收到资料和审查、审核意见后应当组织评审,根据评审结果在10个工作日内做出是否核发生产许可证的决定,并将决定抄送省、自治区、直辖市人民政府饲料管理部门。

申请设立其他饲料生产企业,申请人应当向省、自治区、直辖市人民政府饲料管理部门提出申请。省、自治区、直辖市人民政府饲料管理部门应当自受理申请之日起10个工作日内进行书面审查;审查合格的,组织进行现场审核,并根据审核结果在10个工作日内做出是否核发生产许可证的决定。

申请人凭生产许可证办理工商登记手续。

生产许可证有效期为5年。生产许可证有效期满需要继续生产饲料、饲料添加剂的,应当在有效期届满6个月前申请续展。

第十六条 饲料添加剂、添加剂预混合饲料生产企业取得国务院农业行政主管部门核发的生产许可证后，由省、自治区、直辖市人民政府饲料管理部门按照国务院农业行政主管部门的规定，核发相应的产品批准文号。

第十七条 饲料、饲料添加剂生产企业应当按照国务院农业行政主管部门的规定和有关标准，对采购的饲料原料、单一饲料、饲料添加剂、药物饲料添加剂、添加剂预混合饲料和用于饲料添加剂生产的原料进行查验或者检验。

饲料生产企业使用限制使用的饲料原料、单一饲料、饲料添加剂、药物饲料添加剂、添加剂预混合饲料生产饲料的，应当遵守国务院农业行政主管部门的限制性规定。禁止使用国务院农业行政主管部门公布的饲料原料目录、饲料添加剂品种目录和药物饲料添加剂品种目录以外的任何物质生产饲料。

饲料、饲料添加剂生产企业应当如实记录采购的饲料原料、单一饲料、饲料添加剂、药物饲料添加剂、添加剂预混合饲料和用于饲料添加剂生产的原料的名称、产地、数量、保质期、许可证明文件编号、质量检验信息、生产企业名称或者供货者名称及其联系方式、进货日期等。记录保存期限不得少于 2 年。

第十八条 饲料、饲料添加剂生产企业，应当按照产品质量标准以及国务院农业行政主管部门制定的饲料、饲料添加剂质量安全管理规范和饲料添加剂安全使用规范组织生产，对生产过程实施有效控制并实行生产记录和产品留样观察制度。

第十九条 饲料、饲料添加剂生产企业应当对生产的饲料、饲料添加剂进行产品质量检验；检验合格的，应当附具产品质量检验合格证。未经产品质量检验、检验不合格或者未附具产品质量检验合格证的，不得出厂销售。

饲料、饲料添加剂生产企业应当如实记录出厂销售的饲料、饲料添加剂的名称、数量、生产日期、生产批次、质量检验信息、购货者名称及其联系方式、销售日期等。记录保存期限不得少于 2 年。

第二十条 出厂销售的饲料、饲料添加剂应当包装，包装应当符合国家有关安全、卫生的规定。

饲料生产企业直接销售给养殖者的饲料可以使用罐装车运输。罐装车应当符合国家有关安全、卫生的规定，并随罐装车附具符合本条例第二十一条规定的标签。

易燃或者其他特殊的饲料、饲料添加剂的包装应当有警示标志或者说明，并注明储运注意事项。

第二十一条 饲料、饲料添加剂的包装上应当附具标签。标签应当以中文或者适用符号标明产品名称、原料组成、产品成分分析保证值、净重或者净含量、贮存条件、使用说明、注意事项、生产日期、保质期、生产企业名称以及地址、许可证明文件编号和产品质量标准等。加入药物饲料添加剂的，还应当标明“加入药物饲料添加剂”字样，并标明其通用名称、含量和休药期。乳和乳制品以外的动物源性饲料，还应当标明“本产品不得饲喂反刍动物”字样。

第二十二条 饲料、饲料添加剂经营者应当符合下列条件：

（一）有与经营饲料、饲料添加剂相适应的经营场所和仓储设施；

（二）有具备饲料、饲料添加剂使用、贮存等知识的技术人员；

（三）有必要的产品质量管理和安全管理制度。

第二十三条 饲料、饲料添加剂经营者进货时应当查验产品标签、产品质量检验合格证和相应的许可证明文件。

饲料、饲料添加剂经营者不得对饲料、饲料添加剂进行拆包、分装，不得对饲料、饲料添加剂进行再加工或者添加任何物质。

禁止经营用国务院农业行政主管部门公布的饲料原料目录、饲料添加剂品种目录和药物饲料添加剂品种目录以外的任何物质生产的饲料。

饲料、饲料添加剂经营者应当建立产品购销台账，如实记录购销产品的名称、许可证明文件编号、规格、数量、保质期、生产企业名称或者供货者名称及其联系方式、购销时间等。购销台账保存期限不得少于2年。

第二十四条　向中国出口的饲料、饲料添加剂应当包装，包装应当符合中国有关安全、卫生的规定，并附具符合本条例第二十一条规定的标签。

向中国出口的饲料、饲料添加剂应当符合中国有关检验检疫的要求，由出入境检验检疫机构依法实施检验检疫，并对其包装和标签进行核查。包装和标签不符合要求的，不得入境。

境外企业不得直接在中国销售饲料、饲料添加剂。境外企业在中国销售饲料、饲料添加剂的，应当依法在中国境内设立销售机构或者委托符合条件的中国境内代理机构销售。

第二十五条　养殖者应当按照产品使用说明和注意事项使用饲料。在饲料或者动物饮用水中添加饲料添加剂的，应当符合饲料添加剂使用说明和注意事项的要求，遵守国务院农业行政主管部门制定的饲料添加剂安全使用规范。

养殖者使用自行配制的饲料的，应当遵守国务院农业行政主管部门制定的自行配制饲料使用规范，并不得对外提供自行配制的饲料。

使用限制使用的物质养殖动物的，应当遵守国务院农业行政主管部门的限制性规定。禁止在饲料、动物饮用水中添加国务院农业行政主管部门公布禁用的物质以及对人体具有直接或者潜在危害的其他物质，或者直接使用上述物质养殖动物。禁止在反刍动物饲料中添加乳和乳制品以外的动物源性成分。

第二十六条　国务院农业行政主管部门和县级以上地方人民政府饲料管理部门应当加强饲料、饲料添加剂质量安全知识的宣传，提高养殖者的质量安全意识，指导养殖者安全、合理使用饲料、饲料添加剂。

第二十七条　饲料、饲料添加剂在使用过程中被证实对养殖动物、人体健康或者环境有害的，由国务院农业行政主管部门决定禁用并予以公布。

第二十八条　饲料、饲料添加剂生产企业发现其生产的饲料、饲料添加剂对养殖动物、人体健康有害或者存在其他安全隐患的，应当立即停止生产，通知经营者、使用者，向饲料管理部门报告，主动召回产品，并记录召回和通知情况。召回的产品应当在饲料管理部门监督下予以无害化处理或者销毁。

饲料、饲料添加剂经营者发现其销售的饲料、饲料添加剂具有前款规定情形的，应当立即停止销售，通知生产企业、供货者和使用者，向饲料管理部门报告，并记录通知情况。

养殖者发现其使用的饲料、饲料添加剂具有本条第一款规定情形的，应当立即停止使用，通知供货者，并向饲料管理部门报告。

第二十九条　禁止生产、经营、使用未取得新饲料、新饲料添加剂证书的新饲料、新饲料添加剂以及禁用的饲料、饲料添加剂。

禁止经营、使用无产品标签、无生产许可证、无产品质量标准、无产品质量检验合格证的饲料、饲料添加剂。禁止经营、使用无产品批准文号的饲料添加剂、添加剂预混合饲料。禁止经营、使用未取得饲料、饲料添加剂进口登记证的进口饲料、进口饲料添加剂。

第三十条　禁止对饲料、饲料添加剂作具有预防或者治疗动物疾病作用的说明或者宣传。但是，饲料中添加药物饲料添加剂的，可以对所添加的药物饲料添加剂的作用加以说明。

第三十一条　国务院农业行政主管部门和省、自治区、直辖市人民政府饲料管理部门应当按照职责权限对全国或者本行政区域饲料、饲料添加剂的质量安全状况进行监测，并根据监测情况发布饲料、饲料添加剂质量安全预警信息。

第三十二条　国务院农业行政主管部门和县级以上地方人民政府饲料管理部门，应当根据需要定期或者不定期组织实施饲料、饲料添加剂监督抽查；饲料、饲料添加剂监督抽查检测工作由国务院农业行政主管部门或者省、自治区、直辖市人民政府饲料管理部门指定的具有相应技术条件的机构承担。饲料、饲料添加剂监督抽查不得收费。

国务院农业行政主管部门和省、自治区、直辖市人民政府饲料管理部门应当按照职责权限公布监督抽查结果，并可以公布具有不良记录的饲料、饲料添加剂生产企业、经营者名单。

第三十三条　县级以上地方人民政府饲料管理部门应当建立饲料、饲料添加剂监督管理档案，记录日常监督检查、违法行为查处等情况。

第三十四条　国务院农业行政主管部门和县级以上地方人民政府饲料管理部门在监督检查中可以采取下列措施：

（一）对饲料、饲料添加剂生产、经营、使用场所实施现场检查；

（二）查阅、复制有关合同、票据、账簿和其他相关资料；

（三）查封、扣押有证据证明用于违法生产饲料的饲料原料、单一饲料、饲料添加剂、药物饲料添加剂、添加剂预混合饲料，用于违法生产饲料添加剂的原料，用于违法生产饲料、饲料添加剂的工具、设施，违法生产、经营、使用的饲料、饲料添加剂；

（四）查封违法生产、经营饲料、饲料添加剂的场所。

第四章　法律责任

第三十五条　国务院农业行政主管部门、县级以上地方人民政府饲料管理部门或者其他依照本条例规定行使监督管理权的部门及其工作人员，不履行本条例规定的职责或者滥用职权、玩忽职守、徇私舞弊的，对直接负责的主管人员和其他直接责任人员，依法给予处分；直接负责的主管人员和其他直接责任人员构成犯罪的，依法追究刑事责任。

第三十六条　提供虚假的资料、样品或者采取其他欺骗方式取得许可证明文件的，由发证机关撤销相关许可证明文件，处5万元以上10万元以下罚款，申请人3年内不得就同一事项申请行政许可。以欺骗方式取得许可证明文件给他人造成损失的，依法承担赔偿责任。

第三十七条　假冒、伪造或者买卖许可证明文件的，由国务院农业行政主管部门或者县级以上地方人民政府饲料管理部门按照职责权限收缴或者吊销、撤销相关许可证明文件；构成犯罪的，依法追究刑事责任。

第三十八条　未取得生产许可证生产饲料、饲料添加剂的，由县级以上地方人民政府饲料管理部门责令停止生产，没收违法所得、违法生产的产品和用于违法生产饲料的饲料原料、单一饲料、饲料添加剂、药物饲料添加剂、添加剂预混合饲料以及用于违法生产饲料添加剂的原料，违法生产的产品货值金额不足1万元的，并处1万元以上5万元以下罚款，货值金额1万元以上的，并处货值金额5倍以上10倍以下罚款；情节严重的，没收其生产设备，生产企业的主要负责人和直接负责的主管人员10年内不得从事饲料、饲料添加剂生产、经营活动。

已经取得生产许可证，但不再具备本条例第十四条规定的条件而继续生产饲料、饲料添加剂的，由县级以上地方人民政府饲料管理部门责令停止生产、限期改正，并处1万元以上5万元以下罚款；逾期不改正的，由发证机关吊销生产许可证。

已经取得生产许可证，但未取得产品批准文号而生产饲料添加剂、添加剂预混合饲料的，由县级以上地方人民政府饲料管理部门责令停止生产，没收违法所得、违法生产的产品和用于违法生产饲料的饲料原料、单一饲料、饲料添加剂、药物饲料添加剂以及用于违法生产饲料添加剂的原料，限期补办产品批准文号，并处违法生产的产品货值金额1倍以上3倍以下罚款；情节严重的，由发证机关吊销生产许可证。

第三十九条　饲料、饲料添加剂生产企业有下列行为之一的，由县级以上地方人民政府饲料管理部门责令改正，没收违法所得、违法生产的产品和用于违法生产饲料的饲料原料、单一饲料、饲料添加剂、药物饲料添加剂、添加剂预混合饲料以及用于违法生产饲料添加剂的原料，违法生产的产品货值金额不足1万元的，并处1万元以上5万元以下罚款，货值金额1万元以上的，并处货值金额5倍以上10倍以下罚款；情节严重的，由发证机关吊销、撤销相关许可证明文件，生产企业的主要负责人和直接负责的主管人员10年内不得从事饲料、饲料添加剂生产、经营活动；构成犯罪的，依法追究刑事责任：

（一）使用限制使用的饲料原料、单一饲料、饲料添加剂、药物饲料添加剂、添加剂预混合饲料生产饲料，不遵守国务院农业行政主管部门的限制性规定的；

（二）使用国务院农业行政主管部门公布的饲料原料目录、饲料添加剂品种目录和药物饲料添加剂品种目录以外的物质生产饲料的；

（三）生产未取得新饲料、新饲料添加剂证书的新饲料、新饲料添加剂或者禁用的饲料、饲料添加剂的。

第四十条　饲料、饲料添加剂生产企业有下列行为之一的，由县级以上地方人民政府饲料管理部门责令改正，处1万元以上2万元以下罚款；拒不改正的，没收违法所得、违法生产的产品和用于违法生产饲料的饲料原料、单一饲料、饲料添加剂、药物饲料添加剂、添加剂预混合饲料以及用于违法生产饲料添加剂的原料，并处5万元以上10万元以下罚款；情节严重的，责令停止生产，可以由发证机关吊销、撤销相关许可证明文件：

（一）不按照国务院农业行政主管部门的规定和有关标准对采购的饲料原料、单一饲料、饲料添加剂、药物饲料添加剂、添加剂预混合饲料和用于饲料添加剂生产的原料进行查验或者检验的；

（二）饲料、饲料添加剂生产过程中不遵守国务院农业行政主管部门制定的饲料、饲料添加剂质量安全管理规范和饲料添加剂安全使用规范的；

（三）生产的饲料、饲料添加剂未经产品质量检验的。

第四十一条　饲料、饲料添加剂生产企业不依照本条例规定实行采购、生产、销售记录制度或者产品留样观察制度的，由县级以上地方人民政府饲料管理部门责令改正，处1万元以上2万元以下罚款；拒不改正的，没收违法所得、违法生产的产品和用于违法生产饲料的饲料原料、单一饲料、饲料添加剂、药物饲料添加剂、添加剂预混合饲料以及用于违法生产饲料添加剂的原料，处2万元以上5万元以下罚款，并可以由发证机关吊销、撤销相关许可证明文件。

饲料、饲料添加剂生产企业销售的饲料、饲料添加剂未附具产品质量检验合格证或者包装、标签不符合规定的，由县级以上地方人民政府饲料管理部门责令改正；情节严重的，没收违法所得和违法销售的产品，可以处违法销售的产品货值金额30%以下罚款。

第四十二条　不符合本条例第二十二条规定的条件经营饲料、饲料添加剂的，由县级人民政府饲料管理部门责令限期改正；逾期不改正的，没收违法所得和违法经营的产品，违法经营的产品货值金额不足1万元的，并处2 000元以上2万元以下罚款，货值金额1万元以上的，并处货值金额2倍以上5倍以下罚款；情节严重的，责令停止经营，并通知工商行政管理部门，由工商行政管理部门吊销营业执照。

第四十三条　饲料、饲料添加剂经营者有下列行为之一的，由县级人民政府饲料管理部门责令改正，没收违法所得和违法经营的产品，违法经营的产品货值金额不足1万元的，并处2 000元以上2万元以下罚款，货值金额1万元以上的，并处货值金额2倍以上5倍以下罚款；情节严重的，责令停止经营，并通知工商行政管理部门，由工商行政管理部门吊销营业执照；构成犯罪的，依法追究刑事责任：

(一)对饲料、饲料添加剂进行再加工或者添加物质的；

(二)经营无产品标签、无生产许可证、无产品质量检验合格证的饲料、饲料添加剂的；

(三)经营无产品批准文号的饲料添加剂、添加剂预混合饲料的；

(四)经营用国务院农业行政主管部门公布的饲料原料目录、饲料添加剂品种目录和药物饲料添加剂品种目录以外的物质生产的饲料的；

(五)经营未取得新饲料、新饲料添加剂证书的新饲料、新饲料添加剂或者未取得饲料、饲料添加剂进口登记证的进口饲料、进口饲料添加剂以及禁用的饲料、饲料添加剂的。

第四十四条　饲料、饲料添加剂经营者有下列行为之一的，由县级人民政府饲料管理部门责令改正，没收违法所得和违法经营的产品，并处2 000元以上1万元以下罚款：

(一)对饲料、饲料添加剂进行拆包、分装的；

(二)不依照本条例规定实行产品购销台账制度的；

(三)经营的饲料、饲料添加剂失效、霉变或者超过保质期的。

第四十五条　对本条例第二十八条规定的饲料、饲料添加剂，生产企业不主动召回的，由县级以上地方人民政府饲料管理部门责令召回，并监督生产企业对召回的产品予以无害化处理或者销毁；情节严重的，没收违法所得，并处应召回的产品货值金额1倍以上3倍以下罚款，可以由发证机关吊销、撤销相关许可证明文件；生产企业对召回的产品不予以无害化处理或者销毁的，由县级人民政府饲料管理部门代为销毁，所需费用由生产企业承担。

对本条例第二十八条规定的饲料、饲料添加剂，经营者不停止销售的，由县级以上地方人民政府饲料管理部门责令停止销售；拒不停止销售的，没收违法所得，处1 000元以上5万元以下罚款；情节严重的，责令停止经营，并通知工商行政管理部门，由工商行政管理部门吊销营业执照。

第四十六条　饲料、饲料添加剂生产企业、经营者有下列行为之一的，由县级以上地方人民政府饲料管理部门责令停止生产、经营，没收违法所得和违法生产、经营的产品，违法生产、经营的产品货值金额不足1万元的，并处2 000元以上2万元以下罚款，货值金额1万元以上的，并处货值金额2倍以上5倍以下罚款；构成犯罪的，依法追究刑事责任：

(一)在生产、经营过程中，以非饲料、非饲料添加剂冒充饲料、饲料添加剂或者以此种饲料、饲料添加剂冒充他种饲料、饲料添加剂的；

（二）生产、经营无产品质量标准或者不符合产品质量标准的饲料、饲料添加剂的；

（三）生产、经营的饲料、饲料添加剂与标签标示的内容不一致的。

饲料、饲料添加剂生产企业有前款规定的行为，情节严重的，由发证机关吊销、撤销相关许可证明文件；饲料、饲料添加剂经营者有前款规定的行为，情节严重的，通知工商行政管理部门，由工商行政管理部门吊销营业执照。

第四十七条　养殖者有下列行为之一的，由县级人民政府饲料管理部门没收违法使用的产品和非法添加物质，对单位处1万元以上5万元以下罚款，对个人处5 000元以下罚款；构成犯罪的，依法追究刑事责任：

（一）使用未取得新饲料、新饲料添加剂证书的新饲料、新饲料添加剂或者未取得饲料、饲料添加剂进口登记证的进口饲料、进口饲料添加剂的；

（二）使用无产品标签、无生产许可证、无产品质量标准、无产品质量检验合格证的饲料、饲料添加剂的；

（三）使用无产品批准文号的饲料添加剂、添加剂预混合饲料的；

（四）在饲料或者动物饮用水中添加饲料添加剂，不遵守国务院农业行政主管部门制定的饲料添加剂安全使用规范的；

（五）使用自行配制的饲料，不遵守国务院农业行政主管部门制定的自行配制饲料使用规范的；

（六）使用限制使用的物质养殖动物，不遵守国务院农业行政主管部门的限制性规定的；

（七）在反刍动物饲料中添加乳和乳制品以外的动物源性成分的。

在饲料或者动物饮用水中添加国务院农业行政主管部门公布禁用的物质以及对人体具有直接或者潜在危害的其他物质，或者直接使用上述物质养殖动物的，由县级以上地方人民政府饲料管理部门责令其对饲喂了违禁物质的动物进行无害化处理，处3万元以上10万元以下罚款；构成犯罪的，依法追究刑事责任。

第四十八条　养殖者对外提供自行配制的饲料的，由县级人民政府饲料管理部门责令改正，处2 000元以上2万元以下罚款。

第五章　附　　则

第四十九条　本条例下列用语的含义：

（一）饲料原料，是指来源于动物、植物、微生物或者矿物质，用于加工制作饲料但不属于饲料添加剂的饲用物质。

（二）单一饲料，是指来源于一种动物、植物、微生物或者矿物质，用于饲料产品生产的饲料。

（三）添加剂预混合饲料，是指由两种（类）或者两种（类）以上营养性饲料添加剂为主，与载体或者稀释剂按照一定比例配制的饲料，包括复合预混合饲料、微量元素预混合饲料、维生素预混合饲料。

（四）浓缩饲料，是指主要由蛋白质、矿物质和饲料添加剂按照一定比例配制的饲料。

（五）配合饲料，是指根据养殖动物营养需要，将多种饲料原料和饲料添加剂按照一定比例配制的饲料。

（六）精料补充料，是指为补充草食动物的营养，将多种饲料原料和饲料添加剂按照一定比例配制的饲料。

（七）营养性饲料添加剂，是指为补充饲料营养成分而掺入饲料中的少量或者微量物质，包括饲料级氨基酸、维生素、矿物质微量元素、酶制剂、非蛋白氮等。

（八）一般饲料添加剂，是指为保证或者改善饲料品质、提高饲料利用率而掺入饲料中的少量或者微量物质。

（九）药物饲料添加剂，是指为预防、治疗动物疾病而掺入载体或者稀释剂的兽药的预混合物质。

（十）许可证明文件，是指新饲料、新饲料添加剂证书，饲料、饲料添加剂进口登记证，饲料、饲料添加剂生产许可证，饲料添加剂、添加剂预混合饲料产品批准文号。

第五十条　药物饲料添加剂的管理，依照《兽药管理条例》的规定执行。

第五十一条　本条例自 2012 年 5 月 1 日起施行。

《国务院关于加强食品等产品安全监督管理的特别规定》

（2007-07-25 通过，2007-07-26 实施）

第一条　为了加强食品等产品安全监督管理，进一步明确生产经营者、监督管理部门和地方人民政府的责任，加强各监督管理部门的协调、配合，保障人体健康和生命安全，制定本规定。

第二条　本规定所称产品除食品外，还包括食用农产品、药品等与人体健康和生命安全有关的产品。

对产品安全监督管理，法律有规定的，适用法律规定；法律没有规定或者规定不明确的，适用本规定。

第三条　生产经营者应当对其生产、销售的产品安全负责，不得生产、销售不符合法定要求的产品。

依照法律、行政法规规定生产、销售产品需要取得许可证照或者需要经过认证的，应当按照法定条件、要求从事生产经营活动。不按照法定条件、要求从事生产经营活动或者生产、销售不符合法定要求产品的，由农业、卫生、质检、商务、工商、药品等监督管理部门依据各自职责，没收违法所得、产品和用于违法生产的工具、设备、原材料等物品，货值金额不足 5 000 元的，并处 5 万元罚款；货值金额 5 000 元以上不足 1 万元的，并处 10 万元罚款；货值金额 1 万元以上的，并处货值金额 10 倍以上 20 倍以下的罚款；造成严重后果的，由原发证部门吊销许可证照；构成非法经营罪或者生产、销售伪劣商品罪等犯罪的，依法追究刑事责任。

生产经营者不再符合法定条件、要求，继续从事生产经营活动的，由原发证部门吊销许可证照，并在当地主要媒体上公告被吊销许可证照的生产经营者名单；构成非法经营罪或者生产、销售伪劣商品罪等犯罪的，依法追究刑事责任。

依法应当取得许可证照而未取得许可证照从事生产经营活动的，由农业、卫生、质检、商务、工商、药品等监督管理部门依据各自职责，没收违法所得、产品和用于违法生产的工具、设备、原材料等物品，货值金额不足 1 万元的，并处 10 万元罚款；货值金额 1 万元以上的，并处货值金额 10 倍以上 20 倍以下的罚款；构成非法经营罪的，依法追究刑事责任。

有关行业协会应当加强行业自律，监督生产经营者的生产经营活动；加强公众健康知识的普及、宣传，引导消费者选择合法生产经营者生产、销售的产品以及有合法标识的产品。

第四条　生产者生产产品所使用的原料、辅料、添加剂、农业投入品，应当符合法律、行政法规的规定和国家强制性标准。

违反前款规定，违法使用原料、辅料、添加剂、农业投入品的，由农业、卫生、质检、商务、药品等监督管理部门依据各自职责没收违法所得，货值金额不足 5 000 元的，并处 2 万元罚款；货值金额 5 000 元以上不足 1 万元的，并处 5 万元罚款；货值金额 1 万元以上的，并处货值金额 5 倍以上 10 倍以下的罚款；造成严重后果的，由原发证部门吊销许可证照；构成生产、销售伪劣商品罪的，依法追究刑事责任。

第五条　销售者必须建立并执行进货检查验收制度，审验供货商的经营资格，验明产品合格证明和产品标识，并建立产品进货台账，如实记录产品名称、规格、数量、供货商及其联系方式、进货时间等内容。从事产品批发业务的销售企业应当建立产品销售台账，如实记录批发的产品品种、规格、数量、流向等内容。在产品集中交易场所销售自制产品的生产企业应当比照从事产品批发业务的销售企业的规定，履行建立产品销售台账的义务。进货台账和销售台账保存期限不得少于 2 年。销售者应当向供货商按照产品生产批次索要符合法定条件的检验机构出具的检验报告或者由供货商签字或者盖章的检验报告复印件；不能提供检验报告或者检验报告复印件的产品，不得销售。

违反前款规定的，由工商、药品监督管理部门依据各自职责责令停止销售；不能提供检验报告或者检验报告复印件销售产品的，没收违法所得和违法销售的产品，并处货值金额 3 倍的罚款；造成严重后果的，由原发证部门吊销许可证照。

第六条　产品集中交易市场的开办企业、产品经营柜台出租企业、产品展销会的举办企业，应当审查入场销售者的经营资格，明确入场销售者的产品安全管理责任，定期对入场销售者的经营环境、条件、内部安全管理制度和经营产品是否符合法定要求进行检查，发现销售不符合法定要求产品或者其他违法行为的，应当及时制止并立即报告所在地工商行政管理部门。

违反前款规定的，由工商行政管理部门处以 1 000 元以上 5 万元以下的罚款；情节严重的，责令停业整顿；造成严重后果的，吊销营业执照。

第七条　出口产品的生产经营者应当保证其出口产品符合进口国(地区)的标准或者合同要求。法律规定产品必须经过检验方可出口的，应当经符合法律规定的机构检验合格。

出口产品检验人员应当依照法律、行政法规规定和有关标准、程序、方法进行检验，对其出具的检验证单等负责。

出入境检验检疫机构和商务、药品等监督管理部门应当建立出口产品的生产经营者良好记录和不良记录，并予以公布。对有良好记录的出口产品的生产经营者，简化检验检疫手续。

出口产品的生产经营者逃避产品检验或者弄虚作假的，由出入境检验检疫机构和药品监督管理部门依据各自职责，没收违法所得和产品，并处货值金额 3 倍的罚款；构成犯罪的，依法追究刑事责任。

第八条　进口产品应当符合我国国家技术规范的强制性要求以及我国与出口国(地区)签订的协议规定的检验要求。

质检、药品监督管理部门依据生产经营者的诚信度和质量管理水平以及进口产品风险评估的结果，对进口产品实施分类管理，并对进口产品的收货人实施备案管理。进口产品的收货人应当如实记录进口产品流向。记录保存期限不得少于 2 年。

质检、药品监督管理部门发现不符合法定要求产品时，可以将不符合法定要求产品的进货人、报检人、代理人列入不良记录名单。进口产品的进货人、销售者弄虚作假的，由质检、药品监督管理部门依据各自职责，没收违法所得和产品，并处货值金额 3 倍的罚款；构成犯罪的，依法追究刑事责任。进口产品的报检人、代理人弄虚作假的，取消报检资格，并处货值金额等值的罚款。

第九条　生产企业发现其生产的产品存在安全隐患，可能对人体健康和生命安全造成损害的，应当向社会公布有关信息，通知销售者停止销售，告知消费者停止使用，主动召回产品，并向有关监督管理部门报告；销售者应当立即停止销售该产品。销售者发现其销售的产品存在安全隐患，可能对人体健康和生命安全造成损害的，应当立即停止销售该产品，通知生产企业或者供货商，并向有关监督管理部门报告。

生产企业和销售者不履行前款规定义务的，由农业、卫生、质检、商务、工商、药品等监督管理部门依据各自职责，责令生产企业召回产品、销售者停止销售，对生产企业并处货值金额3倍的罚款，对销售者并处1 000元以上5万元以下的罚款；造成严重后果的，由原发证部门吊销许可证照。

第十条　县级以上地方人民政府应当将产品安全监督管理纳入政府工作考核目标，对本行政区域内的产品安全监督管理负总责，统一领导、协调本行政区域内的监督管理工作，建立健全监督管理协调机制，加强对行政执法的协调、监督；统一领导、指挥产品安全突发事件应对工作，依法组织查处产品安全事故；建立监督管理责任制，对各监督管理部门进行评议、考核。质检、工商和药品等监督管理部门应当在所在地同级人民政府的统一协调下，依法做好产品安全监督管理工作。

县级以上地方人民政府不履行产品安全监督管理的领导、协调职责，本行政区域内一年多次出现产品安全事故、造成严重社会影响的，由监察机关或者任免机关对政府的主要负责人和直接负责的主管人员给予记大过、降级或者撤职的处分。

第十一条　国务院质检、卫生、农业等主管部门在各自职责范围内尽快制定、修改或者起草相关国家标准，加快建立统一管理、协调配套、符合实际、科学合理的产品标准体系。

第十二条　县级以上人民政府及其部门对产品安全实施监督管理，应当按照法定权限和程序履行职责，做到公开、公平、公正。对生产经营者同一违法行为，不得给予2次以上罚款的行政处罚；对涉嫌构成犯罪、依法需要追究刑事责任的，应当依照《行政执法机关移送涉嫌犯罪案件的规定》，向公安机关移送。

农业、卫生、质检、商务、工商、药品等监督管理部门应当依据各自职责对生产经营者进行监督检查，并对其遵守强制性标准、法定要求的情况予以记录，由监督检查人员签字后归档。监督检查记录应当作为其直接负责主管人员定期考核的内容。公众有权查阅监督检查记录。

第十三条　生产经营者有下列情形之一的，农业、卫生、质检、商务、工商、药品等监督管理部门应当依据各自职责采取措施，纠正违法行为，防止或者减少危害发生，并依照本规定予以处罚：

（一）依法应当取得许可证照而未取得许可证照从事生产经营活动的；

（二）取得许可证照或者经过认证后，不按照法定条件、要求从事生产经营活动或者生产、销售不符合法定要求产品的；

（三）生产经营者不再符合法定条件、要求继续从事生产经营活动的；

（四）生产者生产产品不按照法律、行政法规的规定和国家强制性标准使用原料、辅料、添加剂、农业投入品的；

（五）销售者没有建立并执行进货检查验收制度，并建立产品进货台账的；

（六）生产企业和销售者发现其生产、销售的产品存在安全隐患，可能对人体健康和生命安全造成损害，不履行本规定的义务的；

（七）生产经营者违反法律、行政法规和本规定的其他有关规定的。

农业、卫生、质检、商务、工商、药品等监督管理部门不履行前款规定职责、造成后果的，由监察机关或者任免机关对其主要负责人、直接负责的主管人员和其他直接责任人员给予记大过或者降级的处分；造成严重后果的，给予其主要负责人、直接负责的主管人员和其他直接责任人员撤职或者开除的处分；其主要负责人、直接负责的主管人员和其他直接责任人员构成渎职罪的，依法追究刑事责任。

违反本规定，滥用职权或者有其他渎职行为的，由监察机关或者任免机关对其主要负责人、直接负责的主管人员和其他直接责任人员给予记过或者记大过的处分；造成严重后果的，给予其主要负责人、直接负责的主管人员和其他直接责任人员降级或者撤职的处分；其主要负责人、直接负责的主管人员和其他直接责任人员构成渎职罪的，依法追究刑事责任。

第十四条　农业、卫生、质检、商务、工商、药品等监督管理部门发现违反本规定的行为，属于其他监督管理部门职责的，应当立即书面通知并移交有权处理的监督管理部门处理。有权处理的部门应当立即处理，不得推诿；因不立即处理或者推诿造成后果的，由监察机关或者任免机关对其主要负责人、直接负责的主管人员和其他直接责任人员给予记大过或者降级的处分。

第十五条　农业、卫生、质检、商务、工商、药品等监督管理部门履行各自产品安全监督管理职责，有下列职权：

（一）进入生产经营场所实施现场检查；

（二）查阅、复制、查封、扣押有关合同、票据、账簿以及其他有关资料；

（三）查封、扣押不符合法定要求的产品，违法使用的原料、辅料、添加剂、农业投入品以及用于违法生产的工具、设备；

（四）查封存在危害人体健康和生命安全重大隐患的生产经营场所。

第十六条　农业、卫生、质检、商务、工商、药品等监督管理部门应当建立生产经营者违法行为记录制度，对违法行为的情况予以记录并公布；对有多次违法行为记录的生产经营者，吊销许可证照。

第十七条　检验检测机构出具虚假检验报告，造成严重后果的，由授予其资质的部门吊销其检验检测资质；构成犯罪的，对直接负责的主管人员和其他直接责任人员依法追究刑事责任。

第十八条　发生产品安全事故或者其他对社会造成严重影响的产品安全事件时，农业、卫生、质检、商务、工商、药品等监督管理部门必须在各自职责范围内及时做出反应，采取措施，控制事态发展，减少损失，依照国务院规定发布信息，做好有关善后工作。

第十九条　任何组织或者个人对违反本规定的行为有权举报。接到举报的部门应当为举报人保密。举报经调查属实的，受理举报的部门应当给予举报人奖励。

农业、卫生、质检、商务、工商、药品等监督管理部门应当公布本单位的电子邮件地址或者举报电话；对接到的举报，应当及时、完整地进行记录并妥善保存。举报的事项属于本部门职责的，应当受理，并依法进行核实、处理、答复；不属于本部门职责的，应当转交有权处理的部门，并告知举报人。

第二十条　本规定自公布之日起施行。

《农产品质量安全监测管理办法》

（2012-06-13 通过，2012-10-01 实施）

第一章　总　　则

第一条　为加强农产品质量安全管理，规范农产品质量安全监测工作，根据《中华人民共和国农产品质量安全法》、《中华人民共和国食品安全法》和《中华人民共和国食品安全法实施条例》，制定本办法。

第二条　县级以上人民政府农业行政主管部门开展农产品质量安全监测工作，应当遵守本办法。

第三条　农产品质量安全监测，包括农产品质量安全风险监测和农产品质量安全监督抽查。

农产品质量安全风险监测，是指为了掌握农产品质量安全状况和开展农产品质量安全风险评估，系统和持续地对影响农产品质量安全的有害因素进行检验、分析和评价的活动，包括农产品质量安全例行监测、普查和专项监测等内容。

农产品质量安全监督抽查，是指为了监督农产品质量安全，依法对生产中或市场上销售的农产品进行抽样检测的活动。

第四条　农业部根据农产品质量安全风险评估、农产品质量安全监督管理等工作需要，制定全国农产品质量安全监测计划并组织实施。

县级以上地方人民政府农业行政主管部门应当根据全国农产品质量安全监测计划和本行政区域的实际情况，制定本级农产品质量安全监测计划并组织实施。

第五条　农产品质量安全检测工作，由符合《中华人民共和国农产品质量安全法》第三十五条规定条件的检测机构承担。

县级以上人民政府农业行政主管部门应当加强农产品质量安全检测机构建设，提升其检测能力。

第六条　农业部统一管理全国农产品质量安全监测数据和信息，并指定机构建立国家农产品质量安全监测数据库和信息管理平台，承担全国农产品质量安全监测数据和信息的采集、整理、综合分析、结果上报等工作。

县级以上地方人民政府农业行政主管部门负责管理本行政区域内的农产品质量安全监测数据和信息。鼓励县级以上地方人民政府农业行政主管部门建立本行政区域的农产品质量安全监测数据库。

第七条　县级以上人民政府农业行政主管部门应当将农产品质量安全监测工作经费列入本部门财政预算，保证监测工作的正常开展。

第二章　风险监测

第八条　农产品质量安全风险监测应当定期开展。根据农产品质量安全监管需要，可以随时开展专项风险监测。

第九条　省级以上人民政府农业行政主管部门应当根据农产品质量安全风险监测工作的需要，制定并实施农产品质量安全风险监测网络建设规划，建立健全农产品质量安全风险监测网络。

第十条　县级以上人民政府农业行政主管部门根据监测计划向承担农产品质量安全监测工作的机构下达工作任务。接受任务的机构应当根据农产品质量安全监测计划编制工作方案，并报下达监测任务的农业行政主管部门备案。

工作方案应当包括下列内容：

（一）监测任务分工，明确具体承担抽样、检测、结果汇总等的机构；

（二）各机构承担的具体监测内容，包括样品种类、来源、数量、检测项目等；

（三）样品的封装、传递及保存条件；

（四）任务下达部门指定的抽样方法、检测方法及判定依据；

（五）监测完成时间及结果报送日期。

第十一条　县级以上人民政府农业行政主管部门应当根据农产品质量安全风险隐患分布及变化情况，适时调整监测品种、监测区域、监测参数和监测频率。

第十二条　农产品质量安全风险监测抽样应当采取符合统计学要求的抽样方法，确保样品的代表性。

第十三条　农产品质量安全风险监测应当按照公布的标准方法检测。没有标准方法的可以采用非标准方法，但应当遵循先进技术手段与成熟技术相结合的原则，并经方法学研究确认和专家组认定。

第十四条　承担农产品质量安全监测任务的机构应当按要求向下达任务的农业行政主管部门报送监测数据和分析结果。

第十五条　省级以上人民政府农业行政主管部门应当建立风险监测形势会商制度，对风险监测结果进行会商分析，查找问题原因，研究监管措施。

第十六条　县级以上地方人民政府农业行政主管部门应当及时向上级农业行政主管部门报送监测数据和分析结果，并向同级食品安全委员会办公室、卫生行政、质量监督、工商行政管理、食品药品监督管理等有关部门通报。

农业部及时向国务院食品安全委员会办公室和卫生行政、质量监督、工商行政管理、食品药品监督管理等有关部门及各省、自治区、直辖市、计划单列市人民政府农业行政主管部门通报监测结果。

第十七条　县级以上人民政府农业行政主管部门应当按照法定权限和程序发布农产品质量安全监测结果及相关信息。

第十八条　风险监测工作的抽样程序、检测方法等符合本办法第三章规定的，监测结果可以作为执法依据。

第三章　监督抽查

第十九条　县级以上人民政府农业行政主管部门应当重点针对农产品质量安全风险监测结果和农产品质量安全监管中发现的突出问题，及时开展农产品质量安全监督抽查工作。

第二十条　监督抽查按照抽样机构和检测机构分离的原则实施。抽样工作由当地农业行政主管部门或其执法机构负责，检测工作由农产品质量安全检测机构负责。检测机构根据需要可以协助实施抽样和样品预处理等工作。

采用快速检测方法实施监督抽查的，不受前款规定的限制。

第二十一条　抽样人员在抽样前应当向被抽查人出示执法证件或工作证件。具有执法证件的抽样人员不得少于两名。

抽样人员应当准确、客观、完整地填写抽样单。抽样单应当加盖抽样单位印章，并由抽样人员和被抽查人签字或捺印；被抽查人为单位的，应当加盖被抽查人印章或者由其工作人员签字或捺印。

抽样单一式四份，分别留存抽样单位、被抽查人、检测单位和下达任务的农业行政主管部门。

抽取的样品应当经抽样人员和被抽查人签字或捺印确认后现场封样。

第二十二条　有下列情形之一的，被抽查人可以拒绝抽样：

(一)具有执法证件的抽样人员少于两名的；

(二)抽样人员未出示执法证件或工作证件的。

第二十三条　被抽查人无正当理由拒绝抽样的，抽样人员应当告知拒绝抽样的后果和处理措施。被抽查人仍拒绝抽样的，抽样人员应当现场填写监督抽查拒检确认文书，由抽样人员和见证人共同签字，并及时向当地农业行政主管部门报告情况，对被抽查农产品以不合格论处。

第二十四条　上级农业行政主管部门监督抽查的同一批次农产品，下级农业行政主管部门不得重复抽查。

第二十五条　检测机构接收样品，应当检查、记录样品的外观、状态、封条有无破损及其他可能对检测结果或者综合判定产生影响的情况，并确认样品与抽样单的记录是否相符，对检测和备份样品分别加贴相应标识后入库。必要时，在不影响样品检测结果的情况下，可以对检测样品分装或者重新包装编号。

第二十六条　检测机构应当按照任务下达部门指定的方法和判定依据进行检测与判定。

采用快速检测方法检测的，应当遵守相关操作规范。

检测过程中遇有样品失效或者其他情况致使检测无法进行时，检测机构应当如实记录，并出具书面证明。

第二十七条　检测机构不得将监督抽查检测任务委托其他检测机构承担。

第二十八条　检测机构应当将检测结果及时报送下达任务的农业行政主管部门。检测结果不合格的，应当在确认后二十四小时内将检测报告报送下达任务的农业行政主管部门和抽查地农业行政主管部门，抽查地农业行政主管部门应当及时书面通知被抽查人。

第二十九条　被抽查人对检测结果有异议的，可以自收到检测结果之日起五日内，向下达任务的农业行政主管部门或者其上级农业行政主管部门书面申请复检。

采用快速检测方法进行监督抽查检测，被抽查人对检测结果有异议的，可以自收到检测结果时起四小时内书面申请复检。

第三十条　复检由农业行政主管部门指定具有资质的检测机构承担。

复检不得采用快速检测方法。

复检结论与原检测结论一致的，复检费用由申请人承担；不一致的，复检费用由原检测机构承担。

第三十一条　县级以上地方人民政府农业行政主管部门对抽检不合格的农产品，应当及时依法查处，或依法移交工商行政管理等有关部门查处。

第四章　工作纪律

第三十二条　农产品质量安全监测不得向被抽查人收取费用，监测样品由抽样单位向被抽查人购买。

第三十三条　参与监测工作的人员应当秉公守法、廉洁公正，不得弄虚作假、以权谋私。

被抽查人或者与其有利害关系的人员不得参与抽样、检测工作。

第三十四条　抽样应当严格按照工作方案进行，不得擅自改变。

抽样人员不得事先通知被抽查人，不得接受被抽查人的馈赠，不得利用抽样之便牟取非法利益。

第三十五条　检测机构应当对检测结果的真实性负责，不得瞒报、谎报、迟报检测数据和分析结果。

检测机构不得利用检测结果参与有偿活动。

第三十六条　监测任务承担单位和参与监测工作的人员应当对监测工作方案和检测结果保密，未经任务下达部门同意，不得向任何单位和个人透露。

第三十七条　任何单位和个人对农产品质量安全监测工作中的违法行为，有权向农业行政主管部门举报，接到举报的部门应当及时调查处理。

第三十八条　对违反抽样和检测工作纪律的工作人员，由任务承担单位做出相应处理，并报上级主管部门备案。

违反监测数据保密规定的，由上级主管部门对任务承担单位的负责人通报批评，对直接责任人员依法予以处分、处罚。

第三十九条　检测机构无正当理由未按时间要求上报数据结果的，由上级主管部门通报批评并责令改正；情节严重的，取消其承担检测任务的资格。

检测机构伪造检测结果或者出具检测结果不实的，依照《中华人民共和国农产品质量安全法》第四十四条规定处罚。

第四十条　违反本办法规定，构成犯罪的，依法移送司法机关追究刑事责任。

第五章　附　　则

第四十一条　本规定自 2012 年 10 月 1 日起施行。

《药品生产质量管理规范(2010年修订)》

(2011-02-12 发布,2011-03-01 实施)

第一章 总 则

第一条 为规范药品生产质量管理,根据《中华人民共和国药品管理法》、《中华人民共和国药品管理法实施条例》,制定本规范。

第二条 企业应当建立药品质量管理体系。该体系应当涵盖影响药品质量的所有因素,包括确保药品质量符合预定用途的有组织、有计划的全部活动。

第三条 本规范作为质量管理体系的一部分,是药品生产管理和质量控制的基本要求,旨在最大限度地降低药品生产过程中污染、交叉污染以及混淆、差错等风险,确保持续稳定地生产出符合预定用途和注册要求的药品。

第四条 企业应当严格执行本规范,坚持诚实守信,禁止任何虚假、欺骗行为。

第二章 质量管理

第一节 原则

第五条 企业应当建立符合药品质量管理要求的质量目标,将药品注册的有关安全、有效和质量可控的所有要求,系统地贯彻到药品生产、控制及产品放行、贮存、发运的全过程中,确保所生产的药品符合预定用途和注册要求。

第六条 企业高层管理人员应当确保实现既定的质量目标,不同层次的人员以及供应商、经销商应当共同参与并承担各自的责任。

第七条 企业应当配备足够的、符合要求的人员、厂房、设施和设备,为实现质量目标提供必要的条件。

第二节 质量保证

第八条 质量保证是质量管理体系的一部分。企业必须建立质量保证系统,同时建立完整的文件体系,以保证系统有效运行。

第九条 质量保证系统应当确保:

(一)药品的设计与研发体现本规范的要求;

(二)生产管理和质量控制活动符合本规范的要求;

(三)管理职责明确;

(四)采购和使用的原辅料和包装材料正确无误;

(五)中间产品得到有效控制;

(六)确认、验证的实施;

(七)严格按照规程进行生产、检查、检验和复核;

(八)每批产品经质量受权人批准后方可放行;

（九）在贮存、发运和随后的各种操作过程中有保证药品质量的适当措施；

（十）按照自检操作规程，定期检查评估质量保证系统的有效性和适用性。

第十条　药品生产质量管理的基本要求：

（一）制定生产工艺，系统地回顾并证明其可持续稳定地生产出符合要求的产品；

（二）生产工艺及其重大变更均经过验证；

（三）配备所需的资源，至少包括：

1.具有适当的资质并经培训合格的人员；

2.足够的厂房和空间；

3.适用的设备和维修保障；

4.正确的原辅料、包装材料和标签；

5.经批准的工艺规程和操作规程；

6.适当的贮运条件。

（四）应当使用准确、易懂的语言制定操作规程；

（五）操作人员经过培训，能够按照操作规程正确操作；

（六）生产全过程应当有记录，偏差均经过调查并记录；

（七）批记录和发运记录应当能够追溯批产品的完整历史，并妥善保存、便于查阅；

（八）降低药品发运过程中的质量风险；

（九）建立药品召回系统，确保能够召回任何一批已发运销售的产品；

（十）调查导致药品投诉和质量缺陷的原因，并采取措施，防止类似质量缺陷再次发生。

第三节　质量控制

第十一条　质量控制包括相应的组织机构、文件系统以及取样、检验等，确保物料或产品在放行前完成必要的检验，确认其质量符合要求。

第十二条　质量控制的基本要求：

（一）应当配备适当的设施、设备、仪器和经过培训的人员，有效、可靠地完成所有质量控制的相关活动；

（二）应当有批准的操作规程，用于原辅料、包装材料、中间产品、待包装产品和成品的取样、检查、检验以及产品的稳定性考察，必要时进行环境监测，以确保符合本规范的要求；

（三）由经授权的人员按照规定的方法对原辅料、包装材料、中间产品、待包装产品和成品取样；

（四）检验方法应当经过验证或确认；

（五）取样、检查、检验应当有记录，偏差应当经过调查并记录；

（六）物料、中间产品、待包装产品和成品必须按照质量标准进行检查和检验，并有记录；

（七）物料和最终包装的成品应当有足够的留样，以备必要的检查或检验；除最终包装容器过大的成品外，成品的留样包装应当与最终包装相同。

第四节　质量风险管理

第十三条　质量风险管理是在整个产品生命周期中采用前瞻或回顾的方式，对质量风险进行评估、控制、沟通、审核的系统过程。

第十四条　应当根据科学知识及经验对质量风险进行评估，以保证产品质量。

第十五条 质量风险管理过程所采用的方法、措施、形式及形成的文件应当与存在风险的级别相适应。

第三章 机构与人员

第一节 原则

第十六条 企业应当建立与药品生产相适应的管理机构，并有组织机构图。

企业应当设立独立的质量管理部门，履行质量保证和质量控制的职责。质量管理部门可以分别设立质量保证部门和质量控制部门。

第十七条 质量管理部门应当参与所有与质量有关的活动，负责审核所有与本规范有关的文件。质量管理部门人员不得将职责委托给其他部门的人员。

第十八条 企业应当配备足够数量并具有适当资质（含学历、培训和实践经验）的管理和操作人员，应当明确规定每个部门和每个岗位的职责。岗位职责不得遗漏，交叉的职责应当有明确规定。每个人所承担的职责不应当过多。

所有人员应当明确并理解自己的职责，熟悉与其职责相关的要求，并接受必要的培训，包括上岗前培训和继续培训。

第十九条 职责通常不得委托给他人。确需委托的，其职责可委托给具有相当资质的指定人员。

第二节 关键人员

第二十条 关键人员应当为企业的全职人员，至少应当包括企业负责人、生产管理负责人、质量管理负责人和质量受权人。

质量管理负责人和生产管理负责人不得互相兼任。质量管理负责人和质量受权人可以兼任。应当制定操作规程确保质量受权人独立履行职责，不受企业负责人和其他人员的干扰。

第二十一条 企业负责人

企业负责人是药品质量的主要责任人，全面负责企业日常管理。为确保企业实现质量目标并按照本规范要求生产药品，企业负责人应当负责提供必要的资源，合理计划、组织和协调，保证质量管理部门独立履行其职责。

第二十二条 生产管理负责人

（一）资质

生产管理负责人应当至少具有药学或相关专业本科学历（或中级专业技术职称或执业药师资格），具有至少三年从事药品生产和质量管理的实践经验，其中至少有一年的药品生产管理经验，接受过与所生产产品相关的专业知识培训。

（二）主要职责

1.确保药品按照批准的工艺规程生产、贮存，以保证药品质量；

2.确保严格执行与生产操作相关的各种操作规程；

3.确保批生产记录和批包装记录经过指定人员审核并送交质量管理部门；

4.确保厂房和设备的维护保养，以保持其良好的运行状态；

5.确保完成各种必要的验证工作；

6.确保生产相关人员经过必要的上岗前培训和继续培训，并根据实际需要调整培训内容。

第二十三条　质量管理负责人

(一)资质

质量管理负责人应当至少具有药学或相关专业本科学历(或中级专业技术职称或执业药师资格),具有至少五年从事药品生产和质量管理的实践经验,其中至少一年的药品质量管理经验,接受过与所生产产品相关的专业知识培训。

(二)主要职责

1.确保原辅料、包装材料、中间产品、待包装产品和成品符合经注册批准的要求和质量标准;

2.确保在产品放行前完成对批记录的审核;

3.确保完成所有必要的检验;

4.批准质量标准、取样方法、检验方法和其他质量管理的操作规程;

5.审核和批准所有与质量有关的变更;

6.确保所有重大偏差和检验结果超标已经过调查并得到及时处理;

7.批准并监督委托检验;

8.监督厂房和设备的维护,以保持其良好的运行状态;

9.确保完成各种必要的确认或验证工作,审核和批准确认或验证方案和报告;

10.确保完成自检;

11.评估和批准物料供应商;

12.确保所有与产品质量有关的投诉已经过调查,并得到及时、正确的处理;

13.确保完成产品的持续稳定性考察计划,提供稳定性考察的数据;

14.确保完成产品质量回顾分析;

15.确保质量控制和质量保证人员都已经过必要的上岗前培训和继续培训,并根据实际需要调整培训内容。

第二十四条　生产管理负责人和质量管理负责人通常有下列共同的职责:

(一)审核和批准产品的工艺规程、操作规程等文件;

(二)监督厂区卫生状况;

(三)确保关键设备经过确认;

(四)确保完成生产工艺验证;

(五)确保企业所有相关人员都已经过必要的上岗前培训和继续培训,并根据实际需要调整培训内容;

(六)批准并监督委托生产;

(七)确定和监控物料和产品的贮存条件;

(八)保存记录;

(九)监督本规范执行状况;

(十)监控影响产品质量的因素。

第二十五条　质量受权人

(一)资质

质量受权人应当至少具有药学或相关专业本科学历(或中级专业技术职称或执业药师资格),具有至少五年从事药品生产和质量管理的实践经验,从事过药品生产过程控制和质量检验工作。

质量受权人应当具有必要的专业理论知识，并经过与产品放行有关的培训，方能独立履行其职责。

（二）主要职责

1.参与企业质量体系建立、内部自检、外部质量审计、验证以及药品不良反应报告、产品召回等质量管理活动；

2.承担产品放行的职责，确保每批已放行产品的生产、检验均符合相关法规、药品注册要求和质量标准；

3.在产品放行前，质量受权人必须按照上述第2项的要求出具产品放行审核记录，并纳入批记录。

第三节 培训

第二十六条 企业应当指定部门或专人负责培训管理工作，应当有经生产管理负责人或质量管理负责人审核或批准的培训方案或计划，培训记录应当予以保存。

第二十七条 与药品生产、质量有关的所有人员都应当经过培训，培训的内容应当与岗位的要求相适应。除进行本规范理论和实践的培训外，还应当有相关法规、相应岗位的职责、技能的培训，并定期评估培训的实际效果。

第二十八条 高风险操作区（如高活性、高毒性、传染性、高致敏性物料的生产区）的工作人员应当接受专门的培训。

第四节 人员卫生

第二十九条 所有人员都应当接受卫生要求的培训，企业应当建立人员卫生操作规程，最大限度地降低人员对药品生产造成污染的风险。

第三十条 人员卫生操作规程应当包括与健康、卫生习惯及人员着装相关的内容。生产区和质量控制区的人员应当正确理解相关的人员卫生操作规程。企业应当采取措施确保人员卫生操作规程的执行。

第三十一条 企业应当对人员健康进行管理，并建立健康档案。直接接触药品的生产人员上岗前应当接受健康检查，以后每年至少进行一次健康检查。

第三十二条 企业应当采取适当措施，避免体表有伤口、患有传染病或其他可能污染药品疾病的人员从事直接接触药品的生产。

第三十三条 参观人员和未经培训的人员不得进入生产区和质量控制区，特殊情况确需进入的，应当事先对个人卫生、更衣等事项进行指导。

第三十四条 任何进入生产区的人员均应当按照规定更衣。工作服的选材、式样及穿戴方式应当与所从事的工作和空气洁净度级别要求相适应。

第三十五条 进入洁净生产区的人员不得化妆和佩戴饰物。

第三十六条 生产区、仓储区应当禁止吸烟和饮食，禁止存放食品、饮料、香烟和个人用药品等非生产用物品。

第三十七条 操作人员应当避免裸手直接接触药品、与药品直接接触的包装材料和设备表面。

第四章　厂房与设施

第一节　原则

第三十八条　厂房的选址、设计、布局、建造、改造和维护必须符合药品生产要求，应当能够最大限度地避免污染、交叉污染、混淆和差错，便于清洁、操作和维护。

第三十九条　应当根据厂房及生产防护措施综合考虑选址，厂房所处的环境应当能够最大限度地降低物料或产品遭受污染的风险。

第四十条　企业应当有整洁的生产环境；厂区的地面、路面及运输等不应当对药品的生产造成污染；生产、行政、生活和辅助区的总体布局应当合理，不得互相妨碍；厂区和厂房内的人、物流走向应当合理。

第四十一条　应当对厂房进行适当维护，并确保维修活动不影响药品的质量。应当按照详细的书面操作规程对厂房进行清洁或必要的消毒。

第四十二条　厂房应当有适当的照明、温度、湿度和通风，确保生产和贮存的产品质量以及相关设备性能不会直接或间接地受到影响。

第四十三条　厂房、设施的设计和安装应当能够有效防止昆虫或其他动物进入。应当采取必要的措施，避免所使用的灭鼠药、杀虫剂、烟熏剂等对设备、物料、产品造成污染。

第四十四条　应当采取适当措施，防止未经批准人员的进入。生产、贮存和质量控制区不应当作为非本区工作人员的直接通道。

第四十五条　应当保存厂房、公用设施、固定管道建造或改造后的竣工图纸。

第二节　生产区

第四十六条　为降低污染和交叉污染的风险，厂房、生产设施和设备应当根据所生产药品的特性、工艺流程及相应洁净度级别要求合理设计、布局和使用，并符合下列要求：

（一）应当综合考虑药品的特性、工艺和预定用途等因素，确定厂房、生产设施和设备多产品共用的可行性，并有相应评估报告。

（二）生产特殊性质的药品，如高致敏性药品（如青霉素类）或生物制品（如卡介苗或其他用活性微生物制备而成的药品），必须采用专用和独立的厂房、生产设施和设备。青霉素类药品产尘量大的操作区域应当保持相对负压，排至室外的废气应当经过净化处理并符合要求，排风口应当远离其他空气净化系统的进风口。

（三）生产β-内酰胺结构类药品、性激素类避孕药品必须使用专用设施（如独立的空气净化系统）和设备，并与其他药品生产区严格分开。

（四）生产某些激素类、细胞毒性类、高活性化学药品应当使用专用设施（如独立的空气净化系统）和设备；特殊情况下，如采取特别防护措施并经过必要的验证，上述药品制剂则可通过阶段性生产方式共用同一生产设施和设备。

（五）用于上述第（二）、（三）、（四）项的空气净化系统，其排风应当经过净化处理。

（六）药品生产厂房不得用于生产对药品质量有不利影响的非药用产品。

第四十七条　生产区和贮存区应当有足够的空间，确保有序地存放设备、物料、中间产品、待包装产品和成品，避免不同产品或物料的混淆、交叉污染，避免生产或质量控制操作发生遗漏或差错。

第四十八条　应当根据药品品种、生产操作要求及外部环境状况等配置空调净化系统，使生产区有效通风，并有温度、湿度控制和空气净化过滤，保证药品的生产环境符合要求。

洁净区与非洁净区之间、不同级别洁净区之间的压差应当不低于10帕斯卡。必要时，相同洁净度级别的不同功能区域（操作间）之间也应当保持适当的压差梯度。

口服液体和固体制剂、腔道用药（含直肠用药）、表皮外用药品等非无菌制剂生产的暴露工序区域及其直接接触药品的包装材料最终处理的暴露工序区域，应当参照"无菌药品"附录中D级洁净区的要求设置，企业可根据产品的标准和特性对该区域采取适当的微生物监控措施。

第四十九条　洁净区的内表面（墙壁、地面、天棚）应当平整光滑、无裂缝、接口严密、无颗粒物脱落，避免积尘，便于有效清洁，必要时应当进行消毒。

第五十条　各种管道、照明设施、风口和其他公用设施的设计和安装应当避免出现不易清洁的部位，应当尽可能在生产区外部对其进行维护。

第五十一条　排水设施应当大小适宜，并安装防止倒灌的装置。应当尽可能避免明沟排水；不可避免时，明沟宜浅，以方便清洁和消毒。

第五十二条　制剂的原辅料称量通常应当在专门设计的称量室内进行。

第五十三条　产尘操作间（如干燥物料或产品的取样、称量、混合、包装等操作间）应当保持相对负压或采取专门的措施，防止粉尘扩散、避免交叉污染并便于清洁。

第五十四条　用于药品包装的厂房或区域应当合理设计和布局，以避免混淆或交叉污染。如同一区域内有数条包装线，应当有隔离措施。

第五十五条　生产区应当有适度的照明，目视操作区域的照明应当满足操作要求。

第五十六条　生产区内可设中间控制区域，但中间控制操作不得给药品带来质量风险。

第三节　仓储区

第五十七条　仓储区应当有足够的空间，确保有序存放待验、合格、不合格、退货或召回的原辅料、包装材料、中间产品、待包装产品和成品等各类物料和产品。

第五十八条　仓储区的设计和建造应当确保良好的仓储条件，并有通风和照明设施。仓储区应当能够满足物料或产品的贮存条件（如温湿度、避光）和安全贮存的要求，并进行检查和监控。

第五十九条　高活性的物料或产品以及印刷包装材料应当贮存于安全的区域。

第六十条　接收、发放和发运区域应当能够保护物料、产品免受外界天气（如雨、雪）的影响。接收区的布局和设施应当能够确保到货物料在进入仓储区前可对外包装进行必要的清洁。

第六十一条　如采用单独的隔离区域贮存待验物料，待验区应当有醒目的标识，且只限于经批准的人员出入。

不合格、退货或召回的物料或产品应当隔离存放。

如果采用其他方法替代物理隔离，则该方法应当具有同等的安全性。

第六十二条　通常应当有单独的物料取样区。取样区的空气洁净度级别应当与生产要求一致。如在其他区域或采用其他方式取样，应当能够防止污染或交叉污染。

第四节　质量控制区

第六十三条　质量控制实验室通常应当与生产区分开。生物检定、微生物和放射性同位素的实验室还应当彼此分开。

第六十四条　实验室的设计应当确保其适用于预定的用途，并能够避免混淆和交叉污染，应当有足够的区域用于样品处置、留样和稳定性考察样品的存放以及记录的保存。

第六十五条　必要时，应当设置专门的仪器室，使灵敏度高的仪器免受静电、震动、潮湿或其他外界因素的干扰。

第六十六条　处理生物样品或放射性样品等特殊物品的实验室应当符合国家的有关要求。

第六十七条　实验动物房应当与其他区域严格分开，其设计、建造应当符合国家有关规定，并设有独立的空气处理设施以及动物的专用通道。

第五节 辅助区

第六十八条　休息室的设置不应当对生产区、仓储区和质量控制区造成不良影响。

第六十九条　更衣室和盥洗室应当方便人员进出，并与使用人数相适应。盥洗室不得与生产区和仓储区直接相通。

第七十条　维修间应当尽可能远离生产区。存放在洁净区内的维修用备件和工具，应当放置在专门的房间或工具柜中。

第五章　设　　备

第一节　原则

第七十一条　设备的设计、选型、安装、改造和维护必须符合预定用途，应当尽可能降低产生污染、交叉污染、混淆和差错的风险，便于操作、清洁、维护，以及必要时进行的消毒或灭菌。

第七十二条　应当建立设备使用、清洁、维护和维修的操作规程，并保存相应的操作记录。

第七十三条　应当建立并保存设备采购、安装、确认的文件和记录。

第二节　设计和安装

第七十四条　生产设备不得对药品质量产生任何不利影响。与药品直接接触的生产设备表面应当平整、光洁、易清洗或消毒、耐腐蚀，不得与药品发生化学反应、吸附药品或向药品中释放物质。

第七十五条　应当配备有适当量程和精度的衡器、量具、仪器和仪表。

第七十六条　应当选择适当的清洗、清洁设备，并防止这类设备成为污染源。

第七十七条　设备所用的润滑剂、冷却剂等不得对药品或容器造成污染，应当尽可能使用食用级或级别相当的润滑剂。

第七十八条　生产用模具的采购、验收、保管、维护、发放及报废应当制定相应操作规程，设专人专柜保管，并有相应记录。

第三节　维护和维修

第七十九条　设备的维护和维修不得影响产品质量。

第八十条　应当制定设备的预防性维护计划和操作规程，设备的维护和维修应当有相应的记录。

第八十一条　经改造或重大维修的设备应当进行再确认，符合要求后方可用于生产。

第四节　使用和清洁

第八十二条　主要生产和检验设备都应当有明确的操作规程。

第八十三条　生产设备应当在确认的参数范围内使用。

第八十四条　应当按照详细规定的操作规程清洁生产设备。

生产设备清洁的操作规程应当规定具体而完整的清洁方法、清洁用设备或工具、清洁剂的名称和配制方法、去除前一批次标识的方法、保护已清洁设备在使用前免受污染的方法、已清洁设备最长的保存时限、使用前检查设备清洁状况的方法，使操作者能以可重现的、有效的方式对各类设备进行清洁。

如需拆装设备，还应当规定设备拆装的顺序和方法；如需对设备消毒或灭菌，还应当规定消毒或灭菌的具体方法、消毒剂的名称和配制方法。必要时，还应当规定设备生产结束至清洁前所允许的最长间隔时限。

第八十五条　已清洁的生产设备应当在清洁、干燥的条件下存放。

第八十六条　用于药品生产或检验的设备和仪器，应当有使用日志，记录内容包括使用、清洁、维护和维修情况以及日期、时间、所生产及检验的药品名称、规格和批号等。

第八十七条　生产设备应当有明显的状态标识，标明设备编号和内容物（如名称、规格、批号）；没有内容物的应当标明清洁状态。

第八十八条　不合格的设备如有可能应当搬出生产和质量控制区，未搬出前，应当有醒目的状态标识。

第八十九条　主要固定管道应当标明内容物名称和流向。

第五节　校准

第九十条　应当按照操作规程和校准计划定期对生产和检验用衡器、量具、仪表、记录和控制设备以及仪器进行校准和检查，并保存相关记录。校准的量程范围应当涵盖实际生产和检验的使用范围。

第九十一条　应当确保生产和检验使用的关键衡器、量具、仪表、记录和控制设备以及仪器经过校准，所得出的数据准确、可靠。

第九十二条　应当使用计量标准器具进行校准，且所用计量标准器具应当符合国家有关规定。校准记录应当标明所用计量标准器具的名称、编号、校准有效期和计量合格证明编号，确保记录的可追溯性。

第九十三条　衡器、量具、仪表、用于记录和控制的设备以及仪器应当有明显的标识，标明其校准有效期。

第九十四条　不得使用未经校准、超过校准有效期、失准的衡器、量具、仪表以及用于记录和控制的设备、仪器。

第九十五条　在生产、包装、仓储过程中使用自动或电子设备的，应当按照操作规程定期进行校准和检查，确保其操作功能正常。校准和检查应当有相应的记录。

第六节　制药用水

第九十六条　制药用水应当适合其用途，并符合《中华人民共和国药典》的质量标准及相关要求。制药用水至少应当采用饮用水。

第九十七条　水处理设备及其输送系统的设计、安装、运行和维护应当确保制药用水达到设定的质量标准。水处理设备的运行不得超出其设计能力。

第九十八条　纯化水、注射用水储罐和输送管道所用材料应当无毒、耐腐蚀；储罐的通气口应当安装不脱落纤维的疏水性除菌滤器；管道的设计和安装应当避免死角、盲管。

第九十九条　纯化水、注射用水的制备、贮存和分配应当能够防止微生物的滋生。纯化水可采用循环，注射用水可采用70℃以上保温循环。

第一百条　应当对制药用水及原水的水质进行定期监测，并有相应的记录。

第一百零一条　应当按照操作规程对纯化水、注射用水管道进行清洗消毒，并有相关记录。发现制药用水微生物污染达到警戒限度、纠偏限度时应当按照操作规程处理。

第六章　物料与产品

第一节　原则

第一百零二条　药品生产所用的原辅料、与药品直接接触的包装材料应当符合相应的质量标准。药品上直接印字所用油墨应当符合食用标准要求。

进口原辅料应当符合国家相关的进口管理规定。

第一百零三条　应当建立物料和产品的操作规程，确保物料和产品的正确接收、贮存、发放、使用和发运，防止污染、交叉污染、混淆和差错。

物料和产品的处理应当按照操作规程或工艺规程执行，并有记录。

第一百零四条　物料供应商的确定及变更应当进行质量评估，并经质量管理部门批准后方可采购。

第一百零五条　物料和产品的运输应当能够满足其保证质量的要求，对运输有特殊要求的，其运输条件应当予以确认。

第一百零六条　原辅料、与药品直接接触的包装材料和印刷包装材料的接收应当有操作规程，所有到货物料均应当检查，以确保与订单一致，并确认供应商已经质量管理部门批准。

物料的外包装应当有标签，并注明规定的信息。必要时，还应当进行清洁，发现外包装损坏或其他可能影响物料质量的问题，应当向质量管理部门报告并进行调查和记录。

每次接收均应当有记录，内容包括：

（一）交货单和包装容器上所注物料的名称；

（二）企业内部所用物料名称和（或）代码；

（三）接收日期；

（四）供应商和生产商（如不同）的名称；

（五）供应商和生产商（如不同）标识的批号；

（六）接收总量和包装容器数量；

（七）接收后企业指定的批号或流水号；

（八）有关说明（如包装状况）。

第一百零七条　物料接收和成品生产后应当及时按照待验管理，直至放行。

第一百零八条　物料和产品应当根据其性质有序分批贮存和周转，发放及发运应当符合先进先出和近效期先出的原则。

第一百零九条　使用计算机化仓储管理的，应当有相应的操作规程，防止因系统故障、停机等特殊情况而造成物料和产品的混淆和差错。

使用完全计算机化仓储管理系统进行识别的，物料、产品等相关信息可不必以书面可读的方式标出。

第二节 原辅料

第一百一十条 应当制定相应的操作规程，采取核对或检验等适当措施，确认每一包装内的原辅料正确无误。

第一百一十一条 一次接收数个批次的物料，应当按批取样、检验、放行。

第一百一十二条 仓储区内的原辅料应当有适当的标识，并至少标明下述内容：

（一）指定的物料名称和企业内部的物料代码；

（二）企业接收时设定的批号；

（三）物料质量状态（如待验、合格、不合格、已取样）；

（四）有效期或复验期。

第一百一十三条 只有经质量管理部门批准放行并在有效期或复验期内的原辅料方可使用。

第一百一十四条 原辅料应当按照有效期或复验期贮存。贮存期内，如发现对质量有不良影响的特殊情况，应当进行复验。

第一百一十五条 应当由指定人员按照操作规程进行配料，核对物料后，精确称量或计量，并作好标识。

第一百一十六条 配制的每一物料及其重量或体积应当由他人独立进行复核，并有复核记录。

第一百一十七条 用于同一批药品生产的所有配料应当集中存放，并作好标识。

第三节 中间产品和待包装产品

第一百一十八条 中间产品和待包装产品应当在适当的条件下贮存。

第一百一十九条 中间产品和待包装产品应当有明确的标识，并至少标明下述内容：

（一）产品名称和企业内部的产品代码；

（二）产品批号；

（三）数量或重量（如毛重、净重等）；

（四）生产工序（必要时）；

（五）产品质量状态（必要时，如待验、合格、不合格、已取样）。

第四节 包装材料

第一百二十条 与药品直接接触的包装材料和印刷包装材料的管理和控制要求与原辅料相同。

第一百二十一条 包装材料应当由专人按照操作规程发放，并采取措施避免混淆和差错，确保用于药品生产的包装材料正确无误。

第一百二十二条 应当建立印刷包装材料设计、审核、批准的操作规程，确保印刷包装材料印制的内容与药品监督管理部门核准的一致，并建立专门的文档，保存经签名批准的印刷包装材料原版实样。

第一百二十三条 印刷包装材料的版本变更时，应当采取措施，确保产品所用印刷包装材料的版本正确无误。宜收回作废的旧版印刷模板并予以销毁。

第一百二十四条 印刷包装材料应当设置专门区域妥善存放，未经批准人员不得进入。切割式标签或其他散装印刷包装材料应当分别置于密闭容器内储运，以防混淆。

第一百二十五条　印刷包装材料应当由专人保管,并按照操作规程和需求量发放。

第一百二十六条　每批或每次发放的与药品直接接触的包装材料或印刷包装材料,均应当有识别标志,标明所用产品的名称和批号。

第一百二十七条　过期或废弃的印刷包装材料应当予以销毁并记录。

第五节　成品

第一百二十八条　成品放行前应当待验贮存。

第一百二十九条　成品的贮存条件应当符合药品注册批准的要求。

第六节　特殊管理的物料和产品

第一百三十条　麻醉药品、精神药品、医疗用毒性药品(包括药材)、放射性药品、药品类易制毒化学品及易燃、易爆和其他危险品的验收、贮存、管理应当执行国家有关的规定。

第七节　其他

第一百三十一条　不合格的物料、中间产品、待包装产品和成品的每个包装容器上均应当有清晰醒目的标志,并在隔离区内妥善保存。

第一百三十二条　不合格的物料、中间产品、待包装产品和成品的处理应当经质量管理负责人批准,并有记录。

第一百三十三条　产品回收需经预先批准,并对相关的质量风险进行充分评估,根据评估结论决定是否回收。回收应当按照预定的操作规程进行,并有相应记录。回收处理后的产品应当按照回收处理中最早批次产品的生产日期确定有效期。

第一百三十四条　制剂产品不得进行重新加工。不合格的制剂中间产品、待包装产品和成品一般不得进行返工。只有不影响产品质量、符合相应质量标准,且根据预定、经批准的操作规程以及对相关风险充分评估后,才允许返工处理。返工应当有相应记录。

第一百三十五条　对返工或重新加工或回收合并后生产的成品,质量管理部门应当考虑需要进行额外相关项目的检验和稳定性考察。

第一百三十六条　企业应当建立药品退货的操作规程,并有相应的记录,内容至少应当包括:产品名称、批号、规格、数量、退货单位及地址、退货原因及日期、最终处理意见。

同一产品同一批号不同渠道的退货应当分别记录、存放和处理。

第一百三十七条　只有经检查、检验和调查,有证据证明退货质量未受影响,且经质量管理部门根据操作规程评价后,方可考虑将退货重新包装、重新发运销售。评价考虑的因素至少应当包括药品的性质、所需的贮存条件、药品的现状、历史,以及发运与退货之间的间隔时间等因素。不符合贮存和运输要求的退货,应当在质量管理部门监督下予以销毁。对退货质量存有怀疑时,不得重新发运。

对退货进行回收处理的,回收后的产品应当符合预定的质量标准和第一百三十三条的要求。

退货处理的过程和结果应当有相应记录。

第七章　确认与验证

第一百三十八条　企业应当确定需要进行的确认或验证工作,以证明有关操作的关键要素能够得到有效控制。确认或验证的范围和程度应当经过风险评估来确定。

第一百三十九条　企业的厂房、设施、设备和检验仪器应当经过确认，应当采用经过验证的生产工艺、操作规程和检验方法进行生产、操作和检验，并保持持续的验证状态。

第一百四十条　应当建立确认与验证的文件和记录，并能以文件和记录证明达到以下预定的目标：

（一）设计确认应当证明厂房、设施、设备的设计符合预定用途和本规范要求；

（二）安装确认应当证明厂房、设施、设备的建造和安装符合设计标准；

（三）运行确认应当证明厂房、设施、设备的运行符合设计标准；

（四）性能确认应当证明厂房、设施、设备在正常操作方法和工艺条件下能够持续符合标准；

（五）工艺验证应当证明一个生产工艺按照规定的工艺参数能够持续生产出符合预定用途和注册要求的产品。

第一百四十一条　采用新的生产处方或生产工艺前，应当验证其常规生产的适用性。生产工艺在使用规定的原辅料和设备条件下，应当能够始终生产出符合预定用途和注册要求的产品。

第一百四十二条　当影响产品质量的主要因素，如原辅料、与药品直接接触的包装材料、生产设备、生产环境（或厂房）、生产工艺、检验方法等发生变更时，应当进行确认或验证。必要时，还应当经药品监督管理部门批准。

第一百四十三条　清洁方法应当经过验证，证实其清洁的效果，以有效防止污染和交叉污染。清洁验证应当综合考虑设备使用情况、所使用的清洁剂和消毒剂、取样方法和位置以及相应的取样回收率、残留物的性质和限度、残留物检验方法的灵敏度等因素。

第一百四十四条　确认和验证不是一次性的行为。首次确认或验证后，应当根据产品质量回顾分析情况进行再确认或再验证。关键的生产工艺和操作规程应当定期进行再验证，确保其能够达到预期结果。

第一百四十五条　企业应当制定验证总计划，以文件形式说明确认与验证工作的关键信息。

第一百四十六条　验证总计划或其他相关文件中应当做出规定，确保厂房、设施、设备、检验仪器、生产工艺、操作规程和检验方法等能够保持持续稳定。

第一百四十七条　应当根据确认或验证的对象制定确认或验证方案，并经审核、批准。确认或验证方案应当明确职责。

第一百四十八条　确认或验证应当按照预先确定和批准的方案实施，并有记录。确认或验证工作完成后，应当写出报告，并经审核、批准。确认或验证的结果和结论（包括评价和建议）应当有记录并存档。

第一百四十九条　应当根据验证的结果确认工艺规程和操作规程。

第八章　文件管理

第一节　原则

第一百五十条　文件是质量保证系统的基本要素。企业必须有内容正确的书面质量标准、生产处方和工艺规程、操作规程以及记录等文件。

第一百五十一条　企业应当建立文件管理的操作规程，系统地设计、制定、审核、批准和发放文件。与本规范有关的文件应当经质量管理部门的审核。

第一百五十二条　文件的内容应当与药品生产许可、药品注册等相关要求一致，并有助于追溯每批产品的历史情况。

第一百五十三条　文件的起草、修订、审核、批准、替换或撤销、复制、保管和销毁等应当按照操作规程管理，并有相应的文件分发、撤销、复制、销毁记录。

第一百五十四条　文件的起草、修订、审核、批准均应当由适当的人员签名并注明日期。

第一百五十五条　文件应当标明题目、种类、目的以及文件编号和版本号。文字应当确切、清晰、易懂，不能模棱两可。

第一百五十六条　文件应当分类存放、条理分明，便于查阅。

第一百五十七条　原版文件复制时，不得产生任何差错；复制的文件应当清晰可辨。

第一百五十八条　文件应当定期审核、修订；文件修订后，应当按照规定管理，防止旧版文件的误用。分发、使用的文件应当为批准的现行文本，已撤销的或旧版文件除留档备查外，不得在工作现场出现。

第一百五十九条　与本规范有关的每项活动均应当有记录，以保证产品生产、质量控制和质量保证等活动可以追溯。记录应当留有填写数据的足够空格。记录应当及时填写，内容真实，字迹清晰、易读，不易擦除。

第一百六十条　应当尽可能采用生产和检验设备自动打印的记录、图谱和曲线图等，并标明产品或样品的名称、批号和记录设备的信息，操作人应当签注姓名和日期。

第一百六十一条　记录应当保持清洁，不得撕毁和任意涂改。记录填写的任何更改都应当签注姓名和日期，并使原有信息仍清晰可辨，必要时，应当说明更改的理由。记录如需重新誊写，则原有记录不得销毁，应当作为重新誊写记录的附件保存。

第一百六十二条　每批药品应当有批记录，包括批生产记录、批包装记录、批检验记录和药品放行审核记录等与本批产品有关的记录。批记录应当由质量管理部门负责管理，至少保存至药品有效期后一年。

质量标准、工艺规程、操作规程、稳定性考察、确认、验证、变更等其他重要文件应当长期保存。

第一百六十三条　如使用电子数据处理系统、照相技术或其他可靠方式记录数据资料，应当有所用系统的操作规程；记录的准确性应当经过核对。

使用电子数据处理系统的，只有经授权的人员方可输入或更改数据，更改和删除情况应当有记录；应当使用密码或其他方式来控制系统的登录；关键数据输入后，应当由他人独立进行复核。

用电子方法保存的批记录，应当采用磁带、缩微胶卷、纸质副本或其他方法进行备份，以确保记录的安全，且数据资料在保存期内便于查阅。

第二节　质量标准

第一百六十四条　物料和成品应当有经批准的现行质量标准；必要时，中间产品或待包装产品也应当有质量标准。

第一百六十五条　物料的质量标准一般应当包括：

(一)物料的基本信息：

1. 企业统一指定的物料名称和内部使用的物料代码；

2.质量标准的依据；

3.经批准的供应商；

4.印刷包装材料的实样或样稿。

(二)取样、检验方法或相关操作规程编号；

(三)定性和定量的限度要求；

(四)贮存条件和注意事项；

(五)有效期或复验期。

第一百六十六条　外购或外销的中间产品和待包装产品应当有质量标准；如果中间产品的检验结果用于成品的质量评价，则应当制定与成品质量标准相对应的中间产品质量标准。

第一百六十七条　成品的质量标准应当包括：

(一)产品名称以及产品代码；

(二)对应的产品处方编号(如有)；

(三)产品规格和包装形式；

(四)取样、检验方法或相关操作规程编号；

(五)定性和定量的限度要求；

(六)贮存条件和注意事项；

(七)有效期。

第三节　工艺规程

第一百六十八条　每种药品的每个生产批量均应当有经企业批准的工艺规程，不同药品规格的每种包装形式均应当有各自的包装操作要求。工艺规程的制定应当以注册批准的工艺为依据。

第一百六十九条　工艺规程不得任意更改。如需更改，应当按照相关的操作规程修订、审核、批准。

第一百七十条　制剂的工艺规程的内容至少应当包括：

(一)生产处方：

1.产品名称和产品代码；

2.产品剂型、规格和批量；

3.所用原辅料清单(包括生产过程中使用，但不在成品中出现的物料)，阐明每一物料的指定名称、代码和用量；如原辅料的用量需要折算时，还应当说明计算方法。

(二)生产操作要求：

1.对生产场所和所用设备的说明(如操作间的位置和编号、洁净度级别、必要的温湿度要求、设备型号和编号等)；

2.关键设备的准备(如清洗、组装、校准、灭菌等)所采用的方法或相应操作规程编号；

3.详细的生产步骤和工艺参数说明(如物料的核对、预处理、加入物料的顺序、混合时间、温度等)；

4.所有中间控制方法及标准；

5.预期的最终产量限度，必要时，还应当说明中间产品的产量限度，以及物料平衡的计算方法和限度；

6.待包装产品的贮存要求，包括容器、标签及特殊贮存条件；

7.需要说明的注意事项。

(三)包装操作要求：

1.以最终包装容器中产品的数量、重量或体积表示的包装形式；

2.所需全部包装材料的完整清单，包括包装材料的名称、数量、规格、类型以及与质量标准有关的每一包装材料的代码；

3.印刷包装材料的实样或复制品，并标明产品批号、有效期打印位置；

4.需要说明的注意事项，包括对生产区和设备进行的检查，在包装操作开始前，确认包装生产线的清场已经完成等；

5.包装操作步骤的说明，包括重要的辅助性操作和所用设备的注意事项、包装材料使用前的核对；

6.中间控制的详细操作，包括取样方法及标准；

7.待包装产品、印刷包装材料的物料平衡计算方法和限度。

第四节 批生产记录

第一百七十一条 每批产品均应当有相应的批生产记录，可追溯该批产品的生产历史以及与质量有关的情况。

第一百七十二条 批生产记录应当依据现行批准的工艺规程的相关内容制定。记录的设计应当避免填写差错。批生产记录的每一页应当标注产品的名称、规格和批号。

第一百七十三条 原版空白的批生产记录应当经生产管理负责人和质量管理负责人审核和批准。批生产记录的复制和发放均应当按照操作规程进行控制并有记录，每批产品的生产只能发放一份原版空白批生产记录的复制件。

第一百七十四条 在生产过程中，进行每项操作时应当及时记录，操作结束后，应当由生产操作人员确认并签注姓名和日期。

第一百七十五条 批生产记录的内容应当包括：

(一)产品名称、规格、批号；

(二)生产以及中间工序开始、结束的日期和时间；

(三)每一生产工序的负责人签名；

(四)生产步骤操作人员的签名；必要时，还应当有操作(如称量)复核人员的签名；

(五)每一原辅料的批号以及实际称量的数量(包括投入的回收或返工处理产品的批号及数量)；

(六)相关生产操作或活动、工艺参数及控制范围，以及所用主要生产设备的编号；

(七)中间控制结果的记录以及操作人员的签名；

(八)不同生产工序所得产量及必要时的物料平衡计算；

(九)对特殊问题或异常事件的记录，包括对偏离工艺规程的偏差情况的详细说明或调查报告，并经签字批准。

第五节 批包装记录

第一百七十六条 每批产品或每批中部分产品的包装，都应当有批包装记录，以便追溯该批产品包装操作以及与质量有关的情况。

第一百七十七条 批包装记录应当依据工艺规程中与包装相关的内容制定。记录的设计应当注意避免填写差错。批包装记录的每一页均应当标注所包装产品的名称、规格、包装形式和批号。

第一百七十八条　批包装记录应当有待包装产品的批号、数量以及成品的批号和计划数量。原版空白的批包装记录的审核、批准、复制和发放的要求与原版空白的批生产记录相同。

第一百七十九条　在包装过程中，进行每项操作时应当及时记录，操作结束后，应当由包装操作人员确认并签注姓名和日期。

第一百八十条　批包装记录的内容包括：

(一)产品名称、规格、包装形式、批号、生产日期和有效期；

(二)包装操作日期和时间；

(三)包装操作负责人签名；

(四)包装工序的操作人员签名；

(五)每一包装材料的名称、批号和实际使用的数量；

(六)根据工艺规程所进行的检查记录，包括中间控制结果；

(七)包装操作的详细情况，包括所用设备及包装生产线的编号；

(八)所用印刷包装材料的实样，并印有批号、有效期及其他打印内容；不易随批包装记录归档的印刷包装材料可采用印有上述内容的复制品；

(九)对特殊问题或异常事件的记录，包括对偏离工艺规程的偏差情况的详细说明或调查报告，并经签字批准；

(十)所有印刷包装材料和待包装产品的名称、代码，以及发放、使用、销毁或退库的数量、实际产量以及物料平衡检查。

第六节　操作规程和记录

第一百八十一条　操作规程的内容应当包括：题目、编号、版本号、颁发部门、生效日期、分发部门以及制定人、审核人、批准人的签名并注明日期，标题、正文及变更历史。

第一百八十二条　厂房、设备、物料、文件和记录应当有编号(或代码)，并制定编制编号(或代码)的操作规程，确保编号(或代码)的唯一性。

第一百八十三条　下述活动也应当有相应的操作规程，其过程和结果应当有记录：

(一)确认和验证；

(二)设备的装配和校准；

(三)厂房和设备的维护、清洁和消毒；

(四)培训、更衣及卫生等与人员相关的事宜；

(五)环境监测；

(六)虫害控制；

(七)变更控制；

(八)偏差处理；

(九)投诉；

(十)药品召回；

(十一)退货。

第九章 生产管理

第一节 原则

第一百八十四条 所有药品的生产和包装均应当按照批准的工艺规程和操作规程进行操作并有相关记录，以确保药品达到规定的质量标准，并符合药品生产许可和注册批准的要求。

第一百八十五条 应当建立划分产品生产批次的操作规程，生产批次的划分应当能够确保同一批次产品质量和特性的均一性。

第一百八十六条 应当建立编制药品批号和确定生产日期的操作规程。每批药品均应当编制唯一的批号。除另有法定要求外，生产日期不得迟于产品成型或灌装（封）前经最后混合的操作开始日期，不得以产品包装日期作为生产日期。

第一百八十七条 每批产品应当检查产量和物料平衡，确保物料平衡符合设定的限度。如有差异，必须查明原因，确认无潜在质量风险后，方可按照正常产品处理。

第一百八十八条 不得在同一生产操作间同时进行不同品种和规格药品的生产操作，除非没有发生混淆或交叉污染的可能。

第一百八十九条 在生产的每一阶段，应当保护产品和物料免受微生物和其他污染。

第一百九十条 在干燥物料或产品，尤其是高活性、高毒性或高致敏性物料或产品的生产过程中，应当采取特殊措施，防止粉尘的产生和扩散。

第一百九十一条 生产期间使用的所有物料、中间产品或待包装产品的容器及主要设备、必要的操作室应当贴签标识或以其他方式标明生产中的产品或物料名称、规格和批号，如有必要，还应当标明生产工序。

第一百九十二条 容器、设备或设施所用标识应当清晰明了，标识的格式应当经企业相关部门批准。除在标识上使用文字说明外，还可采用不同的颜色区分被标识物的状态（如待验、合格、不合格或已清洁等）。

第一百九十三条 应当检查产品从一个区域输送至另一个区域的管道和其他设备连接，确保连接正确无误。

第一百九十四条 每次生产结束后应当进行清场，确保设备和工作场所没有遗留与本次生产有关的物料、产品和文件。下次生产开始前，应当对前次清场情况进行确认。

第一百九十五条 应当尽可能避免出现任何偏离工艺规程或操作规程的偏差。一旦出现偏差，应当按照偏差处理操作规程执行。

第一百九十六条 生产厂房应当仅限于经批准的人员出入。

第二节 防止生产过程中的污染和交叉污染

第一百九十七条 生产过程中应当尽可能采取措施，防止污染和交叉污染，如：

（一）在分隔的区域内生产不同品种的药品；

（二）采用阶段性生产方式；

（三）设置必要的气锁间和排风；空气洁净度级别不同的区域应当有压差控制；

（四）应当降低未经处理或未经充分处理的空气再次进入生产区导致污染的风险；

（五）在易产生交叉污染的生产区内，操作人员应当穿戴该区域专用的防护服；

（六）采用经过验证或已知有效的清洁和去污染操作规程进行设备清洁；必要时，应当对与物料直接接触的设备表面的残留物进行检测；

（七）采用密闭系统生产；

（八）干燥设备的进风应当有空气过滤器，排风应当有防止空气倒流装置；

（九）生产和清洁过程中应当避免使用易碎、易脱屑、易发霉器具；使用筛网时，应当有防止因筛网断裂而造成污染的措施；

（十）液体制剂的配制、过滤、灌封、灭菌等工序应当在规定时间内完成；

（十一）软膏剂、乳膏剂、凝胶剂等半固体制剂以及栓剂的中间产品应当规定贮存期和贮存条件。

第一百九十八条　应当定期检查防止污染和交叉污染的措施并评估其适用性和有效性。

第三节　生产操作

第一百九十九条　生产开始前应当进行检查，确保设备和工作场所没有上批遗留的产品、文件或与本批产品生产无关的物料，设备处于已清洁及待用状态。检查结果应当有记录。

生产操作前，还应当核对物料或中间产品的名称、代码、批号和标识，确保生产所用物料或中间产品正确且符合要求。

第二百条　应当进行中间控制和必要的环境监测，并予以记录。

第二百零一条　每批药品的每一生产阶段完成后必须由生产操作人员清场，并填写清场记录。清场记录内容包括：操作间编号、产品名称、批号、生产工序、清场日期、检查项目及结果、清场负责人及复核人签名。清场记录应当纳入批生产记录。

第四节　包装操作

第二百零二条　包装操作规程应当规定降低污染和交叉污染、混淆或差错风险的措施。

第二百零三条　包装开始前应当进行检查，确保工作场所、包装生产线、印刷机及其他设备已处于清洁或待用状态，无上批遗留的产品、文件或与本批产品包装无关的物料。检查结果应当有记录。

第二百零四条　包装操作前，还应当检查所领用的包装材料正确无误，核对待包装产品和所用包装材料的名称、规格、数量、质量状态，且与工艺规程相符。

第二百零五条　每一包装操作场所或包装生产线，应当有标识标明包装中的产品名称、规格、批号和批量的生产状态。

第二百零六条　有数条包装线同时进行包装时，应当采取隔离或其他有效防止污染、交叉污染或混淆的措施。

第二百零七条　待用分装容器在分装前应当保持清洁，避免容器中有玻璃碎屑、金属颗粒等污染物。

第二百零八条　产品分装、封口后应当及时贴签。未能及时贴签时，应当按照相关的操作规程操作，避免发生混淆或贴错标签等差错。

第二百零九条　单独打印或包装过程中在线打印的信息（如产品批号或有效期）均应当进行检查，确保其正确无误，并予以记录。如手工打印，应当增加检查频次。

第二百一十条　使用切割式标签或在包装线以外单独打印标签，应当采取专门措施，防止混淆。

第二百一十一条　应当对电子读码机、标签计数器或其他类似装置的功能进行检查，确保其准确运行。检查应当有记录。

第二百一十二条　包装材料上印刷或模压的内容应当清晰，不易褪色和擦除。

第二百一十三条　包装期间，产品的中间控制检查应当至少包括下述内容：

（一）包装外观；

（二）包装是否完整；

（三）产品和包装材料是否正确；

（四）打印信息是否正确；

（五）在线监控装置的功能是否正常。

样品从包装生产线取走后不应当再返还，以防止产品混淆或污染。

第二百一十四条　因包装过程产生异常情况而需要重新包装产品的，必须经专门检查、调查并由指定人员批准。重新包装应当有详细记录。

第二百一十五条　在物料平衡检查中，发现待包装产品、印刷包装材料以及成品数量有显著差异时，应当进行调查，未得出结论前，成品不得放行。

第二百一十六条　包装结束时，已打印批号的剩余包装材料应当由专人负责全部计数销毁，并有记录。如将未打印批号的印刷包装材料退库，应当按照操作规程执行。

第十章　质量控制与质量保证

第一节　质量控制实验室管理

第二百一十七条　质量控制实验室的人员、设施、设备应当与产品性质和生产规模相适应。

企业通常不得进行委托检验，确需委托检验的，应当按照第十一章中委托检验部分的规定，委托外部实验室进行检验，但应当在检验报告中予以说明。

第二百一十八条　质量控制负责人应当具有足够的管理实验室的资质和经验，可以管理同一企业的一个或多个实验室。

第二百一十九条　质量控制实验室的检验人员至少应当具有相关专业中专或高中以上学历，并经过与所从事的检验操作相关的实践培训且通过考核。

第二百二十条　质量控制实验室应当配备药典、标准图谱等必要的工具书，以及标准品或对照品等相关的标准物质。

第二百二十一条　质量控制实验室的文件应当符合第八章的原则，并符合下列要求：

（一）质量控制实验室应当至少有下列详细文件：

1. 质量标准；

2. 取样操作规程和记录；

3. 检验操作规程和记录（包括检验记录或实验室工作记事簿）；

4. 检验报告或证书；

5. 必要的环境监测操作规程、记录和报告；

6. 必要的检验方法验证报告和记录；

7. 仪器校准和设备使用、清洁、维护的操作规程及记录。

（二）每批药品的检验记录应当包括中间产品、待包装产品和成品的质量检验记录，可追溯该批药品所有相关的质量检验情况。

（三）宜采用便于趋势分析的方法保存某些数据（如检验数据、环境监测数据、制药用水的微生物监测数据)。

(四)除与批记录相关的资料信息外,还应当保存其他原始资料或记录,以方便查阅。

第二百二十二条　取样应当至少符合以下要求:

(一)质量管理部门的人员有权进入生产区和仓储区进行取样及调查;

(二)应当按照经批准的操作规程取样,操作规程应当详细规定:

1.经授权的取样人;

2.取样方法;

3.所用器具;

4.样品量;

5.分样的方法;

6.存放样品容器的类型和状态;

7.取样后剩余部分及样品的处置和标识;

8.取样注意事项,包括为降低取样过程产生的各种风险所采取的预防措施,尤其是无菌或有害物料的取样以及防止取样过程中污染和交叉污染的注意事项;

9.贮存条件;

10.取样器具的清洁方法和贮存要求。

(三)取样方法应当科学、合理,以保证样品的代表性。

(四)留样应当能够代表被取样批次的产品或物料,也可抽取其他样品来监控生产过程中最重要的环节(如生产的开始或结束)。

(五)样品的容器应当贴有标签,注明样品名称、批号、取样日期、取自哪一包装容器、取样人等信息。

(六)样品应当按照规定的贮存要求保存。

第二百二十三条　物料和不同生产阶段产品的检验应当至少符合以下要求:

(一)企业应当确保药品按照注册批准的方法进行全项检验。

(二)符合下列情形之一的,应当对检验方法进行验证:

1.采用新的检验方法;

2.检验方法需变更的;

3.采用《中华人民共和国药典》及其他法定标准未收载的检验方法;

4.法规规定的其他需要验证的检验方法。

(三)对不需要进行验证的检验方法,企业应当对检验方法进行确认,以确保检验数据准确、可靠。

(四)检验应当有书面操作规程,规定所用方法、仪器和设备,检验操作规程的内容应当与经确认或验证的检验方法一致。

(五)检验应当有可追溯的记录并应当复核,确保结果与记录一致。所有计算均应当严格核对。

(六)检验记录应当至少包括以下内容:

1.产品或物料的名称、剂型、规格、批号或供货批号,必要时注明供应商和生产商(如不同)的名称或来源;

2.依据的质量标准和检验操作规程;

3.检验所用的仪器或设备的型号和编号；

4.检验所用的试液和培养基的配制批号、对照品或标准品的来源和批号；

5.检验所用动物的相关信息；

6.检验过程，包括对照品溶液的配制、各项具体的检验操作、必要的环境温湿度；

7.检验结果，包括观察情况、计算和图谱或曲线图，以及依据的检验报告编号；

8.检验日期；

9.检验人员的签名和日期；

10.检验、计算复核人员的签名和日期。

（七）所有中间控制（包括生产人员所进行的中间控制），均应当按照经质量管理部门批准的方法进行，检验应当有记录。

（八）应当对实验室容量分析用玻璃仪器、试剂、试液、对照品以及培养基进行质量检查。

（九）必要时应当将检验用实验动物在使用前进行检验或隔离检疫。饲养和管理应当符合相关的实验动物管理规定。动物应当有标识，并应当保存使用的历史记录。

第二百二十四条　质量控制实验室应当建立检验结果超标调查的操作规程。任何检验结果超标都必须按照操作规程进行完整的调查，并有相应的记录。

第二百二十五条　企业按规定保存的、用于药品质量追溯或调查的物料、产品样品为留样。用于产品稳定性考察的样品不属于留样。

留样应当至少符合以下要求：

（一）应当按照操作规程对留样进行管理。

（二）留样应当能够代表被取样批次的物料或产品。

（三）成品的留样：

1.每批药品均应当有留样；如果一批药品分成数次进行包装，则每次包装至少应当保留一件最小市售包装的成品；

2.留样的包装形式应当与药品市售包装形式相同，原料药的留样如无法采用市售包装形式的，可采用模拟包装；

3.每批药品的留样数量一般至少应当能够确保按照注册批准的质量标准完成两次全检（无菌检查和热源检查等除外）；

4.如果不影响留样的包装完整性，保存期间内至少应当每年对留样进行一次目检观察，如有异常，应当进行彻底调查并采取相应的处理措施；

5.留样观察应当有记录；

6.留样应当按照注册批准的贮存条件至少保存至药品有效期后一年；

7.如企业终止药品生产或关闭的，应当将留样转交授权单位保存，并告知当地药品监督管理部门，以便在必要时可随时取得留样。

（四）物料的留样：

1.制剂生产用每批原辅料和与药品直接接触的包装材料均应当有留样。与药品直接接触的包装材料（如输液瓶），如成品已有留样，可不必单独留样；

2.物料的留样量应当至少满足鉴别的需要；

3.除稳定性较差的原辅料外，用于制剂生产的原辅料（不包括生产过程中使用的溶剂、气体或制药用水）和与药品直接接触的包装材料的留样应当至少保存至产品放行后2年。如果物料的有效期较短，则留样时间可相应缩短；

4.物料的留样应当按照规定的条件贮存，必要时还应当适当包装密封。

第二百二十六条　试剂、试液、培养基和检定菌的管理应当至少符合以下要求：

（一）试剂和培养基应当从可靠的供应商处采购，必要时应当对供应商进行评估；

（二）应当有接收试剂、试液、培养基的记录，必要时，应当在试剂、试液、培养基的容器上标注接收日期；

（三）应当按照相关规定或使用说明配制、贮存和使用试剂、试液和培养基。特殊情况下，在接收或使用前，还应当对试剂进行鉴别或其他检验；

（四）试液和已配制的培养基应当标注配制批号、配制日期和配制人员姓名，并有配制（包括灭菌）记录。不稳定的试剂、试液和培养基应当标注有效期及特殊贮存条件。标准液、滴定液还应当标注最后一次标化的日期和校正因子，并有标化记录；

（五）配制的培养基应当进行适用性检查，并有相关记录。应当有培养基使用记录；

（六）应当有检验所需的各种检定菌，并建立检定菌保存、传代、使用、销毁的操作规程和相应记录；

（七）检定菌应当有适当的标识，内容至少包括菌种名称、编号、代次、传代日期、传代操作人；

（八）检定菌应当按照规定的条件贮存，贮存的方式和时间不应当对检定菌的生长特性有不利影响。

第二百二十七条　标准品或对照品的管理应当至少符合以下要求：

（一）标准品或对照品应当按照规定贮存和使用；

（二）标准品或对照品应当有适当的标识，内容至少包括名称、批号、制备日期（如有）、有效期（如有）、首次开启日期、含量或效价、贮存条件；

（三）企业如需自制工作标准品或对照品，应当建立工作标准品或对照品的质量标准以及制备、鉴别、检验、批准和贮存的操作规程，每批工作标准品或对照品应当用法定标准品或对照品进行标化，并确定有效期，还应当通过定期标化证明工作标准品或对照品的效价或含量在有效期内保持稳定。标化的过程和结果应当有相应的记录。

第二节　物料和产品放行

第二百二十八条　应当分别建立物料和产品批准放行的操作规程，明确批准放行的标准、职责，并有相应的记录。

第二百二十九条　物料的放行应当至少符合以下要求：

（一）物料的质量评价内容应当至少包括生产商的检验报告、物料包装完整性和密封性的检查情况和检验结果；

（二）物料的质量评价应当有明确的结论，如批准放行、不合格或其他决定；

（三）物料应当由指定人员签名批准放行。

第二百三十条　产品的放行应当至少符合以下要求：

（一）在批准放行前，应当对每批药品进行质量评价，保证药品及其生产应当符合注册和本规范要求，并确认以下各项内容：

1.主要生产工艺和检验方法经过验证；

2.已完成所有必需的检查、检验，并综合考虑实际生产条件和生产记录；

3.所有必需的生产和质量控制均已完成并经相关主管人员签名；

4.变更已按照相关规程处理完毕，需要经药品监督管理部门批准的变更已得到批准；

5.对变更或偏差已完成所有必要的取样、检查、检验和审核；

6.所有与该批产品有关的偏差均已有明确的解释或说明，或者已经过彻底调查和适当处理；如偏差还涉及其他批次产品，应当一并处理。

（二）药品的质量评价应当有明确的结论，如批准放行、不合格或其他决定。

（三）每批药品均应当由质量受权人签名批准放行。

（四）疫苗类制品、血液制品、用于血源筛查的体外诊断试剂以及国家食品药品监督管理局规定的其他生物制品放行前还应当取得批签发合格证明。

第三节 持续稳定性考察

第二百三十一条 持续稳定性考察的目的是在有效期内监控已上市药品的质量，以发现药品与生产相关的稳定性问题（如杂质含量或溶出度特性的变化），并确定药品能够在标示的贮存条件下，符合质量标准的各项要求。

第二百三十二条 持续稳定性考察主要针对市售包装药品，但也需兼顾待包装产品。例如，当待包装产品在完成包装前，或从生产厂运输到包装厂，还需要长期贮存时，应当在相应的环境条件下，评估其对包装后产品稳定性的影响。此外，还应当考虑对贮存时间较长的中间产品进行考察。

第二百三十三条 持续稳定性考察应当有考察方案，结果应当有报告。用于持续稳定性考察的设备（尤其是稳定性试验设备或设施）应当按照第七章和第五章的要求进行确认和维护。

第二百三十四条 持续稳定性考察的时间应当涵盖药品有效期，考察方案应当至少包括以下内容：

（一）每种规格、每个生产批量药品的考察批次数；

（二）相关的物理、化学、微生物和生物学检验方法，可考虑采用稳定性考察专属的检验方法；

（三）检验方法依据；

（四）合格标准；

（五）容器密封系统的描述；

（六）试验间隔时间（测试时间点）；

（七）贮存条件（应当采用与药品标示贮存条件相对应的《中华人民共和国药典》规定的长期稳定性试验标准条件）；

（八）检验项目，如检验项目少于成品质量标准所包含的项目，应当说明理由。

第二百三十五条 考察批次数和检验频次应当能够获得足够的数据，以供趋势分析。通常情况下，每种规格、每种内包装形式的药品，至少每年应当考察一个批次，除非当年没有生产。

第二百三十六条 某些情况下，持续稳定性考察中应当额外增加批次数，如重大变更或生产和包装有重大偏差的药品应当列入稳定性考察。此外，重新加工、返工或回收的批次，也应当考虑列入考察，除非已经过验证和稳定性考察。

第二百三十七条 关键人员，尤其是质量受权人，应当了解持续稳定性考察的结果。当持续稳定性考察不在待包装产品和成品的生产企业进行时，则相关各方之间应当有书面协议，且均应当保存持续稳定性考察的结果以供药品监督管理部门审查。

第二百三十八条 应当对不符合质量标准的结果或重要的异常趋势进行调查。对任何已确认的不符合质量标准的结果或重大不良趋势，企业都应当考虑是否可能对已上市药品造成影响，必要时应当实施召回，调查结果以及采取的措施应当报告当地药品监督管理部门。

第二百三十九条 应当根据所获得的全部数据资料，包括考察的阶段性结论，撰写总结报告并保存。应当定期审核总结报告。

第四节 变更控制

第二百四十条 企业应当建立变更控制系统，对所有影响产品质量的变更进行评估和管理。需要经药品监督管理部门批准的变更应当在得到批准后方可实施。

第二百四十一条 应当建立操作规程，规定原辅料、包装材料、质量标准、检验方法、操作规程、厂房、设施、设备、仪器、生产工艺和计算机软件变更的申请、评估、审核、批准和实施。质量管理部门应当指定专人负责变更控制。

第二百四十二条 变更都应当评估其对产品质量的潜在影响。企业可以根据变更的性质、范围、对产品质量潜在影响的程度将变更分类(如主要、次要变更)。判断变更所需的验证、额外的检验以及稳定性考察应当有科学依据。

第二百四十三条 与产品质量有关的变更由申请部门提出后，应当经评估、制定实施计划并明确实施职责，最终由质量管理部门审核批准。变更实施应当有相应的完整记录。

第二百四十四条 改变原辅料、与药品直接接触的包装材料、生产工艺、主要生产设备以及其他影响药品质量的主要因素时，还应当对变更实施后最初至少三个批次的药品质量进行评估。如果变更可能影响药品的有效期，则质量评估还应当包括对变更实施后生产的药品进行稳定性考察。

第二百四十五条 变更实施时，应当确保与变更相关的文件均已修订。

第二百四十六条 质量管理部门应当保存所有变更的文件和记录。

第五节 偏差处理

第二百四十七条 各部门负责人应当确保所有人员正确执行生产工艺、质量标准、检验方法和操作规程，防止偏差的产生。

第二百四十八条 企业应当建立偏差处理的操作规程，规定偏差的报告、记录、调查、处理以及所采取的纠正措施，并有相应的记录。

第二百四十九条 任何偏差都应当评估其对产品质量的潜在影响。企业可以根据偏差的性质、范围、对产品质量潜在影响的程度将偏差分类(如重大、次要偏差)，对重大偏差的评估还应当考虑是否需要对产品进行额外的检验以及对产品有效期的影响，必要时，应当对涉及重大偏差的产品进行稳定性考察。

第二百五十条 任何偏离生产工艺、物料平衡限度、质量标准、检验方法、操作规程等的情况均应当有记录，并立即报告主管人员及质量管理部门，应当有清楚的说明，重大偏差应当由质量管理部门会同其他部门进行彻底调查，并有调查报告。偏差调查报告应当由质量管理部门的指定人员审核并签字。

企业还应当采取预防措施有效防止类似偏差的再次发生。

第二百五十一条　质量管理部门应当负责偏差的分类，保存偏差调查、处理的文件和记录。

第六节　纠正措施和预防措施

第二百五十二条　企业应当建立纠正措施和预防措施系统，对投诉、召回、偏差、自检或外部检查结果、工艺性能和质量监测趋势等进行调查并采取纠正和预防措施。调查的深度和形式应当与风险的级别相适应。纠正措施和预防措施系统应当能够增进对产品和工艺的理解，改进产品和工艺。

第二百五十三条　企业应当建立实施纠正和预防措施的操作规程，内容至少包括：

（一）对投诉、召回、偏差、自检或外部检查结果、工艺性能和质量监测趋势以及其他来源的质量数据进行分析，确定已有和潜在的质量问题。必要时，应当采用适当的统计学方法；

（二）调查与产品、工艺和质量保证系统有关的原因；

（三）确定所需采取的纠正和预防措施，防止问题的再次发生；

（四）评估纠正和预防措施的合理性、有效性和充分性；

（五）对实施纠正和预防措施过程中所有发生的变更应当予以记录；

（六）确保相关信息已传递到质量受权人和预防问题再次发生的直接负责人；

（七）确保相关信息及其纠正和预防措施已通过高层管理人员的评审。

第二百五十四条　实施纠正和预防措施应当有文件记录，并由质量管理部门保存。

第七节　供应商的评估和批准

第二百五十五条　质量管理部门应当对所有生产用物料的供应商进行质量评估，会同有关部门对主要物料供应商（尤其是生产商）的质量体系进行现场质量审计，并对质量评估不符合要求的供应商行使否决权。

主要物料的确定应当综合考虑企业所生产的药品质量风险、物料用量以及物料对药品质量的影响程度等因素。

企业法定代表人、企业负责人及其他部门的人员不得干扰或妨碍质量管理部门对物料供应商独立做出质量评估。

第二百五十六条　应当建立物料供应商评估和批准的操作规程，明确供应商的资质、选择的原则、质量评估方式、评估标准、物料供应商批准的程序。

如质量评估需采用现场质量审计方式的，还应当明确审计内容、周期、审计人员的组成及资质。需采用样品小批量试生产的，还应当明确生产批量、生产工艺、产品质量标准、稳定性考察方案。

第二百五十七条　质量管理部门应当指定专人负责物料供应商质量评估和现场质量审计，分发经批准的合格供应商名单。被指定的人员应当具有相关的法规和专业知识，具有足够的质量评估和现场质量审计的实践经验。

第二百五十八条　现场质量审计应当核实供应商资质证明文件和检验报告的真实性，核实是否具备检验条件。应当对其人员机构、厂房设施和设备、物料管理、生产工艺流程和生产管理、质量控制实验室的设备、仪器、文件管理等进行检查，以全面评估其质量保证系统。现场质量审计应当有报告。

第二百五十九条　必要时，应当对主要物料供应商提供的样品进行小批量试生产，并对试生产的药品进行稳定性考察。

第二百六十条　质量管理部门对物料供应商的评估至少应当包括：供应商的资质证明文件、质量标准、检验报告、企业对物料样品的检验数据和报告。如进行现场质量审计和样品小批量试生产的，还应当包括现场质量审计报告，以及小试产品的质量检验报告和稳定性考察报告。

第二百六十一条　改变物料供应商，应当对新的供应商进行质量评估；改变主要物料供应商的，还需要对产品进行相关的验证及稳定性考察。

第二百六十二条　质量管理部门应当向物料管理部门分发经批准的合格供应商名单，该名单内容至少包括物料名称、规格、质量标准、生产商名称和地址、经销商（如有）名称等，并及时更新。

第二百六十三条　质量管理部门应当与主要物料供应商签订质量协议，在协议中应当明确双方所承担的质量责任。

第二百六十四条　质量管理部门应当定期对物料供应商进行评估或现场质量审计，回顾分析物料质量检验结果、质量投诉和不合格处理记录。如物料出现质量问题或生产条件、工艺、质量标准和检验方法等可能影响质量的关键因素发生重大改变时，还应当尽快进行相关的现场质量审计。

第二百六十五条　企业应当对每家物料供应商建立质量档案，档案内容应当包括供应商的资质证明文件、质量协议、质量标准、样品检验数据和报告、供应商的检验报告、现场质量审计报告、产品稳定性考察报告、定期的质量回顾分析报告等。

第八节　产品质量回顾分析

第二百六十六条　应当按照操作规程，每年对所有生产的药品按品种进行产品质量回顾分析，以确认工艺稳定可靠，以及原辅料、成品现行质量标准的适用性，及时发现不良趋势，确定产品及工艺改进的方向。应当考虑以往回顾分析的历史数据，还应当对产品质量回顾分析的有效性进行自检。

当有合理的科学依据时，可按照产品的剂型分类进行质量回顾，如固体制剂、液体制剂和无菌制剂等。

回顾分析应当有报告。

企业至少应当对下列情形进行回顾分析：

（一）产品所用原辅料的所有变更，尤其是来自新供应商的原辅料；

（二）关键中间控制点及成品的检验结果；

（三）所有不符合质量标准的批次及其调查；

（四）所有重大偏差及相关的调查、所采取的整改措施和预防措施的有效性；

（五）生产工艺或检验方法等的所有变更；

（六）已批准或备案的药品注册的所有变更；

（七）稳定性考察的结果及任何不良趋势；

（八）所有因质量原因造成的退货、投诉、召回及调查；

（九）与产品工艺或设备相关的纠正措施的执行情况和效果；

（十）新获批准和有变更的药品，按照注册要求上市后应当完成的工作情况；

（十一）相关设备和设施，如空调净化系统、水系统、压缩空气等的确认状态；

（十二）委托生产或检验的技术合同履行情况。

第二百六十七条　应当对回顾分析的结果进行评估，提出是否需要采取纠正和预防措施或进行再确认或再验证的评估意见及理由，并及时、有效地完成整改。

第二百六十八条　药品委托生产时，委托方和受托方之间应当有书面的技术协议，规定产品质量回顾分析中各方的责任，确保产品质量回顾分析按时进行并符合要求。

第九节　投诉与不良反应报告

第二百六十九条　应当建立药品不良反应报告和监测管理制度，设立专门机构并配备专职人员负责管理。

第二百七十条　应当主动收集药品不良反应，对不良反应应当详细记录、评价、调查和处理，及时采取措施控制可能存在的风险，并按照要求向药品监督管理部门报告。

第二百七十一条　应当建立操作规程，规定投诉登记、评价、调查和处理的程序，并规定因可能的产品缺陷发生投诉时所采取的措施，包括考虑是否有必要从市场召回药品。

第二百七十二条　应当有专人及足够的辅助人员负责进行质量投诉的调查和处理，所有投诉、调查的信息应当向质量受权人通报。

第二百七十三条　所有投诉都应当登记与审核，与产品质量缺陷有关的投诉，应当详细记录投诉的各个细节，并进行调查。

第二百七十四条　发现或怀疑某批药品存在缺陷，应当考虑检查其他批次的药品，查明其是否受到影响。

第二百七十五条　投诉调查和处理应当有记录，并注明所查相关批次产品的信息。

第二百七十六条　应当定期回顾分析投诉记录，以便发现需要警觉、重复出现以及可能需要从市场召回药品的问题，并采取相应措施。

第二百七十七条　企业出现生产失误、药品变质或其他重大质量问题，应当及时采取相应措施，必要时还应当向当地药品监督管理部门报告。

第十一章　委托生产与委托检验

第一节　原则

第二百七十八条　为确保委托生产产品的质量和委托检验的准确性和可靠性，委托方和受托方必须签订书面合同，明确规定各方责任、委托生产或委托检验的内容及相关的技术事项。

第二百七十九条　委托生产或委托检验的所有活动，包括在技术或其他方面拟采取的任何变更，均应当符合药品生产许可和注册的有关要求。

第二节　委托方

第二百八十条　委托方应当对受托方进行评估，对受托方的条件、技术水平、质量管理情况进行现场考核，确认其具有完成受托工作的能力，并能保证符合本规范的要求。

第二百八十一条　委托方应当向受托方提供所有必要的资料，以使受托方能够按照药品注册和其他法定要求正确实施所委托的操作。

委托方应当使受托方充分了解与产品或操作相关的各种问题，包括产品或操作对受托方的环境、厂房、设备、人员及其他物料或产品可能造成的危害。

第二百八十二条　委托方应当对受托生产或检验的全过程进行监督。

第二百八十三条　委托方应当确保物料和产品符合相应的质量标准。

第三节　受托方

第二百八十四条　受托方必须具备足够的厂房、设备、知识和经验以及人员，满足委托方所委托的生产或检验工作的要求。

第二百八十五条　受托方应当确保所收到委托方提供的物料、中间产品和待包装产品适用于预定用途。

第二百八十六条　受托方不得从事对委托生产或检验的产品质量有不利影响的活动。

第四节　合同

第二百八十七条　委托方与受托方之间签订的合同应当详细规定各自的产品生产和控制职责，其中的技术性条款应当由具有制药技术、检验专业知识和熟悉本规范的主管人员拟订。委托生产及检验的各项工作必须符合药品生产许可和药品注册的有关要求并经双方同意。

第二百八十八条　合同应当详细规定质量受权人批准放行每批药品的程序，确保每批产品都已按照药品注册的要求完成生产和检验。

第二百八十九条　合同应当规定何方负责物料的采购、检验、放行、生产和质量控制(包括中间控制)，还应当规定何方负责取样和检验。

在委托检验的情况下，合同应当规定受托方是否在委托方的厂房内取样。

第二百九十条　合同应当规定由受托方保存的生产、检验和发运记录及样品，委托方应当能够随时调阅或检查；出现投诉、怀疑产品有质量缺陷或召回时，委托方应当能够方便地查阅所有与评价产品质量相关的记录。

第二百九十一条　合同应当明确规定委托方可以对受托方进行检查或现场质量审计。

第二百九十二条　委托检验合同应当明确受托方有义务接受药品监督管理部门检查。

第十二章　产品发运与召回

第一节　原则

第二百九十三条　企业应当建立产品召回系统，必要时可迅速、有效地从市场召回任何一批存在安全隐患的产品。

第二百九十四条　因质量原因退货和召回的产品，均应当按照规定监督销毁，有证据证明退货产品质量未受影响的除外。

第二节　发运

第二百九十五条　每批产品均应当有发运记录。根据发运记录，应当能够追查每批产品的销售情况，必要时应当能够及时全部追回，发运记录内容应当包括：产品名称、规格、批号、数量、收货单位和地址、联系方式、发货日期、运输方式等。

第二百九十六条　药品发运的零头包装只限两个批号为一个合箱，合箱外应当标明全部批号，并建立合箱记录。

第二百九十七条　发运记录应当至少保存至药品有效期后一年。

第三节　召回

第二百九十八条　应当制定召回操作规程，确保召回工作的有效性。

第二百九十九条　应当指定专人负责组织协调召回工作，并配备足够数量的人员。产品召回负责人应当独立于销售和市场部门；如产品召回负责人不是质量受权人，则应当向质量受权人通报召回处理情况。

第三百条　召回应当能够随时启动，并迅速实施。

第三百零一条　因产品存在安全隐患决定从市场召回的，应当立即向当地药品监督管理部门报告。

第三百零二条　产品召回负责人应当能够迅速查阅到药品发运记录。

第三百零三条　已召回的产品应当有标识，并单独、妥善贮存，等待最终处理决定。

第三百零四条　召回的进展过程应当有记录，并有最终报告。产品发运数量、已召回数量以及数量平衡情况应当在报告中予以说明。

第三百零五条　应当定期对产品召回系统的有效性进行评估。

第十三章　自　检

第一节　原则

第三百零六条　质量管理部门应当定期组织对企业进行自检，监控本规范的实施情况，评估企业是否符合本规范要求，并提出必要的纠正和预防措施。

第二节　自检

第三百零七条　自检应当有计划，对机构与人员、厂房与设施、设备、物料与产品、确认与验证、文件管理、生产管理、质量控制与质量保证、委托生产与委托检验、产品发运与召回等项目定期进行检查。

第三百零八条　应当由企业指定人员进行独立、系统、全面的自检，也可由外部人员或专家进行独立的质量审计。

第三百零九条　自检应当有记录。自检完成后应当有自检报告，内容至少包括自检过程中观察到的所有情况、评价的结论以及提出纠正和预防措施的建议。自检情况应当报告企业高层管理人员。

第十四章　附　则

第三百一十条　本规范为药品生产质量管理的基本要求。对无菌药品、生物制品、血液制品等药品或生产质量管理活动的特殊要求，由国家食品药品监督管理局以附录方式另行制定。

第三百一十一条　企业可以采用经过验证的替代方法，达到本规范的要求。

第三百一十二条　本规范下列术语（按汉语拼音排序）的含义是：

（一）包装

待包装产品变成成品所需的所有操作步骤，包括分装、贴签等。但无菌生产工艺中产品的无菌灌装，以及最终灭菌产品的灌装等不视为包装。

（二）包装材料

药品包装所用的材料，包括与药品直接接触的包装材料和容器、印刷包装材料，但不包括发运用的外包装材料。

（三）操作规程

经批准用来指导设备操作、维护与清洁、验证、环境控制、取样和检验等药品生产活动的通用性文件，也称标准操作规程。

（四）产品

包括药品的中间产品、待包装产品和成品。

（五）产品生命周期

产品从最初的研发、上市直至退市的所有阶段。

（六）成品

已完成所有生产操作步骤和最终包装的产品。

（七）重新加工

将某一生产工序生产的不符合质量标准的一批中间产品或待包装产品的一部分或全部，采用不同的生产工艺进行再加工，以符合预定的质量标准。

（八）待包装产品

尚未进行包装但已完成所有其他加工工序的产品。

（九）待验

指原辅料、包装材料、中间产品、待包装产品或成品，采用物理手段或其他有效方式将其隔离或区分，在允许用于投料生产或上市销售之前贮存、等待做出放行决定的状态。

（十）发放

指生产过程中物料、中间产品、待包装产品、文件、生产用模具等在企业内部流转的一系列操作。

（十一）复验期

原辅料、包装材料贮存一定时间后，为确保其仍适用于预定用途，由企业确定的需重新检验的日期。

（十二）发运

指企业将产品发送到经销商或用户的一系列操作，包括配货、运输等。

（十三）返工

将某一生产工序生产的不符合质量标准的一批中间产品或待包装产品、成品的一部分或全部返回到之前的工序，采用相同的生产工艺进行再加工，以符合预定的质量标准。

（十四）放行

对一批物料或产品进行质量评价，做出批准使用或投放市场或其他决定的操作。

（十五）高层管理人员

在企业内部最高层指挥和控制企业、具有调动资源的权力和职责的人员。

（十六）工艺规程

为生产特定数量的成品而制定的一个或一套文件，包括生产处方、生产操作要求和包装操作要求，规定原辅料和包装材料的数量、工艺参数和条件、加工说明（包括中间控制）、注意事项等内容。

（十七）供应商

指物料、设备、仪器、试剂、服务等的提供方，如生产商、经销商等。

（十八）回收

在某一特定的生产阶段，将以前生产的一批或数批符合相应质量要求的产品的一部分或全部，加入到另一批次中的操作。

（十九）计算机化系统

用于报告或自动控制的集成系统，包括数据输入、电子处理和信息输出。

（二十）交叉污染

不同原料、辅料及产品之间发生的相互污染。

（二十一）校准

在规定条件下，确定测量、记录、控制仪器或系统的示值（尤指称量）或实物量具所代表的量值，与对应的参照标准量值之间关系的一系列活动。

（二十二）阶段性生产方式

指在共用生产区内，在一段时间内集中生产某一产品，再对相应的共用生产区、设施、设备、工器具等进行彻底清洁，更换生产另一种产品的方式。

（二十三）洁净区

需要对环境中尘粒及微生物数量进行控制的房间（区域），其建筑结构、装备及其使用应当能够减少该区域内污染物的引入、产生和滞留。

（二十四）警戒限度

系统的关键参数超出正常范围，但未达到纠偏限度，需要引起警觉，可能需要采取纠正措施的限度标准。

（二十五）纠偏限度

系统的关键参数超出可接受标准，需要进行调查并采取纠正措施的限度标准。

（二十六）检验结果超标

检验结果超出法定标准及企业制定标准的所有情形。

（二十七）批

经一个或若干加工过程生产的、具有预期均一质量和特性的一定数量的原辅料、包装材料或成品。为完成某些生产操作步骤，可能有必要将一批产品分成若干亚批，最终合并成为一个均一的批。在连续生产情况下，批必须与生产中具有预期均一特性的确定数量的产品相对应，批量可以是固定数量或固定时间段内生产的产品量。

例如：口服或外用的固体、半固体制剂在成型或分装前使用同一台混合设备一次混合所生产的均质产品为一批；口服或外用的液体制剂以灌装（封）前经最后混合的药液所生产的均质产品为一批。

（二十八）批号

用于识别一个特定批的具有唯一性的数字和（或）字母的组合。

（二十九）批记录

用于记述每批药品生产、质量检验和放行审核的所有文件和记录，可追溯所有与成品质量有关的历史信息。

（三十）气锁间

设置于两个或数个房间之间（如不同洁净度级别的房间之间）的具有两扇或多扇门的隔离空间。设置气锁间的目的是在人员或物料出入时，对气流进行控制。气锁间有人员气锁间和物料气锁间。

（三十一）企业

在本规范中如无特别说明，企业特指药品生产企业。

（三十二）确认

证明厂房、设施、设备能正确运行并可达到预期结果的一系列活动。

（三十三）退货

将药品退还给企业的活动。

（三十四）文件

本规范所指的文件包括质量标准、工艺规程、操作规程、记录、报告等。

（三十五）物料

指原料、辅料和包装材料等。

例如：化学药品制剂的原料是指原料药；生物制品的原料是指原材料；中药制剂的原料是指中药材、中药饮片和外购中药提取物；原料药的原料是指用于原料药生产的除包装材料以外的其他物料。

（三十六）物料平衡

产品或物料实际产量或实际用量及收集到的损耗之和与理论产量或理论用量之间的比较，并考虑可允许的偏差范围。

（三十七）污染

在生产、取样、包装或重新包装、贮存或运输等操作过程中，原辅料、中间产品、待包装产品、成品受到具有化学或微生物特性的杂质或异物的不利影响。

（三十八）验证

证明任何操作规程（或方法）、生产工艺或系统能够达到预期结果的一系列活动。

（三十九）印刷包装材料

指具有特定式样和印刷内容的包装材料，如印字铝箔、标签、说明书、纸盒等。

（四十）原辅料

除包装材料之外，药品生产中使用的任何物料。

（四十一）中间产品

指完成部分加工步骤的产品，尚需进一步加工方可成为待包装产品。

（四十二）中间控制

也称过程控制，指为确保产品符合有关标准，生产中对工艺过程加以监控，以便在必要时进行调节而做的各项检查。可将对环境或设备控制视作中间控制的一部分。

第三百一十三条　本规范自2011年3月1日起施行。按照《中华人民共和国药品管理法》第九条规定，具体实施办法和实施步骤由国家食品药品监督管理局规定。

《中华人民共和国食品安全法》

（2009-02-28 通过，2015-04-24 修订，2015-10-01 实施）

第一章　总　　则

第一条　为了保证食品安全，保障公众身体健康和生命安全，制定本法。

第二条　在中华人民共和国境内从事下列活动，应当遵守本法：

（一）食品生产和加工（以下称食品生产），食品销售和餐饮服务（以下称食品经营）；

（二）食品添加剂的生产经营；

（三）用于食品的包装材料、容器、洗涤剂、消毒剂和用于食品生产经营的工具、设备（以下称食品相关产品）的生产经营；

（四）食品生产经营者使用食品添加剂、食品相关产品；

（五）食品的贮存和运输；

（六）对食品、食品添加剂、食品相关产品的安全管理。

供食用的源于农业的初级产品（以下称食用农产品）的质量安全管理，遵守《中华人民共和国农产品质量安全法》的规定。但是，食用农产品的市场销售、有关质量安全标准的制定、有关安全信息的公布和本法对农业投入品作出规定的，应当遵守本法的规定。

第三条　食品安全工作实行预防为主、风险管理、全程控制、社会共治，建立科学、严格的监督管理制度。

第四条　食品生产经营者对其生产经营食品的安全负责。

食品生产经营者应当依照法律、法规和食品安全标准从事生产经营活动，保证食品安全，诚信自律，对社会和公众负责，接受社会监督，承担社会责任。

第五条　国务院设立食品安全委员会，其职责由国务院规定。

国务院食品药品监督管理部门依照本法和国务院规定的职责，对食品生产经营活动实施监督管理。

国务院卫生行政部门依照本法和国务院规定的职责，组织开展食品安全风险监测和风险评估，会同国务院食品药品监督管理部门制定并公布食品安全国家标准。

国务院其他有关部门依照本法和国务院规定的职责，承担有关食品安全工作。

第六条　县级以上地方人民政府对本行政区域的食品安全监督管理工作负责，统一领导、组织、协调本行政区域的食品安全监督管理工作以及食品安全突发事件应对工作，建立健全食品安全全程监督管理工作机制和信息共享机制。

县级以上地方人民政府依照本法和国务院的规定，确定本级食品药品监督管理、卫生行政部门和其他有关部门的职责。有关部门在各自职责范围内负责本行政区域的食品安全监督管理工作。

县级人民政府食品药品监督管理部门可以在乡镇或者特定区域设立派出机构。

第七条　县级以上地方人民政府实行食品安全监督管理责任制。上级人民政府负责对下一级人民政府的食品安全监督管理工作进行评议、考核。县级以上地方人民政府负责对本级食品药品监督管理部门和其他有关部门的食品安全监督管理工作进行评议、考核。

第八条　县级以上人民政府应当将食品安全工作纳入本级国民经济和社会发展规划，将食品安全工作经费列入本级政府财政预算，加强食品安全监督管理能力建设，为食品安全工作提供保障。

县级以上人民政府食品药品监督管理部门和其他有关部门应当加强沟通、密切配合，按照各自职责分工，依法行使职权，承担责任。

第九条　食品行业协会应当加强行业自律，按照章程建立健全行业规范和奖惩机制，提供食品安全信息、技术等服务，引导和督促食品生产经营者依法生产经营，推动行业诚信建设，宣传、普及食品安全知识。

消费者协会和其他消费者组织对违反本法规定，损害消费者合法权益的行为，依法进行社会监督。

第十条　各级人民政府应当加强食品安全的宣传教育，普及食品安全知识，鼓励社会组织、基层群众性自治组织、食品生产经营者开展食品安全法律、法规以及食品安全标准和知识的普及工作，倡导健康的饮食方式，增强消费者食品安全意识和自我保护能力。

新闻媒体应当开展食品安全法律、法规以及食品安全标准和知识的公益宣传，并对食品安全违法行为进行舆论监督。有关食品安全的宣传报道应当真实、公正。

第十一条　国家鼓励和支持开展与食品安全有关的基础研究、应用研究，鼓励和支持食品生产经营者为提高食品安全水平采用先进技术和先进管理规范。

国家对农药的使用实行严格的管理制度，加快淘汰剧毒、高毒、高残留农药，推动替代产品的研发和应用，鼓励使用高效低毒低残留农药。

第十二条　任何组织或者个人有权举报食品安全违法行为，依法向有关部门了解食品安全信息，对食品安全监督管理工作提出意见和建议。

第十三条　对在食品安全工作中做出突出贡献的单位和个人，按照国家有关规定给予表彰、奖励。

第二章　食品安全风险监测和评估

第十四条　国家建立食品安全风险监测制度，对食源性疾病、食品污染以及食品中的有害因素进行监测。

国务院卫生行政部门会同国务院食品药品监督管理、质量监督等部门，制定、实施国家食品安全风险监测计划。

国务院食品药品监督管理部门和其他有关部门获知有关食品安全风险信息后，应当立即核实并向国务院卫生行政部门通报。对有关部门通报的食品安全风险信息以及医疗机构报告的食源性疾病等有关疾病信息，国务院卫生行政部门应当会同国务院有关部门分析研究，认为必要的，及时调整国家食品安全风险监测计划。

省、自治区、直辖市人民政府卫生行政部门会同同级食品药品监督管理、质量监督等部门，根据国家食品安全风险监测计划，结合本行政区域的具体情况，制定、调整本行政区域的食品安全风险监测方案，报国务院卫生行政部门备案并实施。

第十五条　承担食品安全风险监测工作的技术机构应当根据食品安全风险监测计划和监测方案开展监测工作，保证监测数据真实、准确，并按照食品安全风险监测计划和监测方案的要求报送监测数据和分析结果。

食品安全风险监测工作人员有权进入相关食用农产品种植养殖、食品生产经营场所采集样品、收集相关数据。采集样品应当按照市场价格支付费用。

第十六条　食品安全风险监测结果表明可能存在食品安全隐患的，县级以上人民政府卫生行政部门应当及时将相关信息通报同级食品药品监督管理等部门，并报告本级人民政府和上级人民政府卫生行政部门。食品药品监督管理等部门应当组织开展进一步调查。

第十七条　国家建立食品安全风险评估制度，运用科学方法，根据食品安全风险监测信息、科学数据以及有关信息，对食品、食品添加剂、食品相关产品中生物性、化学性和物理性危害因素进行风险评估。

国务院卫生行政部门负责组织食品安全风险评估工作，成立由医学、农业、食品、营养、生物、环境等方面的专家组成的食品安全风险评估专家委员会进行食品安全风险评估。食品安全风险评估结果由国务院卫生行政部门公布。

对农药、肥料、兽药、饲料和饲料添加剂等的安全性评估，应当有食品安全风险评估专家委员会的专家参加。

食品安全风险评估不得向生产经营者收取费用，采集样品应当按照市场价格支付费用。

第十八条　有下列情形之一的，应当进行食品安全风险评估：

（一）通过食品安全风险监测或者接到举报发现食品、食品添加剂、食品相关产品可能存在安全隐患的；

（二）为制定或者修订食品安全国家标准提供科学依据需要进行风险评估的；

（三）为确定监督管理的重点领域、重点品种需要进行风险评估的；

（四）发现新的可能危害食品安全因素的；

（五）需要判断某一因素是否构成食品安全隐患的；

（六）国务院卫生行政部门认为需要进行风险评估的其他情形。

第十九条　国务院食品药品监督管理、质量监督、农业行政等部门在监督管理工作中发现需要进行食品安全风险评估的，应当向国务院卫生行政部门提出食品安全风险评估的建议，并提供风险来源、相关检验数据和结论等信息、资料。属于本法第十八条规定情形的，国务院卫生行政部门应当及时进行食品安全风险评估，并向国务院有关部门通报评估结果。

第二十条　省级以上人民政府卫生行政、农业行政部门应当及时相互通报食品、食用农产品安全风险监测信息。

国务院卫生行政、农业行政部门应当及时相互通报食品、食用农产品安全风险评估结果等信息。

第二十一条　食品安全风险评估结果是制定、修订食品安全标准和实施食品安全监督管理的科学依据。

经食品安全风险评估，得出食品、食品添加剂、食品相关产品不安全结论的，国务院食品药品监督管理、质量监督等部门应当依据各自职责立即向社会公告，告知消费者停止食用或者使用，并采取相应措施，确保该食品、食品添加剂、食品相关产品停止生产经营；需要制定、修订相关食品安全国家标准的，国务院卫生行政部门应当会同国务院食品药品监督管理部门立即制定、修订。

第二十二条　国务院食品药品监督管理部门应当会同国务院有关部门，根据食品安全风险评估结果、食品安全监督管理信息，对食品安全状况进行综合分析。对经综合分析表明可能具有较高程度安全风险的食品，国务院食品药品监督管理部门应当及时提出食品安全风险警示，并向社会公布。

第二十三条　县级以上人民政府食品药品监督管理部门和其他有关部门、食品安全风险评估专家委员会及其技术机构，应当按照科学、客观、及时、公开的原则，组织食品生产经营者、食品检验机构、认证机构、食品行业协会、消费者协会以及新闻媒体等，就食品安全风险评估信息和食品安全监督管理信息进行交流沟通。

第三章　食品安全标准

第二十四条　制定食品安全标准，应当以保障公众身体健康为宗旨，做到科学合理、安全可靠。

第二十五条　食品安全标准是强制执行的标准。除食品安全标准外，不得制定其他食品强制性标准。

第二十六条　食品安全标准应当包括下列内容：

（一）食品、食品添加剂、食品相关产品中的致病性微生物，农药残留、兽药残留、生物毒素、重金属等污染物质以及其他危害人体健康物质的限量规定；

（二）食品添加剂的品种、使用范围、用量；

（三）专供婴幼儿和其他特定人群的主辅食品的营养成分要求；

（四）对与卫生、营养等食品安全要求有关的标签、标志、说明书的要求；

（五）食品生产经营过程的卫生要求；

（六）与食品安全有关的质量要求；

（七）与食品安全有关的食品检验方法与规程；

（八）其他需要制定为食品安全标准的内容。

第二十七条　食品安全国家标准由国务院卫生行政部门会同国务院食品药品监督管理部门制定、公布，国务院标准化行政部门提供国家标准编号。

食品中农药残留、兽药残留的限量规定及其检验方法与规程由国务院卫生行政部门、国务院农业行政部门会同国务院食品药品监督管理部门制定。

屠宰畜、禽的检验规程由国务院农业行政部门会同国务院卫生行政部门制定。

第二十八条　制定食品安全国家标准，应当依据食品安全风险评估结果并充分考虑食用农产品安全风险评估结果，参照相关的国际标准和国际食品安全风险评估结果，并将食品安全国家标准草案向社会公布，广泛听取食品生产经营者、消费者、有关部门等方面的意见。

食品安全国家标准应当经国务院卫生行政部门组织的食品安全国家标准审评委员会审查通过。食品安全国家标准审评委员会由医学、农业、食品、营养、生物、环境等方面的专家以及国务院有关部门、食品行业协会、消费者协会的代表组成，对食品安全国家标准草案的科学性和实用性等进行审查。

第二十九条　对地方特色食品，没有食品安全国家标准的，省、自治区、直辖市人民政府卫生行政部门可以制定并公布食品安全地方标准，报国务院卫生行政部门备案。食品安全国家标准制定后，该地方标准即行废止。

第三十条　国家鼓励食品生产企业制定严于食品安全国家标准或者地方标准的企业标准，在本企业适用，并报省、自治区、直辖市人民政府卫生行政部门备案。

第三十一条　省级以上人民政府卫生行政部门应当在其网站上公布制定和备案的食品安全国家标准、地方标准和企业标准，供公众免费查阅、下载。

对食品安全标准执行过程中的问题，县级以上人民政府卫生行政部门应当会同有关部门及时给予指导、解答。

第三十二条　省级以上人民政府卫生行政部门应当会同同级食品药品监督管理、质量监督、农业行政等部门，分别对食品安全国家标准和地方标准的执行情况进行跟踪评价，并根据评价结果及时修订食品安全标准。

省级以上人民政府食品药品监督管理、质量监督、农业行政等部门应当对食品安全标准执行中存在的问题进行收集、汇总，并及时向同级卫生行政部门通报。

食品生产经营者、食品行业协会发现食品安全标准在执行中存在问题的，应当立即向卫生行政部门报告。

第四章　食品生产经营

第一节　一般规定

第三十三条　食品生产经营应当符合食品安全标准，并符合下列要求：

（一）具有与生产经营的食品品种、数量相适应的食品原料处理和食品加工、包装、贮存等场所，保持该场所环境整洁，并与有毒、有害场所以及其他污染源保持规定的距离；

（二）具有与生产经营的食品品种、数量相适应的生产经营设备或者设施，有相应的消毒、更衣、盥洗、采光、照明、通风、防腐、防尘、防蝇、防鼠、防虫、洗涤以及处理废水、存放垃圾和废弃物的设备或者设施；

（三）有专职或者兼职的食品安全专业技术人员、食品安全管理人员和保证食品安全的规章制度；

（四）具有合理的设备布局和工艺流程，防止待加工食品与直接入口食品、原料与成品交叉污染，避免食品接触有毒物、不洁物；

（五）餐具、饮具和盛放直接入口食品的容器，使用前应当洗净、消毒，炊具、用具用后应当洗净，保持清洁；

（六）贮存、运输和装卸食品的容器、工具和设备应当安全、无害，保持清洁，防止食品污染，并符合保证食品安全所需的温度、湿度等特殊要求，不得将食品与有毒、有害物品一同贮存、运输；

（七）直接入口的食品应当使用无毒、清洁的包装材料、餐具、饮具和容器；

（八）食品生产经营人员应当保持个人卫生，生产经营食品时，应当将手洗净，穿戴清洁的工作衣、帽等；销售无包装的直接入口食品时，应当使用无毒、清洁的容器、售货工具和设备；

（九）用水应当符合国家规定的生活饮用水卫生标准；

（十）使用的洗涤剂、消毒剂应当对人体安全、无害；

（十一）法律、法规规定的其他要求。

非食品生产经营者从事食品贮存、运输和装卸的，应当符合前款第六项的规定。

第三十四条　禁止生产经营下列食品、食品添加剂、食品相关产品：

(一)用非食品原料生产的食品或者添加食品添加剂以外的化学物质和其他可能危害人体健康物质的食品，或者用回收食品作为原料生产的食品；

(二)致病性微生物，农药残留、兽药残留、生物毒素、重金属等污染物质以及其他危害人体健康的物质含量超过食品安全标准限量的食品、食品添加剂、食品相关产品；

(三)用超过保质期的食品原料、食品添加剂生产的食品、食品添加剂；

(四)超范围、超限量使用食品添加剂的食品；

(五)营养成分不符合食品安全标准的专供婴幼儿和其他特定人群的主辅食品；

(六)腐败变质、油脂酸败、霉变生虫、污秽不洁、混有异物、掺假掺杂或者感官性状异常的食品、食品添加剂；

(七)病死、毒死或者死因不明的禽、畜、兽、水产动物肉类及其制品；

(八)未按规定进行检疫或者检疫不合格的肉类，或者未经检验或者检验不合格的肉类制品；

(九)被包装材料、容器、运输工具等污染的食品、食品添加剂；

(十)标注虚假生产日期、保质期或者超过保质期的食品、食品添加剂；

(十一)无标签的预包装食品、食品添加剂；

(十二)国家为防病等特殊需要明令禁止生产经营的食品；

(十三)其他不符合法律、法规或者食品安全标准的食品、食品添加剂、食品相关产品。

第三十五条　国家对食品生产经营实行许可制度。从事食品生产、食品销售、餐饮服务，应当依法取得许可。但是，销售食用农产品，不需要取得许可。

县级以上地方人民政府食品药品监督管理部门应当依照《中华人民共和国行政许可法》的规定，审核申请人提交的本法第三十三条第一款第一项至第四项规定要求的相关资料，必要时对申请人的生产经营场所进行现场核查；对符合规定条件的，准予许可；对不符合规定条件的，不予许可并书面说明理由。

第三十六条　食品生产加工小作坊和食品摊贩等从事食品生产经营活动，应当符合本法规定的与其生产经营规模、条件相适应的食品安全要求，保证所生产经营的食品卫生、无毒、无害，食品药品监督管理部门应当对其加强监督管理。

县级以上地方人民政府应当对食品生产加工小作坊、食品摊贩等进行综合治理，加强服务和统一规划，改善其生产经营环境，鼓励和支持其改进生产经营条件，进入集中交易市场、店铺等固定场所经营，或者在指定的临时经营区域、时段经营。

食品生产加工小作坊和食品摊贩等的具体管理办法由省、自治区、直辖市制定。

第三十七条　利用新的食品原料生产食品，或者生产食品添加剂新品种、食品相关产品新品种，应当向国务院卫生行政部门提交相关产品的安全性评估材料。国务院卫生行政部门应当自收到申请之日起六十日内组织审查；对符合食品安全要求的，准予许可并公布；对不符合食品安全要求的，不予许可并书面说明理由。

第三十八条　生产经营的食品中不得添加药品，但是可以添加按照传统既是食品又是中药材的物质。按照传统既是食品又是中药材的物质目录由国务院卫生行政部门会同国务院食品药品监督管理部门制定、公布。

第三十九条　国家对食品添加剂生产实行许可制度。从事食品添加剂生产，应当具有与所生产食品添加剂品种相适应的场所、生产设备或者设施、专业技术人员和管理制度,并依照本法第三十五条第二款规定的程序,取得食品添加剂生产许可。

生产食品添加剂应当符合法律、法规和食品安全国家标准。

第四十条　食品添加剂应当在技术上确有必要且经过风险评估证明安全可靠,方可列入允许使用的范围;有关食品安全国家标准应当根据技术必要性和食品安全风险评估结果及时修订。

食品生产经营者应当按照食品安全国家标准使用食品添加剂。

第四十一条　生产食品相关产品应当符合法律、法规和食品安全国家标准。对直接接触食品的包装材料等具有较高风险的食品相关产品,按照国家有关工业产品生产许可证管理的规定实施生产许可。质量监督部门应当加强对食品相关产品生产活动的监督管理。

第四十二条　国家建立食品安全全程追溯制度。

食品生产经营者应当依照本法的规定,建立食品安全追溯体系,保证食品可追溯。国家鼓励食品生产经营者采用信息化手段采集、留存生产经营信息,建立食品安全追溯体系。

国务院食品药品监督管理部门会同国务院农业行政等有关部门建立食品安全全程追溯协作机制。

第四十三条　地方各级人民政府应当采取措施鼓励食品规模化生产和连锁经营、配送。

国家鼓励食品生产经营企业参加食品安全责任保险。

第二节　生产经营过程控制

第四十四条　食品生产经营企业应当建立健全食品安全管理制度,对职工进行食品安全知识培训,加强食品检验工作,依法从事生产经营活动。

食品生产经营企业的主要负责人应当落实企业食品安全管理制度,对本企业的食品安全工作全面负责。

食品生产经营企业应当配备食品安全管理人员,加强对其培训和考核。经考核不具备食品安全管理能力的,不得上岗。食品药品监督管理部门应当对企业食品安全管理人员随机进行监督抽查考核并公布考核情况。监督抽查考核不得收取费用。

第四十五条　食品生产经营者应当建立并执行从业人员健康管理制度。患有国务院卫生行政部门规定的有碍食品安全疾病的人员,不得从事接触直接入口食品的工作。

从事接触直接入口食品工作的食品生产经营人员应当每年进行健康检查,取得健康证明后方可上岗工作。

第四十六条　食品生产企业应当就下列事项制定并实施控制要求,保证所生产的食品符合食品安全标准:

(一)原料采购、原料验收、投料等原料控制;

(二)生产工序、设备、贮存、包装等生产关键环节控制;

(三)原料检验、半成品检验、成品出厂检验等检验控制;

(四)运输和交付控制。

第四十七条　食品生产经营者应当建立食品安全自查制度,定期对食品安全状况进行检查评价。生产经营条件发生变化,不再符合食品安全要求的,食品生产经营者应当立即采取整改措施;有发生食品安全事故潜在风险的,应当立即停止食品生产经营活动,并向所在地县级人民政府食品药品监督管理部门报告。

第四十八条　国家鼓励食品生产经营企业符合良好生产规范要求，实施危害分析与关键控制点体系，提高食品安全管理水平。

对通过良好生产规范、危害分析与关键控制点体系认证的食品生产经营企业，认证机构应当依法实施跟踪调查；对不再符合认证要求的企业，应当依法撤销认证，及时向县级以上人民政府食品药品监督管理部门通报，并向社会公布。认证机构实施跟踪调查不得收取费用。

第四十九条　食用农产品生产者应当按照食品安全标准和国家有关规定使用农药、肥料、兽药、饲料和饲料添加剂等农业投入品，严格执行农业投入品使用安全间隔期或者休药期的规定，不得使用国家明令禁止的农业投入品。禁止将剧毒、高毒农药用于蔬菜、瓜果、茶叶和中草药材等国家规定的农作物。

食用农产品的生产企业和农民专业合作经济组织应当建立农业投入品使用记录制度。

县级以上人民政府农业行政部门应当加强对农业投入品使用的监督管理和指导，建立健全农业投入品安全使用制度。

第五十条　食品生产者采购食品原料、食品添加剂、食品相关产品，应当查验供货者的许可证和产品合格证明；对无法提供合格证明的食品原料，应当按照食品安全标准进行检验；不得采购或者使用不符合食品安全标准的食品原料、食品添加剂、食品相关产品。

食品生产企业应当建立食品原料、食品添加剂、食品相关产品进货查验记录制度，如实记录食品原料、食品添加剂、食品相关产品的名称、规格、数量、生产日期或者生产批号、保质期、进货日期以及供货者名称、地址、联系方式等内容，并保存相关凭证。记录和凭证保存期限不得少于产品保质期满后六个月；没有明确保质期的，保存期限不得少于二年。

第五十一条　食品生产企业应当建立食品出厂检验记录制度，查验出厂食品的检验合格证和安全状况，如实记录食品的名称、规格、数量、生产日期或者生产批号、保质期、检验合格证号、销售日期以及购货者名称、地址、联系方式等内容，并保存相关凭证。记录和凭证保存期限应当符合本法第五十条第二款的规定。

第五十二条　食品、食品添加剂、食品相关产品的生产者，应当按照食品安全标准对所生产的食品、食品添加剂、食品相关产品进行检验，检验合格后方可出厂或者销售。

第五十三条　食品经营者采购食品，应当查验供货者的许可证和食品出厂检验合格证或者其他合格证明(以下称合格证明文件)。

食品经营企业应当建立食品进货查验记录制度，如实记录食品的名称、规格、数量、生产日期或者生产批号、保质期、进货日期以及供货者名称、地址、联系方式等内容，并保存相关凭证。记录和凭证保存期限应当符合本法第五十条第二款的规定。

实行统一配送经营方式的食品经营企业，可以由企业总部统一查验供货者的许可证和食品合格证明文件，进行食品进货查验记录。

从事食品批发业务的经营企业应当建立食品销售记录制度，如实记录批发食品的名称、规格、数量、生产日期或者生产批号、保质期、销售日期以及购货者名称、地址、联系方式等内容，并保存相关凭证。记录和凭证保存期限应当符合本法第五十条第二款的规定。

第五十四条　食品经营者应当按照保证食品安全的要求贮存食品，定期检查库存食品，及时清理变质或者超过保质期的食品。

食品经营者贮存散装食品，应当在贮存位置标明食品的名称、生产日期或者生产批号、保质期、生产者名称及联系方式等内容。

第五十五条　餐饮服务提供者应当制定并实施原料控制要求，不得采购不符合食品安全标准的食品原料。倡导餐饮服务提供者公开加工过程，公示食品原料及其来源等信息。

餐饮服务提供者在加工过程中应当检查待加工的食品及原料，发现有本法第三十四条第六项规定情形的，不得加工或者使用。

第五十六条　餐饮服务提供者应当定期维护食品加工、贮存、陈列等设施、设备；定期清洗、校验保温设施及冷藏、冷冻设施。

餐饮服务提供者应当按照要求对餐具、饮具进行清洗消毒，不得使用未经清洗消毒的餐具、饮具；餐饮服务提供者委托清洗消毒餐具、饮具的，应当委托符合本法规定条件的餐具、饮具集中消毒服务单位。

第五十七条　学校、托幼机构、养老机构、建筑工地等集中用餐单位的食堂应当严格遵守法律、法规和食品安全标准；从供餐单位订餐的，应当从取得食品生产经营许可的企业订购，并按照要求对订购的食品进行查验。供餐单位应当严格遵守法律、法规和食品安全标准，当餐加工，确保食品安全。

学校、托幼机构、养老机构、建筑工地等集中用餐单位的主管部门应当加强对集中用餐单位的食品安全教育和日常管理，降低食品安全风险，及时消除食品安全隐患。

第五十八条　餐具、饮具集中消毒服务单位应当具备相应的作业场所、清洗消毒设备或者设施，用水和使用的洗涤剂、消毒剂应当符合相关食品安全国家标准和其他国家标准、卫生规范。

餐具、饮具集中消毒服务单位应当对消毒餐具、饮具进行逐批检验，检验合格后方可出厂，并应当随附消毒合格证明。消毒后的餐具、饮具应当在独立包装上标注单位名称、地址、联系方式、消毒日期以及使用期限等内容。

第五十九条　食品添加剂生产者应当建立食品添加剂出厂检验记录制度，查验出厂产品的检验合格证和安全状况，如实记录食品添加剂的名称、规格、数量、生产日期或者生产批号、保质期、检验合格证号、销售日期以及购货者名称、地址、联系方式等相关内容，并保存相关凭证。记录和凭证保存期限应当符合本法第五十条第二款的规定。

第六十条　食品添加剂经营者采购食品添加剂，应当依法查验供货者的许可证和产品合格证明文件，如实记录食品添加剂的名称、规格、数量、生产日期或者生产批号、保质期、进货日期以及供货者名称、地址、联系方式等内容，并保存相关凭证。记录和凭证保存期限应当符合本法第五十条第二款的规定。

第六十一条　集中交易市场的开办者、柜台出租者和展销会举办者，应当依法审查入场食品经营者的许可证，明确其食品安全管理责任，定期对其经营环境和条件进行检查，发现其有违反本法规定行为的，应当及时制止并立即报告所在地县级人民政府食品药品监督管理部门。

第六十二条　网络食品交易第三方平台提供者应当对入网食品经营者进行实名登记，明确其食品安全管理责任；依法应当取得许可证的，还应当审查其许可证。

网络食品交易第三方平台提供者发现入网食品经营者有违反本法规定行为的，应当及时制止并立即报告所在地县级人民政府食品药品监督管理部门；发现严重违法行为的，应当立即停止提供网络交易平台服务。

第六十三条　国家建立食品召回制度。食品生产者发现其生产的食品不符合食品安全标准或者有证据证明可能危害人体健康的，应当立即停止生产，召回已经上市销售的食品，通知相关生产经营者和消费者，并记录召回和通知情况。

食品经营者发现其经营的食品有前款规定情形的，应当立即停止经营，通知相关生产经营者和消费者，并记录停止经营和通知情况。食品生产者认为应当召回的，应当立即召回。由于食品经营者的原因造成其经营的食品有前款规定情形的，食品经营者应当召回。

食品生产经营者应当对召回的食品采取无害化处理、销毁等措施，防止其再次流入市场。但是，对因标签、标志或者说明书不符合食品安全标准而被召回的食品，食品生产者在采取补救措施且能保证食品安全的情况下可以继续销售；销售时应当向消费者明示补救措施。

食品生产经营者应当将食品召回和处理情况向所在地县级人民政府食品药品监督管理部门报告；需要对召回的食品进行无害化处理、销毁的，应当提前报告时间、地点。食品药品监督管理部门认为必要的，可以实施现场监督。

食品生产经营者未依照本条规定召回或者停止经营的，县级以上人民政府食品药品监督管理部门可以责令其召回或者停止经营。

第六十四条　食用农产品批发市场应当配备检验设备和检验人员或者委托符合本法规定的食品检验机构，对进入该批发市场销售的食用农产品进行抽样检验；发现不符合食品安全标准的，应当要求销售者立即停止销售，并向食品药品监督管理部门报告。

第六十五条　食用农产品销售者应当建立食用农产品进货查验记录制度，如实记录食用农产品的名称、数量、进货日期以及供货者名称、地址、联系方式等内容，并保存相关凭证。记录和凭证保存期限不得少于六个月。

第六十六条　进入市场销售的食用农产品在包装、保鲜、贮存、运输中使用保鲜剂、防腐剂等食品添加剂和包装材料等食品相关产品，应当符合食品安全国家标准。

第三节　标签、说明书和广告

第六十七条　预包装食品的包装上应当有标签。标签应当标明下列事项：

（一）名称、规格、净含量、生产日期；

（二）成分或者配料表；

（三）生产者的名称、地址、联系方式；

（四）保质期；

（五）产品标准代号；

（六）贮存条件；

（七）所使用的食品添加剂在国家标准中的通用名称；

（八）生产许可证编号；

（九）法律、法规或者食品安全标准规定应当标明的其他事项。

专供婴幼儿和其他特定人群的主辅食品，其标签还应当标明主要营养成分及其含量。

食品安全国家标准对标签标注事项另有规定的，从其规定。

第六十八条　食品经营者销售散装食品，应当在散装食品的容器、外包装上标明食品的名称、生产日期或者生产批号、保质期以及生产经营者名称、地址、联系方式等内容。

第六十九条　生产经营转基因食品应当按照规定显著标示。

第七十条　食品添加剂应当有标签、说明书和包装。标签、说明书应当载明本法第六十七条第一款第一项至第六项、第八项、第九项规定的事项，以及食品添加剂的使用范围、用量、使用方法，并在标签上载明“食品添加剂”字样。

第七十一条　食品和食品添加剂的标签、说明书，不得含有虚假内容，不得涉及疾病预防、治疗功能。生产经营者对其提供的标签、说明书的内容负责。

食品和食品添加剂的标签、说明书应当清楚、明显，生产日期、保质期等事项应当显著标注，容易辨识。

食品和食品添加剂与其标签、说明书的内容不符的，不得上市销售。

第七十二条　食品经营者应当按照食品标签标示的警示标志、警示说明或者注意事项的要求销售食品。

第七十三条　食品广告的内容应当真实合法，不得含有虚假内容，不得涉及疾病预防、治疗功能。食品生产经营者对食品广告内容的真实性、合法性负责。

县级以上人民政府食品药品监督管理部门和其他有关部门以及食品检验机构、食品行业协会不得以广告或者其他形式向消费者推荐食品。消费者组织不得以收取费用或者其他牟取利益的方式向消费者推荐食品。

第四节　特殊食品

第七十四条　国家对保健食品、特殊医学用途配方食品和婴幼儿配方食品等特殊食品实行严格监督管理。

第七十五条　保健食品声称保健功能，应当具有科学依据，不得对人体产生急性、亚急性或者慢性危害。

保健食品原料目录和允许保健食品声称的保健功能目录，由国务院食品药品监督管理部门会同国务院卫生行政部门、国家中医药管理部门制定、调整并公布。

保健食品原料目录应当包括原料名称、用量及其对应的功效；列入保健食品原料目录的原料只能用于保健食品生产，不得用于其他食品生产。

第七十六条　使用保健食品原料目录以外原料的保健食品和首次进口的保健食品应当经国务院食品药品监督管理部门注册。但是，首次进口的保健食品中属于补充维生素、矿物质等营养物质的，应当报国务院食品药品监督管理部门备案。其他保健食品应当报省、自治区、直辖市人民政府食品药品监督管理部门备案。

进口的保健食品应当是出口国（地区）主管部门准许上市销售的产品。

第七十七条　依法应当注册的保健食品，注册时应当提交保健食品的研发报告、产品配方、生产工艺、安全性和保健功能评价、标签、说明书等材料及样品，并提供相关证明文件。国务院食品药品监督管理部门经组织技术审评，对符合安全和功能声称要求的，准予注册；对不符合要求的，不予注册并书面说明理由。对使用保健食品原料目录以外原料的保健食品作出准予注册决定的，应当及时将该原料纳入保健食品原料目录。

依法应当备案的保健食品，备案时应当提交产品配方、生产工艺、标签、说明书以及表明产品安全性和保健功能的材料。

第七十八条　保健食品的标签、说明书不得涉及疾病预防、治疗功能，内容应当真实，与注册或者备案的内容相一致，载明适宜人群、不适宜人群、功效成分或者标志性成分及其含量等，并声明“本品不能代替药物”。保健食品的功能和成分应当与标签、说明书相一致。

第七十九条　保健食品广告除应当符合本法第七十三条第一款的规定外，还应当声明“本品不能代替药物”；其内容应当经生产企业所在地省、自治区、直辖市人民政府食品药品监督管理部门审查批准，取得保健食品广告批准文件。省、自治区、直辖市人民政府食品药品监督管理部门应当公布并及时更新已经批准的保健食品广告目录以及批准的广告内容。

第八十条　特殊医学用途配方食品应当经国务院食品药品监督管理部门注册。注册时，应当提交产品配方、生产工艺、标签、说明书以及表明产品安全性、营养充足性和特殊医学用途临床效果的材料。

特殊医学用途配方食品广告适用《中华人民共和国广告法》和其他法律、行政法规关于药品广告管理的规定。

第八十一条　婴幼儿配方食品生产企业应当实施从原料进厂到成品出厂的全过程质量控制，对出厂的婴幼儿配方食品实施逐批检验，保证食品安全。

生产婴幼儿配方食品使用的生鲜乳、辅料等食品原料、食品添加剂等，应当符合法律、行政法规的规定和食品安全国家标准，保证婴幼儿生长发育所需的营养成分。

婴幼儿配方食品生产企业应当将食品原料、食品添加剂、产品配方及标签等事项向省、自治区、直辖市人民政府食品药品监督管理部门备案。

婴幼儿配方乳粉的产品配方应当经国务院食品药品监督管理部门注册。注册时，应当提交配方研发报告和其他表明配方科学性、安全性的材料。

不得以分装方式生产婴幼儿配方乳粉，同一企业不得用同一配方生产不同品牌的婴幼儿配方乳粉。

第八十二条　保健食品、特殊医学用途配方食品、婴幼儿配方乳粉的注册人或者备案人应当对其提交材料的真实性负责。

省级以上人民政府食品药品监督管理部门应当及时公布注册或者备案的保健食品、特殊医学用途配方食品、婴幼儿配方乳粉目录，并对注册或者备案中获知的企业商业秘密予以保密。

保健食品、特殊医学用途配方食品、婴幼儿配方乳粉生产企业应当按照注册或者备案的产品配方、生产工艺等技术要求组织生产。

第八十三条　生产保健食品，特殊医学用途配方食品、婴幼儿配方食品和其他专供特定人群的主辅食品的企业，应当按照良好生产规范的要求建立与所生产食品相适应的生产质量管理体系，定期对该体系的运行情况进行自查，保证其有效运行，并向所在地县级人民政府食品药品监督管理部门提交自查报告。

第五章　食品检验

第八十四条　食品检验机构按照国家有关认证认可的规定取得资质认定后，方可从事食品检验活动。但是，法律另有规定的除外。

食品检验机构的资质认定条件和检验规范，由国务院食品药品监督管理部门规定。

符合本法规定的食品检验机构出具的检验报告具有同等效力。

县级以上人民政府应当整合食品检验资源，实现资源共享。

第八十五条　食品检验由食品检验机构指定的检验人独立进行。

检验人应当依照有关法律、法规的规定，并按照食品安全标准和检验规范对食品进行检验，尊重科学，恪守职业道德，保证出具的检验数据和结论客观、公正，不得出具虚假检验报告。

第八十六条　食品检验实行食品检验机构与检验人负责制。食品检验报告应当加盖食品检验机构公章，并有检验人的签名或者盖章。食品检验机构和检验人对出具的食品检验报告负责。

第八十七条　县级以上人民政府食品药品监督管理部门应当对食品进行定期或者不定期的抽样检验，并依据有关规定公布检验结果，不得免检。进行抽样检验，应当购买抽取的样品，委托符合本法规定的食品检验机构进行检验，并支付相关费用；不得向食品生产经营者收取检验费和其他费用。

第八十八条　对依照本法规定实施的检验结论有异议的，食品生产经营者可以自收到检验结论之日起七个工作日内向实施抽样检验的食品药品监督管理部门或者其上一级食品药品监督管理部门提出复检申请，由受理复检申请的食品药品监督管理部门在公布的复检机构名录中随机确定复检机构进行复检。复检机构出具的复检结论为最终检验结论。复检机构与初检机构不得为同一机构。复检机构名录由国务院认证认可监督管理、食品药品监督管理、卫生行政、农业行政等部门共同公布。

采用国家规定的快速检测方法对食用农产品进行抽查检测，被抽查人对检测结果有异议的，可以自收到检测结果时起四小时内申请复检。复检不得采用快速检测方法。

第八十九条　食品生产企业可以自行对所生产的食品进行检验，也可以委托符合本法规定的食品检验机构进行检验。

食品行业协会和消费者协会等组织、消费者需要委托食品检验机构对食品进行检验的，应当委托符合本法规定的食品检验机构进行。

第九十条　食品添加剂的检验，适用本法有关食品检验的规定。

第六章　食品进出口

第九十一条　国家出入境检验检疫部门对进出口食品安全实施监督管理。

第九十二条　进口的食品、食品添加剂、食品相关产品应当符合我国食品安全国家标准。

进口的食品、食品添加剂应当经出入境检验检疫机构依照进出口商品检验相关法律、行政法规的规定检验合格。

进口的食品、食品添加剂应当按照国家出入境检验检疫部门的要求随附合格证明材料。

第九十三条　进口尚无食品安全国家标准的食品，由境外出口商、境外生产企业或者其委托的进口商向国务院卫生行政部门提交所执行的相关国家（地区）标准或者国际标准。国务院卫生行政部门对相关标准进行审查，认为符合食品安全要求的，决定暂予适用，并及时制定相应的食品安全国家标准。进口利用新的食品原料生产的食品或者进口食品添加剂新品种、食品相关产品新品种，依照本法第三十七条的规定办理。

出入境检验检疫机构按照国务院卫生行政部门的要求，对前款规定的食品、食品添加剂、食品相关产品进行检验。检验结果应当公开。

第九十四条　境外出口商、境外生产企业应当保证向我国出口的食品、食品添加剂、食品相关产品符合本法以及我国其他有关法律、行政法规的规定和食品安全国家标准的要求，并对标签、说明书的内容负责。

进口商应当建立境外出口商、境外生产企业审核制度，重点审核前款规定的内容；审核不合格的，不得进口。

发现进口食品不符合我国食品安全国家标准或者有证据证明可能危害人体健康的，进口商应当立即停止进口，并依照本法第六十三条的规定召回。

第九十五条　境外发生的食品安全事件可能对我国境内造成影响，或者在进口食品、食品添加剂、食品相关产品中发现严重食品安全问题的，国家出入境检验检疫部门应当及时采取风险预警或者控制措施，并向国务院食品药品监督管理、卫生行政、农业行政部门通报。接到通报的部门应当及时采取相应措施。

县级以上人民政府食品药品监督管理部门对国内市场上销售的进口食品、食品添加剂实施监督管理。发现存在严重食品安全问题的，国务院食品药品监督管理部门应当及时向国家出入境检验检疫部门通报。国家出入境检验检疫部门应当及时采取相应措施。

第九十六条　向我国境内出口食品的境外出口商或者代理商、进口食品的进口商应当向国家出入境检验检疫部门备案。向我国境内出口食品的境外食品生产企业应当经国家出入境检验检疫部门注册。已经注册的境外食品生产企业提供虚假材料，或者因其自身的原因致使进口食品发生重大食品安全事故的，国家出入境检验检疫部门应当撤销注册并公告。

国家出入境检验检疫部门应当定期公布已经备案的境外出口商、代理商、进口商和已经注册的境外食品生产企业名单。

第九十七条　进口的预包装食品、食品添加剂应当有中文标签；依法应当有说明书的，还应当有中文说明书。标签、说明书应当符合本法以及我国其他有关法律、行政法规的规定和食品安全国家标准的要求，并载明食品的原产地以及境内代理商的名称、地址、联系方式。预包装食品没有中文标签、中文说明书或者标签、说明书不符合本条规定的，不得进口。

第九十八条　进口商应当建立食品、食品添加剂进口和销售记录制度，如实记录食品、食品添加剂的名称、规格、数量、生产日期、生产或者进口批号、保质期、境外出口商和购货者名称、地址及联系方式、交货日期等内容，并保存相关凭证。记录和凭证保存期限应当符合本法第五十条第二款的规定。

第九十九条　出口食品生产企业应当保证其出口食品符合进口国（地区）的标准或者合同要求。

出口食品生产企业和出口食品原料种植、养殖场应当向国家出入境检验检疫部门备案。

第一百条　国家出入境检验检疫部门应当收集、汇总下列进出口食品安全信息，并及时通报相关部门、机构和企业：

（一）出入境检验检疫机构对进出口食品实施检验检疫发现的食品安全信息；

（二）食品行业协会和消费者协会等组织、消费者反映的进口食品安全信息；

（三）国际组织、境外政府机构发布的风险预警信息及其他食品安全信息，以及境外食品行业协会等组织、消费者反映的食品安全信息；

（四）其他食品安全信息。

国家出入境检验检疫部门应当对进出口食品的进口商、出口商和出口食品生产企业实施信用管理，建立信用记录，并依法向社会公布。对有不良记录的进口商、出口商和出口食品生产企业，应当加强对其进出口食品的检验检疫。

第一百零一条　国家出入境检验检疫部门可以对向我国境内出口食品的国家（地区）的食品安全管理体系和食品安全状况进行评估和审查，并根据评估和审查结果，确定相应检验检疫要求。

第七章　食品安全事故处置

第一百零二条　国务院组织制定国家食品安全事故应急预案。

县级以上地方人民政府应当根据有关法律、法规的规定和上级人民政府的食品安全事故应急预案以及本行政区域的实际情况，制定本行政区域的食品安全事故应急预案，并报上一级人民政府备案。

食品安全事故应急预案应当对食品安全事故分级、事故处置组织指挥体系与职责、预防预警机制、处置程序、应急保障措施等作出规定。

食品生产经营企业应当制定食品安全事故处置方案，定期检查本企业各项食品安全防范措施的落实情况，及时消除事故隐患。

第一百零三条　发生食品安全事故的单位应当立即采取措施，防止事故扩大。事故单位和接收病人进行治疗的单位应当及时向事故发生地县级人民政府食品药品监督管理、卫生行政部门报告。

县级以上人民政府质量监督、农业行政等部门在日常监督管理中发现食品安全事故或者接到事故举报，应当立即向同级食品药品监督管理部门通报。

发生食品安全事故，接到报告的县级人民政府食品药品监督管理部门应当按照应急预案的规定向本级人民政府和上级人民政府食品药品监督管理部门报告。县级人民政府和上级人民政府食品药品监督管理部门应当按照应急预案的规定上报。

任何单位和个人不得对食品安全事故隐瞒、谎报、缓报，不得隐匿、伪造、毁灭有关证据。

第一百零四条　医疗机构发现其接收的病人属于食源性疾病病人或者疑似病人的，应当按照规定及时将相关信息向所在地县级人民政府卫生行政部门报告。县级人民政府卫生行政部门认为与食品安全有关的，应当及时通报同级食品药品监督管理部门。

县级以上人民政府卫生行政部门在调查处理传染病或者其他突发公共卫生事件中发现与食品安全相关的信息，应当及时通报同级食品药品监督管理部门。

第一百零五条　县级以上人民政府食品药品监督管理部门接到食品安全事故的报告后，应当立即会同同级卫生行政、质量监督、农业行政等部门进行调查处理，并采取下列措施，防止或者减轻社会危害：

(一)开展应急救援工作，组织救治因食品安全事故导致人身伤害的人员。

(二)封存可能导致食品安全事故的食品及其原料，并立即进行检验；对确认属于被污染的食品及其原料，责令食品生产经营者依照本法第六十三条的规定召回或者停止经营。

(三)封存被污染的食品相关产品，并责令进行清洗消毒。

(四)做好信息发布工作，依法对食品安全事故及其处理情况进行发布，并对可能产生的危害加以解释、说明。

发生食品安全事故需要启动应急预案的，县级以上人民政府应当立即成立事故处置指挥机构，启动应急预案，依照前款和应急预案的规定进行处置。

发生食品安全事故，县级以上疾病预防控制机构应当对事故现场进行卫生处理，并对与事故有关的因素开展流行病学调查，有关部门应当予以协助。县级以上疾病预防控制机构应当向同级食品药品监督管理、卫生行政部门提交流行病学调查报告。

第一百零六条　发生食品安全事故，设区的市级以上人民政府食品药品监督管理部门应当立即会同有关部门进行事故责任调查，督促有关部门履行职责，向本级人民政府和上一级人民政府食品药品监督管理部门提出事故责任调查处理报告。

涉及两个以上省、自治区、直辖市的重大食品安全事故由国务院食品药品监督管理部门依照前款规定组织事故责任调查。

第一百零七条　调查食品安全事故，应当坚持实事求是、尊重科学的原则，及时、准确查清事故性质和原因，认定事故责任，提出整改措施。

调查食品安全事故，除了查明事故单位的责任，还应当查明有关监督管理部门、食品检验机构、认证机构及其工作人员的责任。

第一百零八条　食品安全事故调查部门有权向有关单位和个人了解与事故有关的情况，并要求提供相关资料和样品。有关单位和个人应当予以配合，按照要求提供相关资料和样品，不得拒绝。

任何单位和个人不得阻挠、干涉食品安全事故的调查处理。

第八章　监督管理

第一百零九条　县级以上人民政府食品药品监督管理、质量监督部门根据食品安全风险监测、风险评估结果和食品安全状况等，确定监督管理的重点、方式和频次，实施风险分级管理。

县级以上地方人民政府组织本级食品药品监督管理、质量监督、农业行政等部门制定本行政区域的食品安全年度监督管理计划，向社会公布并组织实施。

食品安全年度监督管理计划应当将下列事项作为监督管理的重点：

(一)专供婴幼儿和其他特定人群的主辅食品；

(二)保健食品生产过程中的添加行为和按照注册或者备案的技术要求组织生产的情况，保健食品标签、说明书以及宣传材料中有关功能宣传的情况；

(三)发生食品安全事故风险较高的食品生产经营者；

(四)食品安全风险监测结果表明可能存在食品安全隐患的事项。

第一百一十条　县级以上人民政府食品药品监督管理、质量监督部门履行各自食品安全监督管理职责，有权采取下列措施，对生产经营者遵守本法的情况进行监督检查：

(一)进入生产经营场所实施现场检查；

(二)对生产经营的食品、食品添加剂、食品相关产品进行抽样检验；

(三)查阅、复制有关合同、票据、账簿以及其他有关资料；

(四)查封、扣押有证据证明不符合食品安全标准或者有证据证明存在安全隐患以及用于违法生产经营的食品、食品添加剂、食品相关产品；

(五)查封违法从事生产经营活动的场所。

第一百一十一条　对食品安全风险评估结果证明食品存在安全隐患，需要制定、修订食品安全标准的，在制定、修订食品安全标准前，国务院卫生行政部门应当及时会同国务院有关部门规定食品中有害物质的临时限量值和临时检验方法，作为生产经营和监督管理的依据。

第一百一十二条　县级以上人民政府食品药品监督管理部门在食品安全监督管理工作中可以采用国家规定的快速检测方法对食品进行抽查检测。

对抽查检测结果表明可能不符合食品安全标准的食品，应当依照本法第八十七条的规定进行检验。抽查检测结果确定有关食品不符合食品安全标准的，可以作为行政处罚的依据。

第一百一十三条　县级以上人民政府食品药品监督管理部门应当建立食品生产经营者食品安全信用档案，记录许可颁发、日常监督检查结果、违法行为查处等情况，依法向社会公布并实时更新;对有不良信用记录的食品生产经营者增加监督检查频次,对违法行为情节严重的食品生产经营者,可以通报投资主管部门、证券监督管理机构和有关的金融机构。

第一百一十四条　食品生产经营过程中存在食品安全隐患,未及时采取措施消除的,县级以上人民政府食品药品监督管理部门可以对食品生产经营者的法定代表人或者主要负责人进行责任约谈。食品生产经营者应当立即采取措施,进行整改,消除隐患。责任约谈情况和整改情况应当纳入食品生产经营者食品安全信用档案。

第一百一十五条　县级以上人民政府食品药品监督管理、质量监督等部门应当公布本部门的电子邮件地址或者电话,接受咨询、投诉、举报。接到咨询、投诉、举报,对属于本部门职责的,应当受理并在法定期限内及时答复、核实、处理;对不属于本部门职责的,应当移交有权处理的部门并书面通知咨询、投诉、举报人。有权处理的部门应当在法定期限内及时处理,不得推诿。对查证属实的举报,给予举报人奖励。

有关部门应当对举报人的信息予以保密,保护举报人的合法权益。举报人举报所在企业的,该企业不得以解除、变更劳动合同或者其他方式对举报人进行打击报复。

第一百一十六条　县级以上人民政府食品药品监督管理、质量监督等部门应当加强对执法人员食品安全法律、法规、标准和专业知识与执法能力等的培训,并组织考核。不具备相应知识和能力的,不得从事食品安全执法工作。

食品生产经营者、食品行业协会、消费者协会等发现食品安全执法人员在执法过程中有违反法律、法规规定的行为以及不规范执法行为的,可以向本级或者上级人民政府食品药品监督管理、质量监督等部门或者监察机关投诉、举报。接到投诉、举报的部门或者机关应当进行核实,并将经核实的情况向食品安全执法人员所在部门通报;涉嫌违法违纪的,按照本法和有关规定处理。

第一百一十七条　县级以上人民政府食品药品监督管理等部门未及时发现食品安全系统性风险,未及时消除监督管理区域内的食品安全隐患的,本级人民政府可以对其主要负责人进行责任约谈。

地方人民政府未履行食品安全职责,未及时消除区域性重大食品安全隐患的,上级人民政府可以对其主要负责人进行责任约谈。

被约谈的食品药品监督管理等部门、地方人民政府应当立即采取措施,对食品安全监督管理工作进行整改。

责任约谈情况和整改情况应当纳入地方人民政府和有关部门食品安全监督管理工作评议、考核记录。

第一百一十八条　国家建立统一的食品安全信息平台,实行食品安全信息统一公布制度。国家食品安全总体情况、食品安全风险警示信息、重大食品安全事故及其调查处理信息和国务院确定需要统一公布的其他信息由国务院食品药品监督管理部门统一公布。食品安全风险警示信息和重大食品安全事故及其调查处理信息的影响限于特定区域的,也可以由有关省、自治区、直辖市人民政府食品药品监督管理部门公布。未经授权不得发布上述信息。

县级以上人民政府食品药品监督管理、质量监督、农业行政部门依据各自职责公布食品安全日常监督管理信息。

公布食品安全信息,应当做到准确、及时,并进行必要的解释说明,避免误导消费者和社会舆论。

第一百一十九条　县级以上地方人民政府食品药品监督管理、卫生行政、质量监督、农业行政部门获知本法规定需要统一公布的信息，应当向上级主管部门报告，由上级主管部门立即报告国务院食品药品监督管理部门；必要时，可以直接向国务院食品药品监督管理部门报告。

县级以上人民政府食品药品监督管理、卫生行政、质量监督、农业行政部门应当相互通报获知的食品安全信息。

第一百二十条　任何单位和个人不得编造、散布虚假食品安全信息。

县级以上人民政府食品药品监督管理部门发现可能误导消费者和社会舆论的食品安全信息，应当立即组织有关部门、专业机构、相关食品生产经营者等进行核实、分析，并及时公布结果。

第一百二十一条　县级以上人民政府食品药品监督管理、质量监督等部门发现涉嫌食品安全犯罪的，应当按照有关规定及时将案件移送公安机关。对移送的案件，公安机关应当及时审查；认为有犯罪事实需要追究刑事责任的，应当立案侦查。

公安机关在食品安全犯罪案件侦查过程中认为没有犯罪事实，或者犯罪事实显著轻微，不需要追究刑事责任，但依法应当追究行政责任的，应当及时将案件移送食品药品监督管理、质量监督等部门和监察机关，有关部门应当依法处理。

公安机关商请食品药品监督管理、质量监督、环境保护等部门提供检验结论、认定意见以及对涉案物品进行无害化处理等协助的，有关部门应当及时提供，予以协助。

第九章　法律责任

第一百二十二条　违反本法规定，未取得食品生产经营许可从事食品生产经营活动，或者未取得食品添加剂生产许可从事食品添加剂生产活动的，由县级以上人民政府食品药品监督管理部门没收违法所得和违法生产经营的食品、食品添加剂以及用于违法生产经营的工具、设备、原料等物品；违法生产经营的食品、食品添加剂货值金额不足一万元的，并处五万元以上十万元以下罚款；货值金额一万元以上的，并处货值金额十倍以上二十倍以下罚款。

明知从事前款规定的违法行为，仍为其提供生产经营场所或者其他条件的，由县级以上人民政府食品药品监督管理部门责令停止违法行为，没收违法所得，并处五万元以上十万元以下罚款；使消费者的合法权益受到损害的，应当与食品、食品添加剂生产经营者承担连带责任。

第一百二十三条　违反本法规定，有下列情形之一，尚不构成犯罪的，由县级以上人民政府食品药品监督管理部门没收违法所得和违法生产经营的食品，并可以没收用于违法生产经营的工具、设备、原料等物品；违法生产经营的食品货值金额不足一万元的，并处十万元以上十五万元以下罚款；货值金额一万元以上的，并处货值金额十五倍以上三十倍以下罚款；情节严重的，吊销许可证，并可以由公安机关对其直接负责的主管人员和其他直接责任人员处五日以上十五日以下拘留：

（一）用非食品原料生产食品、在食品中添加食品添加剂以外的化学物质和其他可能危害人体健康的物质，或者用回收食品作为原料生产食品，或者经营上述食品；

（二）生产经营营养成分不符合食品安全标准的专供婴幼儿和其他特定人群的主辅食品；

（三）经营病死、毒死或者死因不明的禽、畜、兽、水产动物肉类，或者生产经营其制品；

（四）经营未按规定进行检疫或者检疫不合格的肉类，或者生产经营未经检验或者检验不合格的肉类制品；

（五）生产经营国家为防病等特殊需要明令禁止生产经营的食品；

（六）生产经营添加药品的食品。

明知从事前款规定的违法行为，仍为其提供生产经营场所或者其他条件的，由县级以上人民政府食品药品监督管理部门责令停止违法行为，没收违法所得，并处十万元以上二十万元以下罚款；使消费者的合法权益受到损害的，应当与食品生产经营者承担连带责任。

违法使用剧毒、高毒农药的，除依照有关法律、法规规定给予处罚外，可以由公安机关依照第一款规定给予拘留。

第一百二十四条　违反本法规定，有下列情形之一，尚不构成犯罪的，由县级以上人民政府食品药品监督管理部门没收违法所得和违法生产经营的食品、食品添加剂，并可以没收用于违法生产经营的工具、设备、原料等物品；违法生产经营的食品、食品添加剂货值金额不足一万元的，并处五万元以上十万元以下罚款；货值金额一万元以上的，并处货值金额十倍以上二十倍以下罚款；情节严重的，吊销许可证：

（一）生产经营致病性微生物，农药残留、兽药残留、生物毒素、重金属等污染物质以及其他危害人体健康的物质含量超过食品安全标准限量的食品、食品添加剂；

（二）用超过保质期的食品原料、食品添加剂生产食品、食品添加剂，或者经营上述食品、食品添加剂；

（三）生产经营超范围、超限量使用食品添加剂的食品；

（四）生产经营腐败变质、油脂酸败、霉变生虫、污秽不洁、混有异物、掺假掺杂或者感官性状异常的食品、食品添加剂；

（五）生产经营标注虚假生产日期、保质期或者超过保质期的食品、食品添加剂；

（六）生产经营未按规定注册的保健食品、特殊医学用途配方食品、婴幼儿配方乳粉，或者未按注册的产品配方、生产工艺等技术要求组织生产；

（七）以分装方式生产婴幼儿配方乳粉，或者同一企业以同一配方生产不同品牌的婴幼儿配方乳粉；

（八）利用新的食品原料生产食品，或者生产食品添加剂新品种，未通过安全性评估；

（九）食品生产经营者在食品药品监督管理部门责令其召回或者停止经营后，仍拒不召回或者停止经营。

除前款和本法第一百二十三条、第一百二十五条规定的情形外，生产经营不符合法律、法规或者食品安全标准的食品、食品添加剂的，依照前款规定给予处罚。

生产食品相关产品新品种，未通过安全性评估，或者生产不符合食品安全标准的食品相关产品的，由县级以上人民政府质量监督部门依照第一款规定给予处罚。

第一百二十五条　违反本法规定，有下列情形之一的，由县级以上人民政府食品药品监督管理部门没收违法所得和违法生产经营的食品、食品添加剂，并可以没收用于违法生产经营的工具、设备、原料等物品；违法生产经营的食品、食品添加剂货值金额不足一万元的，并处五千元以上五万元以下罚款；货值金额一万元以上的，并处货值金额五倍以上十倍以下罚款；情节严重的，责令停产停业，直至吊销许可证：

（一）生产经营被包装材料、容器、运输工具等污染的食品、食品添加剂；

（二）生产经营无标签的预包装食品、食品添加剂或者标签、说明书不符合本法规定的食品、食品添加剂；

（三）生产经营转基因食品未按规定进行标示；

（四）食品生产经营者采购或者使用不符合食品安全标准的食品原料、食品添加剂、食品相关产品。

生产经营的食品、食品添加剂的标签、说明书存在瑕疵但不影响食品安全且不会对消费者造成误导的，由县级以上人民政府食品药品监督管理部门责令改正；拒不改正的，处二千元以下罚款。

第一百二十六条　违反本法规定，有下列情形之一的，由县级以上人民政府食品药品监督管理部门责令改正，给予警告；拒不改正的，处五千元以上五万元以下罚款；情节严重的，责令停产停业，直至吊销许可证：

（一）食品、食品添加剂生产者未按规定对采购的食品原料和生产的食品、食品添加剂进行检验；

（二）食品生产经营企业未按规定建立食品安全管理制度，或者未按规定配备或者培训、考核食品安全管理人员；

（三）食品、食品添加剂生产经营者进货时未查验许可证和相关证明文件，或者未按规定建立并遵守进货查验记录、出厂检验记录和销售记录制度；

（四）食品生产经营企业未制定食品安全事故处置方案；

（五）餐具、饮具和盛放直接入口食品的容器，使用前未经洗净、消毒或者清洗消毒不合格，或者餐饮服务设施、设备未按规定定期维护、清洗、校验；

（六）食品生产经营者安排未取得健康证明或者患有国务院卫生行政部门规定的有碍食品安全疾病的人员从事接触直接入口食品的工作；

（七）食品经营者未按规定要求销售食品；

（八）保健食品生产企业未按规定向食品药品监督管理部门备案，或者未按备案的产品配方、生产工艺等技术要求组织生产；

（九）婴幼儿配方食品生产企业未将食品原料、食品添加剂、产品配方、标签等向食品药品监督管理部门备案；

（十）特殊食品生产企业未按规定建立生产质量管理体系并有效运行，或者未定期提交自查报告；

（十一）食品生产经营者未定期对食品安全状况进行检查评价，或者生产经营条件发生变化，未按规定处理；

（十二）学校、托幼机构、养老机构、建筑工地等集中用餐单位未按规定履行食品安全管理责任；

（十三）食品生产企业、餐饮服务提供者未按规定制定、实施生产经营过程控制要求。

餐具、饮具集中消毒服务单位违反本法规定用水，使用洗涤剂、消毒剂，或者出厂的餐具、饮具未按规定检验合格并随附消毒合格证明，或者未按规定在独立包装上标注相关内容的，由县级以上人民政府卫生行政部门依照前款规定给予处罚。

食品相关产品生产者未按规定对生产的食品相关产品进行检验的，由县级以上人民政府质量监督部门依照第一款规定给予处罚。

食用农产品销售者违反本法第六十五条规定的，由县级以上人民政府食品药品监督管理部门依照第一款规定给予处罚。

第一百二十七条　对食品生产加工小作坊、食品摊贩等的违法行为的处罚，依照省、自治区、直辖市制定的具体管理办法执行。

第一百二十八条　违反本法规定，事故单位在发生食品安全事故后未进行处置、报告的，由有关主管部门按照各自职责分工责令改正，给予警告；隐匿、伪造、毁灭有关证据的，责令停产停业，没收违法所得，并处十万元以上五十万元以下罚款；造成严重后果的，吊销许可证。

第一百二十九条　违反本法规定，有下列情形之一的，由出入境检验检疫机构依照本法第一百二十四条的规定给予处罚：

(一)提供虚假材料，进口不符合我国食品安全国家标准的食品、食品添加剂、食品相关产品；

(二)进口尚无食品安全国家标准的食品，未提交所执行的标准并经国务院卫生行政部门审查，或者进口利用新的食品原料生产的食品或者进口食品添加剂新品种、食品相关产品新品种，未通过安全性评估；

(三)未遵守本法的规定出口食品；

(四)进口商在有关主管部门责令其依照本法规定召回进口的食品后，仍拒不召回。

违反本法规定，进口商未建立并遵守食品、食品添加剂进口和销售记录制度、境外出口商或者生产企业审核制度的，由出入境检验检疫机构依照本法第一百二十六条的规定给予处罚。

第一百三十条　违反本法规定，集中交易市场的开办者、柜台出租者、展销会的举办者允许未依法取得许可的食品经营者进入市场销售食品，或者未履行检查、报告等义务的，由县级以上人民政府食品药品监督管理部门责令改正，没收违法所得，并处五万元以上二十万元以下罚款；造成严重后果的，责令停业，直至由原发证部门吊销许可证；使消费者的合法权益受到损害的，应当与食品经营者承担连带责任。

食用农产品批发市场违反本法第六十四条规定的，依照前款规定承担责任。

第一百三十一条　违反本法规定，网络食品交易第三方平台提供者未对入网食品经营者进行实名登记、审查许可证，或者未履行报告、停止提供网络交易平台服务等义务的，由县级以上人民政府食品药品监督管理部门责令改正，没收违法所得，并处五万元以上二十万元以下罚款；造成严重后果的，责令停业，直至由原发证部门吊销许可证；使消费者的合法权益受到损害的，应当与食品经营者承担连带责任。

消费者通过网络食品交易第三方平台购买食品，其合法权益受到损害的，可以向入网食品经营者或者食品生产者要求赔偿。网络食品交易第三方平台提供者不能提供入网食品经营者的真实名称、地址和有效联系方式的，由网络食品交易第三方平台提供者赔偿。网络食品交易第三方平台提供者赔偿后，有权向入网食品经营者或者食品生产者追偿。网络食品交易第三方平台提供者作出更有利于消费者承诺的，应当履行其承诺。

第一百三十二条　违反本法规定，未按要求进行食品贮存、运输和装卸的，由县级以上人民政府食品药品监督管理等部门按照各自职责分工责令改正，给予警告；拒不改正的，责令停产停业，并处一万元以上五万元以下罚款；情节严重的，吊销许可证。

第一百三十三条　违反本法规定，拒绝、阻挠、干涉有关部门、机构及其工作人员依法开展食品安全监督检查、事故调查处理、风险监测和风险评估的，由有关主管部门按照各自职责分工责令停产停业，并处二千元以上五万元以下罚款；情节严重的，吊销许可证；构成违反治安管理行为的，由公安机关依法给予治安管理处罚。

违反本法规定，对举报人以解除、变更劳动合同或者其他方式打击报复的，应当依照有关法律的规定承担责任。

第一百三十四条　食品生产经营者在一年内累计三次因违反本法规定受到责令停产停业、吊销许可证以外处罚的，由食品药品监督管理部门责令停产停业，直至吊销许可证。

第一百三十五条　被吊销许可证的食品生产经营者及其法定代表人、直接负责的主管人员和其他直接责任人员自处罚决定作出之日起五年内不得申请食品生产经营许可，或者从事食品生产经营管理工作、担任食品生产经营企业食品安全管理人员。

因食品安全犯罪被判处有期徒刑以上刑罚的，终身不得从事食品生产经营管理工作，也不得担任食品生产经营企业食品安全管理人员。

食品生产经营者聘用人员违反前两款规定的，由县级以上人民政府食品药品监督管理部门吊销许可证。

第一百三十六条　食品经营者履行了本法规定的进货查验等义务，有充分证据证明其不知道所采购的食品不符合食品安全标准，并能如实说明其进货来源的，可以免予处罚，但应当依法没收其不符合食品安全标准的食品；造成人身、财产或者其他损害的，依法承担赔偿责任。

第一百三十七条　违反本法规定，承担食品安全风险监测、风险评估工作的技术机构、技术人员提供虚假监测、评估信息的，依法对技术机构直接负责的主管人员和技术人员给予撤职、开除处分；有执业资格的，由授予其资格的主管部门吊销执业证书。

第一百三十八条　违反本法规定，食品检验机构、食品检验人员出具虚假检验报告的，由授予其资质的主管部门或者机构撤销该食品检验机构的检验资质，没收所收取的检验费用，并处检验费用五倍以上十倍以下罚款，检验费用不足一万元的，并处五万元以上十万元以下罚款；依法对食品检验机构直接负责的主管人员和食品检验人员给予撤职或者开除处分；导致发生重大食品安全事故的，对直接负责的主管人员和食品检验人员给予开除处分。

违反本法规定，受到开除处分的食品检验机构人员，自处分决定作出之日起十年内不得从事食品检验工作；因食品安全违法行为受到刑事处罚或者因出具虚假检验报告导致发生重大食品安全事故受到开除处分的食品检验机构人员，终身不得从事食品检验工作。食品检验机构聘用不得从事食品检验工作的人员的，由授予其资质的主管部门或者机构撤销该食品检验机构的检验资质。

食品检验机构出具虚假检验报告，使消费者的合法权益受到损害的，应当与食品生产经营者承担连带责任。

第一百三十九条　违反本法规定，认证机构出具虚假认证结论，由认证认可监督管理部门没收所收取的认证费用，并处认证费用五倍以上十倍以下罚款，认证费用不足一万元的，并处五万元以上十万元以下罚款；情节严重的，责令停业，直至撤销认证机构批准文件，并向社会公布；对直接负责的主管人员和负有直接责任的认证人员，撤销其执业资格。

认证机构出具虚假认证结论，使消费者的合法权益受到损害的，应当与食品生产经营者承担连带责任。

第一百四十条　违反本法规定，在广告中对食品作虚假宣传，欺骗消费者，或者发布未取得批准文件、广告内容与批准文件不一致的保健食品广告的，依照《中华人民共和国广告法》的规定给予处罚。

广告经营者、发布者设计、制作、发布虚假食品广告，使消费者的合法权益受到损害的，应当与食品生产经营者承担连带责任。

社会团体或者其他组织、个人在虚假广告或者其他虚假宣传中向消费者推荐食品，使消费者的合法权益受到损害的，应当与食品生产经营者承担连带责任。

违反本法规定，食品药品监督管理等部门、食品检验机构、食品行业协会以广告或者其他形式向消费者推荐食品，消费者组织以收取费用或者其他牟取利益的方式向消费者推荐食品的，由有关主管部门没收违法所得，依法对直接负责的主管人员和其他直接责任人员给予记大过、降级或者撤职处分；情节严重的，给予开除处分。

对食品作虚假宣传且情节严重的，由省级以上人民政府食品药品监督管理部门决定暂停销售该食品，并向社会公布；仍然销售该食品的，由县级以上人民政府食品药品监督管理部门没收违法所得和违法销售的食品，并处二万元以上五万元以下罚款。

第一百四十一条　违反本法规定，编造、散布虚假食品安全信息，构成违反治安管理行为的，由公安机关依法给予治安管理处罚。

媒体编造、散布虚假食品安全信息的，由有关主管部门依法给予处罚，并对直接负责的主管人员和其他直接责任人员给予处分；使公民、法人或者其他组织的合法权益受到损害的，依法承担消除影响、恢复名誉、赔偿损失、赔礼道歉等民事责任。

第一百四十二条　违反本法规定，县级以上地方人民政府有下列行为之一的，对直接负责的主管人员和其他直接责任人员给予记大过处分；情节较重的，给予降级或者撤职处分；情节严重的，给予开除处分；造成严重后果的，其主要负责人还应当引咎辞职：

（一）对发生在本行政区域内的食品安全事故，未及时组织协调有关部门开展有效处置，造成不良影响或者损失；

（二）对本行政区域内涉及多环节的区域性食品安全问题，未及时组织整治，造成不良影响或者损失；

（三）隐瞒、谎报、缓报食品安全事故；

（四）本行政区域内发生特别重大食品安全事故，或者连续发生重大食品安全事故。

第一百四十三条　违反本法规定，县级以上地方人民政府有下列行为之一的，对直接负责的主管人员和其他直接责任人员给予警告、记过或者记大过处分；造成严重后果的，给予降级或者撤职处分：

（一）未确定有关部门的食品安全监督管理职责，未建立健全食品安全全程监督管理工作机制和信息共享机制，未落实食品安全监督管理责任制；

（二）未制定本行政区域的食品安全事故应急预案，或者发生食品安全事故后未按规定立即成立事故处置指挥机构、启动应急预案。

第一百四十四条　违反本法规定，县级以上人民政府食品药品监督管理、卫生行政、质量监督、农业行政等部门有下列行为之一的，对直接负责的主管人员和其他直接责任人员给予记大过处分；情节较重的，给予降级或者撤职处分；情节严重的，给予开除处分；造成严重后果的，其主要负责人还应当引咎辞职：

（一）隐瞒、谎报、缓报食品安全事故；

（二）未按规定查处食品安全事故，或者接到食品安全事故报告未及时处理，造成事故扩大或者蔓延；

（三）经食品安全风险评估得出食品、食品添加剂、食品相关产品不安全结论后，未及时采取相应措施，造成食品安全事故或者不良社会影响；

（四）对不符合条件的申请人准予许可，或者超越法定职权准予许可；

（五）不履行食品安全监督管理职责，导致发生食品安全事故。

第一百四十五条　违反本法规定，县级以上人民政府食品药品监督管理、卫生行政、质量监督、农业行政等部门有下列行为之一，造成不良后果的，对直接负责的主管人员和其他直接责任人员给予警告、记过或者记大过处分；情节较重的，给予降级或者撤职处分；情节严重的，给予开除处分：

（一）在获知有关食品安全信息后，未按规定向上级主管部门和本级人民政府报告，或者未按规定相互通报；

（二）未按规定公布食品安全信息；

（三）不履行法定职责，对查处食品安全违法行为不配合，或者滥用职权、玩忽职守、徇私舞弊。

第一百四十六条　食品药品监督管理、质量监督等部门在履行食品安全监督管理职责过程中，违法实施检查、强制等执法措施，给生产经营者造成损失的，应当依法予以赔偿，对直接负责的主管人员和其他直接责任人员依法给予处分。

第一百四十七条　违反本法规定，造成人身、财产或者其他损害的，依法承担赔偿责任。生产经营者财产不足以同时承担民事赔偿责任和缴纳罚款、罚金时，先承担民事赔偿责任。

第一百四十八条　消费者因不符合食品安全标准的食品受到损害的，可以向经营者要求赔偿损失，也可以向生产者要求赔偿损失。接到消费者赔偿要求的生产经营者，应当实行首负责任制，先行赔付，不得推诿；属于生产者责任的，经营者赔偿后有权向生产者追偿；属于经营者责任的，生产者赔偿后有权向经营者追偿。

生产不符合食品安全标准的食品或者经营明知是不符合食品安全标准的食品，消费者除要求赔偿损失外，还可以向生产者或者经营者要求支付价款十倍或者损失三倍的赔偿金；增加赔偿的金额不足一千元的，为一千元。但是，食品的标签、说明书存在不影响食品安全且不会对消费者造成误导的瑕疵的除外。

第一百四十九条　违反本法规定，构成犯罪的，依法追究刑事责任。

第十章　附　　则

第一百五十条　本法下列用语的含义：

食品，指各种供人食用或者饮用的成品和原料以及按照传统既是食品又是中药材的物品，但是不包括以治疗为目的的物品。

食品安全，指食品无毒、无害，符合应当有的营养要求，对人体健康不造成任何急性、亚急性或者慢性危害。

预包装食品，指预先定量包装或者制作在包装材料、容器中的食品。

食品添加剂，指为改善食品品质和色、香、味以及为防腐、保鲜和加工工艺的需要而加入食品中的人工合成或者天然物质，包括营养强化剂。

用于食品的包装材料和容器，指包装、盛放食品或者食品添加剂用的纸、竹、木、金属、搪瓷、陶瓷、塑料、橡胶、天然纤维、化学纤维、玻璃等制品和直接接触食品或者食品添加剂的涂料。

用于食品生产经营的工具、设备，指在食品或者食品添加剂生产、销售、使用过程中直接接触食品或者食品添加剂的机械、管道、传送带、容器、用具、餐具等。

用于食品的洗涤剂、消毒剂，指直接用于洗涤或者消毒食品、餐具、饮具以及直接接触食品的工具、设备或者食品包装材料和容器的物质。

食品保质期，指食品在标明的贮存条件下保持品质的期限。

食源性疾病，指食品中致病因素进入人体引起的感染性、中毒性等疾病，包括食物中毒。

食品安全事故，指食源性疾病、食品污染等源于食品，对人体健康有危害或者可能有危害的事故。

第一百五十一条　转基因食品和食盐的食品安全管理，本法未作规定的，适用其他法律、行政法规的规定。

第一百五十二条　铁路、民航运营中食品安全的管理办法由国务院食品药品监督管理部门会同国务院有关部门依照本法制定。

保健食品的具体管理办法由国务院食品药品监督管理部门依照本法制定。

食品相关产品生产活动的具体管理办法由国务院质量监督部门依照本法制定。

国境口岸食品的监督管理由出入境检验检疫机构依照本法以及有关法律、行政法规的规定实施。

军队专用食品和自供食品的食品安全管理办法由中央军事委员会依照本法制定。

第一百五十三条　国务院根据实际需要，可以对食品安全监督管理体制作出调整。

第一百五十四条　本法自 2015 年 10 月 1 日起施行。

《中华人民共和国农业技术推广法》

(1993 年 7 月 2 日第八届全国人民代表大会常务委员会第二次会议通过。根据 2012 年 8 月 31 日第十一届全国人民代表大会常务委员会第二十八次会议《关于修改〈中华人民共和国农业技术推广法〉的决定》修正)

目录

第一章　总　　则

第一条　为了加强农业技术推广工作，促使农业科研成果和实用技术尽快应用于农业生产，增强科技支撑保障能力，促进农业和农村经济可持续发展，实现农业现代化，制定本法。

第二条　本法所称农业技术，是指应用于种植业、林业、畜牧业、渔业的科研成果和实用技术，包括：

(一)良种繁育、栽培、肥料施用和养殖技术；

(二)植物病虫害、动物疫病和其他有害生物防治技术；

(三)农产品收获、加工、包装、贮藏、运输技术；

(四)农业投入品安全使用、农产品质量安全技术；

(五)农田水利、农村供排水、土壤改良与水土保持技术；

(六)农业机械化、农用航空、农业气象和农业信息技术；

(七)农业防灾减灾、农业资源与农业生态安全和农村能源开发利用技术；

(八)其他农业技术。

本法所称农业技术推广，是指通过试验、示范、培训、指导以及咨询服务等，把农业技术普及应用于农业产前、产中、产后全过程的活动。

第三条　国家扶持农业技术推广事业，加快农业技术的普及应用，发展高产、优质、高效、生态、安全农业。

第四条　农业技术推广应当遵循下列原则：

(一)有利于农业、农村经济可持续发展和增加农民收入；

(二)尊重农业劳动者和农业生产经营组织的意愿；

(三)因地制宜，经过试验、示范；

(四)公益性推广与经营性推广分类管理;

(五)兼顾经济效益、社会效益,注重生态效益。

第五条 国家鼓励和支持科技人员开发、推广应用先进的农业技术,鼓励和支持农业劳动者和农业生产经营组织应用先进的农业技术。

国家鼓励运用现代信息技术等先进传播手段,普及农业科学技术知识,创新农业技术推广方式方法,提高推广效率。

第六条 国家鼓励和支持引进国外先进的农业技术,促进农业技术推广的国际合作与交流。

第七条 各级人民政府应当加强对农业技术推广工作的领导,组织有关部门和单位采取措施,提高农业技术推广服务水平,促进农业技术推广事业的发展。

第八条 对在农业技术推广工作中做出贡献的单位和个人,给予奖励。

第九条 国务院农业、林业、水利等部门(以下统称农业技术推广部门)按照各自的职责,负责全国范围内有关的农业技术推广工作。县级以上地方各级人民政府农业技术推广部门在同级人民政府的领导下,按照各自的职责,负责本行政区域内有关的农业技术推广工作。同级人民政府科学技术部门对农业技术推广工作进行指导。同级人民政府其他有关部门按照各自的职责,负责农业技术推广的有关工作。

第二章 农业技术推广体系

第十条 农业技术推广,实行国家农业技术推广机构与农业科研单位、有关学校、农民专业合作社、涉农企业、群众性科技组织、农民技术人员等相结合的推广体系。

国家鼓励和支持供销合作社、其他企业事业单位、社会团体以及社会各界的科技人员,开展农业技术推广服务。

第十一条 各级国家农业技术推广机构属于公共服务机构,履行下列公益性职责:

(一)各级人民政府确定的关键农业技术的引进、试验、示范;

(二)植物病虫害、动物疫病及农业灾害的监测、预报和预防;

(三)农产品生产过程中的检验、检测、监测咨询技术服务;

(四)农业资源、森林资源、农业生态安全和农业投入品使用的监测服务;

(五)水资源管理、防汛抗旱和农田水利建设技术服务;

(六)农业公共信息和农业技术宣传教育、培训服务;

(七)法律、法规规定的其他职责。

第十二条 根据科学合理、集中力量的原则以及县域农业特色、森林资源、水系和水利设施分布等情况,因地制宜设置县、乡镇或者区域国家农业技术推广机构。

乡镇国家农业技术推广机构,可以实行县级人民政府农业技术推广部门管理为主或者乡镇人民政府管理为主、县级人民政府农业技术推广部门业务指导的体制,具体由省、自治区、直辖市人民政府确定。

第十三条 国家农业技术推广机构的人员编制应当根据所服务区域的种养规模、服务范围和工作任务等合理确定,保证公益性职责的履行。

国家农业技术推广机构的岗位设置应当以专业技术岗位为主。乡镇国家农业技术推广机构的岗位应当全部为专业技术岗位,县级国家农业技术推广机构的专业技术岗位不得低于机构岗位总量的百分之八十，其他国家农业技术推广机构的专业技术岗位不得低于机构岗位总量的百分之七十。

第十四条　国家农业技术推广机构的专业技术人员应当具有相应的专业技术水平，符合岗位职责要求。

国家农业技术推广机构聘用的新进专业技术人员，应当具有大专以上有关专业学历，并通过县级以上人民政府有关部门组织的专业技术水平考核。自治县、民族乡和国家确定的连片特困地区，经省、自治区、直辖市人民政府有关部门批准，可以聘用具有中专有关专业学历的人员或者其他具有相应专业技术水平的人员。

国家鼓励和支持高等学校毕业生和科技人员到基层从事农业技术推广工作。各级人民政府应当采取措施，吸引人才，充实和加强基层农业技术推广队伍。

第十五条　国家鼓励和支持村农业技术服务站点和农民技术人员开展农业技术推广。对农民技术人员协助开展公益性农业技术推广活动，按照规定给予补助。

农民技术人员经考核符合条件的，可以按照有关规定授予相应的技术职称，并发给证书。

国家农业技术推广机构应当加强对村农业技术服务站点和农民技术人员的指导。

村民委员会和村集体经济组织，应当推动、帮助村农业技术服务站点和农民技术人员开展工作。

第十六条　农业科研单位和有关学校应当适应农村经济建设发展的需要，开展农业技术开发和推广工作，加快先进技术在农业生产中的普及应用。

农业科研单位和有关学校应当将其科技人员从事农业技术推广工作的实绩作为工作考核和职称评定的重要内容。

第十七条　国家鼓励农场、林场、牧场、渔场、水利工程管理单位面向社会开展农业技术推广服务。

第十八条　国家鼓励和支持发展农村专业技术协会等群众性科技组织，发挥其在农业技术推广中的作用。

第三章　农业技术的推广与应用

第十九条　重大农业技术的推广应当列入国家和地方相关发展规划、计划，由农业技术推广部门会同科学技术等相关部门按照各自的职责，相互配合，组织实施。

第二十条　农业科研单位和有关学校应当把农业生产中需要解决的技术问题列为研究课题，其科研成果可以通过有关农业技术推广单位进行推广或者直接向农业劳动者和农业生产经营组织推广。

国家引导农业科研单位和有关学校开展公益性农业技术推广服务。

第二十一条　向农业劳动者和农业生产经营组织推广的农业技术，必须在推广地区经过试验证明具有先进性、适用性和安全性。

第二十二条　国家鼓励和支持农业劳动者和农业生产经营组织参与农业技术推广。

农业劳动者和农业生产经营组织在生产中应用先进的农业技术，有关部门和单位应当在技术培训、资金、物资和销售等方面给予扶持。

农业劳动者和农业生产经营组织根据自愿的原则应用农业技术，任何单位或者个人不得强迫。

推广农业技术，应当选择有条件的农户、区域或者工程项目，进行应用示范。

第二十三条　县、乡镇国家农业技术推广机构应当组织农业劳动者学习农业科学技术知识，提高其应用农业技术的能力。

教育、人力资源和社会保障、农业、林业、水利、科学技术等部门应当支持农业科研单位、有关学校开展有关农业技术推广的职业技术教育和技术培训，提高农业技术推广人员和农业劳动者的技术素质。

国家鼓励社会力量开展农业技术培训。

第二十四条　各级国家农业技术推广机构应当认真履行本法第十一条规定的公益性职责，向农业劳动者和农业生产经营组织推广农业技术，实行无偿服务。

国家农业技术推广机构以外的单位及科技人员以技术转让、技术服务、技术承包、技术咨询和技术入股等形式提供农业技术的，可以实行有偿服务，其合法收入和植物新品种、农业技术专利等知识产权受法律保护。进行农业技术转让、技术服务、技术承包、技术咨询和技术入股，当事人各方应当订立合同，约定各自的权利和义务。

第二十五条　国家鼓励和支持农民专业合作社、涉农企业，采取多种形式，为农民应用先进农业技术提供有关的技术服务。

第二十六条　国家鼓励和支持以大宗农产品和优势特色农产品生产为重点的农业示范区建设，发挥示范区对农业技术推广的引领作用，促进农业产业化发展和现代农业建设。

第二十七条　各级人民政府可以采取购买服务等方式，引导社会力量参与公益性农业技术推广服务。

第四章　农业技术推广的保障措施

第二十八条　国家逐步提高对农业技术推广的投入。各级人民政府在财政预算内应当保障用于农业技术推广的资金，并按规定使该资金逐年增长。

各级人民政府通过财政拨款以及从农业发展基金中提取一定比例的资金的渠道，筹集农业技术推广专项资金，用于实施农业技术推广项目。中央财政对重大农业技术推广给予补助。

县、乡镇国家农业技术推广机构的工作经费根据当地服务规模和绩效确定，由各级财政共同承担。

任何单位或者个人不得截留或者挪用用于农业技术推广的资金。

第二十九条　各级人民政府应当采取措施，保障和改善县、乡镇国家农业技术推广机构的专业技术人员的工作条件、生活条件和待遇，并按照国家规定给予补贴，保持国家农业技术推广队伍的稳定。

对在县、乡镇、村从事农业技术推广工作的专业技术人员的职称评定，应当以考核其推广工作的业务技术水平和实绩为主。

第三十条　各级人民政府应当采取措施，保障国家农业技术推广机构获得必需的试验示范场所、办公场所、推广和培训设施设备等工作条件。

地方各级人民政府应当保障国家农业技术推广机构的试验示范场所、生产资料和其他财产不受侵害。

第三十一条　农业技术推广部门和县级以上国家农业技术推广机构，应当有计划地对农业技术推广人员进行技术培训，组织专业进修，使其不断更新知识、提高业务水平。

第三十二条 县级以上农业技术推广部门、乡镇人民政府应当对其管理的国家农业技术推广机构履行公益性职责的情况进行监督、考评。

各级农业技术推广部门和国家农业技术推广机构，应当建立国家农业技术推广机构的专业技术人员工作责任制度和考评制度。

县级人民政府农业技术推广部门管理为主的乡镇国家农业技术推广机构的人员，其业务考核、岗位聘用以及晋升，应当充分听取所服务区域的乡镇人民政府和服务对象的意见。

乡镇人民政府管理为主、县级人民政府农业技术推广部门业务指导的乡镇国家农业技术推广机构的人员，其业务考核、岗位聘用以及晋升，应当充分听取所在地的县级人民政府农业技术推广部门和服务对象的意见。

第三十三条 从事农业技术推广服务的，可以享受国家规定的税收、信贷等方面的优惠。

第五章 法律责任

第三十四条 各级人民政府有关部门及其工作人员未依照本法规定履行职责的，对直接负责的主管人员和其他直接责任人员依法给予处分。

第三十五条 国家农业技术推广机构及其工作人员未依照本法规定履行职责的，由主管机关责令限期改正，通报批评；对直接负责的主管人员和其他直接责任人员依法给予处分。

第三十六条 违反本法规定，向农业劳动者、农业生产经营组织推广未经试验证明具有先进性、适用性或者安全性的农业技术，造成损失的，应当承担赔偿责任。

第三十七条 违反本法规定，强迫农业劳动者、农业生产经营组织应用农业技术，造成损失的，依法承担赔偿责任。

第三十八条 违反本法规定，截留或者挪用用于农业技术推广的资金的，对直接负责的主管人员和其他直接责任人员依法给予处分；构成犯罪的，依法追究刑事责任。

第六章 附 则

第三十九条 本法自公布之日起施行。

《绿色食品标志管理办法》

（中华人民共和国农业部令 2012 年第 6 号）

（《绿色食品标志管理办法》已经 2012 年 6 月 13 日农业部第 7 次常务会议审议通过，2012 年 7 月 30 日公布，自 2012 年 10 月 1 日起施行）

第一章　总　　则

第一条　为加强绿色食品标志使用管理，确保绿色食品信誉，促进绿色食品事业健康发展，维护生产经营者和消费者合法权益，根据《中华人民共和国农业法》、《中华人民共和国食品安全法》、《中华人民共和国农产品质量安全法》和《中华人民共和国商标法》，制定本办法。

第二条　本办法所称绿色食品，是指产自优良生态环境、按照绿色食品标准生产、实行全程质量控制并获得绿色食品标志使用权的安全、优质食用农产品及相关产品。

第三条　绿色食品标志依法注册为证明商标，受法律保护。

第四条　县级以上人民政府农业行政主管部门依法对绿色食品及绿色食品标志进行监督管理。

第五条　中国绿色食品发展中心负责全国绿色食品标志使用申请的审查、颁证和颁证后跟踪检查工作。

省级人民政府农业行政主管部门所属绿色食品工作机构（以下简称省级工作机构）负责本行政区域绿色食品标志使用申请的受理、初审和颁证后跟踪检查工作。

第六条　绿色食品产地环境、生产技术、产品质量、包装贮运等标准和规范，由农业部制定并发布。

第七条　承担绿色食品产品和产地环境检测工作的技术机构，应当具备相应的检测条件和能力，并依法经过资质认定，由中国绿色食品发展中心按照公平、公正、竞争的原则择优指定并报农业部备案。

第八条　县级以上地方人民政府农业行政主管部门应当鼓励和扶持绿色食品生产，将其纳入本地农业和农村经济发展规划，支持绿色食品生产基地建设。

第二章　标志使用申请与核准

第九条　申请使用绿色食品标志的产品，应当符合《中华人民共和国食品安全法》和《中华人民共和国农产品质量安全法》等法律法规规定，在国家工商总局商标局核定的范围内，并具备下列条件：

（一）产品或产品原料产地环境符合绿色食品产地环境质量标准；

（二）农药、肥料、饲料、兽药等投入品使用符合绿色食品投入品使用准则；

（三）产品质量符合绿色食品产品质量标准；

（四）包装贮运符合绿色食品包装贮运标准。

第十条　申请使用绿色食品标志的生产单位(以下简称申请人),应当具备下列条件:

(一)能够独立承担民事责任;

(二)具有绿色食品生产的环境条件和生产技术;

(三)具有完善的质量管理和质量保证体系;

(四)具有与生产规模相适应的生产技术人员和质量控制人员;

(五)具有稳定的生产基地;

(六)申请前三年内无质量安全事故和不良诚信记录。

第十一条　申请人应当向省级工作机构提出申请,并提交下列材料:

(一)标志使用申请书;

(二)资质证明材料;

(三)产品生产技术规程和质量控制规范;

(四)预包装产品包装标签或其设计样张;

(五)中国绿色食品发展中心规定提交的其他证明材料。

第十二条　省级工作机构应当自收到申请之日起十个工作日内完成材料审查。符合要求的,予以受理,并在产品及产品原料生产期内组织有资质的检查员完成现场检查;不符合要求的,不予受理,书面通知申请人并告知理由。

现场检查合格的,省级工作机构应当书面通知申请人,由申请人委托符合第七条规定的检测机构对申请产品和相应的产地环境进行检测;现场检查不合格的,省级工作机构应当退回申请并书面告知理由。

第十三条　检测机构接受申请人委托后,应当及时安排现场抽样,并自产品样品抽样之日起二十个工作日内、环境样品抽样之日起三十个工作日内完成检测工作,出具产品质量检验报告和产地环境监测报告,提交省级工作机构和申请人。

检测机构应当对检测结果负责。

第十四条　省级工作机构应当自收到产品检验报告和产地环境监测报告之日起二十个工作日内提出初审意见。初审合格的,将初审意见及相关材料报送中国绿色食品发展中心。初审不合格的,退回申请并书面告知理由。

省级工作机构应当对初审结果负责。

第十五条　中国绿色食品发展中心应当自收到省级工作机构报送的申请材料之日起三十个工作日内完成书面审查,并在二十个工作日内组织专家评审。必要时,应当进行现场核查。

第十六条　中国绿色食品发展中心应当根据专家评审的意见,在五个工作日内作出是否颁证的决定。同意颁证的,与申请人签订绿色食品标志使用合同,颁发绿色食品标志使用证书,并公告;不同意颁证的,书面通知申请人并告知理由。

第十七条　绿色食品标志使用证书是申请人合法使用绿色食品标志的凭证,应当载明准许使用的产品名称、商标名称、获证单位及其信息编码、核准产量、产品编号、标志使用有效期、颁证机构等内容。

绿色食品标志使用证书分中文、英文版本,具有同等效力。

第十八条　绿色食品标志使用证书有效期三年。

证书有效期满,需要继续使用绿色食品标志的,标志使用人应当在有效期满三个月前向省级工作机构书面提出续展申请。省级工作机构应当在四十个工作日内组织完成相关检查、检测及材料审核。初审合格的，由中国绿色食品发展中心在十个工作日内作出是否准予续展的决定。准予续展的，与标志使用人续签绿色食品标志使用合同，颁发新的绿色食品标志使用证书并公告；不予续展的，书面通知标志使用人并告知理由。

标志使用人逾期未提出续展申请，或者申请续展未获通过的，不得继续使用绿色食品标志。

第三章 标志使用管理

第十九条 标志使用人在证书有效期内享有下列权利：

（一）在获证产品及其包装、标签、说明书上使用绿色食品标志；

（二）在获证产品的广告宣传、展览展销等市场营销活动中使用绿色食品标志；

（三）在农产品生产基地建设、农业标准化生产、产业化经营、农产品市场营销等方面优先享受相关扶持政策。

第二十条 标志使用人在证书有效期内应当履行下列义务：

（一）严格执行绿色食品标准，保持绿色食品产地环境和产品质量稳定可靠；

（二）遵守标志使用合同及相关规定，规范使用绿色食品标志；

（三）积极配合县级以上人民政府农业行政主管部门的监督检查及其所属绿色食品工作机构的跟踪检查。

第二十一条 未经中国绿色食品发展中心许可，任何单位和个人不得使用绿色食品标志。

禁止将绿色食品标志用于非许可产品及其经营性活动。

第二十二条 在证书有效期内，标志使用人的单位名称、产品名称、产品商标等发生变化的，应当经省级工作机构审核后向中国绿色食品发展中心申请办理变更手续。

产地环境、生产技术等条件发生变化，导致产品不再符合绿色食品标准要求的，标志使用人应当立即停止标志使用，并通过省级工作机构向中国绿色食品发展中心报告。

第四章 监督检查

第二十三条 标志使用人应当健全和实施产品质量控制体系，对其生产的绿色食品质量和信誉负责。

第二十四条 县级以上地方人民政府农业行政主管部门应当加强绿色食品标志的监督管理工作，依法对辖区内绿色食品产地环境、产品质量、包装标识、标志使用等情况进行监督检查。

第二十五条 中国绿色食品发展中心和省级工作机构应当建立绿色食品风险防范及应急处置制度，组织对绿色食品及标志使用情况进行跟踪检查。

省级工作机构应当组织对辖区内绿色食品标志使用人使用绿色食品标志的情况实施年度检查。检查合格的，在标志使用证书上加盖年度检查合格章。

第二十六条 标志使用人有下列情形之一的，由中国绿色食品发展中心取消其标志使用权，收回标志使用证书，并予公告：

（一）生产环境不符合绿色食品环境质量标准的；

（二）产品质量不符合绿色食品产品质量标准的；

（三）年度检查不合格的；

（四）未遵守标志使用合同约定的；

（五）违反规定使用标志和证书的；

（六）以欺骗、贿赂等不正当手段取得标志使用权的。

标志使用人依照前款规定被取消标志使用权的，三年内中国绿色食品发展中心不再受理其申请；情节严重的，永久不再受理其申请。

第二十七条　任何单位和个人不得伪造、转让绿色食品标志和标志使用证书。

第二十八条　国家鼓励单位和个人对绿色食品和标志使用情况进行社会监督。

第二十九条　从事绿色食品检测、审核、监管工作的人员，滥用职权、徇私舞弊和玩忽职守的，依照有关规定给予行政处罚或行政处分；构成犯罪的，依法移送司法机关追究刑事责任。

承担绿色食品产品和产地环境检测工作的技术机构伪造检测结果的，除依法予以处罚外，由中国绿色食品发展中心取消指定，永久不得再承担绿色食品产品和产地环境检测工作。

第三十条　其他违反本办法规定的行为，依照《中华人民共和国食品安全法》、《中华人民共和国农产品质量安全法》和《中华人民共和国商标法》等法律法规处罚。

第五章　附　则

第三十一条　绿色食品标志有关收费办法及标准，依照国家相关规定执行。

第三十二条　本办法自2012年10月1日起施行。农业部1993年1月11日印发的《绿色食品标志管理办法》(1993农(绿)字第1号)同时废止。

《优良种畜登记规则》

（中华人民共和国农业部令第66号）

（《优良种畜登记规则》已经2006年5月30日农业部第13次常务会议审议通过，2006年6月5日公布，自2006年7月1日起施行）

第一条　为了培育优良种畜，提高种畜遗传质量，向社会推荐优良种畜，根据《中华人民共和国畜牧法》的有关规定，制定本规则。

第二条　本规则所称优良种畜，是指个体符合品种标准，综合鉴定等级为一级以上的种畜。

第三条　农业部主管全国优良种畜登记管理工作。省级人民政府畜牧行政主管部门主管本行政区域内优良种畜登记管理工作。

全国畜牧总站组织开展全国性优良种畜登记。省级畜牧技术推广机构组织开展本行政区域内的优良种畜登记。

畜牧行业协会配合畜牧技术推广机构实施优良种畜登记工作。

第四条　饲养《中国畜禽遗传资源目录》中牛、羊、猪、马、驴、骆驼、鹿、兔、犬等家畜的单位和个人，可以自愿申请优良种畜登记，任何机构不得强制。

第五条　申请优良种畜登记的单位和个人应当符合下列条件：

（一）取得种畜禽生产经营许可资格；

（二）畜牧主管部门备案的养殖场或者养殖小区；

（三）国家和省级畜禽遗传资源保护区内的养殖户；

（四）其他符合条件的单位和个人。

第六条　申请登记的种畜应当符合下列条件之一：

（一）双亲已登记的纯种；

（二）从国外引进已登记或者注册的原种；

（三）三代系谱记录完整的个体；

（四）其他符合优良种畜条件的个体。

第七条　申请优良种畜登记的单位和个人，应当向省级以上畜牧技术推广机构（以下简称登记机构）报送下列材料：

（一）申请表；

（二）申请报告和种畜系谱等资料；

（三）种畜照片；

（四）《种畜禽生产经营许可证》复印件。

第八条　登记机构应当自收到申请之日起30个工作日内完成审定，必要时可以组织现场审验或者技术检测。

通过审定的，予以登记公告，并由登记机构发放优良种畜证书；未通过审定的，登记机构应当书面通知申请人，并说明理由。

第九条　优良种畜登记实行一畜一卡，记录内容包括：

（一）基本情况：场（小区、站、户）名、品种、类型、个体编号、出生日期、出生地、综合鉴（评）定等级、登记时间、登记人等基础信息；

（二）系谱档案：三代系谱完整，并具有父本母本生产性能或遗传力评估的完整资料；

（三）外貌特征：种畜头部正面及左、右体侧照片各一张；

（四）生产性能：按各畜种登记卡的内容进行登记；

（五）优良种畜转让、出售、死亡、淘汰等情况。

第十条　优良种畜登记卡由专人负责填写和管理，登记信息应当录入计算机管理系统，不得随意涂改。

优良种畜登记卡等书面信息资料，至少保存5年；电子信息资料应当长期保存。

第十一条　登记的优良种畜淘汰、死亡的，畜主应当在30日内向登记机构报告。

登记的优良种畜转让、出售的，应当附优良种畜登记卡等相关资料，并办理变更手续。

第十二条　申请单位和个人以欺诈、贿赂等手段骗取登记的，撤销优良种畜登记。

已登记的种畜不再符合规定条件的，注销优良种畜登记。

第十三条　登记机构及其工作人员弄虚作假、玩忽职守造成后果的，依法给予处分；造成损失的，依法承担赔偿责任。

第十四条　本规则自2006年7月1日起施行。

《农产品地理标志管理办法》

（中华人民共和国农业部令第11号）

第一章　总　　则

第一条　为规范农产品地理标志的使用，保证地理标志农产品的品质和特色，提升农产品市场竞争力，依据《中华人民共和国农业法》、《中华人民共和国农产品质量安全法》相关规定，制定本办法。

第二条　本办法所称农产品是指来源于农业的初级产品，即在农业活动中获得的植物、动物、微生物及其产品。

本办法所称农产品地理标志，是指标示农产品来源于特定地域，产品品质和相关特征主要取决于自然生态环境和历史人文因素，并以地域名称冠名的特有农产品标志。

第三条　国家对农产品地理标志实行登记制度。经登记的农产品地理标志受法律保护。

第四条　农业部负责全国农产品地理标志的登记工作，农业部农产品质量安全中心负责农产品地理标志登记的审查和专家评审工作。

省级人民政府农业行政主管部门负责本行政区域内农产品地理标志登记申请的受理和初审工作。

农业部设立的农产品地理标志登记专家评审委员会，负责专家评审。农产品地理标志登记专家评审委员会由种植业、畜牧业、渔业和农产品质量安全等方面的专家组成。

第五条　农产品地理标志登记不收取费用。县级以上人民政府农业行政主管部门应当将农产品地理标志管理经费编入本部门年度预算。

第六条　县级以上地方人民政府农业行政主管部门应当将农产品地理标志保护和利用纳入本地区的农业和农村经济发展规划，并在政策、资金等方面予以支持。

国家鼓励社会力量参与推动地理标志农产品发展。

第二章　登　　记

第七条　申请地理标志登记的农产品，应当符合下列条件：

（一）称谓由地理区域名称和农产品通用名称构成；

（二）产品有独特的品质特性或者特定的生产方式；

（三）产品品质和特色主要取决于独特的自然生态环境和人文历史因素；

（四）产品有限定的生产区域范围；

（五）产地环境、产品质量符合国家强制性技术规范要求。

第八条　农产品地理标志登记申请人为县级以上地方人民政府根据下列条件择优确定的农民专业合作经济组织、行业协会等组织。

（一）具有监督和管理农产品地理标志及其产品的能力；

（二）具有为地理标志农产品生产、加工、营销提供指导服务的能力；

（三）具有独立承担民事责任的能力。

第九条　符合农产品地理标志登记条件的申请人，可以向省级人民政府农业行政主管部门提出登记申请，并提交下列申请材料：

（一）登记申请书；

（二）申请人资质证明；

（三）产品典型特征特性描述和相应产品品质鉴定报告；

（四）产地环境条件、生产技术规范和产品质量安全技术规范；

（五）地域范围确定性文件和生产地域分布图；

（六）产品实物样品或者样品图片；

（七）其他必要的说明性或者证明性材料。

第十条　省级人民政府农业行政主管部门自受理农产品地理标志登记申请之日起，应当在45个工作日内完成申请材料的初审和现场核查，并提出初审意见。符合条件的，将申请材料和初审意见报送农业部农产品质量安全中心；不符合条件的，应当在提出初审意见之日起10个工作日内将相关意见和建议通知申请人。

第十一条　农业部农产品质量安全中心应当自收到申请材料和初审意见之日起20个工作日内，对申请材料进行审查，提出审查意见，并组织专家评审。专家评审工作由农产品地理标志登记评审委员会承担。农产品地理标志登记专家评审委员会应当独立做出评审结论，并对评审结论负责。

第十二条　经专家评审通过的，由农业部农产品质量安全中心代表农业部对社会公示。

有关单位和个人有异议的，应当自公示截止日起20日内向农业部农产品质量安全中心提出。公示无异议的，由农业部做出登记决定并公告，颁发《中华人民共和国农产品地理标志登记证书》，公布登记产品相关技术规范和标准。

专家评审没有通过的，由农业部做出不予登记的决定，书面通知申请人，并说明理由。

第十三条　农产品地理标志登记证书长期有效。

有下列情形之一的，登记证书持有人应当按照规定程序提出变更申请：

（一）登记证书持有人或者法定代表人发生变化的；

（二）地域范围或者相应自然生态环境发生变化的。

第十四条　农产品地理标志实行公共标识与地域产品名称相结合的标注制度。公共标识基本图案见附图。农产品地理标志使用规范由农业部另行制定公布。

第三章　标志使用

第十五条　符合下列条件的单位和个人，可以向登记证书持有人申请使用农产品地理标志：

（一）生产经营的农产品产自登记确定的地域范围；

（二）已取得登记农产品相关的生产经营资质；

（三）能够严格按照规定的质量技术规范组织开展生产经营活动；

（四）具有地理标志农产品市场开发经营能力。

使用农产品地理标志，应当按照生产经营年度与登记证书持有人签订农产品地理标志使用协议，在协议中载明使用的数量、范围及相关的责任义务。农产品地理标志登记证书持有人不得向农产品地理标志使用人收取使用费。

第十六条　农产品地理标志使用人享有以下权利：

（一）可以在产品及其包装上使用农产品地理标志；

（二）可以使用登记的农产品地理标志进行宣传和参加展览、展示及展销。

第十七条　农产品地理标志使用人应当履行以下义务：

（一）自觉接受登记证书持有人的监督检查；

（二）保证地理标志农产品的品质和信誉；

（三）正确规范地使用农产品地理标志。

第四章　监督管理

第十八条　县级以上人民政府农业行政主管部门应当加强农产品地理标志监督管理工作，定期对登记的地理标志农产品的地域范围、标志使用等进行监督检查。

登记的地理标志农产品或登记证书持有人不符合本办法第七条、第八条规定的，由农业部注销其地理标志登记证书并对外公告。

第十九条　地理标志农产品的生产经营者，应当建立质量控制追溯体系。农产品地理标志登记证书持有人和标志使用人，对地理标志农产品的质量和信誉负责。

第二十条　任何单位和个人不得伪造、冒用农产品地理标志和登记证书。

第二十一条　国家鼓励单位和个人对农产品地理标志进行社会监督。

第二十二条　从事农产品地理标志登记管理和监督检查的工作人员滥用职权、玩忽职守、徇私舞弊的，依法给予处分；涉嫌犯罪的，依法移送司法机关追究刑事责任。

第二十三条　违反本办法规定的，由县级以上人民政府农业行政主管部门依照《中华人民共和国农产品质量安全法》有关规定处罚。

第五章　附　　则

第二十四条　农业部接受国外农产品地理标志在中华人民共和国的登记并给予保护，具体办法另行规定。

第二十五条　本办法自 2008 年 2 月 1 日起施行。

附图：公共标识基本图案

农产品地理标志登记审查准则

（2013 年 3 月制订）

第一章　总　　则

第一条　为规范农产品地理标志登记审查工作，保证审查工作质量，根据《农产品地理标志管理办法》及相关配套制度，制定本准则。

第二条　本准则适用于农产品地理标志初审、复审。

初审，指省级农产品地理标志工作机构（以下简称“省级工作机构”）对申请材料进行形式审查。

复审，指农业部农产品质量安全中心（以下简称“部中心”）对申请材料进行形式复核以及对初审工作质量进行考核评价。

第三条　省级工作机构从事登记审查工作的人员，应取得《全国农产品地理标志核查员注册证书》，审查人员应按照科学规范、客观独立、公平公正的原则进行审查，并对审查结论负责。

第四条　鼓励和支持省级工作机构在申请产品受理前，先行组织地县工作机构和相关专家对申请产品进行资源调查和可行性论证，对品质特色不突出、竞争优势不明显、登记保护价值不大的产品建议暂缓申报。

第二章　审查内容及标准

第五条　产品登记范围审查

（一）审查依据：《农产品地理标志管理办法》

（二）审查重点：申请登记产品应当是源于农业的初级产品，并属农产品地理标志登记保护目录所涵盖的产品。登记保护目录见附件，没有纳入登记保护目录的，不予受理。

第六条　产品名称审查

（一）审查依据：《农产品地理标志产品名称审查规范》

（二）审查重点：

1. 名称结构审查。产品名称应由地理区域名称和产品通用名称组成。

地理区域名称可为行政区划名称、自然区域名称和特定地理位置指向性名称。地理区域名称可为历史地名（如山西沁县原称沁州，产品仍延用“沁州南瓜子”名称）。特定地理位置指向性名称包括具有指向性的桥名、井名、林园名等，如涝河桥羊肉中的“涝河桥”。产品通用名称包括两类：一是分类性名称。如庆阳苹果；二是特征性名称。分类性名称中可以含有产品形状、颜色、风味、生长周期、生长环境等方面的修饰语（如章丘大葱）。

2. 名称客观性审查。产品名称应当是历史沿袭和传承的已实际使用名称，不应人为进行调整、人为臆造、人为添加前缀或后缀。审查时应尊重名称历史沿袭原则，结合人文历史、市场认知和产品包装图片进行审查。

3.名称地域范围审查。农产品地理标志实际生产地域范围与地理区域名称可以是大地名小范围(如有些产品实际生产地域范围并非其地理区域名称所辖范围内的所有县区、乡镇和村等),也可以是小地名大范围(如小梁山西瓜,历史上最初地域范围是新民市梁山镇,后经逐渐演变已拓展到新民市所辖的卢屯乡、姚堡乡)。

第七条 登记申请人资质审查

(一)审查依据:《农产品地理标志登记申请人资格确认评定规范》

(二)审查重点:

1.登记申请人应为事业法人和社团法人,不能为政府、企业和个人。审查法人证书判断登记申请人资质。考虑到登记申请人与标志使用人是分离关系,登记申请人和标志使用人为同一主体的农民专业合作社暂不再作为登记申请人,可授权其作为标志使用人。

2.结合现场检查,审查登记申请人是否在申请产品的生产经营领域具有影响力和组织能力,是否被所在地域范围内的产品生产经营者普遍认可,登记申请人应提供拟授权标志使用人名录及支持地理标志登记保护的联合声明(集体动议文件),审查时应对集体动议文件进行审查。

3.登记申请人资格由农产品地理标志所在地的地方人民政府确定,具体工作由所在地的县级以上农业行政主管部门负责办理。登记申请人资质证明文件应由县级以上人民政府向当地农业行政主管部门出具批复文件。政府内设部门(如办公室)出具文件无效,由省级人民政府确定登记申请人的除外。跨县(市、区)域的农产品地理标志登记申请人资格确定,由上一级人民政府出具登记申请人资质批复文件。

4.因新疆生产建设兵团建制特殊性,兵团团场可以作为申请人。

5.登记申请人资质批复文件应为原件,复印件无效。

第八条 地域范围审查

(一)审查依据:《农产品地理标志登记产品生产地域分布图绘制规范》

(二)审查重点:

1.地域范围确定文件应为地方农业行政主管部门向登记申请人出具的批复文件,文件内容应包括地域经纬度范围、所辖具体乡镇名称(列表)、产品规模和产量等必要信息,并附地域分布图。

2.地域分布图应以最新版行政区划图为蓝本(彩图),准确标示出申请登记产品的地域范围和边界线。地域分布图包含的所辖乡(镇)或村,应与地域范围批复文件确定的乡(镇)或村完全一致。地域分布图边界线应采用加宽线条进行标示。地域范围应在地域分布图上加注文字说明。

3.地域范围应依据历史及种植(养殖)实际进行勘界,地域范围可以集中连片,也可点状分布。地域范围勘定后,不能随意扩大。

4.初级加工品应划定原料基地的地域范围。

5.跨县(市、区)域的地理标志,应整区域联合申报。除非产品已经形成特定品牌,已被消费认知的,可以独立申报,但应提供佐证材料。地域范围应由具有跨域管辖权限的上一级农业行政主管部门划定，申请人亦由上一级地方人民政府授权。地理区域属于跨省份的山脉、河流、湖泊等农产品地理标志，建议由具有相关资源管辖权限的专门机构划定地域范围和授权登记申请人。

6. 地域范围批复文件应为原件，复印件无效。

第九条 质量控制技术规范审查

（一）审查依据：《农产品地理标志质量控制技术规范（编写指南）》（新版）（农质安发[2010]16号发布版本）

（二）审查重点：

1. 质量控制技术规范应严格按照新版《编写指南》要求编写，质量控制技术规范不宜过长，关键要充分体现产品、产地、生产方式独特性的核心特征。技术规范版本、格式、字体、字号、行间距等应当符合《编写指南》要求，采用标准书面用语，品质参数指标使用国际通行计数方式和单位。

2. 质量控制技术规范中的独特自然生态环境和特定生产方式描述应重点体现与产品独特品质形成有关联的因素。

3. 质量控制技术规范中的产品品质外在感官特征描述应当客观真实。内在品质应当重点描述产品品质特色指标，避免罗列非特色指标。品质特色指标应是一个范围值（品质限值），而不是固定值。所列品质特色指标全部为必检项目，在检测报告中需进行验证检测。品质限值应通过对划定的地域范围合理布设抽样点（抽样规范各地自定），多点检测确定品质限值，不能仅通过一点一次检测就直接赋值。

4. 质量控制技术规范中标志使用部分应写上标志使用人在产品或产品包装上统一使用农产品地理标志公共标识和产品名称组合型式字样，产品名称为申请名称。

第十条 品质鉴定报告审查

（一）审查依据：《农产品地理标志产品品质鉴定规范》、《农产品地理标志产品感官品质鉴评规范》、《农产品地理标志产品品质鉴定抽样检测技术规范》

（二）审查重点：

1. 品质鉴定报告由鉴评报告和检测报告组成。品质鉴定报告的提交，可视具体情况而定，具体有以下三种情形：一是当产品外在感官特征显著，而内在品质指标不显著的，可只提交鉴评报告；二是当产品外在感官特征不显著，而内在品质指标显著的，可只提交检测报告；三是当产品外在感官特征和内在品质指标均显著的，可同时提交鉴评报告和检测报告。为保证对产品进行综合评价，原则上食用农产品应同时提交鉴评报告和检测报告。

2. 品质鉴定报告（鉴评报告、检测报告）应使用规定格式，报告出具时间不得早于申请产品上市季节。

3. 鉴评报告应由省级工作机构组织相关专家成立品质鉴评组进行鉴评，品质鉴评组一般由5～7名专业领域技术专家组成，省级工作机构内部人员不得作为专家组成员。品质鉴评组成员应在备注栏进行签字，鉴评意见由组长签字。鉴评报告封面须加盖公章。

4. 检测报告应对质量控制技术规范中所列内在品质特色指标进行检测。样品应由检测机构抽样，或由省级工作机构代为抽样，不能由申请人自行送样，申请材料中应附产品抽样单。

5. 检测机构应为部中心资质委托的检测机构，没有获得资质委托的检测机构出具的检测报告无效。如确因委托的检测机构对某些特色指标不能检测，省级工作机构应向部中心申请其他检测机构代检，部中心批复同意后，方可实施。省级工作机构请示件和部中心批复件应作为申请材料的证明文件。

6.品质鉴定报告（鉴评报告、检测报告）应为原件，复印件无效。

第十一条　产品实物样品或样品图片审查

审查重点：

1.可提供能够完整感知其独特品质特征的最小量评审产品实物样品。

2.样品图片应含种植（养殖）初级产品、制成品（仅限申请产品为初级加工品）图片及产品包装图片，样品图片应为彩色照片。

3.产品名称应在产品包装上已实际使用，产品包装图片上的产品名称应与申请产品名称完全一致。

第十二条　其他必要的说明性或者证明性材料审查

审查重点：

1.人文历史佐证材料审查。人文历史表现形式：产品生产历史；县志、市志等历史文献记载；诗词歌赋、传记、传说、轶事、典故等记载；民间流传的该类产品民风、民俗、歌谣、工艺文化；饮食.烹饪等；名人的评价与文献；荣获省级以上历次名牌产品获奖情况；媒体宣传、报导、图片……人文历史证明材料可为多种表现形式，但所列表现形式的前两项必须提供。人文历史文字描述应有对应的佐证材料。

2.人文历史年限确认审查。结合我国国情，原则上，人文历史年限（生产历史年限）应为20年以上。人文历史年限应提供充分的证据或证明，并应在证据或证明中做出明显标记。没有人文历史年限记载的，应书面提供产品具备人文历史传承和需要登记保护的充分理由和证明。相关理由和证明应经专家集体评审确认。

3.登记申请规定的其他佐证文件。如非委托机构代检的请示件和批复件，申请人应提供拟授权的标志使用人名录及标志使用人支持地理标志登记保护的联合声明（集体动议文件）等准则规定的有关佐证文件。

第十三条　现场核查报告审查

（一）审查依据：《农产品地理标志现场核查规范》

（二）审查重点：

1.现场核查工作由省级工作机构组织实施，不得由地县工作机构代为实施。

2.现场核查组一般由3～5位（含核查员或技术专家）组成。核查组应至少有1名省级工作机构核查员参加。地县级工作机构核查员不作为现场核查组成员参与现场核查工作。现场核查结论表中组长和其他核查组成员均应进行签字，非核查组人员不需签字。

3.现场核查报告后应附核查员注册证书复印件，技术专家除外。

第十四条　登记审查报告审查

1.地县级工作机构审核确认意见表中增设地县级工作机构核查员签字，核查员应在审核确认意见后签字，然后再由负责人签字并加盖公章。

2.省级工作机构初审意见表中申请材料初审意见和现场核查意见栏签字人员应为省级工

作机构核查员。综合评定意见由负责人签字并盖公章。

3.审查意见应当详细具体，不能空白或仅写“同意”、“情况属实”等简单意见，不能缺日期。

4.登记审查报告应附省(地、县)级工作机构核查员注册证书复印件。没有配备注册核查员的地区，应附核查员注册资格考试合格证书复印件或相关说明。

第十五条 特别规定审查

(一)产品名称与商标冲突性审查。审查申请产品名称(农产品地理标志名称)是否与已在先注册的普通商标、集体商标或证明商标有冲突，如果申请产品名称已被在先注册为普通商标，登记申请人应提供普通商标注册人同意转让或同意使用的证明文件。如果申请产品名称已在先注册为集体商标或证明商标(工商部门注册的地理标志)，申请人应与商标注册人为同一主体。若隐瞒不报，弄虚作假的，一经发现，登记证书将予以撤销或注销。

(二)申请产品与附属产品一体化申报审查。部分产品申请时，往往提出附属产品也一并登记保护，如鹿茸、麝香、羊皮等。部中心不鼓励申请产品与附属产品一体化申报，因申请产品与附属产品名称差异较大，并且名称项下的标的物不同，建议分别申报。如确能一体化申报的，应分别描述申请产品和附属产品的品质特色，分别检测内在品质。

(三)野生产品审查。凡是与国家现行野生动植物保护有关法律相悖的野生产品不予受理，经人工驯化或人工繁殖的野生产品除外。准予登记的野生产品应具有固定地域范围指向、品质特色突出和一定人文历史。野生产品不同于人工种植(养殖)产品，应对野生产品安全性进行整区域调查和评估，并提交相应产品质量安全调查评估报告。现场核查时，还应对产品安全性进行重点检查。

(四)申请产品安全性审查。农产品地理标志安全性实行后置性控制，即产品安全性是标志使用授权的准入条件，标志使用授权环节，标志使用人应提供产品质量全项检测报告，获得“三品”(无公害、绿色、有机)认证并且证书在有效期内的产品，可提供认证证书，产品可不必重复检测。登记环节重点审查质量控制技术规范中是否对产品安全性做出相应规定(提出适用的质量安全标准)。

(五)申请材料装订审查。申请材料需装订成册，建议采用单页可替换方式装订，方便材料补充。封面注明产品名称、申请人全称、省级工作机构等信息。编排目录及页码，相关材料按照如下顺序排列：

- 封面
- 目录
- 登记申请书
- 登记申请人资质批复文件及法人证书
- 地域范围批复文件和生产地域分布图(彩图)
- 质量控制技术规范(新版)
- 产品品质鉴定报告(鉴评报告、检测报告)
- 产品抽样单
- 产品图片(彩图)
- 人文历史佐证资料

◆ 其他必要的说明性或者证明性材料

◆ 现场核查报告

◆ 登记审查报告

第三章　审查分工与内部质量控制

第十六条　省级工作机构负责对照申请条件和审查准则，严格对申请材料进行形式审查；部中心负责对申请材料进行形式复核；登记评审委员会专家负责申请材料的技术审查，专家评审要求按《农产品地理标志登记评审规范》执行。

第十七条　省级工作机构审查重点：

（一）符合性审查。审查产品名称是否符合规范，产品是否为地方特色农产品、登记申请人资质和能力是否符合要求、地域范围划定是否符合实际等。

（二）完整性审查。审查材料是否齐全、完整，有无漏项等。

（三）真实性审查。省级工作机构派出的现场检查组进行现场核查时，应对登记申请人资质及基本情况、产地自然生态环境条件、地域范围及分布情况、产业发展等情况进行现场检查确认。

（四）规范性审查。审查相关文件、报告中相关签字、盖章、日期是否齐全，所有批文、报告是否为原件（人文历史佐证材料除外）等。

（五）有效性审查。审查检测机构和核查员是否具备相应资质等。

（六）一致性审查。整个申请材料中的登记申请人、产品名称前后是否保持一致等。

（七）特别规定审查。对本准则特别规定的内容进行附加审查。

第十八条　部中心对初审内容进行复核性审查，确保上会产品形式审查符合要求。同时对省级工作机构审查质量进行考核评价，申请材料出现明显错误、错误较多以及初审明显不尽责的，部中心将对全套申请材料进行退回，对省级工作机构审查质量有1次不良记录，并暂停该地区、该行业申请材料的受理，待省级工作机构对初审质量整改合格后，方重新受理。

第十九条　部中心和省级工作机构严格实行记录式审查，加强内部审查质量控制，初审和复审均应填写《农产品地理标志登记审查意见表》（另行制订发布）。

第二十条　审查不符合要求的，部中心和省级工作机构应书面通知申请人限时整改、限时补充、限时报送，在规定时限内未补充或未整改的，申请将被驳回。对于参加3次专家评审会暂缓产品，将予以驳回。

第二十一条　根据审查工作实际需要，部中心可与省级工作机构开展联合审查，加强审查交流，提升审查质量。

第四章　附　　则

第二十二条　各省级工作机构可根据工作实际，依据本规范制定本地区、本行业审查细则和相关审查要求。

第二十三条　本准则由农业部农产品质量安全中心负责解释，自印发之日起施行。在此日期前部中心已受理的申请材料，按原方式进行评审。

附件

农产品地理标志登记保护目录

（试行）

一、种植业产品

（一）蔬菜

1.未经加工的新鲜蔬菜。

2.经晾晒、冷藏、冷冻、包装、脱水等工序加工的蔬菜。

3.将蔬菜的根、茎、叶、花、果、种子通过干制加工处理后，制成的各类干菜，如黄花菜、玉兰片、萝卜干、冬菜、梅干菜等。

4.腌菜、咸菜、酱菜和盐渍的蔬菜。

5.各种经排气密封的蔬菜罐头除外。

（二）果品

1.未经加工的新鲜水果。

2.对新鲜水果进行清洗、脱壳、分类、包装、储藏保鲜、干燥、炒制等工序加工处理，制成的各类水果、果干（如荔枝干、桂圆干、葡萄干等）、果仁、坚果等。

3.经冷冻、冷藏等工序加工的水果。

4.各种水果罐头、果脯、蜜饯，炒制的果仁、坚果除外。

（三）粮食

1.小麦、稻谷、玉米、高粱、谷子、杂粮以及豆类、薯类等原粮作物。

2.对粮食进行淘洗、碾磨、脱壳、分级包装等加工处理，制成的成品粮及其初级制品，如大米、小米、面粉、薯粉、玉米片、燕麦片、甘薯片等。

3.以粮食为原料加工的速冻食品、方便面和各种熟食制品除外。

（四）食用菌

1.未经加工的鲜货和干货。

2.进行简单保鲜、烘干、包装的鲜货和干货。

（五）油料

1.各种油料植物的根、茎、叶、果实、花等初级产品，如花生、葵花籽、芝麻籽等。

2.对花生、大豆、菜籽、葵花籽、芝麻、胡麻籽、茶籽等油料作物进行清理、热炒、磨坯、榨油等工序加工处理，制成的植物油（毛油）产品，如花生油、豆油、葵花油、菜籽油、棉籽油等。

3.精炼植物油除外。

（六）糖料

1.糖料植物的初级产品，如甘蔗、甜菜等。

2.对糖料植物进行清洗、切割、包装等加工处理，制成的初级加工品。

（七）茶叶

1.从茶树上采摘下来的鲜叶和嫩芽（即茶青），经吹干、揉拌、发酵、烘干等工序处理，制成的茶叶。

2.掺兑各种药物的茶和茶饮料除外。

(八)香料

碾磨或未经碾磨用于调味的园艺植物产品,如胡椒粉、花椒粉、八角、桂皮等。

(九)药材

1.用作原药的各种药用植物的根、茎、皮、叶、花、果实等。

2.通过对药用植物的根、茎、皮、叶、花、果实等进行挑选、整理、捆扎、清洗、晾晒、切碎、蒸煮、密炒等处理过程,制成的片、丝、块、段等中药材及中药饮片。

3.中成药除外。

(十)花卉

1.保持天然生长状态的草本花卉。

2.可食用花卉或饮品,如百合、菊花等。

3.木本花卉除外。

(十一)烟草

经过简单加工制成的烟叶产品,包含晒烟叶、晾烟叶和烤烟叶。

(十二)棉麻蚕桑

1.未经加工处理的皮棉、棉短绒、籽棉。

2.未经加工处理的生麻、宁麻。

(十三)热带作物

1.未经加工处理的热带作物产品。

2.对热带作物去除杂质、脱水、干燥等简单加工处理,制成的半成品或初级产品。如生熟咖啡豆、木瓜淀粉等。

(十四)其他植物

除上述列举的产品之外的其他各类植物及其初级加工品。如植物叶子、草、藻类植物等。

二、畜牧业产品

(一)肉类产品

1.各类牲畜、家禽和人工驯养、繁殖的野生动物等活畜禽,如牛、马、猪、羊、鸡、鸭等。

2.对各类畜禽类动物进行宰杀,经去头、去蹄、去皮、去内脏、分割、冷藏或冷冻等工序加工处理,制成的分割肉、保鲜肉、冷藏肉、冷冻肉等。

3.各类畜禽类动物的肉类生制品,如腊肉、腌肉、熏肉等。

4.各种肉类罐头、肉类熟制品除外。

(二)蛋类产品

1.各种禽类动物的卵,包括鲜蛋、冷藏蛋。

2.通过对鲜蛋进行清洗、干燥、分级、包装、冷藏等加工处理,制成的各种分级、包装的鲜蛋、冷藏蛋等。

3.经加工制成的松花蛋、腌蛋等。

4.各种蛋类的罐头除外。

(三)奶制品

1.各种哺乳类动物的乳汁和经净化、杀菌等工序加工生产的鲜奶。

2.通过对鲜奶进行净化、均质、杀菌或灭菌、灌装等,制成的巴氏杀菌奶、超高温灭菌奶等。

3.用鲜奶加工的各种奶制品,如酸奶、奶酪、奶油等除外。

(四)蜂类产品

1.未经加工制成的天然蜂蜜、鲜蜂王浆等。

2.通过去杂、浓缩、熔化、磨碎、冷冻等工序加工处理,制成的蜂蜜、鲜王浆以及蜂蜡、蜂胶、蜂花粉等。

3.各种蜂产品口服液、王浆粉除外。

(五)其他畜牧产品

上述列举之外的其他畜牧产品。主要包括:

1.畜禽类动物附属产生的产品,如蚕茧、燕窝、鹿茸、牛黄、麝香等。

2.畜禽类动物的皮、毛或羽毛,如牛皮、猪皮、羊皮等。

3.活虫、两栖动物,如蟹子、牛蛙等。

三、渔业产品

养殖和捕捞的鱼、虾、蟹、鳖、贝类、棘皮类、软体类、腔肠类、两栖类等淡水、海水、滩涂养殖的各类动植物及其初级加工品。

(一)水产动物

1.鱼、虾、蟹、鳖、贝类、棘皮类、软体类、腔肠类等水产动物。

2.将水产动物整体或去头、去鳞(皮、壳)、去内脏、去骨(刺)、擂溃或切块、切片,经冰鲜、冷冻、冷藏、盐渍、干制等保鲜防腐处理和包装的水产动物初级加工品。

3.熟制水产品和各类水产品罐头除外。

(二)水生植物

1.海带、裙带菜、紫菜、龙须菜、麒麟菜、江篱、浒苔、羊栖菜、莼菜等。

2.将上述水生植物整体或去根、去边梢、切段,经热烫、冷冻、冷藏等保鲜防腐处理和包装的产品,以及整体或去根、去边梢、切段,经晾晒、干燥(脱水)、粉碎等处理和包装的产品。

3.罐装(包括软罐)产品除外。

(三)水产初级加工品

对养殖或捕捞的动植物产品进行冷冻、腌制和自然干制品。

1.对鱼类、虾类、贝类、藻类以及水产品加工下脚料等进行压榨(分离)、浓缩、烘干、粉碎、冷冻、冷藏等工序加工处理,制成的初级制品。如鱼粉、鱼油、海藻胶、鱼鳞胶、虾酱、鱼籽、鱼肝酱等。

2.以鱼油、海兽油脂为原料生产的各类乳剂、胶丸、滴剂等制品除外。

农产品地理标志登记专家评审规范

（2013 年 3 月制订）

第一条　为规范农产品地理标志登记评审工作，确保专家评审科学性、公正性和权威性，根据《农产品地理标志管理办法》和《全国农产品地理标志登记专家评审委员会章程》，制定本规范。

第二条　农产品地理标志登记评审以召开专家评审会的形式进行。

第三条　农产品地理标志登记专家评审委员会秘书处（以下称秘书处）设在农业部农产品质量安全中心地理标志处，具体负责评审会的组织工作。评审会召开前，秘书处应根据申报产品数量和类别，聘请评审委员会专家库中的相关专业领域专家临时组成评审会专家评审组。

专家评审组分为种植、畜牧、渔业三个行业专家评审组（以下简称行业组），每个行业组分为若干专业小组（以下简称专业组）。

专家评审组人数由秘书处根据评审产品数量和专业领域合理进行确定。

第四条　秘书处应于评审会召开前，通知参评产品所在地省级工作机构组织申请方代表参加会议，并进行汇报和答辩。

申请方代表可提供能够完整感知其独特品质特征的最小量评审产品实物样品，供评审专家进行实物对照评审。

第五条　专家评审分行业独立进行评审，实行行业组组长负责制。行业组组长主持本行业评审工作，提出评审重点及技术要求，统筹评审进度和尺度。

第六条　专家评审组应根据《农产品地理标志管理办法》和《农产品地理标志登记审查准则》等相关配套技术规范要求进行评审。

（一）形式复核

从专家角度对初审和复审内容进行一般性的复核确认把关，主要评审以下内容：

1.复核初审和复审程序是否完整，是否存在一般性或重大审查漏洞。

2.复核重点环节和关键材料的规范性和符合性，主要对产品名称、登记申请人、地域范围、质量控制技术规范、品质鉴定报告、现场核查报告和登记审查报告等材料进行复核确认把关。

（二）技术审核

专家除对初审和复审进行形式复核外，应重点从技术层面对以下内容进行评审：

1.评审质量控制技术规范和品质鉴定报告，确定产品品质特色是否突出或明显。

2.评审质量控制技术规范和品质鉴定报告，确定产品品质特色与产地环境、生产方式之间是否存在地域关联性，具体的影响因子是否对产品品质形成产生较大影响。

3.评审人文历史佐证材料，确定产品人文历史年限是否符合规定，证据或证明是否真实有效，产品在行业内或专业领域内是否具有一定的知名度。

4.评审《农产品地理标志登记审查准则》中特别规定的附加审查内容，确定产品名称与商标冲突性、申请产品与附属产品一体化申报、野生产品等相关内容是否符合规定。

5.评审确定申请产品是否具有登记保护价值和产业发展前景。

第七条 评审程序

(一)全体参会人员到主会场集中,秘书处主持会议,宣布会议开始;

(二)评审委员会主任委员或副主任委员对评审提出总体要求;

(三)秘书处介绍评审规则和程序,公布专家评审组成员构成,提名各行业组组长;

(四)各行业组到指定分会场进行评审;

(五)各行业组组长主持评审,具体介绍评审技术要点和相关评审要求,并指定各专业组组长;

(六)各专业组按照分工对申请材料分别进行预评,提出初评意见和需答辩的相关技术问题,由各专业组组长进行汇总,并召集组内专家会商,确认提问问题;

(七)预评结束后,各行业组进入互动式评审阶段,申请方代表逐一进场重点向行业组汇报申请产品品质特色、产地环境、生产方式、人文历史、产品知名度、产业发展前景等相关情况,汇报使用ppt,时间不超过10分钟;

(八)专业组应先向申请方代表进行现场提问,申请方代表进行答辩。行业组其他成员如有问题,也可向申请方代表进行现场提问。每个产品现场提问及答辩时间不超过10分钟;

(九)申请方代表答辩离场后,专业组应根据预评、汇报和答疑等情况提出初步评审意见(通过/暂缓/不通过),行业组对专业组提出的评审意见进行合议,并以举手表决的方式对专业组提出的初步评审意见进行表决,做出评审结论(通过/暂缓/不通过),半数以上为表决通过。暂缓和不通过的产品,行业组应提出暂缓或不通过的理由和具体处理意见。合议过程中,如需申请方再次进行答疑的,由秘书处负责安排;

(十)合议结束后,由秘书处分别召集各行业组参会人员,并代表各行业组宣读评审结论。

第八条 当因产品特色不显著、地域范围勘界不准确等较大缺陷暂缓或不通过的产品,必要时,秘书处可组织专家另行采取现场评审的方式,对相关情况进行现场确认,现场评审结果将作为该产品能否再提交下次评审会的重要依据。

第九条 评审结束前,行业组组长和专业组应在评审报告、评审表格上签署评审意见和结论,并将全部评审资料统一交回秘书处。

第十条 评审结束后,秘书处应按程序将本次评审产品的评审意见报评审委员会技术负责领导审核确认。

第十一条 本规范与《农产品地理标志登记审查准则》配套使用,相关审查要求参见审查准则。

第十二条 本规范由农业部农产品质量安全中心负责解释,自印发之日起施行。原《农产品地理标志专家评审规范》(农质安发[2008]7号)自行废止。

中华人民共和国农业部公告

第193号

(2002-11-19发布,2002-11-19实施)

食品动物禁用的兽药及其他化合物清单

序号	兽药及其他化合物名称	禁止用途	禁用动物
1	β-兴奋剂类:克罗特罗 Clenbuterol、沙丁胺醇 Salbutamol、西马特罗 Cimaterol 及其盐、酯及制剂	所有用途	所有食品动物
2	性激素类:己烯雌酚 Diethylstibestrol 及其盐、酯及制剂	所有用途	所有食品动物
3	具有雌激素样作用的物质:玉米赤霉醇 Zeranol、去甲雄三烯醇酮 Trenbolone、醋酸甲孕酮 Mengestrol acetate 及制剂	所有用途	所有食品动物
4	氯霉素 Chloramphenicol 及其盐、酯(包括:琥珀氯霉素 Chloramphenicol succinate)及制剂	所有用途	所有食品动物
5	氨苯砜 Dapsone 及制剂	所有用途	所有食品动物
6	硝基呋喃类:呋喃唑酮 Furazolidone、呋喃它酮 Furaltadone、呋喃苯烯酸钠 Nifurstyrenate sodium 及制剂	所有用途	所有食品动物
7	硝基化合物:硝基酚钠 Sodium nitrophenolate、硝呋烯腙 Nitrovin 及制剂	所有用途	所有食品动物
8	催眠、镇静类:安眠酮 Methaqualone 及制剂	所有用途	所有食品动物
9	林丹(丙体六六六)Lindane	杀虫剂	所有食品动物
10	毒杀芬(氯化烯)Camahechlor	杀虫剂、清塘剂	所有食品动物
11	呋喃丹(克百威)Carbofuran	杀虫剂	所有食品动物
12	杀虫脒(克死螨)Chlordimeform	杀虫剂	水生食品动物
13	双甲脒 Amitraz	杀虫剂	水生食品动物
14	酒石酸锑钾 Antimony potassium tartrate	杀虫剂	所有食品动物
15	锥虫胂胺 Tryparsamide	杀虫剂	所有食品动物
16	孔雀石绿 Malachite green	抗菌、杀虫剂	所有食品动物
17	五氯酚酸钠 Pentachlorophenol sodium	杀螺剂	所有食品动物
18	各种汞制剂包括:绿化亚汞(甘汞)Calomel、硝酸亚汞 Mercurous nitrate、醋酸汞 Mercurous acetate、吡啶基醋酸汞 Pyridyl mercurous acetate	杀虫剂	所有食品动物

续表

序号	兽药及其他化合物名称	禁止用途	禁用动物
19	性激素类:甲基睾丸酮 Methyltestosterone、丙酸睾酮 Testosterone propionate 苯丙酸诺龙 Nandrolone phenylpropionate、苯甲酸雌二醇 Estradiol benzoate 及其盐、酯及制剂	促生长	所有食品动物
20	催眠、镇静类:绿丙嗪 Chlorpromazine、地西泮(安定)Diazepam 及其盐、酯及制剂	促生长	所有食品动物
21	硝基咪唑类:甲硝唑 Metronidazole、地美硝唑 Dimetronidazole 及其盐、酯及制剂	促生长	所有食品动物

注:食品动物是指各种供人食用或其产品供人食用的动物。

中华人民共和国农业部公告
第235号

为加强兽药残留监控工作，保证动物性食品卫生安全，根据《兽药管理条例》规定，我部组织修订了《动物性食品中兽药最高残留限量》，现予发布，请各地遵照执行。自发布之日起，原发布的《动物性食品中兽药最高残留限量》(农牧发[1999]17号)同时废止。

附件：动物性食品中兽药最高残留限量注释

动物性食品中兽药最高残留限量由附录1、附录2、附录3、附录4组成。

1. 凡农业部批准使用的兽药，按质量标准、产品使用说明书规定用于食品动物，不需要制定最高残留限量的，见附录1。

2. 凡农业部批准使用的兽药，按质量标准、产品使用说明书规定用于食品动物，需要制定最高残留限量的，见附录2。

3. 凡农业部批准使用的兽药，按质量标准、产品使用说明书规定可以用于食品动物，但不得检出兽药残留的，见附录3。

4. 农业部明文规定禁止用于所有食品动物的兽药，见附录4。

二〇〇二年十二月二十四日

附录1 动物性食品允许使用，但不需要制定残留限量的药物

药物名称	动物种类	其他规定
Acetylsalicylic acid 乙酰水杨酸	牛、猪、鸡	产奶牛禁用 产蛋鸡禁用
Aluminium hydroxide 氢氧化铝	所有食品动物	
Amitraz 双甲脒	牛/羊/猪	仅指肌肉中不需要限量
Amprolium 氨丙啉	家禽	仅作口服用
Apramycin 安普霉素	猪、兔 山羊 鸡	仅作口服用 产奶羊禁用 产蛋鸡禁用
Atropine 阿托品	所有食品动物	
Azamethiphos 甲基吡啶磷	鱼	
Betaine 甜菜碱	所有食品动物	
Bismuth subcarbonate 碱式碳酸铋	所有食品动物	仅作口服用
Bismuth subnitrate 碱式硝酸铋	所有食品动物	仅作口服用
Bismuth subnitrate 碱式硝酸铋	牛	仅乳房内注射用
Boric acid and borates 硼酸及其盐	所有食品动物	
Caffeine 咖啡因	所有食品动物	
Calcium borogluconate 硼葡萄糖酸钙	所有食品动物	
Calcium carbonate 碳酸钙	所有食品动物	
Calcium chloride 氯化钙	所有食品动物	
Calcium gluconate 葡萄糖酸钙	所有食品动物	

续表

药物名称	动物种类	其他规定
Calcium phosphate 磷酸钙	所有食品动物	
Calcium sulphate 硫酸钙	所有食品动物	
Calcium pantothenate 泛酸钙	所有食品动物	
Camphor 樟脑	所有食品动物	仅作外用
Chlorhexidine 氯己定	所有食品动物	仅作外用
Choline 胆碱	所有食品动物	
Cloprostenol 氯前列醇	牛、猪、马	
Decoquinate 癸氧喹酯	牛、山羊	仅口服用，产奶动物禁用
Diclazuril 地克珠利	山羊	羔羊口服用
Epinephrine 肾上腺素	所有食品动物	
Ergometrine maleata 马来酸麦角新碱	所有哺乳类食品动物	仅用于临产动物
Ethanol 乙醇	所有食品动物	仅作赋型剂用
Ferrous sulphate 硫酸亚铁	所有食品动物	
Flumethrin 氟氯苯氰菊酯	蜜蜂	蜂蜜
Folic acid 叶酸	所有食品动物	
Follicle stimulating hormone (natural FSH from all species and their synthetic analogues) 促卵泡激素(各种动物天然 FSH 及其化学合成类似物)	所有食品动物	
Formaldehyde 甲醛	所有食品动物	

续表

药物名称	动物种类	其他规定
Glutaraldehyde 戊二醛	所有食品动物	
Gonadotrophin releasing hormone 垂体促性腺激素释放激素	所有食品动物	
Human chorion gonadotrophin 绒促性素	所有食品动物	
Hydrochloric acid 盐酸	所有食品动物	仅作赋型剂用
Hydrocortisone 氢化可的松	所有食品动物	仅作外用
Hydrogen peroxide 过氧化氢	所有食品动物	
Iodine and iodine inorganic compounds including: 碘和碘无机化合物包括: ——Sodium and potassium-iodide 碘化钠和钾 ——Sodium and potassium-iodate 碘酸钠和钾	所有食品动物 所有食品动物	
Iodophors including: 碘附包括: ——polyvinylpyrrolidone-iodine 聚乙烯吡咯烷酮碘	所有食品动物	
Iodine organic compounds: 碘有机化合物: ——Iodoform 碘仿	所有食品动物	
Iron dextran 右旋糖酐铁	所有食品动物	
Ketamine 氯胺酮	所有食品动物	
Lactic acid 乳酸	所有食品动物	
Lidocaine 利多卡因	马	仅作局部麻醉用
Luteinising hormone (natural LH from all species and their synthetic analogues) 促黄体激素(各种动物天然 FSH 及其化学合成类似物)	所有食品动物	

续表

药物名称	动物种类	其他规定
Magnesium chloride 氯化镁	所有食品动物	
Mannitol 甘露醇	所有食品动物	
Menadione 甲萘醌	所有食品动物	
Neostigmine 新斯的明	所有食品动物	
Oxytocin 缩宫素	所有食品动物	
Paracetamol 对乙酰氨基酚	猪	仅作口服用
Pepsin 胃蛋白酶	所有食品动物	
Phenol 苯酚	所有食品动物	
Piperazine 哌嗪	鸡	除蛋外所有组织
Polyethylene glycols (molecular weight ranging from 200 to 10 000) 聚乙二醇(相对分子质量范围 200～10 000)	所有食品动物	
Polysorbate 80 吐温-80	所有食品动物	
Praziquantel 吡喹酮	绵羊、马、山羊	仅用于非泌乳绵羊
Procaine 普鲁卡因	所有食品动物	
Pyrantel embonate 双羟萘酸噻嘧啶	马	
Salicylic acid 水杨酸	除鱼外所有食品动物	仅作外用
Sodium bromide 溴化钠	所有哺乳类食品动物	仅作外用
Sodium chloride 氯化钠	所有食品动物	
Sodium pyrosulphite 焦亚硫酸钠	所有食品动物	
Sodium salicylate 水杨酸钠	除鱼外所有食品动物	仅作外用

续表

药物名称	动物种类	其他规定
Sodium selenite 亚硒酸钠	所有食品动物	
Sodium stearate 硬脂酸钠	所有食品动物	
Sodium thiosulphate 硫代硫酸钠	所有食品动物	
Sorbitan trioleate 脱水山梨醇三油酸酯(司盘 85)	所有食品动物	
Strychnine 士的宁	牛	仅作口服用剂量最大 0.1 mg/kg 体重
Sulfogaiacol 愈创木酚磺酸钾	所有食品动物	
Sulphur 硫黄	牛,猪,山羊,绵羊,马	
Tetracaine 丁卡因	所有食品动物	仅作麻醉剂用
Thiomersal 硫柳汞	所有食品动物	多剂量疫苗中作防腐剂使用,浓度最大不得超过 0.02%
Thiopental sodium 硫喷妥钠	所有食品动物	仅作静脉注射用
Vitamin A 维生素 A	所有食品动物	
Vitamin B_1 维生素 B_1	所有食品动物	
Vitamin B_{12} 维生素 B_{12}	所有食品动物	
Vitamin B_2 维生素 B_2	所有食品动物	
Vitamin B_6 维生素 B_6	所有食品动物	
Vitamin D 维生素 D	所有食品动物	
Vitamin E 维生素 E	所有食品动物	
Xylazine hydrochloride 盐酸塞拉嗪	牛、马	产奶动物禁用
Zinc oxide 氧化锌	所有食品动物	
Zinc sulphate 硫酸锌	所有食品动物	

附录2　已批准的动物性食品中最高残留限量规定

μg/kg

药物名	标志残留物	动物种类	靶组织	残留限量
阿灭丁(阿维菌素) Abamectin ADI:0～2	Avermectin B_{1a}	牛(泌乳期禁用) 羊(泌乳期禁用)	脂肪 肝 肾 肌肉 脂肪 肝 肾	100 100 50 25 50 25 20
乙酰异戊酰泰乐菌素 Acetylisovaleryltylosin ADI:0～1.02	总Acetylisovaleryltylosin和3-O-乙酰泰乐菌素	猪	肌肉 皮＋脂肪 肝 肾	50 50 50 50
阿苯达唑 Albendazole ADI: 0～50	Albendazole＋$ABZSO_2$＋ABZSO＋$ABZNH_2$	牛/羊	肌肉 脂肪 肝 肾 奶	100 100 5 000 5 000 100
双甲脒 Amitraz ADI:0～3	Amitraz ＋2,4-DMA的总量	牛 羊 猪 禽 蜜蜂	脂肪 肝 肾 奶 脂肪 肝 肾 奶 皮＋脂 肝 肾 肌肉 脂肪 副产品 蜂蜜	200 200 200 10 400 100 200 10 400 200 200 10 10 50 200

续表

药物名	标志残留物	动物种类	靶组织	残留限量
阿莫西林 Amoxicillin	Amoxicillin	所有食品动物	肌肉	50
			脂肪	50
			肝	50
			肾	50
			奶	10
氨苄西林 Ampicillin	Ampicillin	所有食品动物	肌肉	50
			脂肪	50
			肝	50
			肾	50
			奶	10
氨丙啉 Amprolium ADI:0～100	Amprolium	牛	肌肉	500
			脂肪	2 000
			肝	500
			肾	500
安普霉素 Apramycin ADI：0～40	Apramycin	猪	肾	100
阿散酸/洛克沙胂 Arsanilic acid/Roxarsone	总砷计 Arsenic	猪	肌肉	500
			肝	2 000
			肾	2 000
			副产品	500
		鸡/火鸡	肌肉	500
			副产品	500
			蛋	500
氮哌酮 Azaperone ADI:0～0.8	Azaperone ＋ Azaperol	猪	肌肉	60
			皮＋脂肪	60
			肝	100
			肾	100
杆菌肽 Bacitracin ADI:0～3.9	Bacitracin	牛/猪/禽	可食组织	500
		牛(乳房注射)	奶	500
		禽	蛋	500
苄基青霉素/普鲁卡因青霉素 Benzylpenicillin/Procaine benzylpenicillin ADI:0～30 μg/(人·d)	Benzylpenicillin	所有食品动物	肌肉	50
			脂肪	50
			肝	50
			肾	50
			奶	4

续表

药物名	标志残留物	动物种类	靶组织	残留限量
倍他米松 Betamethasone ADI:0～0.015	Betamethasone	牛/猪	肌肉	0.75
			肝	2.0
			肾	0.75
		牛	奶	0.3
头孢氨苄 Cefalexin ADI:0～54.4	Cefalexin	牛	肌肉	200
			脂肪	200
			肝	200
			肾	1 000
			奶	100
头孢喹肟 Cefquinome ADI:0～3.8	Cefquinome	牛	肌肉	50
			脂肪	50
			肝	100
			肾	200
			奶	20
		猪	肌肉	50
			皮+脂	50
			肝	100
			肾	200
头孢噻呋 Ceftiofur ADI:0～50	Desfuroylceftiofur	牛/猪	肌肉	1 000
			脂肪	2 000
			肝	2 000
			肾	6 000
		牛	奶	100
克拉维酸 Clavulanic acid ADI:0～16	Clavulanic acid	牛/羊	奶	200
		牛/羊/猪	肌肉	100
			脂肪	100
			肝	200
			肾	400
氯羟吡啶 Clopidol	Clopidol	牛/羊	肌肉	200
			肝	1 500
			肾	3 000
			奶	20
		猪	可食组织	200
		鸡/火鸡	肌肉	5 000
			肝	15 000
			肾	15 000

续表

药物名	标志残留物	动物种类	靶组织	残留限量
氯氰碘柳胺	Closantel	牛	肌肉	1 000
Closantel			脂肪	3 000
			肝	1 000
ADI:0～30			肾	3 000
		羊	肌肉	1 500
			脂肪	2 000
			肝	1 500
			肾	5 000
氯唑西林	Cloxacillin	所有食品动物	肌肉	300
Cloxacillin			脂肪	300
			肝	300
			肾	300
			奶	30
粘菌素	Colistin	牛/羊	奶	50
Colistin				
		牛/羊/猪/鸡/兔	肌肉	150
ADI:0～5			脂肪	150
			肝	150
			肾	200
		鸡	蛋	300
蝇毒磷		蜜蜂	蜂蜜	100
Coumaphos	Coumaphos 和氧化物			
ADI：0～0.25				
环丙氨嗪	Cyromazine	羊	肌肉	300
Cyromazine			脂肪	300
			肝	300
ADI:0～20			肾	300
		禽	肌肉	50
			脂肪	50
			副产品	50

续表

药物名	标志残留物	动物种类	靶组织	残留限量
达氟沙星 Danofloxacin ADI:0～20	Danofloxacin	牛/绵羊/山羊	肌肉	200
			脂肪	100
			肝	400
			肾	400
			奶	30
		家禽	肌肉	200
			皮+脂	100
			肝	400
			肾	400
		其他动物	肌肉	100
			脂肪	50
			肝	200
			肾	200
癸氧喹酯 Decoquinate ADI:0～75	Decoquinate	鸡	皮+肉	1 000
			可食组织	2 000
溴氰菊酯 Deltamethrin ADI:0～10	Deltamethrin	牛/羊	肌肉	30
			脂肪	500
			肝	50
			肾	50
		牛	奶	30
		鸡	肌肉	30
			皮+脂	500
			肝	50
			肾	50
			蛋	30
		鱼	肌肉	30
越霉素 A Destomycin A	Destomycin A	猪/鸡	可食组织	2 000
地塞米松 Dexamethasone ADI:0～0.015	Dexamethasone	牛/猪/马	肌肉	0.75
			肝	2
			肾	0.75
		牛	奶	0.3

续表

药物名	标志残留物	动物种类	靶组织	残留限量
二嗪农 Diazinon ADI:0～2	Diazinon	牛/羊	奶	20
		牛/猪/羊	肌肉	20
			脂肪	700
			肝	20
			肾	20
敌敌畏 Dichlorvos ADI:0～4	Dichlorvos	牛/羊/马	肌肉	20
			脂肪	20
			副产品	20
		猪	肌肉	100
			脂肪	100
			副产品	200
		鸡	肌肉	50
			脂肪	50
			副产品	50
地克珠利 Diclazuril ADI:0～30	Diclazuril	绵羊/禽/兔	肌肉	500
			脂肪	1 000
			肝	3 000
			肾	2 000
二氟沙星 Difloxacin ADI:0～10	Difloxacin	牛/羊	肌肉	400
			脂	100
			肝	1 400
			肾	800
		猪	肌肉	400
			皮+脂	100
			肝	800
			肾	800
		家禽	肌肉	300
			皮+脂	400
			肝	1 900
			肾	600
		其他	肌肉	300
			脂肪	100
			肝	800
			肾	600

续表

药物名	标志残留物	动物种类	靶组织	残留限量
三氮脒 Diminazine ADI:0～100	Diminazine	牛	肌肉 肝 肾 奶	500 12 000 6 000 150
多拉菌素 Doramectin ADI：0～0.5	Doramectin	牛(泌乳牛禁用)	肌肉 脂肪 肝 肾	10 150 100 30
		猪/羊/鹿	肌肉 脂肪 肝 肾	20 100 50 30
多西环素 Doxycycline ADI：0～3	Doxycycline	牛(泌乳牛禁用)	肌肉 肝 肾	100 300 600
		猪	肌肉 皮＋脂 肝 肾	100 300 300 600
		禽(产蛋鸡禁用)	肌肉 皮＋脂 肝 肾	100 300 300 600
恩诺沙星 Enrofloxacin ADI:0～2	Enrofloxacin ＋ Ciprofloxacin	牛/羊	肌肉 脂肪 肝 肾	100 100 300 200
		牛/羊	奶	100
		猪/兔	肌肉 脂肪 肝 肾	100 100 200 300
		禽(产蛋鸡禁用)	肌肉 皮＋脂 肝 肾	100 100 200 300
		其他动物	肌肉 脂肪 肝 肾	100 100 200 200

续表

药物名	标志残留物	动物种类	靶组织	残留限量
红霉素 Erythromycin ADI:0～5	Erythromycin	所有食品动物	肌肉 脂肪 肝 肾 奶 蛋	200 200 200 200 40 150
乙氧酰胺苯甲酯 Ethopabate	Ethopabate	禽	肌肉 肝 肾	500 1 500 1 500
苯硫氨酯 Fenbantel 芬苯达唑 Fenbendazole 奥芬达唑 Oxfendazole ADI:0～7	可提取的 Oxfendazole sulphone	牛/马/猪/羊 牛/羊	肌肉 脂肪 肝 肾 奶	100 100 500 100 100
倍硫磷 Fenthion	Fenthion & metabolites	牛/猪/禽	肌肉 脂肪 副产品	100 100 100
氰戊菊酯 Fenvalerate ADI:0～20	Fenvalerate	牛/羊/猪 牛	肌肉 脂肪 副产品 奶	1 000 1 000 20 100
氟苯尼考 Florfenicol ADI:0～3	Florfenicol-amine	牛/羊(泌乳期禁用) 猪 家禽(产蛋禁用) 鱼 其他动物	肌肉 肝 肾 肌肉 皮+脂 肝 肾 肌肉 皮+脂 肝 肾 肌肉+皮 肌肉 脂肪 肝 肾	200 3 000 300 300 500 2 000 500 100 200 2 500 750 1 000 100 200 2 000 300

续表

药物名	标志残留物	动物种类	靶组织	残留限量
氟苯咪唑 Flubendazole ADI:0～12	Flubendazole ＋2-amino 1H-benzimidazol-5-yl-(4-fluorophenyl)methanone	猪	肌肉	10
			肝	10
		禽	肌肉	200
			肝	500
			蛋	400
醋酸氟孕酮 Flugestone Acetate ADI:0～0.03	Flugestone Acetate	羊	奶	1
氟甲喹 Flumequine ADI:0～30	Flumequine	牛/羊/猪	肌肉	500
			脂肪	1 000
			肝	500
			肾	3 000
			奶	50
		鱼	肌肉＋皮	500
		鸡	肌肉	500
			皮＋脂	1 000
			肝	500
			肾	3 000
氟氯苯氰菊酯 Flumethrin ADI: 0～1.8	Flumethrin(sum of trans-Z-isomers)	牛	肌肉	10
			脂肪	150
			肝	20
			肾	10
			奶	30
		羊(产奶期禁用)	肌肉	10
			脂肪	150
			肝	20
			肾	10
氟胺氰菊酯 Fluvalinate	Fluvalinate	所有动物	肌肉	10
			脂肪	10
			副产品	10
		蜜蜂	蜂蜜	50

续表

药物名	标志残留物	动物种类	靶组织	残留限量
庆大霉素 Gentamycin ADI:0～20	Gentamycin	牛/猪	肌肉 脂肪 肝 肾	100 100 2 000 5 000
		牛	奶	200
		鸡/火鸡	可食组织	100
氢溴酸常山酮 Halofuginone hydrobromide ADI:0～0.3	Halofuginone	牛	肌肉 脂肪 肝 肾	10 25 30 30
		鸡/火鸡	肌肉 皮+脂 肝	100 200 130
氮氨菲啶 Isometamidium ADI:0～100	Isometamidium	牛	肌肉 脂肪 肝 肾 奶	100 100 500 1 000 100
伊维菌素 Ivermectin ADI:0～1	22,23-Dihydro-avermectin B1a	牛	肌肉 脂肪 肝 奶	10 40 100 10
		猪/羊	肌肉 脂肪 肝	20 20 15
吉他霉素 Kitasamycin	Kitasamycin	猪/禽	肌肉 肝 肾	200 200 200
拉沙洛菌素 Lasalocid	Lasalocid	牛	肝	700
		鸡	皮+脂 肝	1 200 400
		火鸡	皮+脂 肝	400 400
		羊	肝	1 000
		兔	肝	700

续表

药物名	标志残留物	动物种类	靶组织	残留限量
左旋咪唑 Levamisole ADI:0～6	Levamisole	牛/羊/猪/禽	肌肉 脂肪 肝 肾	10 10 100 10
林可霉素 Lincomycin ADI:0～30	Lincomycin	牛/羊/猪/禽	肌肉 脂肪 肝 肾	100 100 500 1 500
		牛/羊	奶	150
		鸡	蛋	50
马杜霉素 Maduramicin	Maduramicin	鸡	肌肉 脂肪 皮 肝	240 480 480 720
马拉硫磷 Malathion	Malathion	牛/羊/猪/禽/马	肌肉 脂肪 副产品	4 000 4 000 4 000
甲苯咪唑 Mebendazole ADI:0～12.5	Mebendazole 等效物	羊/马(产奶期禁用)	肌肉 脂肪 肝 肾	60 60 400 60
安乃近 Metamizole ADI:0～10	4-氨甲基-安替比林	牛/猪/马	肌肉 脂肪 肝 肾	200 200 200 200
莫能菌素 Monensin	Monensin	牛/羊	可食组织	50
		鸡/火鸡	肌肉 皮+脂 肝	1 500 3 000 4 500
甲基盐霉素 Narasin	Narasin	鸡	肌肉 皮+脂 肝	600 1 200 1 800
新霉素 Neomycin ADI:0～60	Neomycin B	牛/羊/猪/鸡/火鸡/鸭	肌肉 脂肪 肝 肾	500 500 500 10 000
		牛/羊	奶	500
		鸡	蛋	500

续表

药物名	标志残留物	动物种类	靶组织	残留限量
尼卡巴嗪 Nicarbazin ADI：0～400	N，N′-bis-(4-nitrophenyl) urea	鸡	肌肉 皮/脂 肝 肾	200 200 200 200
硝碘酚腈 Nitroxinil ADI：0～5	Nitroxinil	牛/羊	肌肉 脂肪 肝 肾	400 200 20 400
喹乙醇 Olaquindox	3-甲基喹啉-2-羧酸（MQCA）	猪	肌肉 肝	4 50
苯唑西林 Oxacillin	Oxacillin	所有食品动物	肌肉 脂肪 肝 肾 奶	300 300 300 300 30
丙氧苯咪唑 Oxibendazole ADI：0～60	Oxibendazole	猪	肌肉 皮＋脂 肝 肾	100 500 200 100
噁喹酸 Oxolinic acid ADI：0～2.5	Oxolinic acid	牛/猪/鸡	肌肉 脂肪 肝 肾	100 50 150 150
		鸡	蛋	50
		鱼	肌肉＋皮	300
土霉素/金霉素/四环素 Oxytetracycline/Chlortetracycline/Tetracycline ADI：0～30	Parent drug，单个或复合物	所有食品动物	肌肉 肝 肾	100 300 600
		牛/羊	奶	100
		禽	蛋	200
		鱼/虾	肉	100
辛硫磷 Phoxim ADI：0～4	Phoxim	牛/猪/羊	肌肉 脂肪 肝 肾	50 400 50 50
		牛	奶	10

续表

药物名	标志残留物	动物种类	靶组织	残留限量
哌嗪 Piperazine ADI:0～250	Piperazine	猪	肌肉 皮+脂 肝 肾	400 800 2 000 1 000
		鸡	蛋	2 000
巴胺磷 Propetamphos ADI:0～0.5	Propetamphos	羊	脂肪 肾	90 90
碘醚柳胺 Rafoxanide ADI:0～2	Rafoxanide	牛	肌肉 脂肪 肝 肾	30 30 10 40
		羊	肌肉 脂肪 肝 肾	100 250 150 150
氯苯胍 Robenidine	Robenidine	鸡	脂肪 皮 可食组织	200 200 100
盐霉素 Salinomycin	Salinomycin	鸡	肌肉 皮/脂 肝	600 1 200 1 800
沙拉沙星 Sarafloxacin ADI:0～0.3	Sarafloxacin	鸡/火鸡	肌肉 脂肪 肝 肾	10 20 80 80
		鱼	肌肉+皮	30
赛杜霉素 Semduramicin ADI:0～180	Semduramicin	鸡	肌肉 肝	130 400
大观霉素 Spectinomycin ADI:0～40	Spectinomycin	牛/羊/猪/鸡	肌肉 脂肪 肝 肾	500 2 000 2 000 5 000
		牛	奶	200
		鸡	蛋	2 000

续表

药物名	标志残留物	动物种类	靶组织	残留限量
链霉素/双氢链霉素 Streptomycin/ Dihydrostreptomycin ADI:0～50	Sum of Streptomycin + Dihydrostreptomycin	牛	奶	200
		牛/绵羊/猪/鸡	肌肉	600
			脂肪	600
			肝	600
			肾	1 000
磺胺类 Sulfonamides	Parent drug(总量)	所有食品动物	肌肉	100
			脂肪	100
			肝	100
			肾	100
		牛/羊	奶	100
磺胺二甲嘧啶 Sulfadimidine ADI:0～50	Sulfadimidine	牛	奶	25
噻苯咪唑 Thiabendazole ADI:0～100	噻苯咪唑和5-羟基噻苯咪唑	牛/猪/绵羊/山羊	肌肉	100
			脂肪	100
			肝	100
			肾	100
		牛/山羊	奶	100
甲砜霉素 Thiamphenicol ADI:0～5	Thiamphenicol	牛/羊	肌肉	50
			脂肪	50
			肝	50
			肾	50
		牛	奶	50
		猪	肌肉	50
			脂肪	50
			肝	50
			肾	50
		鸡	肌肉	50
			皮+脂	50
			肝	50
			肾	50
		鱼	肌肉+皮	50

续表

药物名	标志残留物	动物种类	靶组织	残留限量
泰妙菌素 Tiamulin ADI:0～30	Tiamulin ＋ 8-α-Hydroxymutilin(总量)	猪/兔	肌肉	100
			肝	500
		鸡	肌肉	100
			皮＋脂	100
			肝	1 000
			蛋	1 000
		火鸡	肌肉	100
			皮＋脂	100
			肝	300
替米考星 Tilmicosin ADI:0～40	Tilmicosin	牛/绵羊	肌肉	100
			脂肪	100
			肝	1 000
			肾	300
		绵羊	奶	50
		猪	肌肉	100
			脂肪	100
			肝	1 500
			肾	1 000
		鸡	肌肉	75
			皮＋脂	75
			肝	1 000
			肾	250
甲基三嗪酮(托曲珠利) Toltrazuril ADI:0～2	Toltrazuril Sulfone	鸡/火鸡	肌肉	100
			皮＋脂	200
			肝	600
			肾	400
		猪	肌肉	100
			皮＋脂	150
			肝	500
			肾	250
敌百虫 Trichlorfon ADI:0～20	Trichlorfon	牛	肌肉	50
			脂肪	50
			肝	50
			肾	50
			奶	50

续表

药物名	标志残留物	动物种类	靶组织	残留限量
三氯苯唑 Triclabendazole ADI:0～3	Ketotriclabendazole	牛	肌肉	200
			脂肪	100
			肝	300
			肾	300
		羊	肌肉	100
			脂肪	100
			肝	100
			肾	100
甲氧苄啶 Trimethoprim ADI:0～4.2	Trimethoprim	牛	肌肉	50
			脂肪	50
			肝	50
			肾	50
			奶	50
		猪/禽	肌肉	50
			皮+脂	50
			肝	50
			肾	50
		马	肌肉	100
			脂肪	100
			肝	100
			肾	100
		鱼	肌肉+皮	50
泰乐菌素 Tylosin ADI:0～6	Tylosin A	鸡/火鸡/猪/牛	肌肉	200
			脂肪	200
			肝	200
			肾	200
		牛	奶	50
		鸡	蛋	200

续表

药物名	标志残留物	动物种类	靶组织	残留限量
维吉尼霉素 Virginiamycin ADI:0～250	Virginiamycin	猪	肌肉 脂肪 肝 肾 皮	100 400 300 400 400
		禽	肌肉 脂肪 肝 肾 皮	100 200 300 500 200
二硝托胺 Zoalene	Zoalene +Metabolite (总量)	鸡	肌肉 脂肪 肝 肾	3 000 2 000 6 000 6 000
		火鸡	肌肉 肝	3 000 3 000

附录 3　允许作治疗用,但不得在动物性食品中检出的药物

药物名称	标志残留物	动物种类	靶组织
氯丙嗪 Chlorpromazine	Chlorpromazine	所有食品动物	所有可食组织
地西泮(安定) Diazepam	Diazepam	所有食品动物	所有可食组织
地美硝唑 Dimetridazole	Dimetridazole	所有食品动物	所有可食组织
苯甲酸雌二醇 Estradiol benzoate	Estradiol	所有食品动物	所有可食组织
潮霉素 B Hygromycin B	Hygromycin B	猪/鸡	可食组织 蛋
甲硝唑 Metronidazole	Metronidazole	所有食品动物	所有可食组织
苯丙酸诺龙 Nadrolone phenylpropionate	Nadrolone	所有食品动物	所有可食组织
丙酸睾酮 Testosterone propinate	Testosterone	所有食品动物	所有可食组织
塞拉嗪 Xylzaine	Xylazine	产奶动物	奶

附录4 禁止使用的药物,在动物性食品中不得检出

药物名称	禁用动物种类	靶组织
氯霉素 Chloramphenicol 及其盐、酯 (包括琥珀氯霉素 Chloramphenico succinate)	所有食品动物	所有可食组织
克伦特罗 Clenbuterol 及其盐、酯	所有食品动物	所有可食组织
沙丁胺醇 Salbutamol 及其盐、酯	所有食品动物	所有可食组织
西马特罗 Cimaterol 及其盐、酯	所有食品动物	所有可食组织
氨苯砜 Dapsone	所有食品动物	所有可食组织
己烯雌酚 Diethylstilbestrol 及其盐、酯	所有食品动物	所有可食组织
呋喃它酮 Furaltadone	所有食品动物	所有可食组织
呋喃唑酮 Furazolidone	所有食品动物	所有可食组织
林丹 Lindane	所有食品动物	所有可食组织
呋喃苯烯酸钠 Nifurstyrenate sodium	所有食品动物	所有可食组织
安眠酮 Methaqualone	所有食品动物	所有可食组织
洛硝达唑 Ronidazole	所有食品动物	所有可食组织
玉米赤霉醇 Zeranol	所有食品动物	所有可食组织
去甲雄三烯醇酮 Trenbolone	所有食品动物	所有可食组织
醋酸甲孕酮 Mengestrol Acetate	所有食品动物	所有可食组织
硝基酚钠 Sodium nitrophenolate	所有食品动物	所有可食组织
硝呋烯腙 Nitrovin	所有食品动物	所有可食组织

续表

药物名称	禁用动物种类	靶组织
毒杀芬(氯化烯) Camahechlor	所有食品动物	所有可食组织
呋喃丹(克百威) Carbofuran	所有食品动物	所有可食组织
杀虫脒(克死螨) Chlordimeform	所有食品动物	所有可食组织
双甲脒 Amitraz	水生食品动物	所有可食组织
酒石酸锑钾 Antimony potassium tartrate	所有食品动物	所有可食组织
锥虫砷胺 Tryparsamile	所有食品动物	所有可食组织
孔雀石绿 Malachite green	所有食品动物	所有可食组织
五氯酚酸钠 Pentachlorophenol sodium	所有食品动物	所有可食组织
氯化亚汞(甘汞) Calomel	所有食品动物	所有可食组织
硝酸亚汞 Mercurous nitrate	所有食品动物	所有可食组织
醋酸汞 Mercurous acetate	所有食品动物	所有可食组织
吡啶基醋酸汞 Pyridyl mercurous acetate	所有食品动物	所有可食组织
甲基睾丸酮 Methyltestosterone	所有食品动物	所有可食组织
群勃龙 Trenbolone	所有食品动物	所有可食组织

名词定义：

1. 兽药残留(Residues of Veterinary Drugs)：指食品动物用药后，动物产品的任何食用部分中与所有药物有关的物质的残留，包括原型药物或/和其代谢产物。

2. 总残留(Total Residue)：指对食品动物用药后，动物产品的任何食用部分中药物原型或/和其所有代谢产物的总和。

3. 日允许摄入量(ADI：Acceptable Daily Intake)：是指人一生中每日从食物或饮水中摄取某种物质而对健康没有明显危害的量，以人体重为基础计算，单位：μg/(kg 体重・d)。

4. 最高残留限量(MRL:Maximum Residue Limit):对食品动物用药后产生的允许存在于食物表面或内部的该兽药残留的最高量/浓度(以鲜重计,表示为μg/kg)。

5. 食品动物(Food-Producing Animal):指各种供人食用或其产品供人食用的动物。

6. 鱼(Fish):指众所周知的任一种水生冷血动物。包括鱼纲(Pisces),软骨鱼(Elasmobranchs)和圆口鱼(Cyclostomes),不包括水生哺乳动物,无脊椎动物和两栖动物。但应注意,此定义可适用于某些无脊椎动物,特别是头足动物(Cephalopods)。

7. 家禽(Poultry):指包括鸡、火鸡、鸭、鹅、珍珠鸡和鸽在内的家养的禽。

8. 动物性食品(Animal Derived Food):全部可食用的动物组织以及蛋和奶。

9. 可食组织(Edible Tissues):全部可食用的动物组织,包括肌肉和脏器。

10. 皮+脂(Skin with Fat):是指带脂肪的可食皮肤。

11. 皮+肉(Muscle with Skin):一般是特指鱼的带皮肌肉组织。

12. 副产品(Byproducts):除肌肉、脂肪以外的所有可食组织,包括肝、肾等。

13. 肌肉(Muscle):仅指肌肉组织。

14. 蛋(Egg):指家养母鸡的带壳蛋。

15. 奶(Milk):指由正常乳房分泌而得,经一次或多次挤奶,既无加入也未经提取的奶。此术语也可用于处理过但未改变其组分的奶,或根据国家立法已将脂肪含量标准化处理过的奶。

中华人民共和国农业部公告
第 1058 号

根据《中华人民共和国畜牧法》、《畜禽遗传资源保种场保护区和基因库管理办法》、《国家级畜禽遗传资源保护名录》等有关规定，经书面材料审查和现场审验合格，现确定第一批国家级畜禽遗传资源基因库 6 个，保护区 16 个，保种场 97 个（名单见附件）。

特此公告。

附件：

1.第一批国家级畜禽遗传资源基因库名单（6 个）

2.第一批国家级畜禽遗传资源保护区名单（16 个）

3.第一批国家级畜禽遗传资源保种场名单（97 个）

二 OO 八年七月七日

附件1　第一批国家级畜禽遗传资源基因库名单(6个,其中"蜂"1个)

编号	基因库名单	建设单位
A1101	国家级家畜基因库	全国畜牧总站畜禽牧草种质资源保存利用中心
A2202	**国家级蜜蜂基因库(吉林)**	**吉林省养蜂科学研究所**
A3203	国家级地方鸡种基因库(江苏)	江苏省家禽科学研究所
A3204	国家级水禽基因库(江苏)	江苏畜牧兽医职业技术学院
A3305	国家级地方鸡种基因库(浙江)	浙江光大种禽业有限公司
A3506	国家级水禽基因库(福建)	福建省石狮市水禽保种中心

附件2　第一批国家级畜禽遗传资源保护区名单(16个,其中"蜂"1个)

编号	保护区名单	建设单位	保护区范围
B1405001	国家级广灵驴保护区	山西省广灵县畜牧局	山西省广灵县境内,东至蕉山乡东蕉山村、西至南村镇赵家坪村、南至宜兴乡三间房村、北至斗泉乡后山窑村,涉及8个乡镇
B1506001	国家级阿拉善双峰驼保护区	内蒙古阿拉善左旗家畜改良站	内蒙古阿拉善左旗境内,包括北部戈壁保护区(即乌力吉、银根苏木,图克木苏木的锡尼乌素嘎查,诺尔公苏木的伊和布拉格、哈日木格台嘎查,巴彦洪格尔苏木的巴音温都尔嘎查)、乌兰布和沙漠保护区(即敖龙布鲁格镇的和平嘎查、查干德日斯嘎查,巴音木仁苏木的好来宝嘎查,巴彦洪格尔苏木的呼和温都尔、查干温都尔格嘎查,乌素图镇的哈夏图地区,吉兰太镇的召素陶勒盖、哈图胡都格嘎查和巴特尔布拉格嘎查的巴特尔布拉格、达力克、哈腾乌素地区)和腾格里沙漠保护区(即腾格里、查干布拉格、哈什哈、超格格图呼热苏木,锡林高勒镇的锡尼胡都格、沙日布日都嘎查,豪斯布尔都苏木的沙日布拉格、好腾淖尔嘎查,嘉尔嘎拉赛汉镇的乌兰胡都格嘎查,通古淖尔苏木的英格图、特莫图、通古淖尔嘎查)
B1503001	国家级内蒙古绒山羊(阿拉善型)保护区	内蒙古阿拉善左旗家畜改良站	内蒙古阿拉善左旗北部敖仑布鲁格镇、吉兰泰镇和巴音诺尔公苏木
B1504001	国家级蒙古马保护区	内蒙古锡林郭勒盟畜牧工作站	内蒙古锡林郭勒盟西乌珠穆沁旗巴彦胡舒苏木和白音花镇
B2317001	**国家级东北黑蜂保护区**	**黑龙江饶河东北黑蜂国家级自然保护区管理局**	**黑龙江省饶河县**

续表

编号	保护区名单	建设单位	保护区范围
B3203002	国家级湖羊保护区	江苏省苏州市吴中区东山镇动物防疫站	江苏省苏州市吴中区东山镇
B3504002	国家级晋江马保护区	福建省晋江市畜牧兽医站	福建省晋江市龙湖、深沪、金井、英林和东石乡(镇)
B3702001	国家级渤海黑牛保护区	山东省无棣县畜牧局	山东省无棣县竭石山镇、车镇乡和柳堡乡
B3705002	国家级德州驴保护区	山东省无棣县畜牧局	山东省无棣县竭石山镇、马山子镇和埕口镇
B4301001	国家级宁乡猪保护区	湖南省宁乡县畜牧水产局	湖南省宁乡县流沙河镇
B4504003	国家级百色马保护区	广西德保县畜牧技术推广站	广西德保县巴头、马隘、那甲乡、城乡和燕峒乡(镇)
B5001002	国家级荣昌猪保护区	重庆市荣昌县畜禽品种改良站	重庆市荣昌县双河镇和昌元镇
B5301003	国家级藏猪保护区	云南省迪庆州畜牧兽医站	云南省迪庆州香格里拉建塘镇
B6202002	国家级天祝白牦牛保护区	甘肃省天祝白牦牛育种实验场	甘肃省天祝县松山、西大滩、华藏寺、石门、抓喜秀龙和打柴沟乡(镇)
B6503003	国家级和田羊保护区	新疆和田地区畜牧技术推广站	新疆和田地区策勒县恰恰乡、于田县奥依托格拉克乡和洛浦县杭桂乡
B6505003	国家级新疆驴保护区	新疆和田地区策勒县动物防疫监督站	新疆策勒县策勒乡和固拉哈玛乡

附件3　第一批国家级畜禽遗传资源保种场名单(97个,其中“蜂”3个)

编号	保种场名单	建设单位
C1109001	国家级北京油鸡保种场	中国农业科学院北京畜牧兽医研究所
C1110001	国家级北京鸭保种场	中国农业科学院北京畜牧兽医研究所
C1110002	国家级北京鸭保种场	北京金星鸭业中心
C1101001	国家级五指山猪保种场	中国农业科学院北京畜牧兽医研究所
C1401002	国家级黄淮海黑猪(马身猪)保种场	山西省大同市种猪场
C1405001	国家级广灵驴保种场	山西省广灵县优种驴场
C1506001	国家级阿拉善双峰驼保种场	内蒙古阿拉善双峰驼种驼场
C1503001	国家级内蒙古绒山羊(二狼山型)保种场	内蒙古巴盟同和太种畜场
C1503002	国家级内蒙古绒山羊(阿尔巴斯型)保种场	内蒙古白绒山羊种羊场

续表

编号	保种场名单	建设单位
C1503003	国家级内蒙古绒山羊(阿拉善型)保种场	内蒙古阿拉善白绒山羊种羊场
C2111001	国家级豁眼鹅保种场	辽宁省豁眼鹅原种场
C2101003	国家级民猪(荷包猪)保种场	辽宁省荷包猪原种场
C2103004	国家级辽宁绒山羊保种场	辽宁省辽宁绒山羊育种中心
C2117001	**国家级中蜂保种场**	**辽宁省蜜蜂原种场**
C9109002	国家级大骨鸡保种场	大连庄河市大骨鸡繁育中心
C9102001	国家级复州牛保种场	大连瓦房店市种牛场
C2202002	国家级延边牛保种场	吉林省延边州种牛场
C2301004	国家级民猪保种场	黑龙江省兰西县种猪场
C2317002	**国家级东北黑蜂保种场**	**黑龙江省饶河县东北黑蜂原种场**
C3109003	国家级浦东鸡保种场	上海市南汇区浦东鸡良种场
C3101005	国家级太湖猪(梅山猪)保种场	上海市嘉定区梅山猪育种中心
C3101006	国家级浦东白猪保种场	上海市南汇区种畜场
C3209004	国家级狼山鸡保种场	江苏省如东县狼山鸡种鸡场
C3209005	国家级溧阳鸡保种场	江苏省溧阳市种畜场
C3210003	国家级高邮鸭保种场	江苏省高邮市高邮鸭良种繁育中心
C3201007	国家级太湖猪(梅山猪)保种场	江苏农林职业技术学院
C3201008	国家级太湖猪(二花脸)保种场	江苏省常熟市畜禽良种有限责任公司
C3201009	国家级太湖猪(二花脸,梅山猪)保种场	江苏省苏州苏太企业有限公司
C3201010	国家级姜曲海猪保种场	江苏姜曲海种猪场
C3201011	国家级黄淮海黑猪(淮猪)保种场	国营江苏省东海种猪场
C3202003	国家级海子水牛保种场	江苏省射阳县种牛场
C3203005	国家级长江三角洲白山羊(笔料毛型)保种场	江苏省国营海门市种羊场
C3310004	国家级绍兴鸭保种场	浙江省绍兴市绍鸭原种场
C3301012	国家级金华猪保种场	浙江加华种猪有限公司
C3303006	国家级湖羊保种场	浙江华丽牧业有限公司
C3411002	国家级皖西白鹅保种场	安徽省皖西白鹅原种场
C3401013	国家级黄淮海黑猪(淮猪)保种场	安徽省定远县种畜场
C3509006	国家级河田鸡保种场	福建省长汀县河田鸡保种场
C3510005	国家级连城白鸭保种场	福建省连城白鸭原种场
C3501014	国家级莆田黑猪保种场	福建省莆田市乡里香黑猪开发有限公司

续表

编号	保种场名单	建设单位
C3501015	国家级槐猪保种场	福建省上杭县绿琦槐猪育种场
C3504001	国家级晋江马保种场	福建省晋江市峻富生态林牧有限公司
C3507001	国家级福建黄兔保种场	福建省连江玉华山自然生态农业试验场
C3609007	国家级丝羽乌骨鸡保种场	江西省泰和县泰和鸡原种场
C3609008	国家级白耳黄鸡保种场	江西省广丰县白耳黄鸡原种场
C3611003	国家级兴国灰鹅保种场	江西省兴国灰鹅原种场
C3601016	国家级玉江猪(玉山黑猪)保种场	江西省玉山黑猪原种场
C3709009	国家级鲁西斗鸡保种场	山东省中国斗鸡原种场
C3701017	国家级黄淮海黑猪(莱芜猪)保种场	山东省莱芜市种猪繁育场
C3703007	国家级小尾寒羊保种场	山东省嘉祥种羊场
C3702004	国家级渤海黑牛保种场	山东省渤海黑牛原种场
C3702005	国家级鲁西牛保种场	山东省鲁西黄牛原种场
C3702006	国家级鲁西牛保种场	山东梁山鲁西黄牛原种场
C3705002	国家级德州驴保种场	山东省德州驴原种场
C3708001	国家级山东细犬保种场	山东省冠县娱猎细犬良种繁育场
C4102007	国家级南阳牛保种场	河南省南阳市黄牛良种繁育场
C4102008	国家级郏县红牛保种场	河南省平顶山市郏县红牛良种繁育中心
C4105003	国家级泌阳驴保种场	河南省泌阳县泌阳驴保种场
C4201018	国家级华中两头乌猪(通城猪)保种场	湖北省通城县种畜场
C4201019	国家级清平猪保种场	湖北省当阳市清平种猪场
C4310006	国家级攸县麻鸭保种场	湖南省攸县麻鸭原种场
C4311004	国家级酃县白鹅保种场	湖南省株洲神风牧业酃县白鹅资源场
C4301020	国家级湘西黑猪保种场	湖南省桃源县湘西黑猪(桃源黑猪)资源场
C4301021	国家级宁乡猪保种场	湖南宁乡猪原种场
C4409010	国家级清远麻鸡保种场	广东清远市凤中皇清远麻鸡发展有限公司
C4409011	国家级惠阳胡须鸡保种场	广东智威畜牧水产有限公司原种鸡场
C4411005	国家级狮头鹅保种场	广东省汕头市白沙禽畜原种研究所
C4411006	国家级乌鬃鹅保种场	广东省清新县乌鬃鹅良种场
C4401022	国家级大花白猪/蓝塘猪保种场	广东省新丰板岭原种猪场
C4501023	国家级香猪(环江香猪)保种场	广西环江香猪原种保种场
C4501024	国家级巴马香猪保种场	广西巴马香猪原种场

续表

编号	保种场名单	建设单位
C4501025	国家级两广小花猪(陆川猪)保种场	广西陆川县良种猪场
C4609012	国家级文昌鸡保种场	海南罗牛山文昌鸡育种有限公司
C4601026	国家级五指山猪保种场	海南五指山猪原种场
C5001027	国家级荣昌猪保种场	重庆市种猪场
C5111007	国家级四川白鹅保种场	四川省南溪县四川白鹅育种场
C5101028	国家级内江猪保种场	四川省内江市种猪场
C5102009	国家级九龙牦牛保种场	四川省甘孜州九龙牦牛纯繁基地
C5201029	国家级香猪(从江香猪)保种场	贵州省从江香猪原种繁育场
C5301030	国家级滇南小耳猪保种场	云南省西双版纳州种猪场
C5301031	国家级乌金猪(大河猪)保种场	云南省富源县大河种猪场
C5301032	国家级撒坝猪保种场	云南省楚雄州种猪场
C5302010	国家级独龙牛保种场	云南省贡山县独龙牛场
C6101033	国家级八眉猪保种场	陕西省定边县种猪场
C6102011	国家级秦川牛保种场	陕西省秦川牛场
C6104002	国家级宁强马保种场	陕西省宁强县矮马原种场
C6105004	国家级关中驴保种场	陕西省关中驴场
C6103008	国家级汉中绵羊保种场	陕西省勉县汉中绵羊保种场
C6103009	国家级同羊保种场	陕西省白水县种羊场
C6117003	**国家级中蜂保种场**	**陕西省榆林市种蜂场**
C6201034	国家级八眉猪保种场	甘肃省灵台县八眉猪种质资源保护场
C6301035	国家级八眉猪保种场	青海省互助八眉猪原种育繁场
C6302012	国家级青海高原牦牛保种场	青海省大通种牛场
C6303010	国家级贵德黑裘皮羊保种场	青海省贵南县黑羊场
C6403011	国家级滩羊保种场	宁夏盐池滩羊选育场
C6403012	国家级中卫山羊保种场	宁夏中卫山羊选育场
C6503013	国家级多浪羊保种场	新疆麦盖提县种羊场

保种场、保护区和基因库编码规则说明

一、鉴于保种场、保护区和基因库数量不同，保种场和保护区编号采用8位字符，基因库编号采用5位字符。

二、在基因库编号中，A代表基因库，中间两位数字代表基因库所在省（自治区、直辖市）的行政代码，后两位数字代表国家级基因库的顺序号。

三、在保种场、保护区编号中，B代表保护区，C代表保种场；第2～3位字符代表保种场和保护区所在省（自治区、直辖市，计划单列市）的行政代码；第4～5位字符代表畜禽品种的代号，分别是：01猪、02牛、03羊、04马、05驴、06驼、07兔、08犬、09鸡、10鸭、11鹅、12鸽、13鹌鹑、14卵、15精液、16胚胎、17其他；后三位数字代表国家级各畜种保种场和保护区的顺序号。

中华人民共和国农业部公告
第1587号

（2011-05-30公布）

第二批国家级畜禽遗传资源保护区名单（共6个，其中“蜂”2个）

编号	保护区名称	建设单位	保护区范围
B2217002	**国家级中蜂（长白山中蜂）保护区**	**吉林省蜜蜂育种场**	**吉林省集安市台上镇、花甸镇、双安沟，长白县马鹿沟镇，抚松县新屯镇，桦甸市红石镇、桦树林子乡、二道甸子镇，辉南县石道河镇，安图县松江镇**
B3201004	国家级太湖猪（二花脸）保护区	江苏省常州市武进区农业局	江苏省常州市武进区郑陆镇和横山桥镇
B3303004	国家级湖羊保护区	湖州市吴兴区畜牧兽医局	浙江省湖州市吴兴区道场乡和东林镇
B4217003	**国家级中蜂（华中中蜂）保护区**	**湖北省神农架林区农业局**	**湖北省神农架林区**
B5101005	国家级藏猪保护区	四川省甘孜藏族自治州乡城县农牧和科技局	四川省甘孜藏族自治州乡城县白依乡
B5401006	国家级藏猪保护区	林芝地区工布江达县农牧局	西藏自治区林芝地区工布江达县错高乡、朱拉乡和巴河镇

第二批国家级畜禽遗传资源保种场名单（共12个，其中“蜂”1个）

编号	保种场名称	建设单位
C1305005	国家级德州驴保种场	河北省海兴县绿洲生态畜禽养殖有限公司
C3201036	国家级太湖猪（梅山猪）保种场	太仓市种猪场
C3202013	国家级海子水牛保种场	东台市种畜场
C3211008	国家级太湖鹅保种场	苏州市乡韵太湖鹅有限公司
C3301037	国家级嵊县花猪保种场	上虞市嵊县种猪有限公司
C3309013	国家级仙居鸡保种场	浙江省仙居种鸡场
C3617004	**国家级中蜂（华中中蜂）保种场**	**上饶市益精蜂业有限公司**
C4101038	国家级黄淮海黑猪（淮猪）保种场	河南三高农牧股份有限公司
C4111009	国家级皖西白鹅保种场	固始县恒歌鹅业有限公司
C4401039	国家级粤东黑猪保种场	潮州市绿岛生态农业有限公司
C4401040	国家级粤东黑猪保种场	蕉岭县泰农黑猪发展有限公司
C4402014	国家级雷琼黄牛保种场	湛江市麻章区畜牧技术推广站

中华人民共和国农业部公告
第 1603 号

（2011-06-20 试行）

从境外首次引进畜禽遗传资源技术要求

为做好从境外首次引进畜禽遗传资源的审批工作，保护国内畜禽遗传资源，根据《中华人民共和国畜牧法》和《中华人民共和国畜禽遗传资源进出境和对外合作研究利用审批办法》（以下称《审批办法》）的有关规定，制定本技术要求。

1.适用范围

本技术要求所称首次引进的畜禽遗传资源，是指农业部从未批准引进过的境外畜禽遗传资源，包括畜禽及其卵子（蛋）、胚胎、精液等。

2.基本条件

2.1　种用畜禽及卵子（蛋）、胚胎、精液的供体，应符合本品种的种用要求，其遗传性能或特有品质应达到出口国家或地区当前该品种的同等水平，不携带主要遗传缺陷基因和特有疾病。

2.2　畜禽遗传资源应来自非疫区，符合进出境动植物检疫和农业转基因生物安全的有关规定，不对境内畜禽遗传资源和生态环境安全构成威胁。

3.种用性能评估

3.1　首次引进的种用畜禽遗传资源，应当进行种用性能评估。种用性能评估分两个步骤，即资料评估和中间试验评估。

3.2　资料评估

申请单位在提交首次引进申请时，除《审批办法》第五条规定的资料外，还应提交拟开展中间试验所在地省、自治区、直辖市人民政府畜牧兽医行政主管部门同意进行中间试验的函。

申请受理后，由国家畜禽遗传资源委员会组织相关专家对引进申请进行资料评估。

3.3　中间试验评估

通过资料评估同意引进的，申请单位应在省、自治区、直辖市人民政府畜牧兽医行政主管部门的监管下进行中间试验，对品种的生产性能、适应性、抗逆性等进行验证。自批准入境之日起，申请单位应在 18 个月之内（首次引进牛、马遗传资源的，在 36 个月之内）向中间试验所在地省、自治区、市畜牧兽医行政主管部门提交中间试验报告。中间试验报告的内容包括：后代外貌特征，遗传稳定性，适应性和主要生产性能指标。其中，主要性能指标参照《畜禽新品种配套系审定和遗传资源鉴定技术规范》。

省、自治区、直辖市人民政府畜牧兽医行政主管部门对报告进行审核后，于 20 个工作日内将报告和审核意见送农业部。

农业部委托国家畜禽遗传资源委员会对报告进行评估，必要时进行现场核验，形成评估意见。农业部根据评估意见,在20个工作日内作出是否同意继续引进的审批意见。

4.中间试验的数量要求

4.1 种用绵羊、山羊的首次引进,单品种的公羊数量不超过20只、母羊不超过300只、精液不超过2 000剂、冷冻胚胎不超过500枚。

4.2 种猪的首次引进,单品种的公猪数量不超过10头、母猪不超过100头、精液数量不超过1 000头配种剂量。首次引进的猪配套系的原种,其引进数量参照执行。

4.3 种用家禽的首次引进,单品种的种禽数量不超过4 000羽(只)或种蛋数量不超过6 000枚。首次引进的家禽配套系的原种,其引进数量参照执行。

4.4 种牛的首次引进,单品种的公牛数量不超过10头、母牛不超过100头、冷冻精液不超过2 000剂、冷冻胚胎不超过400枚。

4.5 首次引进的其他畜种,单品种数量参照执行。

4.6 在中间试验评估完成前,不同单位引进同一畜禽品种或配套系的,按照总量控制原则由国家畜禽遗传资源委员会提出引种数量意见。

中华人民共和国农业部公告
第 2061 号

2014 年 2 月 14 日，农业部颁发了第 2061 公告。该公告根据《畜牧法》第十二条的规定，结合第二次全国畜禽遗传资源调查结果，对《国家级畜禽遗传资源保护名录》(中华人民共和国农业部公告第 662 号)进行了修订，确定八眉猪等 159 个畜禽品种为国家级畜禽遗传资源保护品种。其中，我国中华蜜蜂、东北黑蜂、新疆黑蜂为国家畜禽遗传资源保护品种。

附件

国家级畜禽遗传资源保护名录(摘录)

七、其他品种

敖鲁古雅驯鹿、吉林梅花鹿、**中蜂**、**东北黑蜂**、**新疆黑蜂**、福建黄兔、四川白兔。

中华人民共和国农业部公告
第2234号

（2015-03-02公布）

第四批国家级畜禽遗传资源保种场名单(共32个,其中“蜂”2个)

编号	保种场名称	建设单位
C1409014	国家级边鸡保种场	山西省农业科学院畜牧兽医研究所
C9109015	国家级大骨鸡保种场	辽宁庄河大骨鸡原种场有限公司
C2309016	国家级林甸鸡保种场	黑龙江省林甸鸡原种场有限公司
C3101045	国家级沙乌头猪保种场	上海崇明县种畜场
C3201046	国家级米猪保种场	金坛米猪原种场
C3201047	国家级沙乌头猪保种场	江苏兴旺农牧科技发展有限公司
C3209017	国家级鹿苑鸡保种场	张家港市畜禽有限公司
C3301048	国家级嘉兴黑猪保种场	嘉兴青莲黑猪原种场有限公司
C3311011	国家级太湖鹅保种场	湖州卓旺太湖鹅原种场
C3311012	国家级浙东白鹅保种场	浙江省象山县浙东白鹅研究所
C3310008	国家级缙云麻鸭保种场	浙江欣昌农业开发有限公司
C3709018	国家级汶上芦花鸡保种场	山东金秋农牧科技有限公司
C3703017	国家级莱芜黑山羊保种场	山东峰祥畜牧种业科技有限公司莱芜黑山羊原种场
C3703018	国家级牙山黑绒山羊保种场	栖霞市金牛岭羊业有限公司
C4301049	国家级华中两头乌(沙子岭猪)保种场	湖南省湘潭市家畜育种站
C4301050	国家级大围子猪保种场	湖南天府生态农业有限公司
C4302017	国家级巫陵牛(湘西黄牛)保种场	湖南德农牧业科技有限公司
C4311013	国家级溆浦鹅保种场	湖南鸿羽溆浦鹅业发展有限公司
C4409019	国家级怀乡鸡保种场	广东盈富农业有限公司
C4409020	国家级惠阳胡须鸡保种场	广东金种农牧科技股份有限公司
C4601051	国家级海南猪(屯昌猪)保种场	海南龙健畜牧开发有限公司
C5110009	国家级建昌鸭保种场	德昌县种鸭场
C5109021	国家级藏鸡保种场	乡城县雪域阳光生态农业有限责任公司藏鸡保种场

续表

编号	保种场名称	建设单位
C5117005	**国家级阿坝中蜂保种场**	**马尔康阿坝蜜蜂保种场**
C5111014	国家级钢鹅保种场	西昌华农禽业有限公司
C5302018	国家级槟榔江水牛遗传资源保种场	腾冲县巴福乐槟榔江水牛良种繁育有限公司
C5303019	国家级龙陵黄山羊遗传资源保种场	龙陵县黄山羊核心种羊场
C5309022	国家级瓢鸡遗传资源保种场	镇沅云岭广大瓢鸡原种保种有限公司
C5309023	国家级茶花鸡遗传资源保种场	西双版纳云岭茶花鸡产业发展有限公司
C5403020	国家级西藏山羊(白绒型)保种场	阿里地区日土县白绒山羊原种场
C6101052	国家级汉江黑猪保种场	陕西省勉县黑河猪种猪场
C6517006	**国家级新疆黑蜂保种场**	**尼勒克县种蜂繁殖场**

国家级畜禽遗传资源保种场、保护区建设单位变更名单(共7个,其中“蜂”1个)

编号	保种场、保护区名称	原建设单位	变更后建设单位
B2217002	**国家级中蜂(长白山中蜂)保护区**	**吉林省蜜蜂育种场**	**吉林省蜜蜂遗传资源基因保护中心**
C3101006	国家级浦东白猪保种场	上海市南汇区种畜场	上海浦汇浦东白猪繁育有限公司
C3109003	国家级浦东鸡保种场	上海市南汇区浦东鸡良种场	上海浦汇浦东鸡繁育有限公司
C3201008	国家级二花脸猪保种场	江苏省常熟市畜禽良种有限责任公司	常熟市牧工商总公司
C3701017	国家级莱芜猪保种场	山东省莱芜市种猪繁育场	莱芜市莱芜猪原种场有限公司
C4409010	国家级清远麻鸡保种场	广东省清远市凤中凰清远麻鸡发展有限公司	广东天农食品有限公司
C4411006	国家级乌鬃鹅保种场	广东省清新县乌鬃鹅良种场	清远市金羽丰鹅业有限公司

参考文献

[1] GB/T 20014.27—2013《中华人民共和国国家标准》.北京:中国标准出版社.
[2] GB 14963—2011《中华人民共和国国家标准》.北京:中国标准出版社.
[3] GB 24283—2009《中华人民共和国国家标准》.北京:中国标准出版社.
[4] GB/T 30359—2013《中华人民共和国国家标准》.北京:中国标准出版社.
[5] GB 9697—2008《中华人民共和国国家标准》.北京:中国标准出版社.
[6] GB/T 24314—2009《中华人民共和国国家标准》.北京:中国标准出版社.
[7] GB/T 21532—2008《中华人民共和国国家标准》.北京:中国标准出版社.
[8] GB/T 21528—2008《中华人民共和国国家标准》.北京:中国标准出版社.
[9] GB/T 19168—2003《中华人民共和国国家标准》.北京:中国标准出版社.
[10] GB 28050—2011《中华人民共和国国家标准》.北京:中国标准出版社.
[11] GB/T 19330—2008《中华人民共和国国家标准》.北京:中国标准出版社.
[12] GH/T 18796—2012《中华人民共和国国家标准》.北京:中国标准出版社.
[13] GB/T 3076—2014《中华人民共和国国家标准》.北京:中国标准出版社.
[14] NY/T 1159—2013《中华人民共和国行业标准》.北京:中国标准出版社.
[15] NY/T 2364—2013《中华人民共和国行业标准》.北京:中国标准出版社.
[16] NY/T 752—2012《中华人民共和国行业标准》.北京:中国标准出版社.
[17] NY/T 1951—2010《中华人民共和国行业标准》.北京:中国标准出版社.
[18] NY/T 1954—2010《中华人民共和国行业标准》.北京:中国标准出版社.
[19] NY/T 1243—2006《中华人民共和国行业标准》.北京:中国标准出版社.
[20] NY/T 1241—2006《中华人民共和国行业标准》.北京:中国标准出版社.
[21] NY/T 1160—2006《中华人民共和国行业标准》.北京:中国标准出版社.
[22] NY/T 1161—2006《中华人民共和国行业标准》.北京:中国标准出版社.
[23] NY/T 5139—2002《中华人民共和国行业标准》.北京:中国标准出版社.
[24] NY 5138—2002《中华人民共和国行业标准》.北京:中国标准出版社.
[25] NY/T 639—2002《中华人民共和国行业标准》.北京:中国标准出版社.
[26] NY/T 638—2002《中华人民共和国行业标准》.北京:中国标准出版社.
[27] NY/T 637—2002《中华人民共和国行业标准》.北京:中国标准出版社.
[28] NY/T 629—2002《中华人民共和国行业标准》.北京:中国标准出版社.
[29] SN/T 0852—2012《出入境检验检疫行业标准》.北京:电子版标准.
[30] SN/T 1939—2007《出入境检验检疫行业标准》.北京:电子版标准.
[31] SN/T 1107—2002《出入境检验检疫行业标准》.北京:电子版标准.
[32]《中华人民共和国畜牧法》,农业部文件.
[33] 农业部《养蜂管理办法(试行)》,农业部文件.
[34]《全国养蜂业"十二五"发展规划》,农业部文件.

[35]《农业部办公厅关于做好养蜂证发放工作的通知》，农业部文件.
[36]《关于进一步完善和落实鲜活农产品运输绿色通道政策的通知》，农业部文件.
[37]《农业部关于加快蜜蜂授粉技术推广促进养蜂业持续健康发展的意见》，农业部文件.
[38]《农业部办公厅关于印发〈蜜蜂授粉技术规程(试行)〉的通知》，农业部文件.
[39]《农业部办公厅关于印发蜜蜂授粉与绿色防控增产技术集成应用示范方案的通知》，农业部文件.
[40]《农业部关于印发蜜蜂检疫规程的通知》，农业部文件.
[41]《农业部畜禽标准化示范场管理办法(试行)》，农业部文件.
[42]《种畜禽生产经营许可证管理办法》，农业部文件.
[43]《兽药管理条例》，农业部文件.
[44]《兽药标签和说明书管理办法》，农业部文件.
[45]《中华人民共和国农民专业合作社法》，农业部文件.
[46]《中华人民共和国侵权责任法》，法律出版社.
[47]《中华人民共和国动物防疫法》，中国法制出版社.
[48]《中华人民共和国畜禽遗传资源进出境和对外合作研究利用审批办法》，国务院令第533号.
[49]《饲料和饲料添加剂管理条例》，中国法制出版社.
[50]《国务院关于加强食品等产品安全监督管理的特别规定》，中国法制出版社.
[51]《农产品质量安全监测管理办法》，团结出版社.
[52]《药品生产质量管理规范(2010年修订)》，中国医药科技出版社.
[53]《食品安全国家标准管理办法》,中国质检出版社.
[54]《中华人民共和国农业技术推广法》,法律出版社.
[55]《绿色食品标志管理办法》,中国质检出版社.
[56]《优良种畜登记原则》,中华人民共和国农业部令第66号.
[57]《农产品地理标志管理办法》,中华人民共和国农业部令第11号.
[58] 中华人民共和国农业部公告.